中世後期まで、ヨーロッパの衣服の大半は、男女ともに体に垂らしてまとうタイプだった。

2

英国女王エリザベス一世はファッションの人の心に訴える力を利用することで、まるで別世界のような荘厳な雰囲気を漂わせた。

3

ジャンヌ・ダルクは男装をすることで、男性のものだった自由と特権を主張したらしい。当時、それは婦人服よりファッショナブルだった。

4

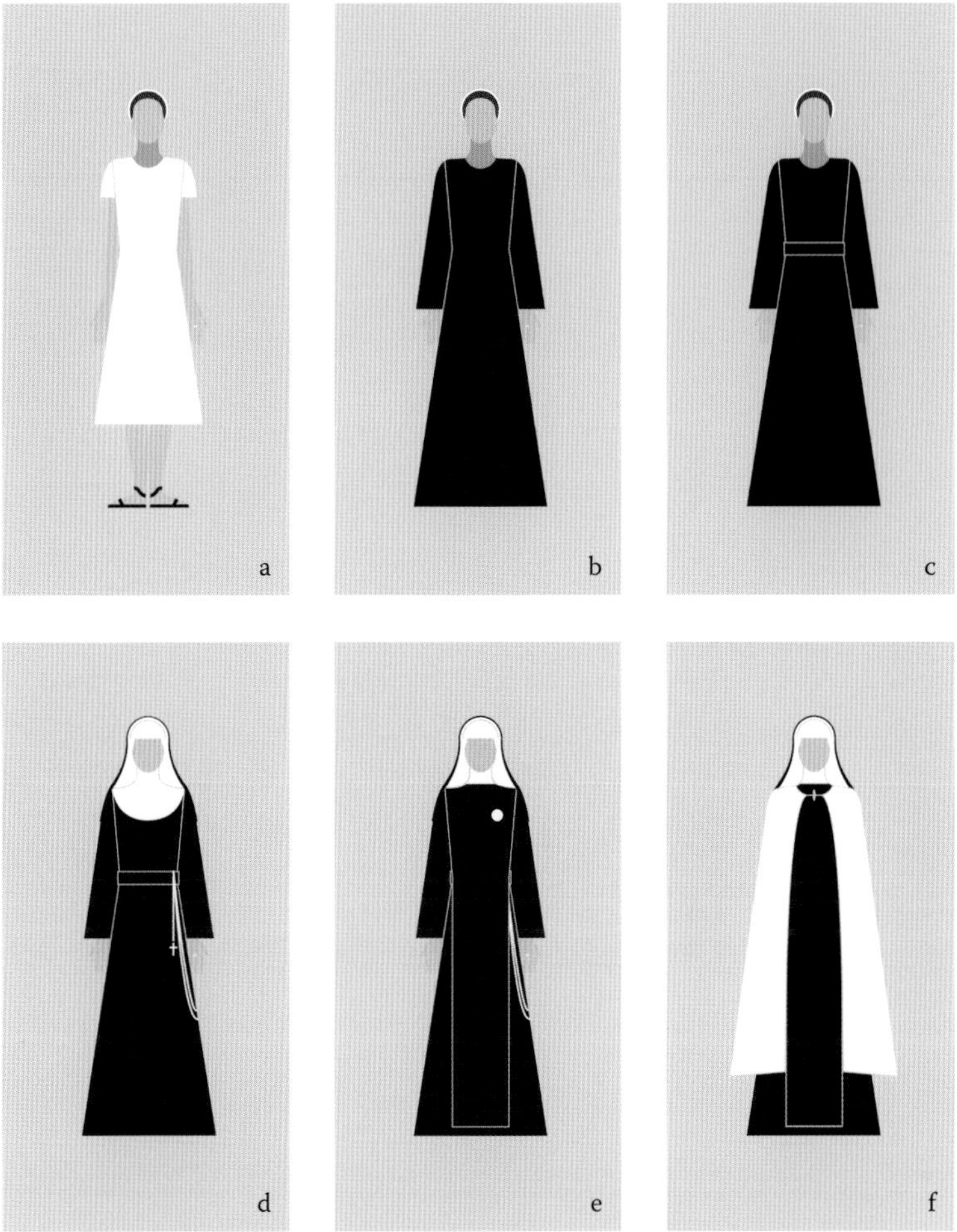


信心深い女性たち（一般的に尼僧と呼ばれる人たち）が着た修道衣の最も一般的なひと揃い。それぞれに象徴的意味がある。（a）指輪は着用者がキリストの花嫁であることを示し、サンダルは世俗的な豊かさを拒否することを象徴する。（b）チュニック。（c）ベルトあるいは紐。その結び目は、聖母マリアの美徳を示すともいわれる。（d）ヴェールあるいは頭巾。（e）肩衣。その形はキリストの十字架を思わせる。（f）マントル。首の前で留める外套。

七年戦争の時代、ヴェンツェル・アントン・フォン・カウニッツのような士官たちは、口紅、白粉用パフ、睫毛用ブラシを携えて戦場に向かった。

6

貴族の宮廷服に比べ、装飾が控えめになったスーツが、政治的自由主義の象徴となった。

7

今では伊達男の同義語となっているボー・ブランメルだが、実際には地味な服装で知られていた。

8

クリノリン火災は、その流行の全盛期、何千人もの女性たちを死傷させた。

9

派手に飾り立てたフルスカートを身につけ、髪を高く結い上げたカミーユ・クリフォード（訳注／ベルギー生まれの米国人舞台女優）の砂時計のような体型は、世紀末前後の女性の理想を映し出していた。

10

女優ルイーズ・ブルックスは一九二〇年代のフラッパーの象徴だった。流線型の膝丈スカートとボブヘア姿のスリムで躍動的な彼女は、自分の意見をはっきり口にした。

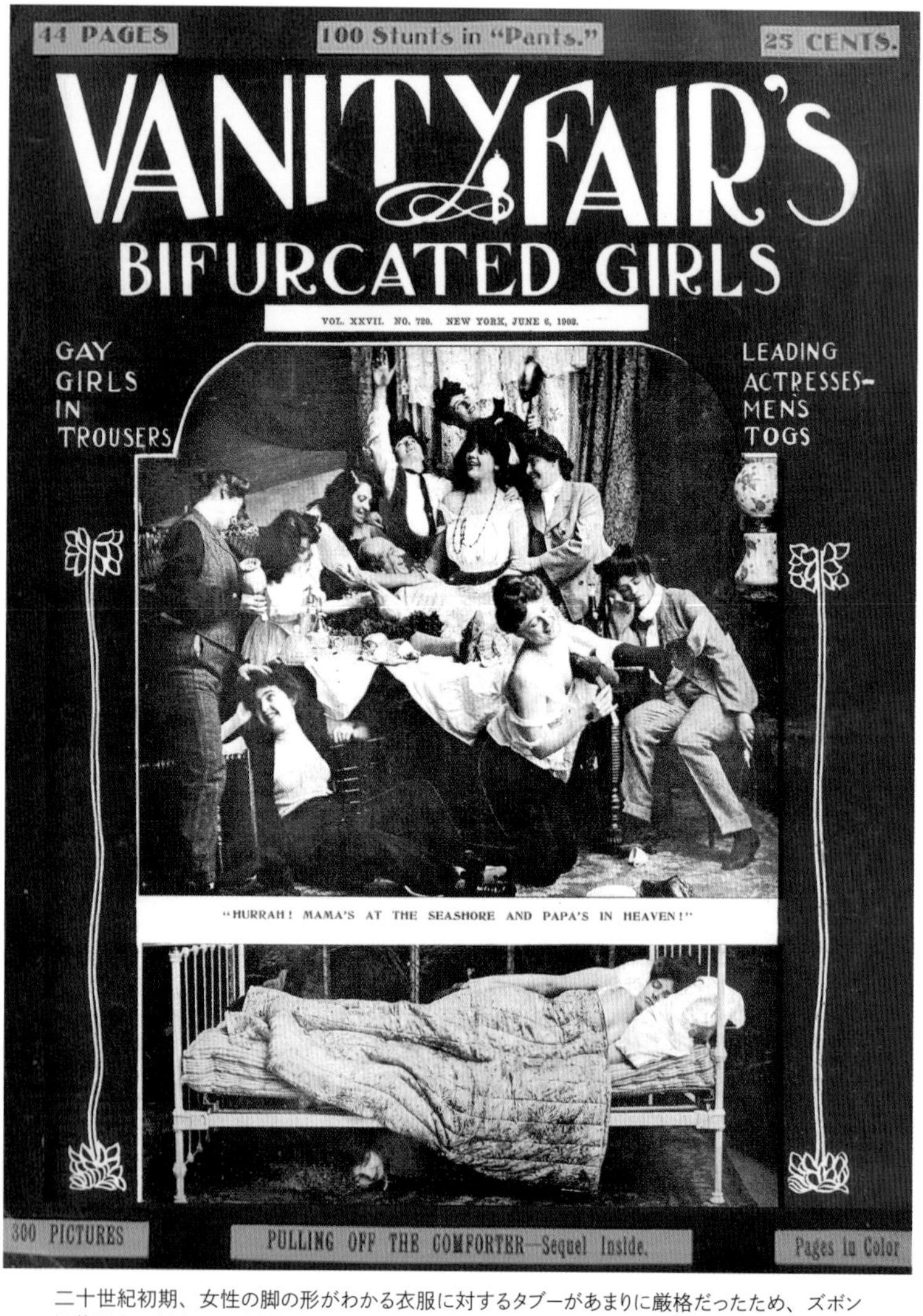


二十世紀初期、女性の脚の形がわかる衣服に対するタブーがあまりに厳格だったため、ズボンを着用する女性たちは性的なフェティシズムの対象として人気を呼び、「二股」と呼ばれた。

エリザベス・マレーとダイド・エリザベス・ベルの肖像画。果物の入った籠をもつダイドは、英国海軍士官と西インド諸島の奴隷との間に生まれた娘だった。どちらの女性も、王座裁判所主席裁判官だったマンスフィールド卿の甥の娘で、子ども時代は卿と暮らした。どちらも贅沢でファッショナブルなドレスを着ているが、ダイドのほうがエリザベスよりも明らかに異国情緒にあふれている。

二〇二〇年、サウスカロライナ州で人種間の平等を求める活動家たちは、過去の公民権運動指導者たちに敬意を表し、「着飾った日曜の晴れ着姿」で警察の暴力に反対するデモを行った。

14

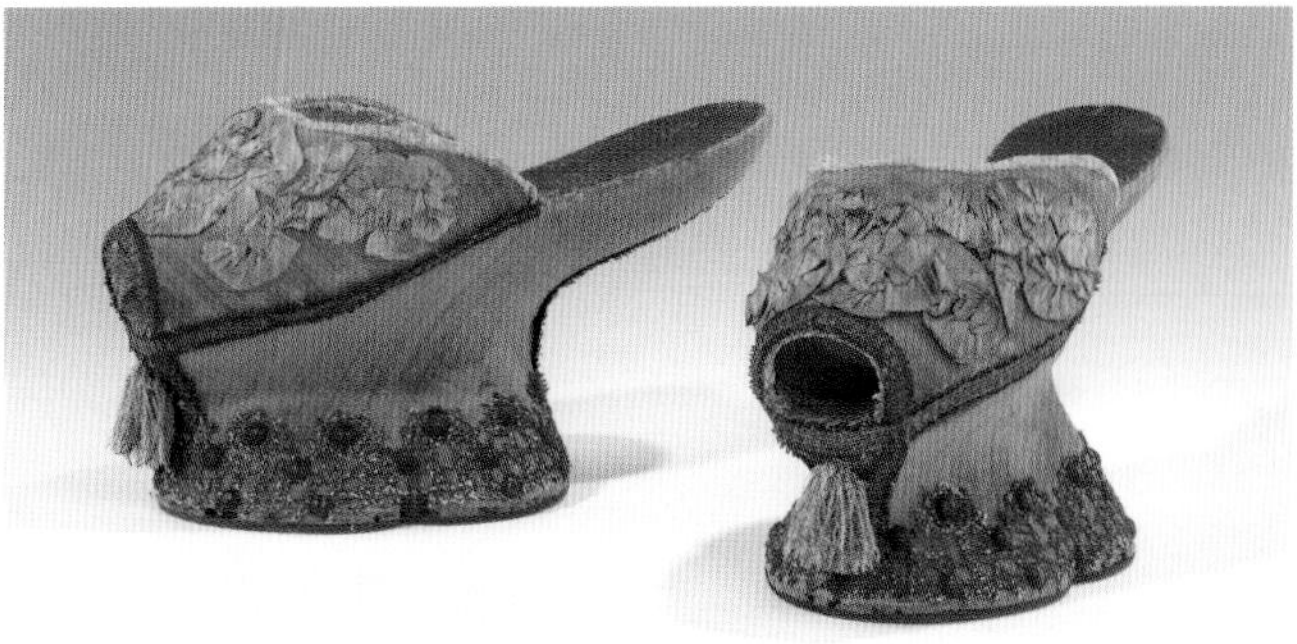

十五世紀にヴェネチアとイベリア半島で流行したチョピンの特徴は高い靴底で、なかには二十インチの高さのものまであった。

15

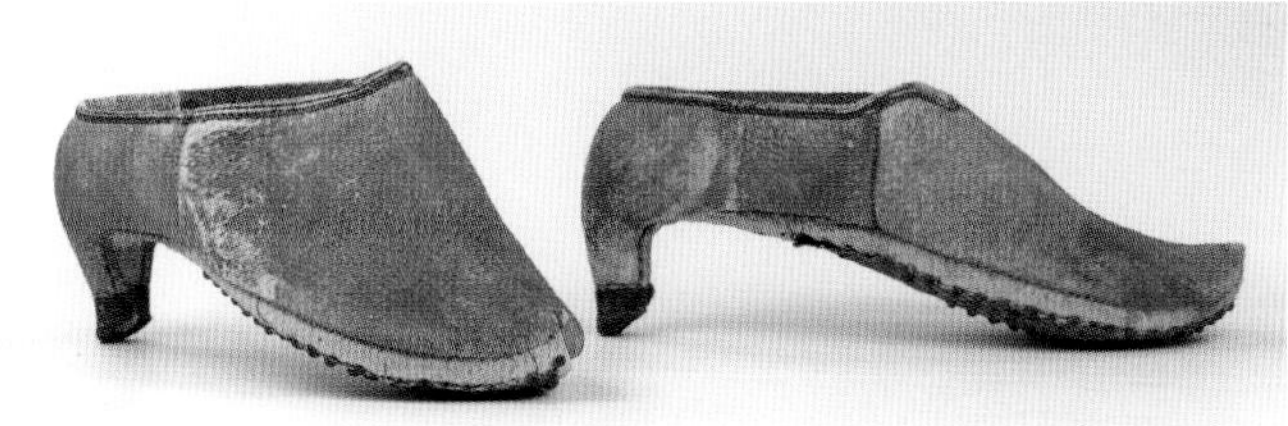

今日のハイヒールの起源はペルシアの騎馬兵が履いたヒールの高い靴で、十五世紀後期にヨーロッパに伝わった。

16

今ではハイヒールは女性だけのもので、排他的なステータスシンボルにもなることもある――クリスチャン・ルブタンは、コントラストの映える赤いソールの靴を生産する法的権利をもつ唯一のデザイナーだ。

フランス国王ルイ十四世は、ヒールの高い靴を上流階級のステータスシンボルとし、やがて、赤いヒールの靴を許されるのは廷臣のみと宣言した。

アリゾナ州選出の上院議員キルステン・シネマは、自由気ままに女らしい服装をし、人目を引いている。
一人前と認められるには地味な服装をする必要のあった、旧世代の女性議員とはかなり対照的だ。

ザイールの大統領だったモブツは、ヨーロッパ風の服装を禁止し、写真のようなアバコストを推奨したものの、完全な「スーツの追放」とはならなかった。

モブツ政権が終わったあと、コンゴのサプールたちは、印象的なやり方で西洋ファッションを復活させ、今ではお祝い事に欠かせない存在となっている。

ドナルド・トランプはネクタイをきちんと結ばず、テープで留めてごまかすことで、良識という規範を無視している。

# ドレスコード

# Dress Codes

## ファッションに隠されたメッセージ

リチャード・トンプソン・フォード
服部 由美 訳

How the Laws of Fashion
Made History

Richard Thompson Ford

リチャード・ドナルド・フォードのために

ファッションは一瞬で伝わる言葉

——ミウッチャ・プラダ

# 目次

## 第4部 政治と個性

## 歴史的出来事と重要なドレスコード

**1300**

ファッションの誕生

ヨーロッパに奢侈《しゃし》禁止令が広まる。

ペストによるヨーロッパの荒廃

**1400**

コジモ・デ・メディチの言葉「二ヤードの赤い布があれば、紳士がひとりつくれる」

ジャンヌ・ダルク、異端裁判にかけられ、処刑される。

ベルナルディーノ修道士、「虚栄心」は「娼婦の印」と説く。

**1500**

高価な衣服の着用禁止令

ヘンリー八世の統治が始まる。

トマス・モア、『ユートピア』を発表。

マルチン・ルター、『九十五か条の論題』を発表。

バルダッサーレ・カスティリオーネ、著書『宮廷人』でスプレッツァトゥーラ（訳注／力の抜けたエレガンス）を説く。

エリザベス一世の統治が始まる。

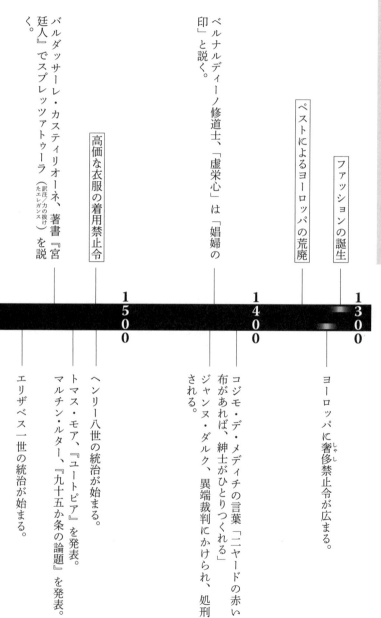

**1600**

ペルシア兵がヒールの高い靴をヨーロッパに伝える。

シェイクスピア、『ハムレット』の言葉「着る物はしばしば人を表す」。

イングランド王チャールズ一世、処刑される。

フランス王ルイ十四世、赤いヒール靴の着用を廷臣に限定する。

フランスの女性裁縫師、ギルドに参入。イングランド王チャールズ二世、赤いヒールの高い靴でポーズを取る。

イングランドで権利の章典（訳注／臣民の権利と自由を宣言し、王位の継承を定める法律）発布される。

**1700**

アレクサンダー・ポープ、ヒールの高い靴を履く男性について、「背を伸ばしてから来い！」と書く。

黒人法、奴隷の「分不相応」な服装を禁止する。

「タータン禁止令」、スコットランドのハイランドドレス（訳注／スコットランド北部の民族衣装）を禁止する。

**特権階級の男性による華麗な装飾の放棄**

シュヴァリエ・デオン、王の秘密機関ル・スクレ・デュ・ロワに加わる。

ルソー、『エミール』で「縫い針と剣は同じ手で扱うのは無理だ」と書く。

**1800**

フランス王ルイ十六世の統治が始まる。

米国の独立宣言

パリでフランクリン風ファッションが大流行する。

フランス革命

1800

新古典主義

米国中にブルーマーが流行する。

奴隷解放宣言

英国で合理服協会が設立される。

1900

アメリカ合衆国憲法修正第十九条、女性の投票権を保証する。

第一次世界大戦

米国の金銭登録機会社、フラッパーファッション（訳注／古い価値観を嫌う若い女性たちが、髪もスカートも短くした流行）を禁止する。

書籍『Le Corset（コルセット）』、体を締めつけることによる健康への悪影響を伝える。

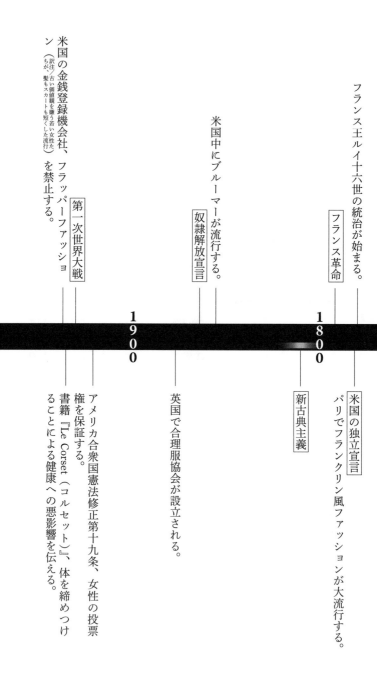

イラン国王がヴェールを禁止する。

第二次世界大戦

ズートスーツ暴動

アン・ムーディ、ウールワースのランチカウンターで座り込みデモを行う。

ストークリー・カーマイケル（訳注／米国の差別撤廃闘争指導者）、黒人運動のスローガンとして「ブラックパワー」を提唱する。

ワシントン大行進

1950

2000

フランス「スカーフ事件」

カニエ・ウェスト、「ピンクのポロを着るとまるでチンピラ」と歌う。

バラク・オバマ上院議員、「ブラザーたちはズボンを引き上げるべきだ」と語る。

「スーツを着たハイテク企業のCEOには投資するな」（訳注／投資家ピーター・ティールの言葉）

エレナ・ケイガン、初の女性訴訟長官となる。

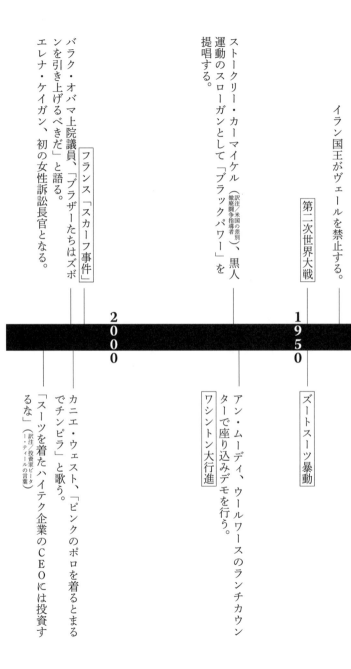

# はじめに

一七九七年一月十六日版のロンドン・タイムズによれば、ストランド街の紳士用服飾品店店主ジョン・ヘザリントンは、治安妨害、騒動扇動の疑いで召喚され、次のような罪を犯したとして、保釈金五百ポンドの支払いを求められた。

わかっているのは、ヘザリントン氏が……彼がシルクハットと呼ぶ、高さと光沢のあるもの（証拠として提出）を頭に被って公道に現れ、臆病な人びとを驚かそうとしたことだ。実際、役人たちがいうには、その奇妙な光景を目にした女性数名が卒倒し、子どもたちは金切り声をあげ、犬は吠え立て、集まってきた群衆に押し倒された若者が右腕を骨折した。そのため、被告は守衛たちに取り押さえられ、ロンドン市長の前まで連行された。[1]

ヘザリントン氏とその帽子は、いったいどんな明文化されたルール、あるいは誰でも（犬でも！）

知っているような暗黙のルールを破ったというのだろう？　高さのある円筒状の帽子は、十八世紀後期に入るまでにかなり一般的なものになっていた。それは、十七世紀中期の清教徒（ピューリタン）の質素な黒いフェルト帽が今ではよく知られたものになり、米国の児童なら誰でも、メイフラワー号で米国に来た入植者たちの帽子だと知っているのと同じだ。ヘザリントン氏の逮捕からわずか三十年後、シルクハットは堂々とし、いかにも満足げな金持ちたちを体現するものとなり、オルセー、ウェリントン、リージェントといった名前で売られていた。現在では理解できないどんなルールが、シルクハットを「人を驚かそうとするもの」、法的制裁に値する挑発としたのだろう？　残念ながら、私たちには推測することしかできない。この事件について残っている記録は、後にも先にもこの短い新聞記事しかないのだから。

帽子が騒動を引き起こしたのは、これが最初でも、最後でもなかった。たとえば一九二二年に起きた悪名高い麦わら帽子暴動では、ニューヨーク市の無法者たちが、九月十五日以降は誰も麦わら帽子を被ってはならないというルールを押しつけ、それに背いた通行人の頭から帽子を叩き落とし、踏みつけ、それらを串刺しにした。暴動はブロンクスからバッテリー・パークにいたる街を飲み込んだ。[2]ファッション警察になったつもりの千人を超える者たちが、アムステルダム・アベニューの住宅地区に集まり、麦わら帽子を被った通行人を襲い、ダウンタウンでは制裁を加える者と、帽子を守ろうとする市民の間の喧嘩騒ぎのせいで、マンハッタン橋で交通渋滞が起こった。

そんな服装の制限や掟《おきて》など、もう過去のものだと思う人もいるだろう。粋な帽子はもとより、かつて見慣れたスーツとネクタイはほとんど歴史的な衣装となった。しかし、ドレスコードは時代遅れのように見えながら、実はどんどん一般的になりつつある。たとえば、一九九九～二〇〇〇年に米国公立学校の四十六・七パーセントが「厳格なドレスコード」を実施し、二〇一三～一四年には五十八・五パーセントとなっている。[3] 何百万人もの人たちが、日々、職場や学校でドレスコードに従う必要があり、一日を終えたあとにも、レストランやナイトクラブや劇場でドレスコードに従っている。米国のコーヒーショップという寛《くつろ》いだ雰囲気の自由な領域でさえ、ドレスコードに支配されている。スターバックスのバリスタは不自然な髪の色やマニキュア、ミニスカート、耳のピアスと小さな鼻ピアス以外のピアスをしてはいけない（鼻中隔を通すセプタムリングは禁止）。[4] しかも、ドレスコードがあるのは、学齢期の子どもや、イメージを大切にする店だけではない。公道もその対象となり、挑発的あるいは人を威嚇すると判断される服装は法に触れる可能性がある。一部のラッパーやそのファンたちが好む、あの「腰パン」も都市によっては逮捕理由となる。逮捕され、いったん警察からギャングの仲間というレッテルを貼られてしまえば、いつか微罪を犯したとき、死刑に相当する罪にされてしまう可能性もある。

ドレスコードのなかには特定の衣服を指定したり、禁止したりするだけでなく、服装の些細《ささい》な部分まで執拗に指示するものもある。スイスユニオン銀行の二〇一〇年のドレスコードを見てほしい。四十四ページにもおよぶ冊子は、従業員に対し、「マニキュアが剝げていてはいけない。擦り減った靴を履いてはいけない。アクセサリーはメガネの金属部分の色とマッチさせること。ネクタイはベルトのバックルの上にちょうど触れる長さにするように」と指示している。[5] 身につけるものについて、細かな部分まで決めた厳しいルールはどこにでもあるのだ。

些細なことだが、それをうまく表している例について考えてみよう。今日の男性の正装、半正装は、ほとんどユニフォームのようだが、実際にはルールに精通し、それに従い、うまくまとめることが求められる。紳士服のルールとして、タキシードのアンサンブルは黒あるいは濃紺のジャケットに、サテンかグログラン（訳注／シルクまたはレーヨン製の厚地うね織り）のピークドラペル（剣襟）、あるいはショールカラー（へちま襟）を付ける。スラックスの縫い目は外に出し、シルクまたはグログランの側章一本で覆う。ジャケットがダブルブレストならピークドラペルでなければならない。シングルならピークドラペルでもショールカラーでもよいが、ノッチドラペル（訳注／下襟の先が下がった襟）ではいけない。それはありふれたビジネススーツの特徴だ。カマーバンドはプリーツを上向きにして（男性が劇場チケットをそこに差し込んでいた時代があった）ウェストを覆わなければならないが、ダブルブレストである場合、カマーバンドはつけてはいけない。スラックスはベルトではなくサスペンダーで吊ること。当然ながら、セミフォーマルスーツのスラックスにベルト通しがあってはいけない。二〇一〇年、ウォールストリート・ジャーナル紙は読者の質問に対する答えとして、この種の数多くのルールだけでなく、それ以外のルールもいくつか掲載している。

シャツは白いマルセラ（訳注／浮き出し織りの綿または亜麻製の布地）でなければならない……胸当てをつけること……
フレンチカフスは必須……
蝶ネクタイ……結び方を覚えること……
ポケットチーフ、カフスボタン、腕時計（カフスボタンと調和すること）……[6]

しかし、そんな細々としたガイドラインに従っても勘違いしてしまうこともある。男性向けスタイルブログ〈ジ・アート・オブ・マンネリス https://www.artofmanliness.com/〉によれば、タキシードを着る行事に出席しているとき、「時間を気にする仕草は、ホストに対して無作法だと思われる」[7]。タキシードのアンサンブルに腕時計をつけるのは、たとえカフスボタンと調和していても不適切ということだ。とはいえ、タキシードで行く典型的な夜会など、アスコット競馬場のロイヤルエンクロージャー（訳注／王室席に近い特設スタンド）で過ごす一日と比べれば、普段着で行けるパーティのようなものだ。ロイヤルエンクロージャーでは次のことが求められる。

御婦人方は次のことをご承知おきください……

ドレスおよびスカートは控えめな長さ、つまり膝のすぐ上か、それより長いこと。

ドレスおよびトップスのストラップの幅は一インチ（二・五センチメートル）以上あること。

パンツスーツは歓迎されます。フルレングスで、素材と色が調和していること。

帽子は必須ですが、直径四インチ（十センチメートル）以上のしっかりした土台のヘッドピースで代用してもかまいません。

ストラップレス、オフショルダー、ホルターネック、スパゲッティストラップは不可。

腹部は覆うこと。

ファシネーター（訳注／女性用の軽い頭飾り。花、リボン、レースなどをつけて飾る）は不可。同様に頭を十分に覆う（直径四インチ）、しっかりとした土台のないヘッドピースも不可。[8]

男性の場合、タキシードのアンサンブルを一分の隙もなく着こなし、腕時計は自宅においてきたとしても、アスコット競馬場では場違いの服装になる。

黒またはグレーのモーニング、さらに次のものの着用が求められます。
ヴェストおよびネクタイ（クラヴァット不可）
黒またはグレーのシルクハット
黒の靴
殿方はレストラン、プライベートボックス、プライベートクラブ、あるいはそこのテラス、バルコニー、庭園ではシルクハットを取ってもかまいません。ハットは、ロイヤルエンクロージャー庭園にある囲いで仕切られた外部座席エリアでも取ってかまいません。
特注シルクハット（色つきのリボンやベルトの付いたものなど）の着用はロイヤルエンクロージャーでは不可。

## 大学にもシリコンバレーにも存在するドレスコード

こんな重箱の隅をつつくようなルールは、異常なほど厳格なビジネスや古めかしいお祝い行事に限ったことではない。二〇一八年、マリ・クレール誌のクリエイティブ・ディレクターを務め、自称「パンクロックガール」のケイト・ランフィアに、今日のドレスコードについてたずねた。[9] すると彼女は、あらゆるルールを破ることを誇りとする反抗的なサブカルチャーですら、「ドレスコードに従っている」と語った。「デニムジャケットにつけるパッチやブローチ、身につけるバンドTシャツも、他の人たちに自分が何者であるかを示すコードなの……自分がこの集団に属していると伝えている……つまり、掟破りたちのコードに従っているのよ」要するに、そういった掟破りたちは古いルールを新しいルールと取り替えている――しかも多くの場合、それは破ったルールと同じくらい妥協を許さないルールだ。

そこで思い出すのが、南カリフォルニアにあるピナクルピークステーキハウスだ。ステーキの大きさと素朴な雰囲気で知られる店では、従業員がハサミを振りかざし、無防備なビジネスマンのネクタイを切り落とす。ネクタイ着用を求める仕事日のルールが、ネクタイを禁止するという勤務後のルールに取り替えられるのだ。

同様に、大学管理者が押しつけるドレスコードという考え方に青ざめる自由奔放な大学生たちも、服装についてのわかりにくい不文律には喜んで従うらしい。キャンパス社会の派閥は、共通する服装スタイルを見れば即座に見分けられる。さらにほんの数年前に流行したものが、まるで法律で禁止されたかのようにまったく見られなくなる。教授たちも、外見など取るに足りないことといわんばかりに普段着で通し、それがある種の学問的な信用となってきた。だから世間知らずの助教がドルチェ&ガッバーナのドレスで教授会に出席したりすれば、実直な学者というイメージを取り戻すのに何年もかかるかもしれない。

シリコンバレー風のカジュアルウェアでさえ、一種のドレスコードになっている。[10] スウェットシャツとサンダルが革新へのひたむきさを表すとすれば、スーツとネクタイが表すものは、外見と地位を求める、時代遅れな考え方ということになる。だからこそ、北カリフォルニアのある投資家は、「スーツを着たハイテク企業のＣＥＯには投資するな……」とアドバイスしたのだ。こういった不文律が、法として明文化され、警察が執行するルールと同じくらい影響力をもつ場合もある。

## 第一印象は服装で決まる？

服装に社会的な意味を与える、また別の種類のドレスコードもある。人の第一印象はおよそ三秒で決まるといわれる。服装は、その初対面のイメージを決める非常に重要な要素のひとつだ。衣服は生まれの違いを誇張し、粉飾することも、わかりにくい社会階級を明確にすることもできる。ヨーロッパの貴族やニューイングランドの名家の子女であることは、裕福さや家柄だけでなく、衣服の微妙な違いからもわかる。性差は衣服、髪型、化粧品からわかる。人種や民族が同じ集団は独特の身だしなみと装いをすることで、同族関係と仲間意識という絆《きずな》を維持する。信仰も個人的な信念の問題と捉えられがちだが、宗教独自の定められた装いと身だしなみによって、公的な意味をもつ。

さらに服を着るのは、周囲の人によい印象を与えるためだけではない。服装は心の奥底に秘めた関心、願望、自己意識を映し出す。人はよくお気に入りの服装を「自分らしい格好」と呼ぶ。自分が選んだ服装は名前のように自分だけのものになるからだ。しかし、人は社会的地位や個人の特徴を表す、何よりも目につく要素のことを軽く考えがちだ。

服装がこれほどルールに縛られるのはなぜだろう？　服装が取り決め、ルールや規制、法による宣言、裁判所命令の対象とされるほど重要になるのは、どんなときで、それはなぜだろう？　このようなルールが、平等や個人の自由に関する社会規範の変化と衝突したら、何が起き、また何が起きるべきだろう？　ドレスコードが役立つのはどんなときで、必要以上に抑圧的になったり、不当なものになったりするのはどんなときだろう？　成功するための服装をする、あるいは自己表現のためにルールを無視するとはどういうことだろう？　服装は本当に個人が選択しているのだろうか？　それとも人はつねに周囲に好印象を与える――あるいは人の気を引くような服装をしているのだろうか？　テレワークやオンラインデートの時代に、服装のルールの重要性は薄れているのだろうか？　それとも顔を合わせることは、その機会が減ったからこそ、かえって大きな意味をもつようになったのだろうか？

本書はこういった疑問だけでなく、そのほかの多くの疑問に答え、歴史を通したファッションの法則を探り、服装――自己表現の最も私的かつ公的な媒体――がもつ個人的、社会的、政治的な意味を明らかにしていく。

## 服装を解読する――コミュニケーションと自己成型

多くの男性がそうであるように、私もファッションのあらゆるセンスを父親から受け継いだ。父はきめ細かで洗練された感性をもつ男性だった——熟練した仕立屋、学者、活動家、そして聖職者でもあった。父は何年もの間、私の悲惨な服装（左右非対称の「ニューウェーブ」ヘアに、ナイロンのパラシュートパンツ。わざわざ破ってから安全ピンやダクトテープでつなぎ合わせたパンクファッション）に何もいわず、絶望の面持ちで耐えていた。三つ子の魂百までというが、少なくともファッションに関しては、父が私の魂を形づくってくれたことがわかった。とはいえ、私は父を真似るのがやっとだったが、やがては質のよい注文仕立ての服、磨き上げた礼装用の靴、パリッとしたシャツ、ときにはネクタイのよささえわかるようになった——二十一世紀初めの北カリフォルニアの暮らしでは、ネクタイが必要になることはまずなかったが。ウィンザーノットとハーフウィンザーノット、フォアインハンドノットの結び方を覚え、蝶ネクタイの結び方も覚えた——蝶ネクタイはタキシードを着るような滅多にない行事にしか必要のないスキルだが、父は覚えておく価値があるものだと譲らなかった。「いざというとき、あの滑稽なクリップ式蝶ネクタイをする羽目にならなくてすむ」からと。総毛芯仕立て（訳注／前身頃の加工芯を表地と縫い合わせる方法で前身頃の裾まで入れたもの。半毛芯は腰ポケットまで）のしっかりとしたジャケットと、接着芯仕立てのジャケットの違いの見分け方も学んだ（「糊づけされている」と父は不満げにいったものだ）。何よりも私が学んだのは、衣服というものは、自分がどんな人間なのかを表すと同時に、コミュニケーションの手段にもなり得ること。服装から、相手に対する敬意の有無、目指すものの有無、真剣さの有無が伝わることだった。個人にとっての重要性と社会的意味をこんなふうにまとめて考えれば、政府機関、企業、市民団体が服装を規制する理由や、人びとがそういった規制を息苦しく耐え難いものと考える理由がわかる。

父の死から十二年後の二〇〇九年、私はエスクァイア誌が開催したベスト・ドレスド・リアル・マン・コンテストに参加することにした。当時、私がおかれていた状況は、親になったばかりの人なら誰もが経験するものだ。生後十カ月の二人目の子を抱え、妻マーリーンと私はもう何カ月も夕食や映画に出かけたことがなかった。華やかで洗練されたものを求める気持ちなど、色褪《いろあ》せた記憶となっていた。ファッショナブルで――少なくともまだ着られる――特別な外出着は、おびただしい数の木綿のロンパースや、けばけばしい色のプラスチックのオモチャを入れる空間を作るため、脇へ押しのけられていた。大人の楽しみを少々味わおうとしたところで、ミルクとオムツ替えの合間に、キッチンでカクテルをかき混ぜるだけで精一杯だった。

ある日、仕事を終えた私は、エスクァイア誌のコンテストへの参加は願ってもない気分転換になると考え、友人を集め、私の突拍子もない選挙運動を支援してくれるように頼んだ。悩める四十三歳のパパが競い合う相手は、がっしりした顎を持つ俳優の卵、引き締まった体のファッションモデル、筋骨たくましい男子大学生からなる集団だ。つまり、ダヴィデ対アドニスの戦いのようなものだ。参加登録締め切りは翌日だった。マーリーンはカメラを出してくると、パシャパシャと何枚も写真を撮った。五歳になるコールは私の古い雑誌の山を漁《あさ》り、十カ月のエラは両親の気を引こうとありとあらゆることをした。数分後にはエラがミルクかオムツ替えを求めて泣き叫んだので、そこで終わりにした。私は撮ったスナップ写真をアップロードし、短い質問表に書き込むと、「送信」ボタンをクリックした。

そのあと、ライバルたちをくまなくチェックした。他の出場者たちは、エキゾチックな場所で、見

エスクァイア誌のベスト・ドレスド・リアル・マン・コンテストのために妻が撮った写真の一枚。舞台右手では息子コールが雑誌を読み、膝に乗せたエラはママのところへ行こうと体をくねらせている。

事なバックライトを使ってプロが撮った写真を載せていた。もう何万票も集めている者たちもいた。私が、票が三桁になりますようにと願っているときに。数週間後、ウェブサイトに上位二十五名の準決勝進出者が掲載され、驚いたことにそこには私の写真があった。お気に入りの青いピンストライプのスーツが最大の効果を発揮することを狙いつつ、身をくねらせる幼児を抱いている私の写真が。そんなわけがない。ブラウザーを更新し、本物の準決勝進出者のリストが現れるのを待った。私の名前はまだそこにあった。数日後、電話が鳴った。エスクァイア誌はリストを十名まで絞り込み、そこからファイナリスト五名を選ぶために取材しているところだった。選ばれれば、ニューヨークに飛び、素晴らしい賞品をもらい、朝のニュース番組『トゥデイ』に出演することになるのだ。編集者は私の服装スタイルについて話したがった。

――服装をどのように選びましたか？　もっと具体的に話してもらえますか？　他の人にはどんなアドバイスをしますか？　「自分らしくあれ」というのはあまり役に立ちませんよね？　なぜ、あなたにとってスタイルが大切なんですか？　あなたのスタイルのお手本は誰ですか？　勘弁してくださいよ。皆さん、父親だとおっしゃるんですよ。他にいませんか？　ケーリー・グラント、マイルス・デイヴィスも皆さん挙げられます。デヴィッド・ボウイ。それなら、まだましですね。どの時代の？　レッツ・ダンスの頃？　本当ですか？

数日後、その編集者がまた電話をくれ、悪い知らせを伝えた。私は六位となり、あと少しのところでファイナリストになれなかったという。おおいに楽しませてもらったものの、プライドが傷ついた。自分の服装スタイルについて話すことなど簡単だったはずだ。私は教授であり、人に何かを説明することを生活の糧にしているのだから。だが私はインタビューでへまをしてしまった。自分がその服装にした理由など直観的にわかっていたのに、どうしても説明できなかった――そしてニューヨークでの、すべて無料のわくわくする週末を手に入れるチャンスを失ってしまったのだ。父の教えは――ほとんど勝ち目がなかったのに――私をトップテンまで導いてくれた。けれども、父をもってしても、私に服装がもつ謎に満ちたコードを解読させることはできなかった。

ある意味、本書はそれに対する私の報復だ。今さら何をいっても遅いが。本書で私が探っていくのは過去と現代のドレスコード。中世の奢侈《しゃし》禁止令、現代のわいせつ禁止令、ルネサンスの服装規範、ヴィクトリア時代の服装の作法、公共の場での服装ルール——さらには街中、職場、学校でのルールについても考えていく。

## 古代から「世紀単位」でトレンドを分析

人が自分の服装、他の人たちの服装をそれほど気にする理由を理解するには、衣服とファッションが世界中の人びとの行動と認識をどう方向づけていくのかを調べる必要があった。しかし、それはそう簡単なことではない。なぜなら服装が社会的交流や世界観に及ぼす影響はすでに習性となり、あまりに反射的で心に深く根づいたものであるため、自分では気づかないからだ。もちろん、数十億ドル規模のファッション産業が、私たちの目の前にずらりとファッションを並べて選ばせていることには気づいている。それだけでなく、数カ月ごとに流行が変わり、ファッション誌や新聞記事が最新トレンドを伝え、ショップが衣料品であふれ、衣服のまわりはありとあらゆるドレスコードとルールと期待であふれかえっていることも知っている。けれども、こういった一見圧倒されそうなほど、絶え間なく変化する細かな部分は、ファッションの世界のほんの一部にすぎない。ジャケットにつける目立つワッペンのようなものだ。

私たちはこういう細かな部分にどっぷり浸かりながら、服装のもっと大きなパターンに疑問を抱いたり、分析したりすることはまずない。たとえば、あるファッションを男らしいもの、別のものを女らしいものにしているのはなんだろう？　ある衣服が冒険的、あるいは流行の最先端とされ、別のものが保守的、控えめとされる理由はなんだろう？　ハイヒールをはしたないほどセクシーなものに、フラットシューズを実用的だがつまらないものにするのはなんだろう？　衣服のフィット感、裁断、装飾にはこだわるのに、その根本的なデザインに疑問を抱く人はまずいない。二千年前、政治家は布――現在、「トーガ」と呼ばれるもの――を、体に垂らすようにまとって議会に出席した。七百年ほど前の政治指導者やエリート層も、古代のトーガとあまり変わらないローブを身につけていた。しかし、今日の政治家のほとんどは、注文仕立てのズボン――古代の人びとが野蛮人や農民の服装と考えたもの――と、それに合った折り襟つきの長めのジャケット、つまりビジネススーツを身につける。この変化が起きたのはいつで、その理由はなんだろう？　重要な会議にローブやトーガを着ていこうとは、誰も夢にも思わないだろう。だが、伝統に縛られた専門職に就いた多くの女性たちは、今もパンツよりもドレスやスカートを選ぶ。そのどちらも、基本的に体に垂らしてまとう衣服、古代のトーガの流れをくむものだ。私たちはそれを受け入れるどころか、当たり前のことと考えている。こういった、ほかと比べて広く長く生き残ってきた流行のトレンドが社会の秩序を生み、人びとのものの見方を決めていく。それがしばしば明白なルール――ドレスコード――の主題となり、服装が意味するものと、いつ、誰がそれを身につけてよいのかを決定する。

こういった大きなトレンドを調べるには、長期にわたり――季節や年単位、十年単位ではなく、世紀単位で――ファッションの変化を見ていく必要がある。歴史上の出来事に沿って、このような変化を取り入れたルールを見ていくことは、当時、ファッションが意味したものと、今日、私たちにとって意味するものを理解するのに役立った。そして、ファッションとは、ただの衣服以上のものであることを教えられた。

## 白衣を着ただけで抽象思考能力が上がる？

ファッションとは、衣服を通して、考え方、価値観、願望を伝える手段だ。人は服装を通し、自分が何者で、何を大切にしているか、社会のどこに属しているか――あるいはどこに属したいと望んでいるか――を周囲に知らせている。そのメッセージは、警官の制服が権威を伝えるように明白で直接的な場合もあれば、パンクロックガールのパッチとブローチだらけのデニムジャケットが反抗的で挑戦的な態度を伝えるように、象徴的でわかりにくいものになる場合もある。

あまり知られていないが、おそらくとても重要なのは、ファッションとは、自己意識と、社会における自分の居場所の感じ方を変える手段であることだ――私はこれを歴史家スティーヴン・グリーンブラットの言葉を借り、自己成型（訳注／語ることにより「自分とは何か」を構築しようとすること）と呼ぶことにする。衣服も語ることと同じように、人が自己認識を変え、可能性に気づき、それを育て、感じ取れるかどうかを左右する。ある意味、人は衣服を身につけた目的に適《かな》うものとなる。つまり社会的役割を果たせるように衣服が人を躾けるのだ――自信をくれたり、萎縮させたり、姿勢を正させたり、うつむかせたり、体が心地よい、保護されていると感じさせたり、締めつけや刺激を感じさせたりする。考え方はあの古いことわざと違うものの、たしかに衣服は男をつくる（あるいは女を。そして衣服は長い間、男女の格差の定着に一役買ってきた）。衣服は体の一部となり、人格を表し、形づくり、様々な社会的役割に適応しやすくさせる――あるいは適応しにくくさせることもある。わかりやすい例を挙げれば、十八世紀中頃の女性の衣服はふんわりと広がり、床まで届くスカートとフリル、鯨ひげ入りコルセットからなっていた。この服装は、女性は装飾品で、外見の美しさ以外の価値などほとんどないというメッセージを送っていただけではない。その服装のせいで、女性はさっと素早く動くことができず、体を使う多くの作業がやりにくくなった。その結果、それが目に見える「証拠」となり、女性は男性ほど能力がないとされた。しかしほとんどの女性はその時代のドレスコードを取り入れ、その服装をしていれば安心できた。すると今度は、自分のことを頼りない単なるお飾りとみなす女性たちが出てきた――服装が社会的役割を決め、結果として自己意識まで決めてしまったのだ。

服装がもつ自己成型力の例をもうひとつ示そう。二〇一二年と二〇一五年の心理学調査によると、実験用白衣を着た被験者[11]と、就職の面接向けのきちんとした服装をした被験者[12]は、彼らと同等の知性を備え、ジーンズとTシャツを着た被験者よりも、抽象的思考力検査の成績がよかった。

ドレスコードは、服装にはコミュニケーションと自己成型という社会的機能がどちらも備わっているという重要な証拠となる。「ドレスコード」には二重の意味がある。コードとは、法律など、活動や言動を規制するルールでもあり、メッセージを解釈あるいは解読するためのルールまたは公式でもある。要するに「ドレスコード」とは、どんな服装をするかを規制するルール、あるいは法律でもあり、服装の意味を管理するルールでもあるということだ。

一九六七年、記号学者ロラン・バルトはファッション誌で率直に語られる記事を分析し、日々、目にするありふれた服装を理解しようとした。[13] そこで彼が発見したのは、シャツの襟、スカートの長さ、色、デザイン、布地を組み合わせた細部から、情熱、野心、幻想、信念が感じられることだった。ファッション誌が与えていたのは、服装がもつ意味の未完成の用語集――つまり、現在の流行の説明でもあり、それをさらに洗練させ、価値の高いものにするための規範でもあった。私がドレスコードの研究で目指しているのも同じようなものだ。ドレスコードはルールという形を取っているため、服装の慣習がもつ、人を圧倒しがちな複雑さを単純化する。規範と禁止は具体的に示す必要があるため、ドレスコードはファッション記事と同じく、服装がもつ、たいていは曖昧で無意識的な意味を明白かつ意識的なものにする。ドレスコードが服装に含まれる、ひとつのアイテムを求めたり、禁じたりする場合、何かしら社会的意味もほのめかしている。「プロにふさわしくない」衣服を排除するドレスコードは、それと同時に、そのドレスコードが排除するなら、プロにふさわしくない衣服なのだと思い込ませる。しかし実際には、女性のファシネーターは、頭頂部を覆う帽子と比べると堅苦しさがなく、ずっとファッショナブルだ――セプタムリングが鼻ピアスよりエッジが効いているのと同じだ。そう考えれば、ドレスコードは服装の意味を解読する重要な鍵になる可能性がある。

衣服を認めたり、禁じたりしてきたルールを調べれば、衣服ひとつひとつに対する人びとの解釈の仕方についてヒントが得られる。ドレスコードが規制する服装の意味を明らかにする場合もある。たとえば、ルネサンス時代のドレスコードのなかには、赤と紫は高貴な生まれを象徴し、宝石類や高価な装飾品は性的に淫らであることを示すとするものもあった。さらにいえば、こういったドレスコードは服装と社会的地位、性道徳と政治的立場の間に昔からあるつながりを映し出していただけではない――そういったつながりを強化し、ときにそれを創り上げ、特定の衣服を着る者に対する考え方、それを着る者の自分自身に対する考え方を変えた。つまり、衣服がもつ社会的意味を決めれば、個人の自己像の築き方を変えることができる。その例を挙げよう。実験用白衣を使ったあの心理学調査を覚えているだろうか？　あの調査からもうひとつわかったことがある。被験者に同じ白衣を着せても、それを実験用白衣といわず、塗装工が着る上着だと伝えた場合、被験者はよい成績を出さなかったのだ。

## ファッションとは独自の表現方法

一九七四年、ジョン・ポール・スティーヴンズは米国最高裁判所陪席判事となる一年前、次の言葉を残している。

> 社会が組織化されたばかりの時代から……きちんとした身なりをすることやその場にふさわしい服装をすることはつねに管理や規制の対象であり、ときに慣習や社会的圧力により、ときに法律により、それが行われた……様々な身なりの選択に関心をもつ者がいるように……社会もその選択の行使を制限することにもっともな関心を抱く。[14]

ミラー対第一六七学区の裁判は、ヴァンダイク髭（顎に生やす先の尖った短めのヤギ髭の一種。フランドル出身の画家アンソニー・ヴァン・ダイクを連想させる髭）をたくわえた公立学校教師が、学校のドレスコードに違反したというものだった。裁判官は、「服装や髪型の規制は、どちらかといえば取るに足りないこと」とし、ドレスコードが憲法の保障する権利を侵害している、とするミラー氏の主張を退けた。

　ミラー氏に数学教師としての仕事をつづける資格があったかどうか、私にはわからない。しかし、服装と身だしなみなど取るに足りないという見解には反論したい——これは重大な問題や深刻な訴訟にひたむきに取り組む弁護士、学者といった人たちにはありがちな意見だ。ほとんどの弁護士は無難で目立たない専門家らしい服装を選び、典型的な知識人は流行への無関心を装いつつ、決して流行に遅れない。典型的な教授の服装からいえるのは、服装に対する高尚な軽蔑が感じられること——服装についてのどんな真剣な学術研究も、あっさりと価値の低いものとみなしてしまう偏見がある。実際、私自身も何年も前、ドレスコードをめぐる論争について初めて執筆したときには、あまりに些細なことだから、弁護士や裁判所の注目には値しないという結論を出した。しかし、今では服装というものは、どんな芸術様式や表現手段にも負けないほど、研究、分析、さらには法廷で注目の対象となるべきものだと声を大にしていいたい。本書ではこういった論点をいっそう深く、微妙な部分も含めて取り組むようにし、平等と個人の尊厳を求める政治闘争の場での服装の重要性を強調し、ドレスコードを通して服装を決定し、管理しようとする取り組みの長い歴史を探った。

　何世紀もの間、ドレスコードは法律の形を取っていた。中世およびルネサンス時代の奢侈禁止令は社会階級によって衣服を指定し、米国の奴隷制度があった州の法律は、黒人が「分不相応」な服装をすることを禁じ、公序良俗法は男女に性別にふさわしいと認められた服装をするように求めた。こういった法律により、服装に関するルールが数多く作られ、強化された。商店、企業、クラブは明確なドレスコードを受け入れ、エチケット本が社会的に好ましい服装のルールを広め、非公式の規範が当たり前のものとされ、やがて厳しい不文律となり——九月十五日以降に麦わら帽子を被ることを禁ずるルールのように——社会的圧力と集団暴力によって強要された。

　ところが現在では、数百年間もドレスコードを支えてきた法律が、それを無効にすることもめずらしくない。表現の自由に対する法的権利、差別を禁ずる法律が徐々に様々なドレスコードと激しく衝突している。たとえば、二〇一五年、ニューヨーク市人権委員会は、ビッグアップルの事業者にこう通知した。「生物学的性別あるいは文化的社会的性別に基づき……様々な基準を押しつける……ドレスコード」は違法である、と。この命令が法的に禁ずるドレスコードに含まれるのは、「男性と女性に異なる制服の着用を求めること……あるジェンダーの従業員にそのジェンダー用として決められた制服の着用を求めること」[16]。それはまるでマンハッタンの伝統ある店、21クラブの「レストランで食事をする男性に例外なくネクタイ着用を求める」という有名な（しかし今では廃止された）規定にジャブをお見舞いしたかのようだ。

　しかし、往々にして服装や身だしなみなど些細なこととする見解からわかるのは、服装についての論争で注目されるのは全体のほんの一部にすぎないこと。そして、注目されるのは、どうしても、差別や表現の自由など、「より深刻な」訴えになってしまうことだ。たとえば、政府が強いるドレスコードは、表現の自由を保障する米国憲法修正第一条に違反する可能性があるとしよう。だが、これが当てはまるのは、たいてい禁止された服装が、かなり面白みのない言葉で、何かを「象徴している」と表現されたときだけだ——これは、申し立て内容をわかりやすくするための代理的な表現にすぎない。その結果、弁護士や裁判官は、衣服や身だしなみを表す、まるで声明文のような、はっきりとわかりやすいメッセージを探し求めるようになる。こんな不器用な直解主義では、服装による自己表現において何よりも重要なことを見逃してしまう。それは人間の体を飾り、覆い隠し、形を作り変える、服装のユニークな能力。ファッションとは、言葉やほかの手段では正確に描写したり伝えたりできない独自の表現方法のことだ。けれどもファッションはメッセージを伝えるとはいえ、服装がもつ意味は単なる文字どおりの意味ではない。本に書かれる言葉よりずっと直感的で漠然としたものだ。仕立てのよいスーツは、裕福で品のある人たちを連想させることで、富と洗練を感じさせる——言葉で伝えるより、見ればわかるものだ。しかし、言葉で表すファッションの単純化しすぎた見解では、服装がもつ表現の可能性の特徴がすべて失われてしまう。それでは、マーク・ロスコの絵画は、現代的な条件のなかで、人間が自然との真のつながりを失ったことを伝えていると主張するようなものだ——そんなことをしては、不可解でありながら、明白な力強い美的経験を見落としてしまう。

ドレスコードのなかには差別を禁ずる法律に違反するものもあるだろう。だが、いったいどれが違反しているのだろう。そして、なぜそれは法律に詳しくない者にとって曖昧でわかりにくいのだろう。たとえば、雇用者は男性、女性向けに異なるドレスコードを決めることができ、そのドレスコードがどちらかの性別に「不平等な負担」を押しつけることなく、「屈辱的なもの」でないかぎり、法的にはそこに「差別」があるとはいえない。

ここ数年、いくつかの法廷が、性別を特定した職場のドレスコードは、トランスジェンダーの従業員を不法に差別している可能性があるという結論を出している。しかしおかしなことに、それを明らかな差別としたのは、性別を特定した職場の違法なドレスコードそのものではなかった。従業員が認識する自分の性別ではなく、もって生まれた性別に基づいて強制した場合だけだったのだ。しかし、それでは、自分を男性とも女性とも認識しない人たちはどうなるのだろう。加えて、「差別」を避けるためには、雇用主は宗教を理由とするあらゆる服装ごとに、ドレスコードの特例を設ける必要がある——要するに、様々な宗教の従業員たち向けに、様々なドレスコードを設けるのである。職場のドレスコードは工夫をこらしたヘアスタイル——逆毛や編み込みなど——を禁ずることができるが、生まれもった髪質によるものを禁じることはできない。とはいえ、当然ながらドレスコードは髪の長さを規制することはできる。考え方に一貫性のないルールと驚くべき例外の数々が生み出す、こんな混乱状態を別にすれば、企業はどんなドレスコードであれ、好きなように設けることができる。たとえ、外見が仕事となんの関係もない場合さえ。

職場のドレスコードに違反するドレッドヘアのせいで、コールセンターのオペレーターの仕事を断られたアフリカ系米国女性チャスティティ・ジョーンズが窮地に追いやられた事例を考えてみよう。彼女は人種差別だとして告訴したが[17]、人種に関係なく全員に適用されたそのドレスコードは、明らかに差別的ではなかったため、ジョーンズは不公正な扱いだと証明できなかった。しかし、法律の複雑さから少しの間だけ離れ、ただ公正に考えれば、チャスティティ・ジョーンズは勝訴して当然だった。ドレッドヘアのようなヘアスタイルを、平等な敬意と尊厳を求める闘争の重要な部分とするべき説得力のある状況は、間違いなくあるのだから。そもそも、ミズ・ジョーンズの髪は、彼女にとって重要なものだったと明らかにする必要すらない。それどころか、それは彼女が応募した仕事とはなんの関係もない。なぜなら、コールセンターに電話をかけてくる顧客が彼女の髪を見ることはないのだから！とにかく裁判官と弁護士たちの——ジョン・ポール・スティーヴンズに劣らないほどの法的権威者を含めて——服装と身だしなみは取るに足りないことだという思い込みのせいで、ミズ・ジョーンズはそれを明快な事例にすることができなかった。彼女は法律が認める言葉で異議を申し立てるべきだった。ところが残念なことに、その申し立ては状況とうまく噛《か》み合わなかったのだ。

私は弁護士かつ学者として、キャリアの大半を研究と講義と市民権改正の支持に費やしてきた。市民権は、服装と身だしなみに関わる論争が驚くほど生じやすい法の領域だ。ファッションにも興味を抱くようになったせいで、つねづね思っているのは、事例の法的な主張の多くが、意見の相違から生まれる、何より明白で重要な個人の感情面の問題の一部を見落としていることだ。私がドレスコードの歴史を探ってみようと考えたのは、こういった論争の中心にあるものをもっとはっきり知りたいからだった。「ファッションなど取るに足らない、どうでもよいこと」とする見解が定着する前の時代を調べてみると、服装について、もっと率直な議論がなされていたことがわかった——そして、ドレスコードが作られた理由も。

## 地位、性別、権力、個性

物語が始まるのは、多くの歴史家たちが、古代が終わり、現代的な感性が始まったと考える時代、十四世紀だ。中世が終焉《しゅうえん》に近づき、ルネサンスが姿を現し始める。この時代には新しい社会的感性が出現する。それは個人を中心に据えたものだった。すると、この現代的な感性が新しい芸術形式を呼び起こす。具体的には、現代心理学における人間の意識というこれまでなかった新しい概念。そして、ジョン・ロック、イマヌエル・カント、ジャン＝ジャック・ルソーといった理論家ともつながる、古典的自由思想という新しい政治的、倫理的理想といったものだ。服装の新しいスタイルはこういった流れに伴うもの、それを促すものだった――人びとは自分だけの個性の反映と延長として、体を表現する新しい方法を模索したのだ。この新しいスタイルが最初の「ファッション」となった。本書では、この言葉をそういう意味で使っていく。ファッションは現代性に必要不可欠な条件だったとまで主張する気はないものの、ファッションの発展はその時代の社会的、学問的、政治的な出来事において、ひとつの役割――たいていは非常に重要な役割――を果たした。その長い歴史のなかで、人びとはファッションには政治的な利点があることに気づいた。だからこそ、法律を通過させ、ファッションを規制するルールを作る人たちもいれば、そんな法律やルールに抵抗し、それを覆そうと奮闘する人たちもいたのだ。

服装が表現するものを分析しようとするのは骨の折れる作業だ。何世紀もの間に存在した衣服の数々を利用すれば、無限ともいえるメッセージを伝えることができ、そのひとつひとつが歴史的瞬間、社会的慣行、政治闘争、性愛を連想させるのかもしれない。そんなファッションの長い歴史を紡いできた無数の糸をほぐしたがる者などいるだろうか？　幸いにも、そんなことをする必要はない。ドレスコード——服装についてのルール、法律、社会的拘束——を謎解きの重大な鍵として利用すれば、ファッションの大きな流れの下に横たわる、四つの興味の対象が見えてくる。それは地位、性別、権力、個性だ。

服装はステータスシンボルであり、歴史は社会的地位が着ているものからわかるようにするルールと法律であふれている。衣装は性的な象徴でもある——社会慣習と法律により、男性か女性か、性的な経験があるかないか、既婚か未婚か、貞淑かふしだらかが服装から明確にわかるようにされてきた。衣服は権力を示す制服だ。どんな領土境界線よりも、ひとつの国家の所有物をわかりやすくしてきた。どんな言語や文化的儀式よりも民族や部族を区別してきた。どんな聖典よりも宗派をひと目でわかるものにし、人種の序列化を定着させると同時に促してきた。そして最後に、ファッションは人が個性を表現する手段だ。人は手持ちの衣装を組み合わせることで、そこに独自の視点を映し出し、独自の自己意識を強くする。ファッションの歴史は個人主義の歴史と肩を並べるように進んできた。個人の自由が育ってきたように、服装における個人の自由も育ってきたのだ。

本書では、人びとがなぜ、どのようにファッションを管理しようとしてきたのかを見ていく。

第1部では、まさにファッションと現代的な感性が生まれた中世後期とルネサンスにおいて、ステータスシンボルを作る目的でドレスコードが利用されたことを考えていく。現代ファッションと現代のドレスコードの歴史が始まったのは、一三〇〇年代だった。男性たちが体に垂らしてまとう衣服を着なくなり、注文仕立ての衣服を着始めた時代だ。この技術革新のおかげで、衣服はそれまでよりいっそう自分を表現する手段となった。それから四世紀の間、ファッションはエリート層の特権となり、そのため王者の権力と貴族の階級を表すことが多かった。大半の人が非識字者だった時代、社会的価値観はイメージを通じて伝えられた。それは芸術、宗教的な肖像画や彫像、絢爛《けんらん》たる儀式、そしてもちろん豪華な衣装といったものだ。しかし、現代的なファッションの誕生は、古い社会階層にとって脅威だった。ファッションは人びとに自分だけの個性を主張し、伝統的な社会的役割から自由になることどころか、それに抵抗することさえ認めたからだ。経済の大きな発展が貿易商、銀行家、商人といった新しい階級を豊かにすると、彼らは新たに手にした成功をファッションによって見せびらかそうとした。上昇志向のある者たちは、高貴な人物になりすまそうと貴族の服装を模倣するようになり、貴族たちの特別な権利が崩壊していく。他の者たちはファッションを利用し、独自の社会的地位を主張することで、貴族の優越性に挑んだ。近代のドレスコードの多くは、ファッションを利用することで、一族の社会的役割と手にした特権を強化し、成上り者たち、社会の一員になりたい宗教的少数派たち、男女平等を主張する女性たちの野望を禁じ、咎《とが》め、嘲笑おうとする上流階級の奮闘だったのだ。

大きな変化が起こったのは十八世紀後半、政治革命と啓蒙思想の影響が貴族の権利に不信を抱かせ始めた時期だ。第2部では、ファッションが贅沢さから上品さに向かった変化を探っていく。啓蒙思想の理想がドレスコードにも同様の変化をもたらした。中世とルネサンスの上流階級の服装に見られた贅沢さの誇示は、控えめな表現という新しい理想に取って代わられた。神から授かった王と女王の権利の顕示が消え、新しい貴族的な衣装が現れたのだ。このような政治的背景のなかで、高い社会的地位は、生まれの高貴さや名声などでなく、勤勉さや能力、賢明な判断力と結びつくものとなり、それが新しい控えめな上流階級の生活様式となった。それでも男性たちは服装によって自分を際立たせていたが、上流階級を示す特徴は、目立つ装飾ではなく、さりげない洗練だった。この変化は多くの点で上流意識に対する批判のように見えながら、実はそれを保護していた。中古衣服市場の成長に伴い、製造と売買が増えた結果、以前はめずらしかった装飾品や贅沢品の流通量が増え、もはや独占権を示す印としての価値を失いつつあったからだ。その結果、上品さを表す新たなステータスシンボルとして求められたのは、教養と新しい文化への適応力だったが、それを模倣するのはそう簡単なことではなかった。さらに王家の権力の衰退と政治形態としての主権国家の隆盛が、新しいドレスコードが生まれるきっかけとなった。十八～十九世紀には、西欧と米国で国民の制服を決めようとする考えが生まれ、英国でも少数民族の伝統衣装の着用を禁ずる法律ができた。

　人目を引く贅沢さから控えめな上品さへの変化の対象となったのは、主に男性だった。アメリア・ブルーマーといったフェミニストと支持者たちは、性別に基づいた役割やファッションという制限に抗ったものの、女性の服装を改革しようとする彼女らの努力は嘲笑の的となり、失敗に終わった。一世紀以上も女性たちをコルセットとペチコートに閉じ込めてきた性別が決める規範をなくすには、抵抗の仕方をよりファッショナブルなものにする必要があったのだろう。第一次世界大戦中、女性たちが大挙して労働力の仲間入りをすると、紳士服の技術革新の一部を取り入れることで、無駄をなくした新しいファッションがようやく広く受け入れられるようになった。当初、「フラッパー（訳注／一九二〇年代に膝丈のスカート、ショートヘアなどのファッションや新しい生活様式を好んだ若い女性たち）」は嘲りの対象だった――装飾を省いた実際的な女性服を取り入れようとする試みがつねにそうだったように。しかし、こういった女性たちが先駆者となった服装は、解放された女性向けの改善された女性用ドレスコードの基本となり、それは現在も使われている。こういった疑問の余地のない進歩はあったものの、多くのフェミニストたちが、現代のファッションは今もなお、女性をお飾りと考え、慎み深さを強いる、昔からの家父長制の理想を反映していると主張するのも無理のないことだ。

第3部ではパワー・ファッション（訳注／自分の成功や有能さを顕示するための服装）を見ていく。アフリカ系米国人が服装がもつ感情に訴える力を利用したのは、公平な尊厳と敬意を求める主張を後押しするためだった。最初は奴隷として、逃亡者として、のちには自由な黒人として、悪びれもせず人種差別をつづける社会のなかで、最低限の人間らしい扱いを求めてもがいてきた。奴隷解放のあとにすら黒人差別の悪意に満ちた侮辱的待遇を受けたときも、もちろん公民権闘争の最中にも、活動家たちは人種に対する固定観念を壊すために、「日曜に教会へ行くための晴れ着」を着た。のちの世代の活動家たちは、初期の公民権運動の〈身なりをきちんとする作戦〉とは異なる、服装による表現法を育てた。そこから生まれたのが、農業労働者たちのファッションによる団結や、ブラックパワー急進主義のしゃれた軍人あるいはビートニク（訳注／古い考え方や常識に反抗し、奇抜な言動や服装をする若者たち）風の服装、現実離れしたアフリカ中心主義（訳注／アフリカ系米国人が、自らのアイデンティティをアフリカに求める思想）といったものだ。アフリカ系米国人は今もなお、〈身なりをきちんとする作戦〉を実行し、上流階級を気取っていると思われることのあるもの、非現実的で（わずかな気取りを感じさせる）「ラジカルシック（訳注／左翼を支援する有閑階級）」として責められるものに苦しんでいる。

第4部と第5部では、二十世紀後期と二十一世紀初期のドレスコードを調べる。服装についての考え方は昔と比べ、気取らないものになったものの、人は服装を管理し、着ているもので人を判断しつづけている。

第4部では、性別に基づいた服装を規制し、定めるドレスコードの変化について考えていく。女性が平等を求め、かつては男性だけのものだった特権を享受するにつれ、女性を対象としたドレスコードがもたらす感情面の問題は、政治と個人、両方に関わるものとなる。上品な簡素さを選び、女らしい装飾の押しつけを拒むことで、伝統的な女らしさが生む制限から逃れようとする女性もいれば、大胆に性的な主張をすることを選び、女らしい、しとやかさの押しつけを拒む女性もいる。こういったパワー・ファッションの新しい形ひとつひとつに、それぞれの期待が込められている――しかし、そこには危険も潜んでいる。一方、その次の世代は伝統的な性的関係や性別に基づいた服装を否定し、生まれもった生殖の役割とは関係のない性的象徴という新しい表現手段を生み出している。

第5部では現在の入り乱れる服装の象徴について探っていく。これは一貫性のあるドレスコードの欠如と、この変化が生んだ新しい期待によって起こったことだ。私たちは過去の世代に比べれば、ファッションにおける個人の選択にずっと寛大になった。寛大どころか、むしろ服装が個性を映し出すことを期待している。今日では誰もが何世紀にもわたるファッションの歴史を思うままに手にしている。誰でも昔のどんなステータスシンボルも自由に取り入れることができる。かつてはそのシンボルの使用を規定されていた社会的役割を担っているかどうかに関係なく。とはいえ、もちろんドレスコードは生き残っていく。たとえば、高校生やサービス業の従業員の服装を規定する明文化されたルールもあれば、マンハッタンの投資銀行家全員に同じライトブルーのオックスフォード地のワイシャツの上にウールセーターという瓜二つのスタイルをさせるような言外の要求もある。たとえ政府の形式的な権威がもう以前のような効力を失ったとしても、社会の期待や圧力が個人の自由を束縛する。大半の人たちは今もなお、服装がそれを着た人の社会階級、人種、宗教、性別を映し出すことを望み、古い規制から逸脱するのは無礼なこと、あるいは不正な行為でもあると考える人たちも存在する。そのため、今日のドレスコードの多くは、古い服装のシンボルの慣例に囚われない新しい使用法を批判しつつ、選ばれた数少ない者にしか解読できない新しいステータスシンボルを作り出すことで、服装が間違いなく社会的地位を象徴するものでありつづけるようにしている。個人主義の勝利は、ファッショナブルな表現をするための新しいチャンスを生み出すと同時に、それに対する新しい課題ももたらしたのだ。

本書は、人が着るものと、それを着る理由を考察し、ファッションがどのように歴史を変えてきたのかを明らかにしていく。

# 第1部
# ステータスシンボル

PART ONE: STATUS SYMBOLS

二ヤードの赤い布があれば、紳士がひとりつくれる。

――コジモ・デ・メディチ

苦しい時代になるとファッションは必ず過激になる。

――エルザ・スキャパレリ

# 第1章 地位の記号化

——トランクホーズ、王冠、ひだ襟、ベルベット、深紅の絹織物の過剰な誇示について

一五六五年、ローランド・バンガム弁護士の召使いだった、哀れなリチャード・ウォルワースは、「異常なほど大きい突飛なホーズ」を着用していたとして逮捕された。ファッションに関わる罪に対し、ウォルワースは「まともで法に触れないホーズを自分で買うか、手に入れるまで」拘束され、「その午後、新しいホーズでロンドン市長の前に出た」[1]。法廷はその目障りな衣服を没収し、「行きすぎた愚かさの例として、人びとが目にし、考えることができる公の場に」展示するよう命じた。

歴史家ヴィクトリア・バックリーの記載によれば、トランクホーズとは、「大きく膨らんだ半ズボン……ウェストから外側に膨らみ、大腿の上あたりで細くなっている」[2]ものだ。

それは「パッドと糊をたっぷり使った滑稽なものになることが多く……内側に何枚も布を当て、派手な絹製で、着用者は布地を外から引っ張り、膨らませて見せびらかすことができた……」[3]。トランクホーズが当時のパラシュートパンツなら、リチャード・ウォルワースはルネサンス時代のMCハマーだ。しかし専門家によれば、エリザベス朝の英国ではトランクホーズは社会の脅威となった。一五

トランクホーズはエリザベス朝で流行した紳士服だった。

五一年の勅令にはこんな嘆きの言葉があった。「巨大で過激なほど大きなホーズの着用が……最近、この帝国に忍び込み、大きな非難を浴びている。それを着用している者から脱がせ、縫い直させ、そのような違法な行いを探し……それらを駆除するに至った」[4]

その結果、そういった禁じられた衣服を着用している者たちには、法律により厳しい刑罰が科された。とはいえ、リチャード・ウォルワースが受けた刑罰はトーマス・ブラッドショーに比べれば寛大なものだ。生地も商う仕立屋だったブラッドショーは、同年、「秩序に反する」パッドを過剰に入れたトランクホーズを着用したとして逮捕されている。その事件を聞いた法廷が出した命令は、「ホーズからパッドと内張りを残らず切り裂き、引き出すこと……彼に自分のダブレット（体にぴったり合ったジャケット）とホーズを着せ、自宅まで通りを歩かせること……その途中、同じような格好の者たちがいたら、彼らの内張りとパッドも同じように切り裂き、引き出すこと」というものだった。ファッションの罪が虚栄の罪から生じたものと考えれば、その刑罰を公の場での辱めにするのは当然のように思われたのだろう。

　しかし、いかに流行に敏感だった女王エリザベス一世の治世とはいえ、品位に欠けた格好をしたところで、普通は刑事制裁の対象にはならなかった。詰め込みすぎのトランクホーズがどれほど悪趣味あるいは見苦しいものであろうと、それを着用した者の虚栄心がどれほど強かろうと、政府が限られた財源を使ってまでドレスコードを強いるのはなぜだろう？　それは、リチャード・ウォルワースとトーマス・ブラッドショーが、衣服に加える工夫の限度を超えていたから――彼らが身なりを地位と特権の指標とする社会の政治的秩序を乱したからだ。このふたりの目立つ服装はある種の模造品とみなされ、それは衣服の価値を落とし、貴族や上流階級がもつ特権の秩序を弱体化する恐れがあった。中世後期から啓蒙思想の時代まで、法律と慣習の両方により、服装を見れば着用する者の属する社会階級、地位、職業、宗教、そしてもちろん性別が明確にわかることが求められていた。こういったドレスコードが服装をステータスシンボルにし、今も私たちの周囲で見られる服装が伝えるメッセージを確立したのだ。

　過激なトランクホーズを禁ずるチューダー朝の法律は、ある意味、古代からの慣習を継承していた。スパルタ人の質実剛健が評価されたのは、知られているかぎり最古の贅沢な服装を禁じる法律を備えていたからであり、そのライバルだったアテナイ人も、紀元前六世紀という早い時期に豪華な服装を制限する法律を成立させている。最初にその法律を「奢侈《しゃし》禁止令」という言葉で表現したローマ人も、豪華な衣服だけでなく、飽食や贅沢な家具、豪華な贈り物を禁ずる多くの法律を成立させている。[6]一五七年のジェノバで、中世ヨーロッパにおいて最初の過度の贅沢を禁止する法律が成立し、[7]中世後期までに贅沢を規制するドレスコードはヨーロッパ全体に広まった。そういった初期のドレスコードは広く禁欲の美徳を推し進め、無駄を防ぐことに役立った。禁止されたのは贅沢な服装だけでなく、結婚式や葬式など冠婚葬祭における浪費もその対象となった。

一三〇〇年代初頭、奢侈禁止令は徐々に服装に関するものになっていった。道徳主義者たちが贅沢な服装のことを、よくても魂の清らかさ、信心深さというもっと重要なことから気をそらすもの、悪ければ腐敗した肉欲につながると非難したからだ。宗教界の権威者にとって、服装そのものが堕落の結果であり、身を飾ることは、ふしだらな女性が男性を堕落させ、身を持ち崩させようとする、数多くの罠のひとつだった。エリザベス女王は、一五七四年六月十五日付の布告でつまらない理由を書き連ね、国家安全の問題として服装規制を擁護し、織物、毛皮、衣料品など高価な輸入品は貿易収支を悪化させると主張した。「王国の財産と財宝は、毎年、前年の黒字と一致するものであり、またそうでなければならない」さらに服装の競い合いも、贅沢な衣服に経費をかけることで財力の乏しい者を破産させ、その結果、彼らを犯罪に走らせる恐れがあるため、法と秩序を損なうとした。

そんなことがなければ社会の役に立つ多くの若い紳士たち、また紳士として尊敬されようと服装を誇示する者たちは、無駄に見せびらかす誘惑に負け、身をやつし、所有物や親から受け継いだ土地を失うだけでなく、借金をしたり、その場しのぎの策を練ったりし、不法行為を行うことなく、法に触れる危険のない生活ができなくなっている。[8]

奢侈禁止令はありきたりの言葉で正当化された。しかし、新しいドレスコードが起こす混乱の裏には、上流階級のステータスシンボルを残そうとする大きな目的があったと考えるほうが筋が通る。奢侈禁止令が対処した何よりも緊急性の高い問題は、エリザベス一世の布告が指摘したような、「浅ましい者たち」が買う余裕のない衣服を買いたがったことではない。数を増やしつつある浅ましい者たちに、服装で上流階級と張り合う余裕ができたことだった。実際、衣服を規制する一五三三年の法令前文にはこう謳《うた》われている。

この王国では、豪華で高価な衣装や装飾品が習慣的に着用されてきた結果、日々、様々な著しい不都合が目立ち、公共の福利に誰の目にもわかるような大きな損失を及ぼしている。それは所有地、権威、爵位、階級によって人間を認識し、識別する政治的秩序の破壊につながりかねないほどだ。[9]

## 「成上り者」の豪華な服装を禁じる

中世後期およびルネサンス時代の多くの奢侈禁止令は、社会的階級と地位について明白に言及している。たとえば、一二二九年、フランス王が、領主たちを中央集権的な支配下におく目的で貴族の服装に制限を設け、一二七九年には大胆王フィリップ三世が、貴族の服装の豪華さを所有する土地の広さに応じて制限した。英国では一三六三年に発布された「食事と衣服に関する法令」により、服装の豪華さが富と直接結びついた。[10] 手取り所得が同等の都会の住民と地主階級は、どちらも贅沢を禁ずる同じ規制の対象となった。一三九六年にミラノで発布された奢侈禁止令により、騎士、弁護士、判事の妻たちは衣服と宝飾品の規制を免除されたが、[11] のちの一四九八年に発布されたミラノの法の前文のなかで、それが特権の削減に対する貴族や上流階級の不満に応えたものであり、その結果、禁止令は議員、男爵、伯爵、侯爵夫人、修道士、尼僧、医師、さらに場合によってはその妻たちには適用されなかったと率直に説明されている。

立法者たちが社会的流動性と新しいファッションの流行に追いつこうと苦労しているうちに、ルールは混乱したものとなる。服装のほとんどあらゆる要素が法による制限の対象となり得たからだ。一一五七年、ジェノバではクロテンの毛皮の飾りが禁止された。[12] 一二四九年、シエナでは女性のドレスのトレーンの長さが制限された。一二五八年、カスティリア王アルフォンソ十世は、王は緋色のマントを、貴族は絹製を着用するよう規定した。一二七九年、ロマーニャのローマ教皇特使がその地域の女性全員にヴェールを被るよう求めた。[13] それとは対照的に、一三三七年、ルッカでは尼僧以外の女性全員がヴェール、頭巾、マントの着用を禁じられた。フィレンツェでは一三二二年の法律により、未亡人以外の女性が黒い服を着るのを禁じられた。一三七五年、アクイラでは最近死んだ者の男性の親類のみ、十日間だけ髭を伸ばすことを許された。[14]

王冠はとくに関心の的だった。十三世紀後半、フランスの端麗王フィリップ四世は、社会の上流階級が王冠を被るのを禁じた。[15] その妻ファナ一世は少なくとも一度、贅沢な衣装の流行を痛烈に批判している。「王妃は私だけだと思っていたが、ここには何百人もおるようじゃ！」と不満を口にしたのだ。王冠の悪用への激しい憤りは各地に広がり、一四三九年、ブレシャに住むある批評家はこう述べている。「建設業者、鍛冶《かじ》屋、豚肉屋、靴屋、織工たちが、妻に深紅のベルベットや絹、ダマスク織りの洗練された緋色のドレスを着せた。彼女たちのまるで大きな旗のような袖はサテンで裏打ちされていた……それが似合うのは王だけなのだが。彼女たちの頭には真珠の飾りや、宝石がずらりと並べられた非常に豪華な王冠が輝いていた」[16]

「二ヤード（一・八メートル）の赤い布があれば、紳士がひとりつくれる」[17] と語ったのはコジモ・デ・メディチ。ニコロ・マキャベリによれば、彼は十五世紀初頭のフィレンツェで強い影響力をもっていた銀行家であり、有能な支配者だった。こういった混乱を招く変化に直面した上流階級が現状を維持しようとするうち、奢侈禁止令の数は劇的に増え、十四世紀に始まったルネサンスという繁栄の時代に頂点に達した。イタリア半島のあちこちの都市で、共和国も専制君主も同様に豪華さ、とくに服装の豪華さの誇示に対し新しい規制を設けた。[18] ヨーロッパ各政府は、新しいファッションと新しい成上り者たちに後れを取らないように、がむしゃらに新しいドレスコードを成立させていく。たとえば、歴史家アラン・ハントによれば、フィレンツェで出された奢侈禁止令の数は十三世紀にはふたつだったが、十七世紀には二十以上にまで増え、ヴェネチアでは十三世紀にひとつだったが、十七世紀には二十八にまで増えた。英国では十三世紀には皆無だったが、十六世紀までに二十が導入された。スペインでは十五世紀後半になってもたったふたつだったが、十六世紀までに十六となった。[19] フランスでは十二世紀にひとつ、十七世紀に十二となり、その時期までに刑法と経済活動の規制の両方に組み込まれていった。一六五六年の法律は、警察官にパリの通りで通行人を職務質問し、奢侈禁止令に違反しているかどうかを調べる権限を与えた。[20] 禁止された品を売る商人は罰金を科され、違反を繰り返せば商取引を行う法的な特権を失うことさえあった。

## 経済発展と疫病が「見た目重視」をもたらす

中世後期とルネサンス時代の奢侈禁止令は、服装がもつ社会的意味を定義しようとする動きだった。こういった法律は、経済発展に伴う新しい社会的流動性と社会不安に対する対応だった。ヨーロッパが暗黒時代から抜け出すにつれ、新しい技術、新しい貿易の機会、増える移住、人口増加といったものが伝統的な社会秩序を揺るがした。中世後半における変化の範囲と大きさは、十九世紀の産業革命、あるいは高度先端技術が生まれ、グローバル化が起こった今の時代の変化に匹敵するものだ。十二世紀には製紙技術が発展し、羅針盤が発明され、知られるかぎり最初の風車が建造された。十三〜十四世紀に最盛期を迎えた都市間のハンザ同盟が、東はロシア、西はロンドンまで出先機関を設け、バルト海と北海の貿易を管理すると貿易が拡大し、新しい富、新しい考え方がもたらされた。シルクロードの交易路は十三世紀に劇的に拡大し、ヨーロッパに東方から技術と商品をもたらした。なかでも極めて重要だったのは、当時、人類史上最大の製造能力を誇った中国だ。十二〜十三世紀にはヨーロッパで初めて大学が設立され、イタリア、英国、フランス、スペイン、ポルトガルの学者たちがギリシア語、アラビア語の文書の翻訳を始め、埋もれた古代の、そして新しく生まれた数学、科学、哲学的思想をヨーロッパに紹介した。この技術と貿易の急増のおかげで、貿易商、商人、銀行家など小市民階級（訳注／資本家階級と労働者階級の中間に位置する階層）に仲間入りした者たちは、以前なら土地所有貴族にしか許されなかった、人目を引くような贅沢を享受できるようになった。その一方で、古着——ときに盗品——市場の繁栄が服装が伝える威信をさらに弱め、服装の社会的意味を混乱させる恐れが出てきた。[21]

やがて十四世紀に入るとペストの世界的流行が、ヨーロッパ、アジア、中東を荒廃させ、数億人もの人びとの命を奪った。歴史家の推測によれば、一三四七〜五一年でヨーロッパの人口の四十五〜六十五パーセントが死亡し、納税記録から、一三四八年のたった四カ月間でフィレンツェ住民の八十パーセントが死亡したことがわかる。[22]ペストの流行が収まると、結果として労働力が不足したことから、労働者はより高い報酬、よりよい労働条件、そして自分の価値を認めてもらうことを求めるようになり、それがかつてないほど社会的流動性を生じさせた。[23]

既成の上流階級と新しく誕生した富裕層にとって、服装は必要不可欠なステータスシンボルだった。服装は富と権力を見せつける手段として理想的なものだ。どこでも手に入り、自分だけのものとし、持ち運ぶこともできる。さらに、どんな衣服の装飾も厳密にいえば実用性などないが、それを着ている者には浪費する余裕があるという証《あかし》になる。要するに、豪華な衣装は身につけられる「成功の広告」なのだ。社会学者ソースティン・ヴェブレンは有名な著書『有閑階級の理論』のなかでこう述べている。

よい世評の基盤は……財力であり……それは余暇とこれみよがしの物の消費（からわかる）……衣服の消費にはこんな利点がある……衣服はつねにその証拠であり、誰もがひと目で財政状況を察することができる。[24]

贅沢な服装が社会的優位性を見せつける方法だったとするなら、贅沢禁止法は生意気な成上り者に身のほどをわきまえさせる方法だったのだ。

ファッションは他のものからは得られないチャンスをくれる。なぜなら、それだけで体そのものを、ある種の政治的信念に一変させることができる。中世後期、ヨーロッパ人の大半は読み書きができず、ルネサンス時代に入ってようやくゆっくりと識字能力が広がっていった。たとえば、歴史家の推測では、一五〇〇年、英国の人口の九十パーセント以上が非識字者で、十九世紀に入るまで大半の人がそのままだった。[25] こうした社会では、のちの社会が書き言葉として伝えたメッセージを、口頭の言葉によるコミュニケーションとイメージを頼りに伝えていた。教会は福音書の内容を聖像、絵画、儀式、壮観さを通して広めた。国は国民と外国勢力の使者に対し、絢爛《けんらん》たる式典、壮大な宮殿、パレード、神々しい記念碑を見せながら語りかけた――服従と敬意を得ようと、視覚に訴えて諭したのだ。衣服は相手をこういったイメージで説き伏せるときに不可欠なものだった。君主であれば、自分を特別で支配者となるよう運命づけられた存在として、人民に見せつけることができた。聖職者であれば、そこに立っていることで、天国の素晴らしさと神の栄光を感じさせることができた。ファッションの新しい変化により、この種の視覚による説得の力がより大きなものとなる。

十四世紀になると仕立て技術が広まったおかげで、衣服は贅沢な織物、鮮やかな色、表面の装飾だけでなく、外観や形状によってもメッセージを伝えるようになった。ただ華美な注文仕立ての衣服で体を覆うというより、体をこの世のものとは思えない人間離れした何かに変えることができた。しかし、ファッションが服装がもつ表現力に無限ともいえる可能性を与えたせいで、まったく新しい――しかも人の心を乱しそうな――見せ方をめぐる論争を招いた。女王が肩に驚くほど大きなパッドを入れ、スカート部分を大きく広げた、凝ったドレスをまとうことで威厳を伝えてよいなら、下級階層の生地も商う仕立屋であっても、自分の重要性を示そうと大胆になり、人目を引くほど大きなトランクホーズを穿いてもかまわないではないか、と。

個人のイメージがもつ力にとくに敏感だったチューダー家の人びとは、服装の華麗さを大切にすることで油断なく特権を守った。一五一〇年、ヘンリー八世は最初に招集した議会で、「高価な衣服の着用を禁ずる法令」を通過させた。[26] これは誤解を招く名前で、実際には高価な衣服を禁じたのではなかった。高貴な色で、質が高く、外国産の布地から作られた衣服の着用を、地位の高い者たちに制限しただけだ。たとえば、領主より地位が低い男性は、「金糸や銀糸を使用した布地、イングランド、ウェールズ、アイルランド、カレーの外で生産されたクロテンや毛織物」の着用を禁じられた。ガーター勲章をもつ騎士より地位が低い者は緋色と青色のベルベットの使用を禁じられた。同様にベルベットや絹、ダマスク織りは騎士より地位が低い者には禁じられたが、「領主の息子、裁判官、王の議会のメンバー、ロンドン市長」は例外だった。庶民でさえ地位によって分類され、法令はこう規定している。「召使いは、短いガウンなら二・五ヤード（二・三メートル）以上、長いガウンなら三ヤード（二・七メートル）以上（の布を）使用してはいけない。十ポンド以上の価値のある物をもたない農家使用人、羊飼い、人夫は、一ヤード二シリングを超える衣服、あるいは一ヤード十ペニーを超えるホーズを身につけることを禁ずる。違反すれば三日間、さらし台でさらされる」[27]一五一五年、一五三三年、一五五四年には、それにつづく服装を規制する法令が成立している。

## エリザベス女王一世の「高価な服装禁止令」

女王エリザベス一世はそれまでのどの君主より、服装の華麗さを巧みに利用した。彼女はルネサンス時代のイングランドという男性の世界における自分の性別の不利点を利点に変え、服装を通し、王族の贅沢な豪華さと厳粛で手の届かない女性的な美徳を一体化させ、威風堂々としたこの世のものとは思えない雰囲気を醸し出した（口絵2）。ファッションがもつ力を理解していた彼女は、悪名高き父親ヘンリー八世よりも人びとの服装規制に熱心だった。歴史家ウィルフレド・フーパーは二十世紀初期に書いた文書に、「エリザベス女王の治世は、服装規制が、その歴史のなかで前例のないほど活発だった時代だ」と記している。[28]数多くの新しい布告により、ホーズやストッキングに使用する布地の量や質を規制することで、ベルベットやサテンといった贅沢な布地を上流階級のために確保したのだ。

こうした法律は執行が容易ではなく、違反も多かった。貴族は服装によって庶民と見分けをつけるべきとしても、赤い絹織物やシロテンを着た者がそれを着る権利をもつかどうか、どうやって判断すればいいのだろう？　とはいえ、その法律は真面目に受け止められた。エリザベスは直々にロンドン市長に対し、間違いなく贅沢禁止法を守らせ、効果を高めるように命令し、枢密院も市長と市の参事会員を星室庁（訳注／ウェストミンスター宮殿内の「星の間」で開かれた裁判所。王の専制支配の道具とみなされ、一六四一年に廃止。現在も「密室での決定」「恣意的な判断」という意味で使われる言葉）に召喚し、同じ要求をした。[29] 彼女は入念な監視方法を定め、貴族、地方の行政官、庶民にこの法の執行に協力を求めた。執行するためにある種の賞金稼ぎも行われた。たとえば、エリザベス女王時代の贅沢禁止法は罰金を科すことに加え、一私人に権限を与え、「法律に反して着用された衣服はどれも……捕まえた者が自分のものにしてもよい」としたのだ。[30]

一五五九年十一月、枢密院からロンドン市自治体に送られた一通の手紙には、各教区に監視人ふたりを任命し、彼らに絹織物を着る権利を有する全員のリストをもたせ、絹織物を着ていたとして捕らわれた者を誰であれ勾留する権限を与えよという命令が記されていた。一五六二年五月六日の布告では、市長とロンドン参事会法廷に対し、すべての区に四名の「頑丈で善良な男性」を任命し、服装違反者を逮捕させるよう命じた。[31] 一五六六年、女王の要請を受け、市は四名の「真面目で、つながりのない人物」を任命し、朝七時から市に入る各門で見張りに立たせた。

その後十一時まで、午後は一時から夜六時まで見張りをつづけた。その時間帯は熱心に見張り、大きなホーズ、絹織物、ベルベットを着たり、禁止された武器を携えたりして、ロンドン市に入ってくる者たちを残らず調べた。[32]

高価な服装を禁じる女王の布告は、一五七四年、一五七七年、一五八〇年、一五八八年、一五九七年も出され、それぞれがファッションの様々な強い誘惑に対処しようとするものだった。たとえば、一五八〇年のある布告では、「度を超えた長さと深さのひだ襟」を禁ずるルールが追加された[33]——糊づけと針金の枠で布地の折り目を固め、異常なほど大きなひだ襟を作ることに対する対応だった。

衣服の規制を守らない者に手を貸したり、そそのかしたりする者たちも法的制裁を受けた。[34]一五六一年のある布告の規則によれば、仕立屋や紳士洋品屋は、着る権利のない者への衣服の提供を禁じられ、布告を守る保証金として四十ポンドの支払いを求められた。それに加え、八日に一度、禁制の衣服はないか、店内を調査されることになっていた。一五五四年の服装制限令の規定により、法令に違反した使用人の雇い主は、百ポンドという驚くべき金額の罰金を科された。[35]

チューダー家とヨーロッパ中の同時代の貴族が贅沢禁止法を制定し、伝統的な特権を強化する一方、急進的な思想家たちは服装の象徴的意味がひっくり返るような世界を思い描いていた。ヘンリー八世時代のトマス・モア卿はユートピアを描いた小説を書き、そのなかで衣服もどれも「何世紀もの間……まったく同じデザインで……」「色も一色……自然色……」と表現している。[36]モアの『ユートピア』が描写したのは、贅沢な服装を禁じることでも、上流階級のために保護することでもない。それを慎重に退化させることによって、見境のない贅沢の問題を解決させた平等主義の社会だった。『ユートピア』では、金や銀は寝室用便器や奴隷を繋ぐ鎖の鋳造に使われ、犯罪者は罪に対する刑罰として首に金のメダルをかけられ、頭には金の王冠を被らされた。[37]そうすれば貴金属が「汚名の印」になるからだ。ユートピアの住人たちは宝石をオモチャとして幼い子どもに与える。[38]そうすることで、「成長したとき、そんなオモチャを使うのは子どもだけだと感じるようになり、親の命令ではなく、自分自身の恥の意識から宝石を手放すようになる。ちょうど私たちの子どもが、成長するとおはじきやガラガラや人形を捨てるのと同じだ」。モアの想像のなかでは、象徴的意味の変化のさせ方が非常に効果的で、他国の大使たちが目を引く華美な衣装でやってくると、ユートピアの住人たちは彼らを道化師か奴隷だと勘違いしてしまう場面があるほどだ[39]。

モアがユートピアとして描いた贅沢がもつ社会的意味の転換は、ドレスコードを利用し、贅沢を高い地位の象徴と特権にしてしまったチューダー朝の道徳的規範に対する辛辣な批判だった。しかしそれだけでなく、『ユートピア』はファッションの急速な変化に対する不安をも映し出したが、それはチューダー朝の上流階級にも広く当てはまることだった。ユートピアでは衣服は何世紀もの間、一種類しかなかった。モアにとって、よい社会とは階級差だけでなく、ファッションが気まぐれに変わることもないところだったからだ。モアの時代の上流階級は、ステータスシンボルとして服装を規定するドレスコードを利用することで、ファッションの変化に対抗しようとした。熱心な急進的平等主義者と、特権を守ろうと汲々《きゅうきゅう》とする貴族、そのどちらにとってもファッションは敵だった。十四〜十六世紀にかけ、贅沢を禁ずるドレスコードが急に増えたのは、新しいファッション——そして社会的地位についての混乱を招く新しい思想——が急速に生まれつつあったことを映し出している。新しいファッションが数多く生まれるにつれ、立法者はそれに新しいドレスコードで対応し、最新の流行に追いつき、それを管理し、規定した。十四世紀後期のイタリアの作家フランコ・サッケッティによる物語は、この問題を浮き彫りにしている。物語のなかで女性の集団が衣服に巧妙に手を加えることで、市が布告した贅沢禁止法を鼻であしらう。地域の法が禁ずる高価なボタンを取り去るよう命じられると、問題のものは実はボタンではない、それがつけられた衣服にはそれに合うボタンホールがないのだから、とやり返したのだ。[40] ファッションはつねに法の一歩先を行くため、新しいファッションひとつひとつに新しいドレスコードが必要となった。こういった対処しにくい変化[41]に対し、ヴェネチア議会は一五五一年、「新しいファッションはすべて禁ずる」というそっけない布告を行っている。

## 服装で新種の貴族になる

トランクホーズと体にぴったり合うダブレットの時代だったルネサンス初期、ドレスコードは、何よりも服装の意味を理解し、管理しようとするものだった。裕福になりつつあった貿易商、金融業者、小貴族、成功した商人たちは、服装を社会的地位によってほとんど決められていたものから、もっと豊かさを表に出した多様な自己表現の手段へと変えていく。そうなった原因は、技術改革——とくに体にぴったり合う仕立ての衣服を作れるようになったこと——が、新しい富と新しい社会的流動性を生んだ経済の変化と同時に起こったからだ。人びとが新しいチャンスを求めて都市に流れ込むと、伝統的な社会的関係のうえに築かれていた階層制度が崩壊する。小さな村では誰もが自分の身分を——そして隣人たちの身分をも理解していた。しかし、知らない人ばかりの大都市では、肉屋の妻が貴族として通用し、二ヤードの赤い布があれば誰でも紳士になれた。好景気も豊かになる新しいチャンスを生み出したため、その肉屋は妻に王冠を、自分にダブレットを仕立てる高価な赤い絹織物を二ヤード買えるほど稼げる可能性もあった——派手で巨大なトランクホーズも仕立てられたことだろう。こういった社会の成上り者にとって、ファッションは地位を主張する方法だった——ただ単に貴族として通るだけでなく、もっと危険なことに、自分は新しい種類の貴族だと言い始めた。祖先から受け継いだ称号ではなく、富と能力、そして個人の人格がもつ力に基づいた貴族なのだと。こういう変化が地位と壮観さに基づいた社会秩序を脅かした。するとそこでは政治的権威とそれらしい格好ができる能力がもつれ合い、政治の世界は儀式を集めた複雑な劇場となった。そのため、ルネサンス時代のドレスコードはファッションを管理し、昔からの社会階級制度に都合のよいものにしようとした。ところがファッションは、服装と地位の間にあるそんな古いつながりを食い物にし、新しいもの——現代的で表現力豊かな人間——に都合のよいものになったのだ。

# 第2章 自己成型

## ――トーガ、ガウン、ローブ、注文仕立ての衣服について

中世後期までは、昔からの習慣と階層制度による奢侈禁止令が服装が意味するものを決めていた。しかし中世後期と、とくにルネサンス時代――巨大なトランクホーズを着たリチャード・ウォルワースといった無名の人物だけでなく、シェイクスピア、レオナルド・ダ・ヴィンチ、ミケランジェロなど傑出した人物たちが現れた時代――に入ると、服装は自己創造あるいは自己成型の手段にもなった。

古代世界から中世前期には、価値の高い衣服は血統、伝統、継承した地位を映し出すものだった。スタイルはゆっくりと変化し、つねに見慣れたものと共通する部分を残しながら変わっていった。服装はトマス・モアが好んだように何世紀も不変なもの、つねに一定なものではなかったが、その変化は十分にゆっくりしたものだったため、新しいスタイルも以前とわずかに違うものとして戸惑うことなく受け入れられた。しかしルネサンス初期までに、この伝統的な服装による象徴化はファッションの急速な変化によって追い払われつつあった。新しい技術、新たに手に入った富、新しく移ってきた者たちが現代的な意味でのファッションの誕生をもたらした。その速さは痛快なものだが、情け容赦

がなく、人を疲れさせるものだった。そのため、新しい服装規制は、過去とのつながりを伝えるのではなく、その時代の精神、思想の流れ、新しいものが与える衝撃を示すものとなった。

現代的なファッションが生まれたのは、経済による人の流動性がより多くの人に服装によって自分自身を表現する余裕と野心を与え、新しい技術が衣服のデザインの劇的な進歩を可能にしたときだった。何より重要な技術革新は、十四世紀に発展した現代的な仕立て技術だ。仕立て技術が導入されるまで、ヨーロッパの上流階級の衣服はほとんどが体に垂らしてまとうタイプのものだった――古代ローマのトーガや、中世のガウンやローブのようなものだ。古代世界ではズボンはめずらしく、それは労働者たちの質素な衣服、あるいは古代ペルシア人など東洋文明の異国風の服装だった。[1]歴史家グレニス・デイヴィズ、ロイド・ルウェリン＝ジョーンズによれば、「ウェストと脚に合わせた形の脚を覆うものは……『野蛮人』に顕著な特徴というのがギリシア人、ローマ人の考え方だった」。歴史家アン・ホランダーの記載によれば、仕立て技術が最初に利用されたのは、中世後期に考案された全身を覆う板金鎧《ばんきんよろい》の下に身につける、リネンのズボンとシャツを作るためだった。この新しい鎧は、鎖かたびらと、胸、前腕、向こうずねなど体のあちこちを覆う小さな板金の両方を、高度な技術で改良したものだった。それは軍人と上流階級向けに鋳造される高価なものであったため、注文仕立ての下着は高い地位を示すものであり、それがのちに上着となる。上流階級の男性たちはこの最初の注文仕立ての服を取り入れ、それまで男女に共通したものだった体に垂らしてまとうローブは見捨てられた。[2]

仕立て技術により、衣服は体の形をすくい取り、着用者の体型を強調するもの――つまり、より個人的なものとなった。体に垂らしてまとうタイプの衣服が色、装飾、布地によって地位を伝えるもの

古代の衣服は性別にかかわらず、体に垂らしてまとうタイプが一般的だった。

だったのに対し、仕立て技術の革新により、衣服は体に合ったもの、その下にある人の体型をうかがわせるものになった。男性の衣服は新しい様式を取り入れ、以前はどこでも見られた体に垂らしてまとう衣服は、伝統に縛られた職業——聖職者、学者、法曹界の人たち——と女性に特有の服装となった。のちに女性の衣服も、注文仕立ての紳士服の要素の一部を取り入れ始めたが、そのすべてというわけではなかった。たとえば、袖とボディス（訳注／女性用胴着）は体の形に沿っていたが、ウエストから下は昔ながらの体に垂らしてまとう形が残った。男性用にしろ、女性用にしろ、衣服は体に合ったものになるにつれ、高価なものとなった。こういった変化が、服装が表す社会的な意味を以前よりずっと幅広いものにした——その意味は昔からの体に垂らす形のものほど、馴染《なじ》みのあるものでも、明白なものでもなかったが。その結果、人は初めて、数多くの様々な社会的地位や職業から——貴族や聖職者だけでなく、肉屋やその妻にいたるもののなかから——意味をもつ服装を手に入れられるようになった。つまり、服装が個人の表現の媒体となることができたのだ。歴史家のなかには、これをファッションの誕生と呼ぶ人もいる。

## ファッションの誕生は「個人主義」の誕生

歴史家スティーヴン・グリーンブラットによれば、「ファッション」という言葉が十六世紀に使われたときの意味は、「自己形成を示す手段であり……物質的な体をもつ人間に課せられた義務でもあり……独自の個性でもあった」[3]。服装の意味が新しく出現したことは、人間の意識における重大な変化の一部だった。現代的な個人の誕生である。

このことには少しばかり説明が必要だ。もちろん個人はそれまでも存在したが、必ずしも政治理念、社会理念の対象とされていなかった。そもそも人間自身、自分のことを個人として認識していたわけではなかった。むしろ集団的な経済組織と集団が共有するアイデンティティ、そして自分の役割や地位によって定義される集団の一員だった。自分たちは社会的地位、職業、一族の財産を超越した個性をもつ個人である、とする考え方は比較的新しい。個人主義が出現したのは中世後期とルネサンス時代である——それはファッションと並行して誕生した。ファッションという言葉を私が使うとき、それは個人主義の表現という意味であり、ファッションはそれなしに存在できなかった。とはいえ、個人主義が重要な伝道者となるために、ファッションも必要としたとまでは断言できないだろう。哲学者ジル・リポヴェツキーはこう主張している。

> 中世末期には……主観的なアイデンティティの認知度が高まり、個人の独自性を表現したいというそれまでなかった欲望、それまでなかった個性に対する賛美も感じられるようになる……。個性の表れに対する強烈な愛着、個性に社会が示す称賛が……伝統に対する敬意の崩壊を容易にし……斬新さ、人との違い、独創性を探し求めるうちに、秘めたる想像力が刺激され……。中世末期までに外見の個性化が正当化された。人と違うこと、独自性があること、特質を表に出して注目されること――こういったことが当然の願望となったのだ……。[4]

ファッションの誕生を、同時代に起こった文学の転換期と比べてみよう。中世以前、西洋文学は主として叙事詩の形を取り、優れた男性や女性たちの偉業を記録したものだった。王、女王、戦士、騎士、賢者たちだけでなく、その非常に重大な任務のなかで、彼らを助けたり、妨害したりした者たちのことも書かれている。叙事詩のヒーロー、ヒロインたちはその地位や歴史上の立場で定義される。建国の父、人民の解放者、悟りの探求者といったものだ。叙事詩のヒーローが個人の心理状態を表しているとするなら、叙事詩の物語を動かしているのは、たいてい比較的単純な性格の特徴だ。セイレーンを出し抜いたオデュッセウスの狡猾さ。トロイ軍がギリシア勢を攻めている間、テントで拗《す》ねていたアキレウスの虚栄心と尊大さ。母を殺害することで父の敵を取るオレステースの引き裂かれた忠誠心。無分別なあまり、キャメロットを崩壊させたランスロットとグウィネヴィアの欲望。叙事詩のヒーローたちの性格はたいてい心理状態を掘り下げて考えられたものではない。なぜなら読み手にとって、ヒーローの熱意や感性は、その行動や地位ほど重要ではないからだ。

近代以前の人の感性は、政治や社会生活に向けられるのが一般的だった。王が重要なのは、元首になるように神から任命されたからだった。貴族は屋敷の代表者であり、土地の管理者であり、戦時には王国の防衛者だった。聖職者は神の代理人だった。彼らは何かを象徴していたから、人びとの関心を引いた。そういった重要人物の服装が重要なものとなったのは、服装が彼らの地位を象徴していたからであり、彼らの個性を反映していたからではない。庶民の服装はたいてい、ただ機能的なだけだった——格別目立つものではなく、象徴的な意味などまったくなかった。

小説の誕生は、個人の人格をそれまでになく重視するようになったことの表れであると同時に、それを作り上げることに一役買ったのだろう。小説のなかで、主人公（もはやヒーローではない）の心理状態、主人公が遭遇する者たちの心理状態が行動を起こさせるが、それは偉業である必要はない。早い話が、現代小説のなかで歴史的な重大事が起きても、ほとんどは個人の心理ドラマの背景となっているだけだ。多くの素晴らしい小説には、政治的、歴史的な幅広い関心など、まったく書かれていない。代わりに書かれているのは、比較的ありふれた出来事で描写される日常生活の断片や、社会的交流や人間の心情といった微妙なものだ。ホーマーのオデュッセウス（叙事詩のヒーローとしてはめずらしく複雑な心理状態にある人物）の手柄や、プルーストの『失われた時を求めて』の語り手がする長話を考えてほしい。もっと明らかなものとして、ジェームズ・ジョイスの『ユリシーズ』もある。それらは、何世紀にもわたる流れのなかで物語をゆっくりと進行させ、盛り上げていくものだった。非常に洗練された古典的叙事詩にもこの変化を感じさせるものがあり、早くも十四世紀に本格化していた。たとえば、ボッカチオの『デカメロン』は、古代の寓話に心理的な深みが加えられている。それは十七～十八世紀、啓蒙思想の自由主義哲学と、文芸評論家イアン・ワットが「小説の始まり」と名づけたもののなかで頂点に達する。

もちろん、昔の人たちは服装を通して自分自身を表現することがなかった、あるいはこういった変化が起こる前の人たちに豊かな感情がなかった、というわけではない。彼らになかったのは、精神的な動機づけの重要性という現代的な感覚だった。[5]今日、私たちの周囲は、心理鑑定、心理検査、心理的分類といったものであふれている。「性格型」が、厳密な心理検査によって、さらにはマイヤーズ・ブリッグスタイプ指標などの「性格検査」というポピュラー心理学によって決められる。人は有罪か無罪かを、客観的な行動と同じくらい主観的な動機に基づいて決定する。犯罪が、犯意と、「差別的な意図」を抱くことによる平等な待遇の侵害によって決定されるということだ。つまり、心理状態が現代人を定義している――それこそが人間という存在の本質だ。人は罪の概念を悪意という意図に、懺悔《ざんげ》室をセラピストの長椅子に、不滅の魂を不変の精神に置き換えたのだ。

小説はヒーローの偉業より個人の心理状態に焦点を合わせているため、庶民的な媒体、要するに普通の人の記録となる。地政学的な叙事演劇（訳注／観客の感性に訴えるのではなく、客観的・批判的に見ることを促す演劇。ドイツの劇作家ブレヒトが提唱した）を演じるのは君主、戦士、賢者だけだが、日常の出来事に翻弄される豊かな精神生活は誰もが経験することだ。小説は日雇い労働者にも、中間管理職にも、富と権力をもつ者に対するものと同じ注目と尊厳を与える。

それと同じように、ファッションは過去も現在も庶民的なものだ。服装がもつ象徴的意味を伝統から解放することで、衣服がもつ表現力――かつては権力者だけが立てた舞台――をありとあらゆる個性が並ぶ棚へと一変させた。つまり、ファッションが慣習を破壊した。ファッションのおかげで、余裕のある者なら誰でも上流階級の服装の象徴的意味を利用できるようになり、結果としてその排他性を徐々に弱らせ、その意味を変化させてきたのだ。

たしかに、非上流階級がファッションを利用して上流階級になりすましたことがあった。そこまでいかなくても、上流階級と同じくらい羽振りがいいところを見せつけ、自分の評判と価値を高めようとしたこともあった。これはソースティン・ヴェブレンが「金銭的競争」と呼んだものだ。しかし、奢侈禁止令史研究者アラン・ハントが「低い地位にある者が優位にある者と（張り合い）たがるという、あまりに単純な妬みの見本」と呼ぶこの考え方では、全体像を捉えることはできない。[6] 今日、ファッションはつねに地位の高い者から始まり、地位の低い者が上流階級を模倣することで徐々に浸透していくという考え方は、実証研究により疑問視されている。[7] どちらかといえば、最近の傾向はその逆を示唆している。パンク、グランジ、ヒップホップといったストリートカルチャーで、お金のかかる最新ファッションが繰り返されてきた流れを考えてほしい。上昇志向の下層階級がステータスシンボルを利用するのは、ただの物真似ではなかった。そういったシンボルを利用することで、彼ら自身の新しい社会的地位から生じる、独自の野心や感性を映し出そうとしていることも関係があった。なるほど、卑屈な成上りはいつの時代にも存在した。しかし、伝統的な社会秩序に対する大きな脅威は、新たに登場した大胆な資本家階級だった。彼らが求めていたのは貴族の仲間入りや物真似ではなく、社会のなかの自分たちだけの居場所だった。歴史家ダニエル・ロシュの記載によれば、ファッションの誕生が、「より個人主義で、より快楽主義……より平等主義で、より自由な、新しい精神状態」を育て上げた。[8] ファッションが個人の人格、さらには社会階級、民族性、職業といった集団としてのアイデンティティからの独立を主張できるようにしたのだ。

今では衣服は、着ている人の富を見せつけるだけでなく、その人の感性を見せつけるものとなった。新たに裕福になり、権力を手にした集団は、伝統的なステータスシンボルを新しいやり方で利用した。上流階級のなかに自分自身の居場所を要求し、伝統的な階層制度に挑み、それを変革し、新しい社会的な力を主張したのだ。商人の妻は特権階級を真似るためではなく、商人が手に入れた新しい地位を示すために、あるいは商人のなかで自分は高い地位にあるのだと主張するために、宝石を飾ったティアラを被ったのかもしれない。リチャード・ウォルワースも貴族の服装を真似るためではなく、社会における自分自身の重要性を主張するために巨大なトランクホーズを穿いたのかもしれない。仮定の話だが、もしかすると問題は、生意気な服装をした彼の姿が滑稽だったことではなく、彼の見栄えがあまりによく、彼が新しいファッションの流れを作った結果、社会的地位と服装のつながりがさらに複雑になる恐れがあったことなのかもしれない。

ドレスコードは人間の感性に生じたこの重大な変化に対する反応だった。奢侈禁止令は社会的流動性を管理する方法であっただけでなく、衣服の混乱を招く新しいスタイル、その新しいスタイルが映し出す社会的役割と自己認識を元に戻そうとする手段でもあり、時代が進むにつれ、その傾向は強くなっていった。そのため、服装と昔からの地位をつなげるドレスコードは、自己成型を求める現代的な欲望と絶えず緊張状態にある。なぜなら、服装による自己主張とは、慣習に抗うことや、なんであれ着たいものを着るというような単純なものではないからだ。そこで必要になるのが、ドレスコードに従うと同時に、それを覆す人間だった。

# 第3章 信仰の印

## ――気ままに長々と裾を引きずるドレスやピアスといった虚栄心の問題と、女性信者の修道衣について、クリスチャン・ディオールから得たヒント

中世とルネサンス時代のヨーロッパ社会のなかで、教会は貴族とともに何よりも重要な制度のひとつだった。革命前のフランスの旧体制においては王国の三部会のひとつ、英国においては威厳ある二階級のひとつだった。貴族のように教会も独特の衣装で地位を示し、ファッションの破壊的な影響を糾弾する際には貴族階級に加わった。

聖職者にとってファッションとは官能性を刺激し、従来の性別による役割を否定し、信者と異教徒を見極める象徴性を曖昧にするものだった。なかでも最悪なのは、それが個人の自己主張を助長することだった――やがて神と教会と神学を、宇宙の中心という立場から引き下ろすことになる、啓蒙思想の人間中心主義の始まりである。このような脅威――とまではいかなくても、こういった変化そのものや、そこから広がるもの――を見越した中世およびルネサンス時代の教会は、ファッションに聖なる戦いを挑み、道徳を説いたり、神の罰が下ると脅したり、世俗の政治権力を利用して厳しいドレ

スコードを強いたりした。しかし、そんな努力もむなしく、ファッションは花開いた。それどころか伝統的な祭服にさえ影響を及ぼし、宗派ごとの象徴性を複雑でわかりにくいものにした。

## 一二世紀の教会にあった「化粧品禁止令」

一四二七年、シエナの修道士ベルナルディーノがドレスコードらしきものを書き残している。法的な声明文ではなく修辞疑問文を使うことで流行の服装に意味を割り当て、女性たちを責めた。

借金する場所はどうやってわかるのか？　店先の天幕に書かれた印によって。ワインが売られる場所はどうやってわかるのか？　看板によって。宿屋はどうやって見つけるのか？　看板によって。あなたは看板を見たから、酒屋の主人のところへ行っていう。「ワインをください」……（それでは）虚栄心から着飾ったり、頭を飾り立てたりする女性の場合はどうだろう？　それは娼婦の看板である。あなたは彼女を求める……私が意味することがわかるだろう。なぜなら、あなたは娼婦が欲しいから。酒屋の主人にワインを求めるようなものといってもよい。[1]

服装についての道徳的な判断は、その時代の奢侈禁止令と綿密に連携して行われた。彼らは新しいファッションが混乱を招くほど増えていることを大衆にわかるように伝え、流行の衣服に対する公式、非公式な制裁規定を正当化した。世俗の奢侈禁止令が何より重視したのは社会的地位だった。それに対し、宗教指導者が何より求めたのは、服装、性別、信仰の関係を安定させることだった。奢侈禁止令が衣服に社会的地位を伝えさせたように、こういった宗教的、道徳的ドレスコードは衣服に性別、罪、宗教的信念を象徴させた。そして服装を性別を示す印とすることで、性別――とくに女性――による高潔な表現と罪深い表現を見分けられるようにしたのだ。

とはいえ、修道士ベルナルディーノの説教は、長い伝統のある宗教指導者によるファッションに対する要求の一部にすぎなかった。初期のキリスト教徒たちは信徒に控えめな服装をするよう求め、化粧をしたり、派手な色の衣服や宝石類を身につけたりする女性たちをとくに強く非難した。二世紀までにキリスト教の聖職者は教会の慣習の形式化を始めているが、そのなかでもとくに重要なものが服装に関する細かなルールだった。二世紀にラテン語による最初のキリスト教関連の文書を書いた教父テルトゥリアヌスは、広範囲にわたる規制を質素と慎み深さという原則に基づき、さらに推し進めた。彼はあらゆる種類の贅沢を痛烈に批判した。宝石類が示す虚栄心を強調し、「たとえそれが真珠と呼ばれようと、貝のなかに入っていた硬くて丸い塊にすぎないと考えるべきだ」と記した。さらに鮮やかな色に染められた衣服をこんなふうにたしなめている。「神に紫色や空色の毛をもつ羊をつくれないとは考えられない……となれば、それは自然を堕落させる悪魔が生み出したものと考えるべきだ」また、彼はキリスト教徒の女性に顔を隠すよう忠告した。「そうすれば、片目で見えるだけで満足し、顔全体を見せて誘惑することなく、光の半分を享受できる」それだけでなくキリスト教徒は、「人の欲望の対象になることを嫌がる」べきだと主張した。化粧品に対しても、テルトゥリアヌスはこう書いた。「顔にクリームを塗り、頬紅をつけ、眉を墨で長く見せる女性たちが神に背いているのは疑いようがない。明らかに彼女たちは神の創造力に満足していないということだから」毛染めや凝ったヘアスタイル、かつら、編み込んだ髪のことも罵り、人生の終わりに天国（あるいは地獄）に行くか決まるとき、そんな小細工をしても無駄だと指摘している。「最後の審判の日に神が見るお前たちの姿を、なぜ今日、見ていただかないのか？」[2]

修道士ベルナルディーノはこの伝統を受け継ぎ、イタリア半島を移動しつつ、度を越した贅沢を諫《いさ》める説教をした。彼は女性が着飾ることをバベルの塔（訳注／ノアの洪水後、天に達するような高い塔を建設しようとする人間を見た神が、人間の言葉を混乱させることで建設を阻止したという創世記の記載）と同じだと考えた。「あの塔の建設を命じた王ニムロドが神の意志に反したように、頭を飾り立てたところで……そんな作り物は単なる自己満足、神に対する反抗だと考えられる。塔の城壁と矢狭間《やざま》に目をやれば……その上方には髪と貴石。前方には顔と縁取られた目と悪魔の微笑み。頬には紅が光を放つ」[3]

中世のキリスト教徒たちは、エデンの園でイヴが犯した罪を原型的な女性の弱さとみなした。女性の体特有の罪深さが信仰の課題となったのだ。女性は異常なほど虚栄の罪を犯しがちだと考えられていた——女性の華美な服装からわかる性質だ。こんな中世の寓話さえある。[4]

> クジャクのように飾り立てて教会に現れ、その華やかなドレスの長い裾にそれは大勢の小鬼が座っていることに気づきもしない……。小鬼らは喜びのあまり拍手喝采していた……女性の不適切な服装は悪魔の罠以外の何ものでもなかったからだ。

多くの法律が、娼婦たちが自分の魅力を高めようと、毛皮、銀の宝飾品、貴石などの華美な装飾品を身につけることを禁じた。そういったものは、「女性の装飾好き……の表れ」と考えられていたのだ。[5] さらに、贅沢で派手な流行の衣服を着ている女性は誰であれ——所属する階級からその権利がある者でも——道徳的にどうかと批判された。とはいえ、中世およびルネサンス時代初期のドレスコードの多くは、豪華な衣装を排除しようとしていたわけではない。彼らはあらゆる衣服を性の象徴——生物学的な性別の印でもあり、貞節あるいは罪の印でもあるもの——にしてしまった。それどころか、多くの都市の法律は、娼婦たちに鮮やかな色を身にまとい、職業の印としてリボンなどの過剰な装飾をつけるよう求めている。ある意味、このような法律は、トマス・モアの『ユートピア』に描かれた反心理学（訳注／逆の言葉で挑発すること。「するな」といわれると逆にやってみたくなる心理）を利用し、贅沢の規制を強化しようとしていた。堕落した女性たちに派手な装飾をさせることで、上品な女性たちがそれに嫌悪を抱くように仕向けたのだ。たとえば、十四世紀のシエナでは娼婦に絹織物や厚底靴を使わせながら、それ以外の女性たちには奢侈禁止令で禁じた。同様に一四三四年、宗教委員会が、裾の長いドレスは、「淫らで不道徳で甚だしく度を越した、まさに娼婦の衣装である」と決めつけたあと、フェラーラ司教が娼婦だけは着てもよいと宣言している。[6] 十四〜十五世紀になるとイタリアの都市ピサとミラノでは、娼婦は職業の象徴として派手な黄色のリボン、あるいは独特なマントを身につけるよう求められた。十五世紀のフィレンツェでは、娼婦は頭巾につけた鈴で接近を知らせるよう強制された。

## ピアスは娼婦とユダヤ人の印？

一四一六年の夏、修道士ベルナルディーノが女性の虚栄心を非難する説教をする一世紀ほど前、「ジョセフの妻アレグラ」としかわからないある女性が、イタリア北部の都市フェラーラで逮捕され、ピアスなしで公の場に現れたことに対し、十ダカットの罰金を科された。[7] 彼女のファッションの罪は、属するコミュニティがはっきりわかる印をつけていなかったことだった。アレグラはユダヤ教徒で、法律によりユダヤ人女性は、「両耳にリングをぶら下げ……覆い隠すことなく、誰の目にも見えるようにすること」と決められていた。[8] これ以上に明らかな象徴的意味はないだろう。過度の装飾が罪の印として非難された時代に、ユダヤ教徒は目立つ宝石類を身につけるよう法律で義務づけられていた。宝石類を虚栄として批判するドレスコードが、同時にそれをユダヤ教の印として着用を義務づけていたのだ。

十五世紀まで、北イタリアのユダヤ教徒はキリスト教徒とおおむね仲よく暮らし、住む地域だけでなく、世俗的な習慣やファッションも同じだった。歴史家ダイアン・オーウェン・ヒューズはこう書いている。[9]

ユダヤ教徒は一般的にイタリア都市のれっきとした一員となっていた。市民権を認められていただけでなく、ときには公職に任命されることさえあったほどだ……彼らの家は都市のあちこちに散らばり、キリスト教徒の家と隣り合っていた……そのため、ユダヤ教徒とキリスト教徒を見分けることなどとてもできなかった。同じ言葉を話し、同じような家に住み、同じ流行を取り入れた服装をしていたからだ。

ユダヤ教徒は都市に社会的に溶け込んでいただけでなく、地域経済にとって不可欠な存在でもあり、物品の調達や専門業者の派遣を行うだけでなく、貴族に、そして皮肉なことに教会にもしばしば資金援助をしていた。「修道士たちは金が必要になれば、聖書を抵当にユダヤ教徒の金貸しから借りた。屋根のふき替えが必要になれば、ユダヤ教徒の板金職人に頼んだ……僧院の建物の基礎部分が壊れかければ、ユダヤ教徒の専門職人を探した……」[10]

簡単にいえば、日々の何気ない付き合いのなかで、標準的な北イタリア人は、キリスト教徒とユダヤ教徒を区別せず、また区別できないのが普通だったのだ。ところが、教会の権力者たちにとっては、それこそが問題だった。一二一五年の第四ラテラノ公会議のあと、宗教的布告により、ユダヤ教徒は識別記章をつけるよう命じられた。例を挙げると、一二二一年、シシリア王フリードリヒ二世が王国のユダヤ教徒に識別記章をつけることを要求したが、ヒューズによれば、「どの都市政府も、そこに住むユダヤ教徒にその法律を守らせることはなかったらしい」。しかし一三二一年、ピサでは、「ユダヤ教徒は……キリスト教徒と見分けられ、区別がつくように……衣服の胸の部分にはっきりわかる印、赤い布で作ったOの文字をつける」よう命じられた。[11] またローマでも、一三六〇年に、ユダヤ教徒の男性は赤いタバード（訳注／袖なしの外套）を、女性は赤いオーバースカートを身に着けるよう命じられた。

十五世紀になると、ユダヤ教徒に記章の着用を強いる法律が増え、強制力も強まっていく。一四二三年、シエナの修道士ベルナルディーノはパドヴァでの説教で、ユダヤ教徒に対する嫌悪を支持し、それはのちに起こる、時代を遡るような人種差別を予想させた。「彼らと飲み食いをともにしては大罪を犯すことになる……健康を取り戻したい病人はユダヤ人医師のところへ行ってはいけない……ユダヤ教徒とともに水浴してはいけない」[12]歴史家リチャード・セネットによれば、ユダヤ教徒の金貸しを批判する反ユダヤ主義的な作り話があった。ユダヤの金貸しは利子として、一種の異常な性行為をさせていたというのだ。「一族の自然に反する行為に金を使っている」[13]――つまり、強欲と色欲の罪を組み合わせている。宗教による分離を求める聖職者も同じように、宝石で着飾り、男を誘惑する女をユダヤ教徒の貪欲さに結びつけた。たとえば、修道士ジャコマ・デッラ・マルカは、女性の虚栄心は強欲なユダヤ教徒の印でもあり、彼らの道具でもあると断言した。[14]贅沢を求める欲がキリスト教徒の一家に借金をさせ、その結果、「衣服一着に十ソルドでユダヤ教徒に質入れすると、そのユダヤ教徒はそれを三十ソルドで売る……だからユダヤ教徒は豊かに、キリスト教徒は貧しくなる」。ヒューズによれば、「十五世紀にイタリア半島全体のユダヤ教徒に貼られたレッテルの痕跡はどこにでもみられる」。たとえば、ユダヤ教徒の汚れを、国際都市の堕落に結びつけた宗教的な教えもあった。そこではキリスト教徒とユダヤ教徒が相手を選ばず関係をもっているというのだ。差別的な反ユダヤ運動は反都市運動でもあった。[15]その主張は、いわゆる純粋で慎み深い田舎の住民を、罪深く退廃的な都会の住民から守ることだった。「ユダヤ教徒の汚れと都市社会の汚れが巧妙に結びつけられた……」のだ。

そんなわけで、数々の新しい法律により、ユダヤ教徒はひと目で見分けられるように、独特の服装を強いられた。こういったドレスコードによって信仰を見分けられるようになると、ユダヤ教徒は見ればそれとわかる、普通ではない人たち、という考え方が強化された。

ピアスがユダヤ教徒の虚栄心を示す象徴となったのは、ほとんど偶然だった。キリスト教の権威者たちが偶然のつながりに乗じたのだ。ヒューズによれば、北イタリアでも北ヨーロッパの地域と同じように、ピアスの着用は一般的ではなかった。[16] 北イタリアの都市の奢侈禁止令は、フランス、ドイツ、英国のものと同様、ピアスには言及していない。また、そういった地域の公文書を調べても、富裕階級の財産や借金の担保にした財産の一覧にピアスは記載されていない。しかし南イタリアでは、キリスト教徒とユダヤ教徒両方の女性の間でピアスが流行した。ユダヤ教徒が最悪の異端審問から逃れようと北へ移住し始めたとき、ファッション感覚も持ち込み、一時期、ピアスはユダヤ教徒の女性たちを際立たせる存在となった。ところが、アレグラが耳に何もつけていなかったせいで逮捕された十五世紀の頃には、北イタリアの都市に住むユダヤ教徒女性の大半がピアスをしなくなっていた。けれども、宗教的な権威者たちがピアスを虚栄心の表れとして批判し、恥の象徴、罪の象徴と決めつけたため、新しいドレスコードが作られ、ユダヤ教徒女性はふたたび耳に飾りをつけるよう命じられたのだ。

イタリアの多くの都市——とくにピアスによってキリスト教徒かユダヤ教徒かを見分けられない南部の都市——では、ユダヤ教徒は独特の服装をするよう求められた。赤色のスカート、黄色のヴェール、赤色あるいは黄色の円形の記章、赤色のコートといったものだ。娼婦の印と同じ派手な生地や衣服を身につけさせる新しいドレスコードのせいで、ユダヤ教徒は肩身の狭い思いをする。たとえば、十五世紀にローマで暮らすユダヤ教徒女性は、娼婦も着ていた赤色のオーバースカートの着用を求められた。イタリアの他の地域では黄色のヴェールを被らされた――それは十四~十六世紀にイタリアのいくつもの都市で娼婦の印とされていたものだ。一三九七年、ヴェネチアの法律がユダヤ教徒に黄色の記章の着用を命じ、一四一六年の法律は娼婦とその斡旋業者に黄色のスカーフの着用を命じた。[17]ヴィテルボでは、ユダヤ教徒女性が黄色のヴェールを被らず通りに出れば、最初に気づいた者が女性の着衣を剝ぎ、裸にしてもよかった[18]――それは他の都市で、許可を得ていない地域で客引きをした娼婦に科せられた処罰と同じだった。

ピアスは、法律により、ユダヤ教徒女性と娼婦に共通するエキゾチックな性的魅力の印とされたのだ。大罪を擬人化して描写する宗教美術では、虚栄の罪や「自惚れ」には贅沢な衣装を着せ、宝石のついたピアスをつけさせることがよくあった。一方、上品な女性たちは耳に飾りをつけない姿で描かれた。修道士ベルナルディーノは説教により、忠実な信者に対し、宝石類や高級な衣服や化粧品といった贅沢品を燃やすよう扇動した――こういった儀式が、のちの一四九七年の告解の火曜日に修道士ジロラモ・サヴォナローラが行った、悪名高き「虚栄の焼却」につながった。それまでに多くのイタリア都市の法律が、キリスト教徒女性がピアスをつけるのを禁じた。もし修道士ベルナルディーノの主張どおり、虚栄心が堕落した女性の印とされれば、それもユダヤ教徒の印となったことだろう。

イタリアのユダヤ教徒たちは、こういった反ユダヤ的な固定観念を阻止しようと最善を尽くした。一四一八年には、自らドレスコードを考え、クロテン、シロテン、絹、ベルベットのマントを避け、贅沢な生地がけっして人目につかないようにした。「主なる神の前で慎み深く謙虚でいられるように、キリスト教徒に妬みを感じさせないように」[19]

ユダヤ教徒を不健全で異常な性行為に結びつける宣伝活動のおかげで、キリスト教徒にとって病の蔓延をユダヤ教徒のせいにするのが簡単になった。たとえば、セネットによれば、ヴェネチアで梅毒が流行したとき、市民たちは治療をユダヤ教徒の医師に頼りつつ、同時にその蔓延の責任を彼らに負わせた。一五二〇年、スイス出身の外科医で科学者だったパラケルススはヴェネチアのユダヤ教徒の医師たちを、「梅毒患者の体を清め、何かを塗りつけ、洗うなど、ありとあらゆる不遜なペテン行為を行った」として非難した。[20] 梅毒、ハンセン氏病、そしてとくにペストに罹った病人を治療したユダヤ教徒の医師たちは、病気を蔓延させると考えられた気体から医師を守るための独特の防護服——十七世紀に開発されたペスト患者を治療する医師向けの、鳥を思わせるマスクより前のもの——を着ることが多かった。ヴェネチアの医師の大半——とくに伝染病患者の治療のために呼び出される医師——がユダヤ教徒だったため、この奇妙な衣装と病気や死とのつながりがユダヤ教徒と結びつくようになった。その結果生じた反感が頂点に達し、一五一六年、ヴェネチアのユダヤ教徒たちはある地域、大砲鋳造所があったところに隔離される。それ以来、特定の民族を隔離する地域は「鋳造する」というイタリア語の動詞に由来するゲッターレ、あるいはゲットーと呼ばれるようになった。

イタリアのユダヤ教徒に着用を義務づけられた独特の衣服は、移動するゲットーとして機能し、社会的には孤立しても、能力や資産を社会の特権階級に役立てることはまだ認められていた。しかし、長く排斥された者たちの所有物のなかに、ピアスほど魅惑的なものはもう残っていなかった。まもなくピアスは社会の権力者たちの流行になっていった。十五世紀になるとイタリアの多くの都市で、奢侈禁止令によりキリスト教徒女性のピアス着用が禁止されたが、十六世紀までには新しいドレスコードにより、贅沢な服装や宝石類は上流階級だけに許される、高貴さの印となった。例を挙げれば、一四〇一年、ボローニャでは社会的地位に関係なく、すべての女性が金、宝石、絹織物、ベルベットを身につけることが禁じられた。[21] ところが、一四七四年までに、高名なギルド組合員の娘であれば、金糸織、銀糸織の布地を着用できるようになった。そして一五二一年、ボローニャのユダヤ教徒女性が身につけられるものは、指輪三個、金ブローチ三個までと法律で制限された――かつては恥の烙印として着用を強制されたピアスを法律により取り上げられたのだ。同じようにヴェネチアでは、一五四三年の行政命令により、娼婦は「金、銀、絹織物……ネックレス、真珠や宝石つきリング、プレーンリングを耳や手につけること」を禁じられた。[22]

キリスト教の影響を受けたドレスコードは、ピアスを汚名を着せられた宗教と卑しい性行為の象徴にした。しかし、ファッションがもつ型破りな影響力――おそらくタブーが放つ魅力から力を得たもの――が、それを誰もが欲しがるステータスシンボルに変えた。そのため、権威者が戦術を変え、贅沢と特権的な地位のつながりを法律で定め、ユダヤ教徒にピアスをやめるよう要求した。つまり教会と国家の最善の努力にもかかわらず、ピアスがステータスシンボルになってしまったのだ。

## 修道衣に閉じ込められた人生

十五世紀イタリアのドレスコードは、ユダヤ教徒を移動できるゲットーに無理やり押し込んだ。一方、非常に信心深いキリスト教徒のなかには、自ら「閉じ込められる人生」を選ぶ者たちがいた。[23]敬虔なカトリック女性、よく知られた呼び方では「尼僧」の宗教的な衣装を定めたドレスコードは、衣服を信仰心の象徴とした。ひと揃いの独特な衣服の各要素には具体的な象徴的意味が込められているため、尼僧の修道衣は、信仰の象徴的な表現をどんな風変わりな自己主張も敵《かな》わないものにまで高めた、何より純粋なステータスシンボルのように見えるかもしれない。しかし、ここでもやはり自己成型が作用し、それが従来の象徴的意味と衝突したこともあった。修道衣を囲むルールや慣習は古くも新しくもあるが、ドレスコードを通して決定的な意味を確立しようとするどんな試みも、ファッションの一癖ある影響力のせいで複雑なものになった。

初期のキリスト教会には、広く点在する少数の教徒たちに服装を指示する権威などなかったが、教徒の多くが自発的に独特なドレスコードを取り入れていた。それは世俗の贅沢に背を向けたものであり、それぞれの信仰心の表明だった。歴史家エリザベス・クーンズによれば、「服装を一変させるのは、聖なるものを切望する者が宗教を職業にするために行う行動だった」[24]。実際、初期のキリスト教会でも、中世でも、大半の僧と尼僧は正式な誓約を行わなかった。[25]独自の衣服に着替えさえすれば、それが信仰心の明確な宣言になる場合がほとんどだった。六世紀まで、修道衣は一生を礼拝に捧げることの象徴として、正式な誓約と同じ意味をもつものとして、よく知られていた。たとえば、十一世紀にカンタベリー大司教がハロルド王の娘に宛てた手紙にはこう書かれている。「あなたは司教に任命されたわけではありませんが……公的にも、私的にも、信心深い生活という修道衣を身につけている事実から、実際の宣誓に劣ることなく、神に身を捧げていることは、あなたの姿を見るあらゆる人にわかります。それ自体がひとつの明白で否定できない宣誓なのです[26]」

中世、衣服が誓約を表すようになった時代には、キリスト教徒の慎み深さを示すドレスコードは、敬虔なキリスト教徒であれば否応なく従うべきものとなる。クーンズによれば、世俗の贅沢に屈する信者が出始めると、「司教は金のヘアピン、銀のベルト、宝石入りの指輪、レースつきの靴、鮮やかな色の衣服、長い裾、毛皮……など、尼僧の華美な装飾品を激しく非難した[27]」。

一方で奢侈禁止令とそれに似た宗教的布告は、信心深い男女の衣服による堕落を封じ込めようとした。たとえば、カスティリア王アルフォンソ十世は一二八三年にこう主張した。「王室の聖職者は全員トンスラとし……鮮やかな赤、緑、ピンクを身につけることなく……鮮やかな赤や黄色のチュニック、紐つき靴、先端が細くなった着脱できる袖を身につけることなく……控えめな服装をしなければならない……[28]」また、十五世紀のある英国の神秘主義者は、着飾りすぎた尼僧が因果応報に苦しむ幻影を見たという。「煉獄のなかで、痛々しい棘《とげ》でできた衣服を身につけ、毒ヘビでできた頭飾りをつけていた[29]」こういった贅沢に対する警告は修道衣を規定する役に立った。

どんな形であれ、修道衣は簡素で地味だ。ほとんどすべてのタイプに共通する要素は、長いチュニック、肩衣――頭を通す開口部のある細長い布。体の前と後ろに垂らし、足首のあたりで終わる――さらにヴェールで髪と首の後ろを覆う（口絵4）。時代とともに修道衣の各要素がドレスコードで形式化され、霊的な意味を込めて着用された。T字形のチュニックはカルヴァリ（訳注／ゴルゴタのラテン語名）の丘の十字架を表し、肩衣は十字架と宗教的な使命という「服従」の象徴となった。紐またはベルトはキリストを十字架に縛りつけた縄を表す。衣服の色にもまた重要な意味がある。白色は純潔と無垢、茶色は清貧と謙遜、黒色はキリストの死への哀悼と虚栄心の放棄を意味する。[30] 質素を共通する特徴としながらも、修道衣はその歴史の流れと数々の修道会の存在のせいで、多種多様な形ができていった。クーンズによれば、修道衣のなかには、「とくに神に一生を捧げた女性たちを識別するために、禁欲的な衣服としてデザインされたものもあった。また別の修道会の修道衣は……社会に、さらに尼僧たちが日々尽くす相手である人びとに溶け込みたいという願いから生まれている」[31]。

修道衣には初めは男女共通の要素もあった。チュニックは男女どちらも着用し、尼僧が髪をヴェールで覆うのは、修道士のトンスラ――頭部の外周のみ髪を残し、頭頂部を中心に剃り上げる独特のヘアスタイル――の象徴的な模倣だった。しかし、たいていの場合、尼僧の修道衣は独特の女らしさ――高潔さ、純潔さ、そして男性からの堕落した誘いの対象とならないこと――を象徴的に主張するのに役立った。修道衣は女性の隷属的な社会的地位への対策でもあった。キリストの花嫁になることで、尼僧は堕落した世俗男性の花嫁にならずにすみ、誰にも属さない女性が耐えていた性的な誘いを避けることができたからだ。女子修道院が男性の支配を受けない、しっかりとした環境を与えたように、尼僧の修道衣はそんな環境の外にも安全に外出できるようにした。

実際、尼僧の修道衣には元々は〝変装〟だったものもある。たとえば十七世紀、フランスの尼僧は自由に外出できるように、未亡人が伝統的に身につける服装――簡素な黒い服とヴェール――を取り入れた。法や慣習により、きちんとした未婚女性や既婚女性には男性が付き添うことが求められていたが、未亡人にはひとりで外出してもよい特権があったからだ。[32] さらにカトリックの考え方では、尼僧には何より非の打ち所のない付き添いがいた。キリストの花嫁はどこへ行こうと、〝夫〟が付き添っていたのだ。早くは十世紀から、最近では一九六〇年代まで、多くの修道会がある種の結婚の儀式を行い、尼僧を神に捧げていた。尼僧になる女性は盛式ミサで父親から引き渡され、名前を変えられ、白いドレスとヴェールを身につけ、教派によっては銀の結婚指輪を受け取ることもあった。着衣式につづくレセプションでは、ウェディングケーキが出されることすらあったのかもしれない。[33]

中世まで、そういった「信仰的な生活」は貴族階級にとって結婚に代わるものだった。女子修道院は自立を求める女性にとって、「立派な作家、思想家、神秘主義者になるための最適な環境」だったからだ。[34]しかし、女子修道院と修道衣——石に閉じ込められ、修道衣に閉じ込められる人生——が落とし穴になることもあった。歴史家ヘレン・ヒルズは、十七世紀のナポリにあった女子修道院のヴェールをつける習慣を、その下に隠された官能性に対する関心を招く行為としてこう書いている。「尼僧の体——とくに顔——は、霊的、世俗的な花婿の間で争いが起こりうる場所だった。ヴェールは……キリストが尼僧の花婿であることを意味したが、それ自体がその下には尼僧の顔という美しさと誘惑があるという証ともなった……ヴェールをつける習慣が、閉じ込められ隠された尼僧の性的魅力を伝えることになってしまったのだ[35]」

顔全体をヴェールで覆うというさらに厳格な修道衣は、尼僧を女子修道院内に軟禁するようなものだが、それは反宗教改革を起こしたトレント公会議（訳注／一五四五～六三年にトレントで開催されたローマカトリック教会の公会議。プロテスタントの台頭に対し、カトリックの刷新を図った）を受けた多くの改革のひとつだった。要するに、プロテスタンティズムの脅威に対するカトリック教会の対応だった。尼僧は緊急時以外、女子修道院から出ることを禁じられていた——このルールは必要であれば軍によって強制されたことから、教会が抵抗を予想していたと考えられる。[36]興味深いことに、閉鎖的な女子修道院には、飾り格子、鉄格子、目隠し、カーテンがあり、まるでヴェールのように内から外も、外から内も見えないようにされていたが、[37]そのことが逆に関心を引く結果となる。「皮肉なことに……壁の開口部や端など、尼僧に近づけるような場所が、修道院のなかで何より人目を引くところとなった」ヒルズによれば、石に閉じ込められる女子修道院は、衣服に閉じ込められる修道衣の模倣であり、それを補足するものだった——それぞれが秘密と暴露、慎み深さと誘惑からなる、思わせぶりに人目を引くドラマを生んだのだ。[38]

修道院の建築物が何より表しているのは性的関心を抑え込むことだった……尼僧院の建築物は上辺を飾った要塞となり……内部の者と外部の者との接触がどこよりも生じやすい扉や窓に重点がおかれた——象徴的な開口部は覆われる必要があった……（しかし）鉄格子と石材は開口部の守りをただ補強しているように見えるかもしれないが、それが逆に注意を引いた……実は飾り立てているからだ……要塞化は、象徴的な開口部を作っておきながら、それを封じるという矛盾が生む、誘惑のお祭り騒ぎのようにも思える。

ここ、男性権威者の影響下で、修道衣が象徴していたのは、女性の官能性の否定でなく、それを覆い隠そうとしつつ、逆に注意を向けさせることだった。キリストの花嫁としての尼僧に性的関心がなかったわけではない。ただ尼僧は性的関心——純潔だからこそいっそう強くなるもの——を神に向けたのだ。
この矛盾するメッセージは、単に反宗教改革の信条がもつ矛盾の結果ではなかった――それは十六～十七世紀イタリアの幅広い社会力学と結びついていた。女子修道院には独自の階級組織があり、とくに世俗から厳しく隔離された修道院には富裕階級の娘たちがいた。裕福な一族は未婚の娘の純潔を守るため、入会時にかなりの持参金を支払った。こういった娘たちは最高級の衣装で修道院に到着し、一族の裕福さを際立たせた。ある記録にはこう書かれている。

修道衣を着なければならない日が近づくと、彼女はまるで女王のように着飾る……想像できるかぎりの贅を尽くした華麗な姿で、街のあちこちを散歩する……（そのため）これから彼女が払う大きな犠牲を知らぬ者はもういない。[39]

修練女の贅沢な服装は彼女の体から教会へと移され、豪華な装飾品は女子修道院の内装を美しく飾った。女子修道院のドレスコードでは、「高価な衣服」、ピアスなどの宝石類や「世俗的で神を冒瀆するもの」は禁じられていた。しかしヒルズによれば、「貴族的な修道院教会は尼僧たちの家系的、世俗的、霊的な豊かさを公然と表に出していた」[40]。尼僧の禁欲的な修道衣が象徴していたのはその反対にあるもの、神に仕えるために尼僧が手放した贅沢さだったのだ。つまり、一見控えめな修道衣は一族の遺産の豪華さの代理であるだけでなく、尼僧それぞれの独自の物語を表すものにもなった――霊的な信念から世俗の特権を捨て去った女性の物語を。このようにして、尼僧の修道衣はファッションの表現の発展に加わり、禁欲主義と自己犠牲を示す昔ながらの象徴を、社会的地位と個性を、今まで以上に複雑に表すものに変えたのだった。

## 尼僧の恐ろしい物語

尼僧の修道衣は複雑で矛盾も含む服装の象徴だったが、際立つ慎み深さを通して見捨てられた官能性を連想させ、これ見よがしの簡素さを通して禁じられた贅沢をうかがわせた。ところが十六世紀に入り、北ヨーロッパに宗教改革が急速に広がるにつれ、独特の服装をした尼僧の姿は、カトリックの腐敗と偽善を思い起こさせる象徴となった。プロテスタントの宗教改革家たち、なかでもマルチン・ルター自身は、神学上の誤りと考えるものだけでなく、カトリック教会の道徳の崩壊にも焦点を当てた。一五一七年、ルターは有名な九十五か条の論題のなかで、免罪符（これを買えば犯した罪の罰が軽くなると教会が公言したもの）の販売を教会の世俗的腐敗の一例として攻撃した。プロテスタントの批判は、十世紀前半の教皇による陰謀の時代にも注目した。のちに「娼婦政治（訳注／十世紀の教皇の愛人たちが教皇庁を牛耳ったこと）」として知られるものだ。多くの教皇が紀元前の古代ローマ貴族のようにふるまい、教皇職の継承を支配しようと企み、ときに愛人をおいた。カトリック教会は腐敗していただけでなく、性的な逸脱行為もあったのだ。

ヨーロッパは宗教の分裂によりカトリックの南部と、徐々にプロテスタントに染まりつつある北部のふたつに分かれ、北部では新神学がカトリック教義に対するルターの批判をさらに推し進め、国家と活動家が反カトリック感情を煽《あお》った。その後、何世紀にもわたり、人目を引く衣服を着た尼僧は迫害の対象となった——さらには卑猥な文学の主人公にもなった。カトリックが優勢なフランスでさえ、性的対象となる尼僧、サディスティックな尼僧、あるいは生贄にされる尼僧が流行のテーマだった。ドゥニ・ディドロは一七八〇年の小説『修道女』で、女子修道院に巧妙に閉じ込められた若い女性が女子修道院長に苦しめられるという不当な残虐行為を描き、オノレ・ド・バルザックの一八三七年の作品集『Les cent contes drolatiques（滑稽な物語——ツーレーヌの修道院で聞き取った話）』には、淫らな短編『The Merry Tattle of the Nuns of Poissy（ポアシーの尼僧たちの楽しいおしゃべり）』が入っている。

ヴィクトリア朝英国では、女子修道院での放蕩、折檻、冒瀆行為といった卑しい話が二流文学のジャンルとなった。こういった不気味な物語では、禁欲生活により性欲を歪められた司祭や修道士たちが、教会が修道院に閉じ込めていた女性たちに抑圧された欲望のはけ口を見つけ、若さを失い、苛立つ老いた尼僧たちが、鞭など折檻の道具を手に、残酷な衝動に駆られて若い尼僧を躾ける。女子修道院の生活を扇情的に表現した話が描き出すのは、密かに聖書を拒絶する危険な信仰。折檻され、娼婦扱いされる尼僧。さらには女子修道院の壁の間に監禁され、そこでゆっくり苦しみながら死んでいく反抗的な修練女たちまで登場する。[41] コールリッジ牧師という人物は『Awful Disclosures of Miss Julia Gordon, the White Nun or Female Spy!（ミス・ジュリア・ゴードンの恐ろしい告白——汚れなき尼僧か、女スパイか!）』というタイトルの小冊子を書き、軽率にもカトリックに改宗し、女子修道院に入った、プロテスタント少女ジュリアの恐ろしい話を語っている。彼女はすぐさま判断の誤りに気づ

尼僧の修道衣はヴィクトリア時代にフェティシズムの対象となった
――今日までつづく奇妙な連想だ。

くが遅すぎた。その女子修道院は実は監獄のようなところで、好色な司祭たちが尼僧たちに性的なサービスを求めるのだった。強要されたローマへの旅の途中、ジュリアが目撃したのは、サンピエトロ大聖堂前にある石灰漬槽（訳注／獣皮を浸して毛を除去する場所）に、司祭と尼僧の間に生まれた私生児たちが、改宗を拒んだプロテスタントたちの黒焦げになった遺体とともに投げ入れられるところだった。ジュリアは司祭の子を身ごもったことに気づくと逃げ出し、パリの親切なプロテスタント一家に匿《かくま》われるが、出産で命を失う。似たような文芸作品は他の国々でも広まった。米国で一八三六年に出版された『The Awful Disclosures of Maria Monk（尼僧マリアの恐ろしい告白）』には、女子修道院の「体験談」が書かれている。その修道院には秘密の抜け道がいくつもあるため、司祭たちは尼僧の寝室に忍び込んでは密通し、生まれた子を殺害した[42]。

こういった物語が世に広まったせいで、集団暴力と性的幻想の両方が起こった。ヴィクトリア朝英国では、通りで群衆が尼僧に石を投げつけることが時々あった。その一方で尼僧の修道衣はフェティシズムの対象となった[43]。鞭をふるう尼僧は人をぞくぞくさせる人気のイメージとなり、ヴィクトリア時代の娼家の多くには尼僧の修道衣が衣装として備えられていた。最初は慎み深いひと揃いの衣服としてデザインされ、男性の嫌がらせから未婚女性を守る役目もいくらかあった修道衣が、性欲をかき立てる存在になってしまったのだ――これは現代までつづく連想である。

中世やルネサンス時代に生まれた複雑なデザインが、それを生んだ流行が過去の遺物となったあとも長く生き残ることは時折あった[44]。その一方で、数々の修道会が独自性を求めるあまり、いくつもの新しいデザインが急速に広まり、クーンズによれば、「細部に過度の気配りをしなければならない奇抜な特徴」をもつものも現れた[45]。とはいえ、多くの修道会の修道衣は、初めに伝統的な慎み深い服装の定形としてデザインされたままだった。世俗のファッションは逆の方向に進み、どんどん合理化されていったにもかかわらず。たとえば、〈シスターズ・オブ・チャリティ〉の伝統的様式の修道衣は頭布を見ればわかる――糊の効いた大きなヘッドドレスの両端が上を向いているからだ。頭巾は、中世に貴族の既婚女性が身につける伝統的な被りものだったものを、十七世紀にシスターたちが取り入れたのだ。もちろん、女性のファッションは先に進んでいっても、修道衣は過去に留まりつづけた。シスターたちが頭巾を廃止したのは、ようやく一九六四年になってからである。

## 信仰と性的フェティシズムの関係

一九一七年、カトリック教会法典が新しいドレスコードを定め、すべての「修道女」につねに修道衣の着用を命じ、新しい非宗教集団が既存のカトリックの修道衣を採用してはならないと規定することで、時代錯誤のデザインをみごとに差別化している。ところが二十世紀半ばまで、多くの尼僧たちは、修道衣を着ていると、奉仕すべき一般市民から自分を暗に遠ざけることになり、それが伝道や慈善活動を妨げていると考えていた。この懸念に共鳴した教皇ピウス十二世は、一九五〇年にこう助言している。「修道衣に関しては、気取りのなさ、簡素さ、信仰が生む慎み深さを表すものを選べばよい」[46]ピウス十二世の勧告ののち、イタリアのファッションデザイナーたちが修道衣の新しいデザインを発表し、そこには実用的なプレタポルテもあれば、凝ったオートクチュールもあった。[47]その傾向がさらに勢いづいたのは、一九六二年、教皇ヨハネ二十三世が第二ヴァチカン公会議を開催し、「コンスタンティヌス大帝の時代から聖ペテロの玉座に溜まった埃を振り払う」[48]意思を表明したときだ。同年、レオン・ジョセフ・スーネンス枢機卿、元メヘレン・ブリュッセル大司教が『The Nun in the World（世界の尼僧）』という本を出版し、こう強調した。「今日の世界は、風変わりな贈り物、糊を効かせたもの、ひらひらしたものなど、単なる飾りを我慢することができない……不自然なもの、簡素さを欠くものは拒絶すること……尼僧は世の中から切り離されているというだけでなく、その発展とはまったく関わりがないという印象を与えるものはなんであれ、拒絶すること」修道会はファッションに目を向け、新しい様式を見つけるヒントを探した。たとえば、〈シスターズ・オブ・チャリティ〉はニューヨークにあるセレブ御用達のデパート、バーグドルフ・グッドマンに救いを求め、〈セント・ビンセント・デ・ポールの慈善の娘たち〉は、クリスチャン・ディオールの作品からヒントを得て、おしゃれな箱ひだの衣服にスカーフタイプのヴェールを加えた新しいデザインを取り入れた。[49]

第二ヴァチカン公会議はこの現代的な考え方に勢いをつけた。一九六五年、『修道生活の刷新・適応に関する教令』という副題がついた『Perfect*æ* caritatis（完璧な愛）』ではこう主張されている。「修道衣は……簡素で慎み深く……時代と場所、そして使徒会の要求に合わせたものでなければならない。男女どちらの修道衣もこういった規範に合っていない場合、変更する義務がある」[50]

一九六〇年代、カトリック教徒のフェミニストたちが、女性を不公平に扱う教会に批判的な目を向け、修道衣はその運動の目立つ象徴となった。[51] 一九六八年、『教会と第二の性』を著した神学者メアリ・デイリーはあるカトリック教会を、「女性を尊敬するふりをしながら、実は女性の真の自己実現を阻んでいる」として批判した。クーンズによれば、「一部のシスターにとって修道衣とヴェールは男性支配の理念そのものを表すもので、彼女たちはその服装を中東のブルカになぞらえた」[52]。第二ヴァチカン公会議の前にも、多くの比較的新しい修道会が簡易化した現代風の修道衣を採用している。それは濃紺か黒の飾り気のない仕立服に簡素なヴェールか帽子を被るもので、現代の一般的な衣服とほとんど同じだった。修道衣に対し高まるフェミニストの批判を受け、一九六六年、〈ロレット修道会〉（訳注／アイルランドの修道会。マザー・テレサが属していた）は、必然的な次の一歩を踏み出し、修道衣をすべてやめ、地味なスーツに替えた。

伝統と伝統的支配両方への反発を目の当たりにしたヴァチカンは、現代化に向けた改革に制限をか

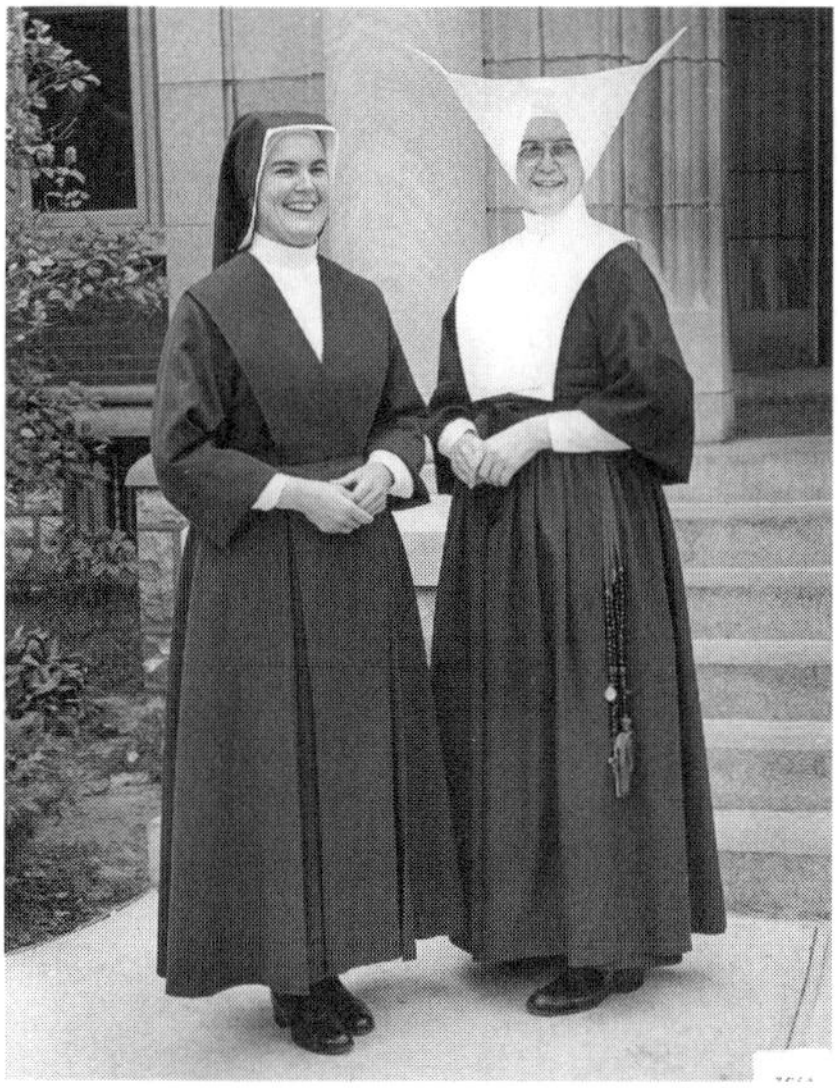

左が〈シスターズ・オブ・チャリティ〉の新しい修道衣。クリスチャン・ディオールの影響を受けた。右は派手な頭巾つきの伝統的な修道衣。

けようとし、修道女たちを信仰を捨てないよう諭し、服装についてこんな声明を出した。「私たちが言い忘れてはいけないのは、修道衣はどんな形であれ……身につける者たちの献身と、世俗の流行とのなんらかの違いが示されるものであることだ」と教皇パウロ六世は一九七一年に書いている。一九七二年、修道者聖省はこう主張した。「守るべき基本原則は、宗教組織が定める修道衣に変更を加え、簡易化したとしても、身につける修道者を見分けられるものであること」[53]それとは対照的に、全米修道女連合は、カトリック教会の家父長制に対するフェミニストたちの批判に同調し、「階級にかかわらず、司祭による組織のどんな支配にも意義を申し立てる。私たちには、修道女として、不可侵の……自己決定権がある」と明言した。一九七〇年代の終わりまでに、修道衣は宗教的な象徴だけでなく、政治的な象徴ともなった。[54] クーンズによれば、「個人の自由を尊ぶ『進歩的』な尼僧たちは世俗の衣服を着たが、保守的な尼僧たちは修道衣を着つづけた。尼僧の服装の選択は、本人の政治観、人生観、忠誠心の目に見える指標となっていた」。

その意味では、修道衣はある種の自己主張となり、従来の霊的な意味だけでなく、あらゆる現代の服装がもつ社会的、政治的意味の特徴をも伝えるものとなった。もちろん、これはまさにカトリック教会の伝統主義者たちが、修道衣の近代化に抵抗したときに恐れていたことだ。しかし、こういった変化が始まったのは、バーグドルフ・グッドマンがデザイナー修道衣の製造を始め、米国の尼僧たちが頭巾よりピルボックス（訳注／縁なしの小さな円形の婦人帽）を選ぶずっと前だった。少なくとも十七世紀には早くも始まっていた。ナポリの修練女たちが人目を忍ぶこともなく、一族の宝石類と引き換えに、高い地位を保ちつつ、世間から離れた修道院に閉じ込められた時代のことだ。修道衣を決定するドレスコードは、チューダー朝英国の奢侈禁止令のように、ただ古い習慣を成文化したものではなかった。それは新たに生まれた個人のファッション哲学に、伝統的な服装が示す伝統的な象徴を再利用させまいとする防衛反応だったのだ。

ファッションの誕生以来、激動の時代に存在したドレスコードは、服装がはっきりとわかりやすい意味を維持できるようにしてきた。政治権力者にとって何より緊急に考えるべきことは社会階級の問題であり、宗教指導者にとって何より重要なのは信仰と性道徳の問題だった。ドレスコードは――法律に含まれるもの、説教や訓告のなかで明言されたもの、どちらであっても――貞淑な女性の適切な服装と、堕落した女性を表す服装を対比させることで、信仰を性と官能性に関連づけた。しかしこういったドレスコードは、流行がもつ感性の大きくなっていく影響力と衝突した。その感性は自己主張に役立てようと、昔からある服装が示す象徴を再循環させ、別の用途に使い、ふたたび符号化した。法律によりユダヤ教徒のみが着用を義務づけられたピアスは、キリスト教徒の嫉妬と注目を集めた。罪深い女性の服装が上品で敬虔な人たちの間で流行するようになった。非常に信心深い人が非常に地味な衣服を着れば、当然ながら、地味な衣服によって地位や官能性を隠そうとしていると思われた。目立つほどの慎み深さから生じるそんな思わぬいたずらを、ファッションなら自己主張のひとつの形にするが、男性の好色な空想ならそれを性的なフェティシズムの対象にしてしまう。

神聖なもの、世俗的なものに関係なく、伝統的な象徴が個人の物語の人目を引く要素に姿を変えると、その結果、流行の加速していくペースに遅れまいとして、たいていは無駄に終わる必死の奮闘のなかで、新しいドレスコードが生まれてきたのだ。

# 第4章 性的象徴
## ――板金鎧、鎧用下着、仮面、コスチュームについて

性別に基づいた衣服は人間の体のつくりが生んだ当然の結果のように思える。手袋が手に合うように、靴が足に合うように作られているのと同じく、ズボンは男性の体に、長いドレスは女性の体型に合うように作られたのだ、と。これは昔からある考え方ではあるが、それは服装を取り囲む儀式、慣習、道徳的抑圧が暗示するほど、明確なものではない。つまり、服装の男女別は人間の体のつくりを反映していない――それは習性となった社会的役割と、それに沿った行動によって決められているだけだ。

性別に基づいた服装がつねに反映してきたのは、人が抱く期待や恐れ、そして性別、生殖、家族を取り巻く幻想であり、単なる男女の解剖学的な違い以上のものだ。古代の衣服はこういった文化が生んだ性別による役割を、体に垂らしてまとう衣服にできる比較的簡単な方法で示していた。ファッションの誕生後のドレスコードは、新しく、より洗練され、表現力豊かな服装の表現方法を利用したが、それは性別に基づく服装がもつ利害関係を劇的に大きくするものだった。たとえば、仕立服によって

伝統的な性別による役割をさらに強く表現できるようになった。しかし、同時に新しい性的象徴も生み出し、それが性別による役割を否定し、覆してしまったのだった。

## 史上初の「ファッションの犠牲者」ジャンヌ・ダルク

一四二九年、まもなく乙女ジャンヌとして知られることになる十七歳の少女が、北フランスの小さな村を離れたのは、当時、王太子だったシャルル七世の軍事戦略家として仕えるためだった。その頃、王太子の軍隊は彼をその地位から引きずり下ろそうと企むイングランド軍との長期戦に負けつつあった。当初、誰も彼女の言葉を本気にしなかったが、ジャンヌは強い決意で反対を押し切った。すると、彼女が受けた神の啓示のおかげでフランス軍は新しい戦略を立てることができ、彼女の勇気が戦意を失っていた軍隊を励ました。そして、ジャンヌが統率するフランス軍は首尾よくオルレアンの包囲を解いたのだった。のちに彼女はランスの街と大聖堂を奪還する軍事作戦を指揮した。ランスはフランク族がひとりの君主の下で結束した時代以来、フランス王が戴冠式を行う場所であり、王太子もそこで昔からの伝統に則り、王位に就くことができた。ジャンヌがもたらした見事な勝利が神の恩寵のように思われたことから、必然的にシャルルは神からフランス統治権を授かったとされたからだ。

しかし、一四三〇年、ジャンヌは戦場で捕虜となり、投獄される。イングランド兵士が殺到した宗教裁判所で、彼女は異端の罪で裁かれた。ところが、ジャンヌの信仰には非の打ち所がなかった。彼女は学問的な神学理論を驚くほど熟知していることを示し、異端を示す供述を引き出そうとする、ありとあらゆる試みを巧みに切り抜けたのだ。すると言葉を証拠に信仰を疑うことができなくなった裁判所は、ジャンヌの服装が示す、言葉の要らない証拠につけ込んだ。彼女は戦場で鎧を着ていた。鎧にはリネンの脚絆《きゃはん》と紐で縛る様式の体にぴったり合うチュニックが要るが、どちらも伝統的な男性の服装だった。さらに彼女は一緒に戦った男性たちと同じように、戦場から離れたときもこの戦闘服を着ていた。裁判所は、「女は男の着物を着てはならない。また男は女の着物を着てはならない。あなたの神、主はそのようなことをする者を忌みきらわれるからである」という申命記第二十二章五節にある神による禁止を引用し、これを理由にジャンヌに異端の罪を負わせた。その結果、一四三一年、彼女は火刑に処される。

ジャンヌの死後、一四五六年に教会は再審を行い、彼女が受けた有罪判決を覆した。そのとき引用されたのは、異性装を禁じた聖書の言葉に対する例外を認めた聖トマス・アクィナスの言葉だった。「それでもやはり、敵から身を隠すため、あるいはほかに衣服がないためなど……やむを得ない理由があれば、これ（異性装）が罪にならない場合もある」[1]同じように、聖ヒルデガルト・フォン・ビンゲンもこう書き残している。「男性も女性も必要時以外、互いの服装をしてはならない。男性が女性のドレスを着るべきでなく、女性が男性の衣服を着用するべきではない……ただし男性の命、あるいは女性の純潔が危機に瀕している場合は別である……」[2]再審が出した結論は、ジャンヌはやむを得ず男性用の衣服を着ていたというものだった。

やがてジャンヌは生涯一度も使わなかった父親の姓ダルクをつけられ、伝説的な存在となった。ジャンヌ・ダルクは一九〇九年に福者に、一九二〇年には聖人に列せられた。その知名度のため、彼女の物語は延々と語り継がれ、変更を加えられ、無数の文書となった。最初の裁判では、彼女は自分の邪悪な満足感のために、故意に宗教法に反抗して男装したと断定されたが、その審理全体が捏造《ねつぞう》された容疑、偽りの証拠を基にした政治的な攻撃だった。死後に行われた再審では、汚れを知らない上品なジャンヌはやむを得ず男装をしたことがわかった。しかしその判決に、それまでの年月の間に宗教的かつ国民的アイドルとなった女性の名誉を回復させ、受け入れてやりたいという気持ちが影響していたことは疑いようがない。近年、歴史家のなかに、ジャンヌ・ダルクはトランスジェンダーだったとほのめかす人たちが出てきている――もっともらしい仮説ではあるが、現代の社会政策的な見地から歴史を考えたいという願望に突き動かされているのかもしれない。

「乙女ジャンヌ」は宗教法に背いてやろうと自ら男装したのか？　純潔を守るためにそうしたのか？　あるいは女性から男性へのトランスジェンダーとしてそうしたのか？　それとも、ただ自分に男装が似合うからそうしたのか？　たしかにあの状況では男装のほうが実用的だった。そのうえ、当時の女性の服装よりもずっと人の関心を引き、象徴的な効果もあった。伝統的な衣服に取って代わりはしなくても、足りないものを補いつつあった新しい流行の衣服のように、ジャンヌも新しい時代の到来だった。また、それは注文仕立ての軍服から派生した男性向けファッションでもあり、それを作り出した当時の最新技術はその後も三世紀、生き残った。当初、鎧用下着の製作に使われた仕立て技術による十五世紀の紳士服は、体にぴったり合うホーズやズボン、短いダブレットといったものだった。紳士服が体型を目立たせた一方で、婦人服は布地で覆うことで体型をわかりにくくした。ジャンヌの時代、女性のボディスは上半身をいくらか浮き上がらせたが、ウェストから下はゆったりと覆われていた――二十世紀までつづいた慣習である。体にぴったり合う紳士服はその下にある体型をはっきりさせたため、ゆったり覆うタイプの婦人服よりセクシーで、男らしさや性的に積極的であることをほのめかした。歴史家アン・ホランダーはこう書いている。[3]

男装したジャンヌ（・ダルク）は不謹慎なほどエロチックだった。男性に変装したわけでもなく、勇ましさもなければ、戦いで役に立ちそうにもなかった……（その代わり、彼女は）自分が女性であるという事実を隠さないことで、最新の女性のドレスがもつ、あまりに幻想的な慎み深さを捨てていた……。

## 女装と男装とエロチックな挑発

男装の麗人は中世文学ではすでにお馴染みの――そして人気のある――役柄だった。そこに描かれていたのは馬上槍試合で戦う女性騎士たち、家督を相続し守るために少年になりきる少女たち、悟りを求める大胆な冒険の旅で男装する初期キリスト教の聖人たちだった。歴史家ヴァレリー・ホッチキスによれば、こういった物語からわかるのは、中世の読者たちが性別の区分の曖昧さに好奇心をそそられ、高潔な志の実現のために男装する女性たちに共感したことだ。[4]ジャンヌ・ダルクの伝説はこの幻想的な伝統にぴったりと当てはまった。騎士伝説のヒロイン、ジャンヌは幻想的な人物であっただけでなく、セクシーな存在でもあった（口絵3）。体にぴったり合う服装という男性向けの改革を取り入れることで、ジャンヌは霊的な美徳と女性のセクシュアリティの両方を強調した――それは女性の美徳を気取りのない慎み深さに結びつけた、彼女の時代の宗教的な道徳規範に対し、真っ向から目に見える形で示した反論だったのだ。

　異性装はジャンヌの時代に定着した習慣ではあったが、論争を招くものでもあり、許されるのは社会的な境界線のなかで行う場合だけだった。様々な種類の異性装が見られたのは、主に中世の祭り、祝い事、謝肉祭、劇場、気晴らしの空想遊びだった。けれども、そこにはつねに秩序の破壊と官能性が組み合わされていた。単なる衣装にすぎなくても、それによって性別だけでなく、階級や社会的役割の因習的な境界線を越えることができた。ダンスパーティや祝い事でも、たいていは衣装と仮面を身につけることで、自分の社会的身分に対する先入観から抜け出し、別の人間の特権を手にすることができた。衣装のなかには着用者の正体をまったくわからなくするものもあったため、多くの奢侈禁止令がそういった行事以外での仮面着用と仮装を禁じた。[5] しかし、ほとんどの衣装は見る者を実際に騙すことはなく、またそれを意図してもいなかった。そうではなく気楽に役になりきって遊ぶために作られ、定着した社会的役割からの逸脱は慎重に制限され、一定の規則が設けられていた。ルネサンス時代のイタリアの作家バルダッサーレ・カスティリオーネも、野心家の廷臣に、「どれほど認められている人物でも、仮装すると解放感から勝手気ままなふるまいをする」[6]と忠告している。うまく異性装ができれば、外見と心の真実の間にほどよい興奮状態が生まれ、衣装が着用者のことを語り始めた――間接的な自己表現である。

　歴史家ジュディス・ベネットとシャノン・マクシェフリーはこう書いている。「自分と違う階級の服装をすることは、そこが娼家であれ、舞台であれ、エロチックな表現が熱を帯びた……属する身分より上の服装をする娼婦」は、エリザベス朝英国ではよくあるフェティシズムの対象で、その起源は、「十三世紀の終わりまで遡る。当時、ロンドン市は、娼婦が『上流階級の女性たちのように』毛皮つき頭巾を着用するのを禁じていた」。その目的は、「過度に着飾った娼婦のエロティシズムを減じるためだった」[7]。上流階級の「既婚婦人」や妻の服装は、労働者階級の男性たちにとって性的なフェティシズムの対象だった。「彼らにとって、そういった幻想は、女性がもつ家庭内での権力に対する不安を伝え、かつ社会的な野心を表すものだった」[8]その一方で上流階級はカジュアルな服装をし、性欲をかき立てる仮装のなかに、異国風の外国人や無法者の服装を取り入れた。そういった自分と違う階級の服装をすることに触れたある記録には、一五〇九年、アラゴンのキャサリンと結婚したばかりのヘンリー八世は数人の貴族とともに、「王妃の部屋に乱入した。全員が短いコートを着込み……頭には頭巾、そして……弓と矢、剣と丸盾を携え、まるで無法者、あるいはロビンフッドの仲間のようだった」と書かれている[9]。

　異性装も一部は大衆に支持されているにもかかわらず——あるいは多分、だからこそ——中世後期とルネサンス時代の奢侈禁止令は様々な仮装を禁じた。それは服装を確実に地位に合ったものにするため、そしてあらゆる種類の異性装から連想される性的な刺激や不道徳な性行為を防ぐためだった。たとえば、一三二五年、フィレンツェの法律が禁じたのは異性装と、若者が老人の服装をする遊びや、「自分自身に変装する」という遊びだった。一四八一年、ブレシャの法律は仮装用仮面の使用を禁じた。

一四七六年、フェラーラの法律は、仮面をつけると不誠実な女性や男装の女性がふしだらな行動に出やすくなるというはっきりした理由を挙げ、顔を覆うことを禁じている。都市グッビオの一五〇七年の法律は、仮面の着用、異性装、一般人の修道衣の着用を犯罪とした。[10]

異性装の歴史はおそらく性別に基づいた服装そのものと同じくらい古いが、一三〇〇年代に入ると男女のファッションが分岐し始めたせいで、それまで以上に目立つもの、挑発的なものとなった。中世後期に入り、男性の衣服がよりセクシーなものになると、女性による男装は挑発的でエロチックな衣装になる。贅沢な服装などの「虚栄心が生むもの」と同じく、異性装は性的な逸脱を連想させたため、不倫、「内縁関係」、売春の証拠とされることがよくあった。例を挙げれば、一三九五年、女装し、エレノアと名乗っていたジョン・ライケナーは男性と性行為をした容疑で逮捕されている。彼がロンドン市長と参事会員の前で行った証言の内容は、女性としての衣服の着方やセックスの仕方を娼婦たちから学び、大勢いるセックスの相手のなかには、「かなりの数の聖職者や尼僧」もいるというものだった。また一四七七年、カテリーナ・ヘッツェルドルファーがドイツの都市シュパイアーで溺死したのは、彼女が男装したことがあり、ある女性と性的関係を結んだことが明らかにされた直後のことだった。[11] 一五〇二年には、フランドルの都市ブリュージュで、ナゼ・デ・ポーターが聖職者と同棲する目的で異性装をしたとして告発されている。

違法な異性装として報告された事件の多くには、売春あるいは乱交で告発された女性たちが関係していた。中世後期のイタリアの都市では、娼婦たちは一様に男装していた。事実、ベネットとマクシエフリーによれば、男装は、「女性が性行為の相手になれることを強く示唆していたため……十六世紀後期にファッション本が出回ると、典型的なヴェネチアの高級娼婦たちは、女らしいスカートの下に男性用のブリーチェズ（訳注／膝下丈のズボン）を身に着けて現れた」。同様に、十四～十五世紀のロンドンでは、「聖職者や市民の権力者たちは……女性の男装は昔からある女性の性的な混乱のひとつと理解していた。[12] 異性装はそれ自体が罪である以上に、女性の性的障害を示すもの（として扱われていたの）だった」。

この歴史に残る記録から感じられるのは、異性装――とくに女性が男装するもの――の大部分はフェティシズムの対象であり、娼婦や「ふしだらな」女性、気ままな放蕩者が性欲をかき立て満足させるために利用するもの、という考え方だ。とはいえ、この考え方が、入手した情報から影響を受けたものであることは間違いない。小説を除けば、この時代の異性装の話の大半は、法的な起訴に関する書類に記載されているものだ。きっと多くの異性装者が、それ以外の違法な行為で告発されなければ、そういった書類に記載されることもなく、その人生の物語は歴史の闇に消えたのだろう。さらに、犯罪行為で告発された異性装者たちは、その罪を犯していなかった可能性さえある。異性装から性的逸脱を連想する傾向があまりに強いせいで、異性装それ自体がほかの犯罪の――証明にならないとしても――証拠の代わりになり得たのだ。

この混乱をさらに悪化させたのは、役人たちが性犯罪を必ずしも注意深く見分けていたわけではないことだ。同性愛者の性行為、売春、女性による乱交はひとまとめにされることさえあったのだ。多分、「売春行為」をしたとして逮捕された人たちのなかには、実際に犯したのは密通、つまり婚外交渉だった人もいただろう。結論からいえば、とくに男装した女性の場合、異性装をするのは、それが実用的だからであり、性愛とは関係がなかった。女性たちは多くの雇用の機会を奪われ、大衆向けの娯楽施設への入場を拒まれ、さらには男性の餌食となる危険はつねにあった。独立心のある女性たちにとって、異性装は多くの利益をもたらすものだった。異性装者のなかに、現代の意味で「トランスジェンダー」だった人たちがいたのは間違いない。服装のジェンダーが自分とぴったり合えば、その服装から心地よさと完全な者になれたという感覚を得られる人たちのことだ。しかし、今日の政治文化の色眼鏡を通して、過去の異性装者を完全に理解できるかどうかはまだわからない。性別に基づいた服装の意味と、それを強いたドレスコードは何世紀もの間に変化し、そういった束縛を解き放つことの重要性もまた変化してきたからだ。

結局のところ、異性装とは、個人の外から見えるペルソナを際立たせるファッションという、新たに現れた表現手段を利用する多くの方法のひとつにすぎなかった。衣服が個性を表現するのは、社会的地位のわかりやすい象徴を取り込み、それを独自のやり方で組み合わせることで、その人を、地位など関係のない、唯一無二の人間として伝えたときだけだ。ファッションが広まるにつれ、衣服のそういった遊び半分ながら、反体制的な使い方がそれまで以上に知れわたり、それまで以上の脅威となった。中世とルネサンス時代における異性装の禁止は、その時代の他のドレスコードと同様、伝統的な服装の意味を強調することを目的としていた。こういったドレスコードがあれば、たとえば、ドレスを着ていれば女性の体であり、板金鎧の下にズボンを穿いていれば男性の体だと確実にわかったからだ。

ジャンヌ・ダルクは、服装から性別がわかるようにする規範を破り、徳の高い体と罪深い体を見分ける服装の象徴的意味を混乱させた者たちの仲間だった。彼女は型破りなやり方で服装の従来の意味を利用することで、その時代の人びとを魅了する独自の現代的なペルソナを巧妙につくり上げ、そのペルソナは現在も人の興味をそそっている。そうすることで、彼女は歴史上最初のファッションの犠牲者となったのだった。

### ファッションが「古い社会的役割」を弱体化

中世後期に入ると、ファッションの誕生が地位、性別、権力、個性の本質の劇的な変化を映し出すと同時に、それに刺激を与えた。体に垂らしてまとう古代の服装は、装飾や贅沢な布地を通して社会的地位を表すことができたが、仕立て技術に革新が起こったことで、衣服はそれまでよりずっと多くの微妙な印象を与えられるようになった。ほとんどの人が非識字者で、素晴らしいものを見せることが何より大切な宣伝活動だった時代、ファッションがもつ人の心に訴える力はとくに重要だった。教会と国家はどちらも、イメージ、偶像、壮麗な式典を通じて情報を伝えていた。そんなとき、ファッションが衣服を、情報を見える形で伝える非常に重要な媒体のひとつにした。衣服を着れば、体そのものの見た目が変わるため、衣服には社会的な関係を築く類まれな能力があった。しかし、建築物、彫像、音楽、絵画とは違い、ファッションは一貫して個人的なもの、どんなときも持ち運べるものだった――それは着用者を表現するだけでなく、着用者とともに移動するものだったのだ。こういった特質がファッションをすこぶる魅力的なものにしたため、抑え込むのがとくにむずかしかった。けれども、中世後期のドレスコードが求めたのはまさに抑え込むことだった。地位の象徴をつくり上げ、それを守るため、衣服を社会階層と地位――階級、宗教、職業、そして何よりも性別――を象徴するものにしようと力を尽くしたが、その目的は教会と国家両方の政治的な権力に役立てるためだった。ところが、ファッションがこういった古い社会的役割を、まるで後押しでもするかのように躊躇なく弱体化させてしまった。なぜなら、裏では別の主人に――人の個性に――仕えていたからだ。このことが、新しい時代と、新しい服装がもつ言葉から生まれた新しいステータスシンボルを受け入れやすくした――そしてその言葉は、雄叫びではなく、淑《しと》やかなささやき声で伝えられたのだった。

# 第2部

# 豪華から上品へ

PART TWO: FROM OPULENCE TO ELEGANCE

---

財布の許すかぎり着る物には金をかけなさい。
しかし豪華すぎてはいけない。
金をかけても派手になりすぎないように。
服装を見れば、たいてい人柄がわかるものだから。
——ウィリアム・シェイクスピア

田舎者は自分の体を覆う。
金持ちや愚か者は自分を飾り立てる。
上品な男は服を着る。
——オノレ・ド・バルザック

# 第5章 男性による華麗な衣装の放棄

## ――フロックコート（訳注／十九世紀の男性の礼服。現在のモーニング）、タータンとキルト、民間人の制服、髪粉をふりかけたかつら、尊大かつ謙虚であることについて

歴史家ファリド・シヌーヌによれば、「（十八世紀中期の）七年戦争（訳注／英国とプロイセンがフランス、オーストリア、ロシア、スウェーデン、ザクセンに勝利した戦争）のとき……士官たちが戦場に持参した従軍キットには、香水、口紅と頬紅、化粧用パフと睫毛用ブラシが入っていた……。カウニッツ王子（ヴェンツェル・アントン・フォン・カウニッツ。ハプスブルク帝国の外交官であり、神聖ローマ帝国の貴族）は……毎日、小麦粉を髪にふりかけるのに、召使い四人を必要とした」[1]（口絵5）。念入りに髪粉をふりかけたかつら、ダチョウの羽根飾りをつけた鮮やかな色の縁なし帽、ヒールの高い靴、きらびやかな宝石類は、一七〇〇年代に入るまで、ヨーロッパ中で見られた男性ファッションの極致だった。

十八世紀後期に入るとそれが変わり始める。一七六〇～九〇年のおよそ三十年の間にヨーロッパ中の男性たちは、何世紀も富と権力を表していたこの様式を手放した。その代わりとして上流階級の男性が取り入れたのは、トマス・モアが『ユートピア』で予想し、敬虔な清教徒たちが何より好んだ、

地味で自制的な服装だった。生地は、紺色、茶色、灰色、黒色など地味な色合いの質素な毛織物とリネンだった。一九三〇年、英国の心理学者で服装改革主義者のジョン・カール・フリューゲルは、これをこう表現している。「〈男性による華麗な衣装の放棄〉……十八世紀の終わりに……男性たちは、鮮やかで派手で手の込んだ、様々な形の装飾すべてに対する権利を手放し、そういったものすべてを女性に使わせることで、自分たちの仕立服を何よりも飾り気のない禁欲的な芸術としたのだ[2]」

## 英国で誕生したシンプルな男性ファッション

〈男性による華麗な衣装の放棄〉は、布地で覆われた政治的声明文だった。それが服装に刻み込んだのは、十七世紀の宗教的な厳格さの影響と、十八世紀の啓蒙理想主義の勝利だ。実際には、〈男性による華麗な衣装の放棄〉が起こる前、フランス、イングランド両国では、すでに十七世紀から宮廷衣装の簡素化が始まっていた。またイングランドでは、一六四九年、チャールズ一世の処刑後、オリバー・クロムウェルがコモンウェルスを成立させた。そのため、イングランドは共和国として統治され、英国教会が特権の一部を奪われ、プロテスタントの勢力が大きくなった。議会は劇場を閉め、数多くの日曜の活動を禁ずる法律を通過させた。この急進的な共和制と宗教の厳格さの組み合わせが、上流階級の男性たちに飾り気のない服装をさせることになった。さらに、プロテスタントが影響力を強めたドイツ、スイス、オランダ、スカンジナヴィアなどでも、宗教の影響により贅沢な服装をやめるようになる。のちにスペインやフランスなどカトリックが主流の国々では、反宗教改革をきっかけとして新しい禁欲生活が始まった。

偶像崇拝や聖職者の衣装に対するプロテスタントの反感には、肉欲に対する疑いから生じたものもあった。プロテスタントの労働倫理について書かれたマックス・ヴェーバーの有名な論文は、宗教、資本主義、そしてこの新しい禁欲的な衣服のつながりをこんなふうに説明している。[3]

無駄話、贅沢な生活、中身のない虚飾という（宗教軽視）は……神の栄光に尽くすことにならないが、人間にとっては、芸術的な風潮よりも、控えめで実用的なものに味方する（よう導かれた）ことは名誉だ。そんな人間の装飾にとくに当てはまるのが、衣服だった。生活様式の画一化に向かう強い傾向は、今日、生産の規格化における資本主義的な利益をおおいに後押ししているが、その観念的基盤は人間によるあらゆる偶像崇拝の拒否にあった。

絶対君主チャールズ一世を失ったイングランド貴族には、ベルサイユではいまだに政治活動とファッションを活気づけていた儀式など必要なかった。仰々しい宮廷衣装に代わって彼らが取り入れたのは、現代の紳士服を決めることになる奇妙なスタイルだった。[4]

初期の清教徒が考え出した上品な簡素さと、田舎暮らしの自作農階級と紳士階級の服装が融合し……つまり、十八世紀末にイングランドで起こった男性服の画期的な近代化は、すでにしっかりと準備されていた……イングランドでは、あっさりしたコート、実用的なブーツ、飾りのない帽子、無地のリネン類が、紳士の印となりつつあった。紳士とは、広大な土地と十分な資産を所有するだけでなく、古くさい社会制度や派手な装飾品を、無価値なものとして拒否する分別をもつ者のことだった。

シヌーヌの記載によれば、十八世紀のイングランドでは、「けばけばしい高価な衣服はフランスの流行やフランス贔屓《びいき》と関係があった……とくに清教徒革命と、英国王族を追いやり、二十年にわたるフランス宮廷逗留を強いたクロムウェルによるコモンウェルス成立のあとには」[5]。実際、一六六〇年、イングランドの王政復古の際、父親の悲劇的な手本から学んだチャールズ二世は、宮廷服を改め、地味なものにした。それはヴェストとフロックコートを組み合わせたもので、のちのスリーピースの原型となった。歴史家デヴィッド・クフタによれば、「スリーピースの採用にあたり、チャールズ二世は因習を打破する反対派の考え方（当初、君主制への批判として生まれたもの）を流用し、宮廷文化を定め直すために利用しようとした……文化的権威は、誇示的消費を排他的な宮廷の特権にすることによってではなく、上流階級が贅沢に反対することによって表現された」[6]。さらにそれにつづく出来事――とくに注目すべきは、イングランドにおける最初の民権条令を制定させた一六八八年の名誉革命――が貴族的な贅沢から離れ、慎ましさへ向かう変化を後押しした。ロンドンの通りでは、高貴な生まれの者と平民が揃って新しい節度ある服装を披露していた。十八世紀初期にその様子を目撃した者によれば、ロンドン市民たちが「金糸入りの織物を着ている姿を見ることはまずなかった。フロックという小さなコートを着ているが、それにはひだも飾りもない……小さな丸いかつらと飾りのない帽子を被り、剣でなく杖を手にしている……こういった服装は裕福な商人にも、金持ちの紳士にも、ときには最高の栄誉を得た貴族にさえ見られる……」[7]。

個人の自由、科学的な合理性、人間の繁栄を重視した啓蒙思想がこの傾向をさらに強めていった。啓蒙思想は、ファッションの誕生と同時に起こった個人主義者の考え方を見事に成文化していた。レネ・デカルトが一六三七年に記した有名な命題「我思う、故に我あり」は、教会と国王がもつ超自然的な権威を捨て、個人としての人間の意識の重要性を選ぶ世界観をうまく要約している。科学的な方法によって宗教的宇宙論を覆し、人間の理屈と人間の感覚を通して理解できる世界を支持したのだ。道徳の中心にいる人間と、その案内人である人間の理性とともに、啓蒙思想は伝統と原則に基づいた古くさい政治的な解決を拒絶し、民主主義と人権へと成熟していく理念を育て始めていた。

貴族的な装飾や誇示をやめた最初のヨーロッパ人の仲間入りをしたイングランド人の大半は、地味な服装を、こういった社会的、政治的理念と結びつけるようになる。たとえば、一七五二年にパリに到着したイングランド人旅行者は、やむを得ず飾り立てたフランスの服装をし、こんな不満をもらしている。「まるでバスティーユ監獄に閉じ込められ、自由を奪われた気分だった。幾度も私の大切なゆったりしたフロックを恋しく思い、それをまるで我らの幸運な共和制の象徴として見上げたものだ。なぜなら、それは人間を抑え込んで不快にさせることなく、好きなように行動する力を与えてくれるからだ」[8]

十八世紀末までに、イングランドはフランスを紳士服の権威の座から引きずり下ろす（しかし、女性のファッションについては少なくともそれから三百年間、そしてほぼ間違いなく今日まで、フランスのほうが優れている)。絶対君主制の下で暮らしてきたフランス貴族にも、簡素なイングランド式の服装を政治的自由の象徴と考える者はいた。フロックコートと控えめなかつらは、個人の自由と立憲政府を支持する者たちのドレスコードであり、自由に考えるフランス貴族のファッショントレンドとなった。フランスとイングランドの地政学的な紛争が起こり、フランスのイングランド贔屓たちの考えが揺らいだ時期、フランスの自由主義者たちが目を向けたのは、イングランドの反抗的な植民地、米国だった。[9]そして地味な服装とかつらをつけない頭は、ベンジャミン・フランクリンにちなみ、フランクリン風ファッションと呼ばれるようになる。

そのファッションを生んだ米国では、フランクリン風ファッションは愛国的な義務だった。服装の規制という理念が生まれたのは植民地時代で、そこには、当時、贅沢な織物や衣服の植民地貿易を支配していたイングランドとの関係を改善しようとする思惑もあった。服装の節度と慎み深さは良識と節約という米国の美徳の象徴、さらにヨーロッパの驕《おご》りと不誠実という腐敗に対する当然の疑念を抱いている証拠となった。フランクリン自身は一七二二年、ニューイングランド・クーラント紙にSilence Dogoodというペンネームで投稿し、「服装による優越感は……手織りの布を手放して以来、徐々に人の関心を引きつつある」と痛烈に批判している。エリザベス女王が一世紀半も前に、奢侈《しゃし》禁止令を守ろうとして推し進めた根本的理由をそのまま繰り返しながら、フランクリン、別名Silence Dogoodはこう書いた。[10]

金を持つ者がこの悪習に染まると、生活が困窮してしまうと考えることはまずなく、ただ自分より豊かな者や同じような愚か者を真似ようとする……裕福と思われようとして実は貧しくなり、謙虚な貧者に与えられるべき同情と施しを自ら奪っている。そんな軽薄な人間はそれ以外に注目される方法を知らないが、きらびやかな衣服を着て彼らの真似をする者たちは同じやり方をしながら憎み合う。彼らは手本によって破滅し、互いの破滅に嫌悪を抱く。

代案としてフランクリンが提唱したのは、「誠実さを表す手織りの衣服」だった。それは平等主義的な理想主義と清教徒の熱意の両方から生まれ、米国の移民たちの心を奪った理念だ。米国市民の指導者たちは手織りの衣服を、自営業と民主的な平等の美徳を結びつける方法として提案した。「富者も貧者も残らず糸車を回す」が愛国的スローガンとなったのだ。とはいえ、歴史家マイケル・ザキムが記しているように、「手織りの布では、ナラガンセット湾やニューポートに暮らす『上品なご婦人たち』が、昔からそれを着ることで地位を保ってきた布地の繊細な風合いを出すことができなかった」[11]。

宗教的な熱狂も一役買い、新世界でもルネサンス時代のイタリアであったような虚栄の焼却が行われ、書籍はもちろん豪華な衣服が燃やされた。これは昔のドレスコードの再現というだけではなかった。手織りという理念がエリザベス朝時代を思い出させる服装規制の提案につながり、「大学の講演者たちは『合衆国で奢侈禁止令を定めるべきかどうか』を議論し……服装に関する法的な規定を作ろうとし……実際に憲法制定会議で作られた[12]」。

## 「ファッション格差」を吹き飛ばしたフランス革命

フランクリン風ファッションの影響が小さかったフランスでも、イングランドや合衆国より少し遅れて、〈男性による華麗な衣装の放棄〉が開花した。いざ服装の基準を変えるとなれば、フランス人はそれをドラマチックにやってのける。革新的なフランスの急進派たちはサンキュロット――貴族の服装の特徴であるキュロット、つまりブリーチェズやストッキングを穿いていない過激な共和主義者――と呼ばれた。そのため、労働者向けのゆったりしたズボンが団結の象徴となり、労働者階級と、旧体制における格差に抗議するブルジョア急進派たちを結びつけた。一方、気取った王党派として知られた極右主義者たちが身につけたのは、体にぴったりした膝下丈のブリーチェズに絹のストッキング、上質の留め金つき靴あるいは磨き上げたブーツ――要するに十八世紀の貴族たちの伝統的な服装だった。こういった洗練された衣装は生まれのよさを表していた。そして手にもつステッキ――彼らが「憲法」と呼んだもの――は、実は政敵の鎮圧に使う棍棒だった。

新しいフランスの共和政治は、一七九三年十月二十九日、ベルサイユの貴族のドレスコードを廃止し、「誰もが自由に、自分が気に入り、自分の性別に合った衣服を着ることができる」と宣言した。[13] ジョン・カール・フリューゲルの記載によれば、「飾り立てた衣服を着る目的のひとつは……階級と富の違いを強調することだった……当然のことだが……旧体制の理念を非常にうまく表した衣装の豪華さと緻密な作りは……あの革命にとって嫌悪を感じさせるものであったに違いない」[14]。政治的な平等主義が、労働と労働者へのそれまでなかった敬意と結びつくことで、新しい服装の規範が生まれたのだ。[15]

新しい社会秩序が求めたのは……あらゆる人に共通する人間性を表すものだった。これは服装の統一によってのみ可能となった……これまで貧者から裕福な者を、身分の低い者から高貴な者を分けていた差別の廃止……服装の思い切った簡素化……誰もが合わせられる、もっと大衆的な基準に向けて……。

労働理念は今では立派なものになった。かつてはどんな労働も、どんな種類であれ経済活動に関わることも……いつも流行の最先端にいる階級の品位を貶めると考えられていた……人生における真に重要な瞬間は、戦場か、客間で過ごすことだったからだ。どちらの場合も、伝統により高価で上品な服装の着用が定められていた。しかし革命の新しい理念では……男性の最も重要な活動の場所は客間ではなく、仕事場、会計室、事務所となった――それは長い伝統から比較的簡素な衣服が馴染《なじ》む場所だ。

貴族的な贅沢さから共和制の地味さへの転換が反映していたのは、宗教的な慎み深さ、啓蒙思想の人道主義、そして新世界と旧世界における平等主義的な政治理念だった。それはクロムウェルのコモンウェルスにおけるプロテスタント的な禁欲主義に始まり、政治から解放された英国紳士階級の新しい地味なワードローブのなかの世俗的なファッションとして定着した。そして、それが西洋の紳士服の新しい基準となったのは、服装が表す階級制度と壮麗さがまだ大きな影響力をもっていた最後の砦を、フランス革命が吹き飛ばしたあとだった。

〈男性による華麗な衣装の放棄〉は広がり、活発化し、各国の服装が変わったことがほかの領域にも変化をもたらした。たとえば、かつてフランスが米国のフランクリン風ファッションに影響されたように、米国人はフランスの革命スタイルに影響された。マイケル・ザキムによれば、トーマス・ジェファーソンはフランス滞在時代にサンキュロット様式に手を加えたものを取り入れていた。膝下丈のブリーチェズは穿かなかったが、体にぴったり合った上質な仕立てのズボンから、労働者向けのゆったりしたズボンに替えた。この地味ではあるが上品な新しいスタイルは、彼の帰国後、合衆国で人気になった。そして十九世紀初頭までに、米国で「絹のストッキング」といえば、時代遅れの特権にしがみつく頑固な老人たちを意味する、侮辱的な言葉となった。[16]

## 国家の誕生と国民の制服

ヨーロッパを夢中にした服装の簡素化という新しい理念が象徴していたのは、自由主義、平等主義、そしてときには国家の威信といった一癖ある政治理念だった。ファッションによって個人の人格が伝わるのと同じように、民族や国の一員としての意識も伝わる。たとえば、地味なフロックコートを着た英国人男性からは自由な感性が伝わり、手織りの衣服を着た米国の入植者からは地に足がついた考え方が伝わり、サンキュロットを着たフランス人からは過激な政治活動が感じ取れる。十八世紀後期から始まる、幾人かの歴史家たちがナショナリズムの時代と呼ぶ時期には、服装によって国民としての意識を表すべきは当然だと思われていた。西洋社会は国旗、国の地図、国立博物館、新しく生まれた全国紙といった共通する象徴、さらには共通する服装の規範を頼みの綱としつつ、国民としての意識を浮かび上がらせようとした。新しいドレスコードは、この新たな地政学的な理念をも反映し、それを後押ししたのだ。

今日、私たちは国民国家を当たり前のものと考えているが、十八世紀後期、国家主義は地政学的な組織化の数多くある形態のひとつにすぎなかった。多くの地域でかつて聞いたこともない未知の形態だったため、国民としての意識という感覚を創り上げることが緊急の課題となった。ヨーロッパは相互関係にある数々の広大な王朝によって統治されていたが、その統治と教会がもっていた政治的権威は衰退しつつあった。独立した都市国家、地方の小さな公国、神聖ローマ帝国の無秩序に広がる属国の数々がゆっくりと、しかし着実に戦争で征服されるか、協定により分割されていき、地理的、民族的に近いヨーロッパの国民国家に整理統合されていった。歴史家ベネディクト・アンダーソンが主張するように、これは、共通の象徴を共通の経験や伝統と同じく重要なものとする想像力が成し遂げた、見事な離れ業だった。[17] ナショナリズムとは、自分自身のことを村人、農奴、自由都市の市民である、あるいは王子や王朝の支配下にあると考える人たちを説き伏せ、何よりもまず、ひとつの国家の市民としての意識をもたせるという、終わりのない取り組みだった。

そこではドレスコードが、国民として、民族としての自覚を求める数々の奮闘の重要な部分となった。ひとつの国のなかには様々な民族集団がいても、それぞれに特有の民族服から区別できる。ドレスコードのなかには、反抗心を伝える民族的特徴のある服装を禁じるものもあったが、小さな民族集団——とその特徴的な衣装——を国の文化に欠かせないものとして再評価するものもあった。その一方、十八世紀後期のヨーロッパでは、正式な国民の制服を決め、国中の国民に着せようとする意見が驚くほどよく聞かれた。それが映し出していたのは、地位と民族によって人間を区別していては、市民の団結が脅かされるという考えだった。

## 国家統合に使われたスコットランドのタータン

一七四六年、英国議会が成立させた禁止令、のちに一七四六年の服装法令、一七四六年の着用禁止令、ハイランドドレス着用禁止法あるいはタータン禁止令と呼ばれたものには次のような規定が含まれていた。

> スコットランドと呼ばれる英国の地域内では、英国軍に士官および兵士として雇われる者以外の男性および少年は、一般的にハイランドドレスと呼ばれるもの、すなわちプラッド（訳注／外套代わりの肩掛け）、フィリベグ（訳注／膝丈のプリーツスカート）、リトルキルト、トロウズ（訳注／ズボン）、ショルダーベルトなど、とくにハイランドの衣装に属するものは、なんであれ着用してはならない。厚地の外套あるいはアッパーコートの代わりにタータンや部分的に色のついたプラッドを使用しないこと。前述の衣服あるいはその一部をあえて着用する者は……六カ月の禁固刑に処され、保釈は認められない……再犯の場合……英国の海外植民地への七年間の流刑を免れることはできない。[18]

タータン禁止令は服装による植民地化のひとつだった。十八世紀中期の英国――イングランド、ウェールズ、アイルランド、そしてとくに危ういスコットランドの連合――はまだ弱々しかった。女王エリザベス一世が死去したあと、スコットランド女王メアリーの唯一の息子ジェームズ六世が一六〇三年にイングランドとスコットランド両国の王として即位したのち、イングランドとスコットランドはひとりの君主の下に統合された。ジェームズは英国のジェームズ一世を自称したが、スコットランドは自国の法律と議会をもつ独立国のままだった。ところが一七〇七年、長年にわたる緊迫した交渉を経て、イングランドとスコットランドの議会が合同法に批准したことで、両国はひとつの英国議会の下におかれた。

この統合はカトリックの影響が強いスコットランドでは議論を呼び、プロテスタントが多数を占める議会とプロテスタントの君主による支配に憤慨した。スコットランドの反対派は、スコットランドには独自の王位継承の血統があると主張し、ジャコバイト（ジェームズのラテン語読みであるジャコバスが語源）のように、王座の正統な継承者として、ジェームズ一世の血統であるスチュワート家の復興を求める者たちもいた。やがて、ハイランドのクラン（訳注／氏族）の大半が、ジャコバイト反乱分子のなかで目立つ存在となる。

一七四六年、ジェームズ一世の子孫、チャールズ・エドワード・スチュワートが、スコットランドに駐屯していた英国軍に反旗を翻すが失敗に終わる。そのとき、中心的な役割を果たしたのがハイランドクランだった。実際、ジャコバイト運動はハイランドクランと強く結びついていたため、ハイランドとローランド（訳注／スコットランド低地地方）のジャコバイトたちが一様に着ていた伝統的な衣装が、一種の非公式なジャコバイトの制服となった。その反乱が鎮圧されると、英国議会はハイランドクランの完全討伐に動く。新しい法律の制定により、ハイランド人の武装解除、軍隊の解散ののち、ハイランドクランの族長による伝統的な支配が終わり、英国の司法権がスコットランド中に及ぶことになった。[19]そんな時期に、これでもかといわんばかりにタータン禁止令が出され、ハイランドの伝統衣装は禁じられたのだった。ハイランドドレスを禁じた目的は、ジャコバイト運動の最後の象徴を壊し、ハイランド人の魂を打ち砕き、英国の被支配者として彼らが同化するのを促すためだった。

ところがタータン禁止令は裏目に出る。ハイランドドレスが表す帰属意識を逆に広めてしまったのだ。十九世紀中期のある記録には、ハイランド人を鎮圧した苦労についてこんな指摘がされている。[20]

ハイランド人特有の服装の廃止を強いた結果……その愛国精神を絶ち、ローランド住民たちとともにあらゆる点で同化させるどころか、むしろその精神をいっそう高め、自分たちをほかとは違う特別な民族として守ろうとする決意を強くさせた……禁止令がハイランドドレスをいわば神聖な光輪で取り囲み、愛国心の象徴へと高めてしまったのだ。おそらく、これこそが広く利用されている習慣を長く伝える方法なのだろう。放っておきさえすれば、まもなく自然に消滅し、博物館でしか見られないものになり、ロッホアーバー斧や両手で扱う剣、釘を埋め込んだ盾と並んでいたのかもしれない。

それだけでなく、タータン禁止令は、ハイランドドレスの要素を細かく列挙することで、それまでに存在した民族独自のスタイルを見分けられるようにした可能性もある。歴史家ヒュー・トレヴァー＝ローパーによれば、「一七四五年の大暴動が起こったとき、私たちが知るキルトは、近年、英国人が考案したものであり、クラン特有のタータンというものはなかった」[21]。一七一五年、ジャコバイト軍のために戦った多数のハイランド人たちは、「プラッドもフィリベグ（キルト）」も着ていなかったが、その代わり、その時代のスコットランドとアイルランド両方の服装の特徴だった、膝丈の長いシャツか、ゆったりしたコートを着ていた。ハイランド人の上流階級はズボンを穿いていた。英国のほかの地域の上流階級が着ていた体にぴったりしたブリーチェズか、軍の士官なら「トゥルーズあるいはトゥルイス」――タータン生地を斜めに裁断して作る体にぴったりしたズボン――だった。実際、一七九四～九五年に、ロスセーとケースネスの国防軍であるスコットランド軍連隊を招集したアルスターのサー・ジョン・シンクレアは、キルトではなくトゥルーズがハイランド人の伝統的な服装だと確信していたため、それに合わせて連隊の軍服をデザインしただけでなく、その古い趣のあるよさを伝えるための行進歌まで作曲している。

フィリベグはほかの奴らに自慢させておけ
キルトとベルトつきプラッドを自慢させておけ
だが、俺たちは昔ながらのトゥルーズを着る
そこには父親たちの血が染み込んでいる[22]

一七二七年、スコットランドに配属されたある英国士官は、「クェルト」をただ垂らすだけの仕立てられていない衣服として記録に残している。「折り重ね、腰のまわりでベルトで締め、裾が大腿の中程までくる短いペチコートのようにし、残りは肩にかけ、そのあと結んで固定する……」[23] おそらく、これが私たちが知っているキルトの遠い祖先なのだろう――しかし、ここでもまた、ステレオタイプのハイランドドレスは、のちに作られたものであることがうかがえる。実際、スコットランドのハイランド人の昔からの衣服だと私たちが考えているキルトは、英国の実業家トーマス・ローリンソンが考案したものだったという証拠がある。グレンガリーとロッホアーバーで製鉄所を設立したローリンソンが、ハイランド人労働者たちの仕事に適した衣服を考案したのだ。一七八五年のエジンバラ誌にアブリアチャンの郷士アイヴァン・ベイリィという人物の投稿が掲載されている。「フィリベグは伝統的なハイランドドレスではない」というタイトルの文章にはこう書かれていた。「英国人ローリンソン……私は彼と個人的に知り合ったことを断言できる……彼は、その服（クェルト）を短くし、彼が雇った労働者たちにとって扱いやすく、便利なものにするのはむずかしいことではないと考えた……この衣服のようなものを……ゲーリック語でフィリ・ベグ（ベグは小さいという意味）と呼び、スコットランドではリトルキルトと呼ぶ[24]」

タータンについてはどうかといえば、記録に矛盾がある。十八世紀初期には地域ごとに独自のタータンがあったという証拠がある。たとえば、一七一八年、エジンバラの詩人アラン・ラムジーは『タルタナ』というタイトルの詩を書き、そのなかでほぼ間違いなくクラン独自のタータンに言及している。[25] スコットランド人作家マーチン・マーチンは、十八世紀初期に出版された『スコットランドのヘブリディーズ諸島の解説』のなかで、「ハイランドのメインランドのいたるところで……男性が着ているプラッドをひと目見れば、どこに住んでいるのかがわかる」と書いている。[26] しかしトレヴァー＝ローパーのほうが信憑性が高いようだ。彼の主張によれば、「一七四五年の反乱に関する最新の証拠によれば……（タータンの種類による）クランの区別も、（クラン内での）セット（訳注／タータン地の柄）の継承も見られない。ハイランド人の忠誠を見分ける唯一の方法は、着ているタータンではなく、帽子につける花形帽章だった。タータンは個人の好みで決めていた」[27]。

タータン禁止令は一七八二年に撤廃された。ハイランド人の服装規制からの解放を知らせた宣言がある。

英国王と議会は、世界の始まりから一七四六年までクランに受け継がれてきたハイランドドレスに対する法令を永遠に廃止した。これはあらゆるハイランド人の心に大きな喜びをもたらすに違いない。もうローランド人の女々しい服装に縛られなくてよい。これは若者から老人、平民から紳士まで、あらゆる男性を対象にした宣言であり、これからはトゥルーズ、リトルキルトを着てもよい……ベルトつきプラッドとともに、法律を恐れることなく……[28]

しかし、それまでにハイランドドレスは廃れていた。「すでに一世代をズボンで過ごしたハイランドの素朴な小作農たちには、ベルトつきプラッドやタータンをふたたび着用する理由が見つからなかったのだ……」[29]

タータンを制限するドレスコードが廃止されたあと、それを取り入れる理由を見つけたのは、キルトはもちろん、おそらくは一族に伝わるタータンも身につけたことのない、スコットランドの上流階級だった。一七七八年、スコットランド人弁護士や貴族たちがロンドンハイランド協会を設立する。こういった上流階級のハイランド人たちは、伝統的な衣服を現代風にアレンジし、由緒ある系譜図を作成した。そのとき、彼らを支えていたのは皮肉なことに大英帝国の野心だった。英国はインドやアメリカ大陸における植民地支配を確かなものにするため、ハイランド人を雇用した。そんな海外に駐屯しているハイランド連隊はタータン禁止令を免除され、ローリンソンの労働者たちのように便利さを理由にキルトを着始める。様々なハイランド連隊も独自のスタイルでタータンを着用し、互いを識別できるようにした。トレヴァー＝ローパーは、この軍服こそが固有のタータンあるいはセットの起源だと主張する。近代の英国軍のドレスコードが伝統的なハイランドドレスを「復活」させたのだ。

トレヴァー＝ローパーによれば、由緒ある系譜図は裏づけのない主張、偽造文書に基づき、そしてもちろん織物業者との共同作業により作成されたものだった。織物業者はタータンを見つけるたび、せっせとロンドンハイランド協会と手を組めば、手に入れたどのタータンも間違いなくどこかのクランのタータンと証明できることに気づいていた。満足げな買い手が知らなかったのは、多くのクラン独自のタータンの起源とされるべき場所が、おとぎ話のような霧に覆われたスコットランドのハイランドではなく、英国の産業都市のスモッグに覆われた通りや、カリブの植民地の蒸し暑い土地だったことだ。例を挙げるとトレヴァー＝ローパーの報告にはこんなものがある。「クリュニー・マクファーソンは……あるタータンを手に入れると……『マクファーソン』と名づけた……その前はミスター・

キッドという人物に大量に売られ、彼が所有していた西インド諸島の奴隷たちの衣服となり、『キッド』と呼ばれた。その前はただの『一五五番』だった[30]」

とはいえ、タータンがスコットランド人にとって力強い象徴となったのは間違いない。英国人は最初はそれを禁じようとし、その次にイングランド人とケルト人がひとつになった多民族国家の一員としての意識に組み込もうとした。実際、ジャコバイトの反乱の歴史自体、統合された英国の歴史に編み込まれている。なかでもとくに有名なサー・ウォルター・スコットの一八一四年の小説『ウェイヴァリー』では、若き英国紳士が情熱的なハイランド女性と恋に落ち、ジャコバイトの反乱に加わる。小説のなかで、若きウェイヴァリーは戦場で英国人士官の命を救う。反乱が鎮圧されると、彼は赦免され、ローランド人貴族の内気な娘と結婚する。ふたりの女性はふたつのスコットランドを象徴しているようだ――ジャコバイトの反乱を起こした荒々しいハイランドと、連合王国を支持する文明化されたローランド。このようにジャコバイトの反乱をロマンチックに描き、彼らを鼓舞した猛々しい愛国主義を控えめに表現するという歴史の書き換えが、ハイランドドレスを古き良き地方の風習に作り変えたのだ。一八二二年には国王ジョージ四世がハイランドのタータンを着た肖像画を描かせ[31]、一八五三年にはヴィクトリア女王がバルモラルという王家のタータンを考案し[32]、その習慣は今日まで女王と英国王室に受け継がれている。

一七四六年のタータン禁止令が明らかにしたのは、国家統合の時代に服装がもつ意味に関わる新しい問題だった。民族独自の服装は国を分断することも、統合することもでき、ドレスコードは社会的区分を目立たなくすることも、強調することもできた。中央政府と民族集団の両方が、集団的な理念と野心を表現するために服装とドレスコードを利用したのだった。

## ビジネススーツという「現代の制服」

歴史家ダニエル・レオンハルド・パーディによれば、「すべての成人男性は規格化した服装をすべきという考えは、十八世紀に繰り返された、取るに足りない議論だった」[33]。革命が起きたフランスでは、多くの人たちにとって服装の選択の自由は、旧体制の階級による規制を解決するために当然のものと思えたが、平等をもっと強く保証してくれるものを求める人たちもいた。それが共和国の国民全員に国民の制服の着用を義務づけることだった。同じように、有名な法学者でオスナブリュック(現在、ドイツの都市)領主司教の相談役だったユストゥス・メーザーも、一七七五年に、国民の制服ができれば、ばらばらになった人びとを、愛国の美徳という共通の理念のまわりに集めることができると述べている。[34]

等しく立派な態度で共通の利益に寄与し、名誉ある人間としてふるまうあらゆる者たちにとって、君主に制服を要請し、それを名誉ある服装にすること以上に適切なことはないように思える。たしかに、君主が定めた色を身につけたり、自分の好みに合わせて服装を選べるという尊い自由を否定したりすることは、初めは新しい形の奴隷制度のように思えるだろう。けれども……王子であれば、紋章入りの盾の品位を落とすことなく、王子だけの色を身につけることができ……見返りを求めることなく国のために命を危険に曝《さら》す男性は、尊敬と名誉を受ける権利以上のものを手にするのは間違いない。

この国民の制服が愛国の美徳の共通する象徴となっていた可能性もあった。平等主義を謳《うた》ったところで、社会的区別を欲しがる、昔ながらの要求を完全にねじ伏せられなかったということだ。メーザーが考えた国民の制服も——それより前の時代にあった奢侈禁止令のように——地位を見てわかるようにするためのもの、つまり平民から貴族を、怠け者から信頼できる市民を、貧しいたかり屋から資産をもつ納税者を区別するものだったのだ。[35]

もちろんこれは……その人物にはこの制服を着る権利があるかどうか……不動産あるいは信頼できる資産を必要なだけ所有しているか……を調べなくては実現できないが、だからこそ不適切な人物たちを全員排除できる。はっきりしているのは、この取り決めには相当な数の等級設定が必要になること、高い地位にある人物は平民とは異なる装飾のついた制服を着るべきことだ。

国民の制服を作る提案はヨーロッパ中で議論された。たとえば、一七九一年、弁護士サミュエル・サイモン・ヴィッテがデンマークアカデミーで国民の制服に対する反対意見を述べている。彼は、服装による自己表現は西洋文明が成し遂げた偉業のひとつであり、それが抑圧された社会と進歩した社会、原始文化と先進文化との違いだと主張した。彼の考えでは、服装は社会的地位を示す印というだけでなく、自己を創造する手段だった。[36]

人は服装を通して自分自身を表現し、見せ、伝え、それを通して自分を……人目に曝す……それにより、あらゆる種類の倫理観、個性、感情を表現し、示し、明らかにすることができる。たとえば、威厳、品格、生まれの高貴さあるいは卑しさ、権力、富、勇気、高慢さ、純真さ、慎み深さ、さらには徳の高さや重ねてきた年齢までも。服装とその流行は、あらゆる法律や警察による規制よりも、人の人格と道徳観にずっと大きな力を及ぼす。そんな力があるからこそ、服装がひっそりと、無理もなく、影響を及ぼすのも当然のことだ……

一般市民に制服を義務づける法律は、「人間の感性を抑圧し、窒息させ、野蛮人の動物的な感覚にまで貶めてしまう……」とヴィッテは断言している。[37]

それでも国民の制服を作るという意見は消えなかった。しかし皮肉なことにその後の数十年で、国際的な市民の制服は、法律や命令によってではなく、慣習を通してゆっくりと広がっていった。メーザーが望んだように、服装による市民道徳の印となり、国家元首に下級官僚、産業界の大物に賃金労働者、文化的なエリートにプチブルジョア階級までが身につけ、無限に変化して社会階級を示すようになった。おおよそ半世紀で、ミュンヘンからマンハッタンまでの男性たちが一斉に、この慎み深いジャケットにスラックスを合わせたアンサンブルを取り入れた。ビジネススーツは西洋社会のお仕着せ兼正装となり、西洋の影響が広がるにつれ、現代性、組織的労働、文明開化の世界的な象徴となったのである。

## ステータスシンボルだった男性用かつら

髪粉を吹きかけたかつらは、旧体制の最後のステータスシンボルのひとつであり、目立つ装飾という旧体制の規範でもあった。実はかつらには二種類あった。米国の二ドル札を見てほしい。トーマス・ジェファーソンがその時代に流行したかつらをつけている姿があるだろう（それに対し、ジョージ・ワシントンも同じようなかつらをつけていたと広く信じられているが、実はそうではない。彼はかつらに見えるように地毛に髪粉をふりかけて整えていた）。選挙で選ばれた民主主義国の代表にふさわしい控えめなかつらだ。次に旧体制時代のフランスの絶対君主、太陽王ルイ十四世の肖像画を見てみよう。これもまたかつらだ。男性用かつらはルイ十四世好みの王室の特権の象徴のような特大サイズから、ジェファーソンが見せびらかしたハゲ隠し用の小さなかつらへと変化したのだ。男性用かつらの進化が映し出しているのは、〈男性による華麗な衣装の放棄〉にいたるまでの年月において、ステータスシンボルの性質が変化していく様子だ。概して衣服がそうであるように、かつらも仰々しさを失ってきた。しかしその社会的意味は変化したが、小さくなっただけで消えたわけではない。ジェファーソンの控えめなかつらは、ひとつの国家の公僕の、絶対君主と比べて控えめな政治的野心を映し出しただけではない。それは根本的に異なる社会的地位を映し出していた――神のような壮大さと偉大さを示す古めかしい価値観とは違い、実用主義と個性という現代人の価値観に基づいたものだった。

〈男性による華麗な衣装の放棄〉が過去のステータスシンボルを、継承した特権と格式張った階級を示すものから、個人の真価と人格を表すものに変えたのだ。

髪粉をふりかけたかつらを広めたのはルイ十四世だった——初めてステータスシンボルとして取り入れたのは父親ルイ十三世だ（伝えられるところではハゲを誤魔化していたらしい）が、そこには古代の象徴的意味が反映されていた。長髪は長い間、王族の血とつなげられてきた。フランス文化に関する十八世紀の優れた権威ドゥニ・ディドロが編纂した『百科全書』にはこう書かれている。「古代ガリア人にとって長髪は名誉と特権の印だった……王子たちの特徴であり……それ以外の者たちは短髪にし……短髪も地位に応じて長くしたり、短くしたりした……君主の頭髪が……社会的地位の基準となった[38]」

十七世紀のフランスでは髪粉をふりかけたかつらが大流行し、十八世紀初期まで、かつらの売買は何千人もの熟練職人をかかえる巨大産業だった。歴史家マイケル・クワスによれば、一七七一年、パリだけでおよそ千人のかつら職人の親方がいた。「かつら職人の親方の数は氷山の一角にすぎなかった。その下には下働きをする者たちが……およそ一万人いたと推測される。その数字には、ギルドの許可なくかつらを作る無数の……職人たちは含まれていない[39]」

十八世紀のフランスにおけるかつらの製造は、独占権をもつギルドによって管理されていた。フランスの旧体制で大半の熟練職人を管理したギルドは、表向きには構成員の生活と彼らの仕事の評判を守ることを役目としていたが、独占的な権利——と製品の高い価格と高い地位——を巧みに保証していた。当時の基準から見ても、かつらの製造は異常なほど管理されていた。かつら職人の親方たちは、君主政治の役人に賄賂を渡すことで売買の権利を手にした――一風変わった高価な資格認定書だったが、その経費はもちろんかつらの買い手が支払うことになった。[40]それに加え、当時の流行がかつらを白くすることだったため、髪粉をふる必要があった――つまり手入れにずっと費用がかかった。その結果、非実用的なうえに手間がかかっても、かつらは生活に余裕がある証《あかし》であり、お金のかかる贅沢品であるからこそ、完璧なステータスシンボルとなったのだ。

太陽王の宮廷から広がったかつらの流行は、海峡を超えて英国、そしてヨーロッパ大陸全体に及び、貴族の地位になくてはならない象徴となった。さらに廷臣、行政官、聖職者、弁護士といった名士たちにも浸透していき、貴族気取りの者たちも、ヴェブレンが指摘した、見栄の張り合いの典型パターンであるスタイルを受け入れた。実際、十八世紀中期までに、かつらの着用があまりに広がったため、贅沢を批判する人たちは痛烈に非難せずにはいられなくなった。歴史家ダニエル・ロシュによれば、シャンプロンとヴィブラックの教区司祭ジャン＝バティスト・ティエールは、かつらが聖職者たちに広まったことについてこんな不満を述べている。「今日、あまりに多くの聖職者たちがかつらをつけていることから、きっと強く勧められているのは間違いない……この奇妙な飾りは彼らにとって完全に禁じられているものではなく、彼らの職業の上品さに本質的に合わないものでもない」[41]しかし、彼はつづけて、この「見てくれをよくしたい誘惑」に警告を発し、かつらは自然の恵みの代わりに、人間の技術を用いることで神の怒りを買っていると諫《いさ》めた。かつらは聖書が求める節約に反して時間と資源を無駄にし、着用者の虚栄心を露わにしているとも批判している。これによりかつらをつけた聖職者は、自分の偽善に対する非難を招くことなしに、豪華な服装と贅沢品を理由に信者を叱責することができなくなってしまった。[42] さらにクワスによれば、経済思想家ミラボー侯爵は下層階級がかつらを被り、上品ぶっていると不満をもらしていた。「誰もが……紳士だ……黒い絹の衣服と髪粉をたっぷりふりかけたかつらをつけた男性に出会ったので、丁寧に挨拶をすると、彼は私の装蹄師《そうていし》（訳注／馬の蹄に蹄鉄を打つ職人）の長男だと自己紹介した……」[43] 侯爵以外にも、パリの平民たちの間にかつらが急増したことを嘆く記録がある。「校長……老いた聖歌隊指揮者、書記、法廷の門衛、売り子、法律事務所や公証役場の事務員、家事使用人、料理人、その助手までもが」[44]

簡単にいえば、かつらは立派なステータスシンボルだった。しかし、もう少し説明すると、話はもっと複雑なものになる。クワスによれば、かつらの流行が商人や労働者階級まで広がるにつれ、かつらは徐々に贅沢や地位を表すものではなくなり、現代的、庶民的な便利さを表すようになった。社会評論家、ファッション専門家、礼儀を教える教師、そしてかつら職人自身がかつらの便利さを褒め称えた。「礼儀が……髪をつねに清潔にし、梳《と》かし、整えることであった時代、地毛を手入れするより、頭を剃り上げ、かつらをつける方が簡単だった……」[45] 流行に従い、より短く、より軽いかつらが考案された。ルイ十四世を思わせるフルボトムあるいはインフォリオと呼ばれるかつらは、法廷の改まった席に追いやられる一方、もっと実用的なかつらが、貴族であれ、農場経営者であれ、装蹄師の息子であれ、誰にとっても日々の生活に役立っていたのだ。

かつらが流行した理由は、平民が貴族を真似ようとしたからというより、かつら職人が限られた市場で上流階級のステータスシンボルを買いつけ、大量販売用の実用的な商品として作り直し、ふたたび売りに出したからだ。短く軽いボブウィッグは、貧しい者がフルボトムを真似たものではなく、それを現代的にし、簡素化し、完全な形にしたものだったのだ。クワスはこう書いている。

ヴェブレンが示した顕示的消費の目的とはかけ離れ……ルイ十四世好みのかつらのあとに出てきたのは……便利な装身具だった。ファッションリーダーたちが強調したのは……かつらが与える……快適さと実用性だった……ファッション批評家たちはかつらの利便性を、健康的で実用的な美的価値観が生まれる前兆だと論じた……かつら職人が利便性という考え方を利用してかつらを売り込んだところ、それが比較的広い顧客基盤を生んだのだ。[46]

## 自分らしいかつらを探して

かつらが大衆に受け入れられたのは、時計がそうなったのと似ていた。懐中時計は社交界の集まりで見せびらかす、風変わりな発明品として誕生したが、やがて仕事をする人たちが腕に巻きつけて使える道具として評判になった。

かつらは個人の表現手段にもなった。かつら職人の腕前は、人の顔の「雰囲気」を際立たせることで、個性を表現するかつらをデザインできる能力にあると考えられていた。[47] かつら職人はかつらを作る自分の能力を大げさに宣伝し、自分の作品がどれほど個性的で多彩であるかを強調するようになる——人それぞれの顔とファッションセンスに合わせたかつらを作れるのだと。かつらとヘアスタイルは、個人の感性や哲学的な信念すら表現するものとなった。たとえば、ジャン＝ジャック・ルソーは長髪のかつらを地味なボブウィッグに取り替えることで、哲学的な観点から社会的抑圧を拒絶したことを示した。また、ベンジャミン・フランクリンはフランスに滞在していた一七七六年に、かつらをやめて飾り気のない縁なし帽にしたところ、その帽子はフランス人がフランクリン風ファッションと呼ぶもののひとつの要素となった。

当然ながら髪粉をふりかけたかつらは、やがてすっかり流行遅れのものとなった。今日、それは英国の法廷弁護士の頭上で生き残っている。法廷で議論するときは伝統的な「ベンチウィッグ」（訳注／ベンチは裁判官席を意味する）の着用が義務づけられている。歴史家ジェームズ・G・マクラーレン法学博士によれば、英国の判事と弁護士は当初、流行の装身具として十八世紀初期の貴族風のかつらを被っていた。時の経過とともにそれ以外の場所では流行遅れのものとなるにつれ、かつらは専門的地位の象徴となり、慣習として身につけられていた。一八四四年の現女王対ホイッタカーの訴訟まで、法廷弁護士のかつら着用を求めるはっきりとしたドレスコードはなかった。その訴訟で、かつらなしで現れた法廷弁護士は裁判官から「見えない」存在となった（伝統的な英国の法学院のひとつ、リンカンズインの司書によれば、「裁判官は弁護士の服装が適切でないことを、彼が『見えない』と伝えることで示した[48]」）。以来、かつらは英国の法廷に出る法廷弁護士にとって、欠かせない服装の一部となったのだった。

一般男性は使わなくなったとはいえ、かつらは貴族の地位との長いつながりがあったため、まだ必要とされることもあった。十八世紀後期に現れ（そして、今でも使われている）現代的で控えめなドレスコードは、ステータスシンボルを完全に置き去りにしたわけではなかった。それどころか、〈男性による華麗な衣装の放棄〉により、洗練度合い、権威、適切さによって見分けられる、新しい種類のステータスシンボルが生まれた。こういったものは、格式張った社会的地位ではなく、個人の品性を感じさせた。この新しい種類のステータスシンボルが、それからの二世紀、ドレスコードを作り直していった。

# 第6章 表現方法と地位

——身なりのよい男性のベーシックなブラックスーツと、上品な女性の七回の着替えの重要性。絹とベルベットのヴェストの普及と、完璧に結ばれたクラヴァットという芸術

〈男性による華麗な衣装の放棄〉以前、服装の豪華さは、何世紀もの間、政治的権力と経済状態の象徴として用心深く守られていた。十八世紀後期の男性たちは突如として、威厳を表すものとしての身なりに興味を失ったのだろうか？　フロックコートや様式化された狩猟服を着た英国の紳士階級は、特権の象徴を捨て去ったのだろうか？　質素で控えめな服装の敬虔な清教徒やフランクリン風ファッションの信奉者たちは、本当に立派な衣服を見限ったのだろうか？

合理性、勤勉、効率性という新しい社会的、政治的理念は、豪華さと誇示という古い価値観に取って代わりつつあり、その結果として、新たに登場した、巧妙で、成文化されていないドレスコードが、昔は法律で決められていた派手な贅沢さより、控えめな表現に特権を与えるようになった。啓蒙思想の時代、地位は表現方法によって決まるものとなったのだ。

十六世紀初期、バルダッサーレ・カスティリオーネは著書『宮廷人』のなかで、読者にこう助言し

た。

言葉であれ行動であれ、誰もが行うべきは……あらゆる手段を尽くして気取りを避け……何ごとにおいても無頓着を装うことで、どんな能力も隠し、どんな行動や話も、容易《たやす》いもの、とくに関心のないもののように見せること……なぜなら、滅多にできないこと、首尾よく行うことのむずかしさを誰もが知っているからだ。それゆえ、無造作にやってのければ、おおいに驚嘆される。それに対し……努力の跡を見せれば……なんであれ、どれほど素晴らしい結果を生むものであろうと、軽んじられる。[1]

数十年後、ウィリアム・シェイクスピアも『ハムレット』の中で似たようなことを綴っている。亡父ポローニアスがこう助言するのだ。「財布の許すかぎり着る物には金をかけなさい。しかし豪華すぎてはいけない。金をかけても派手になりすぎないように。服装を見れば、たいてい人柄がわかるものだから」同じように十七世紀の英国の詩人ロバート・ヘリックは、恋のライバルたちを出し抜きたい若い女性にこう助言している。「ドレスが少し乱れているのがかわいい／衣服のなかで気まぐれの火が灯る……／愛嬌のある手をふる仕草が目を引く／騒々しいペチコートのなかで／靴紐の無造作な結び方／その自由奔放さ、もっと僕に魔法をかけておくれ、それに比べ美術品は／どこもかしこも厳密すぎる……」[2]

貴族に控えめであることを勧める、こういった言葉が伝えたのは、服装の洗練化に向かう長い流れが始まりつつあり、それが〈男性による華麗な衣装の放棄〉に向かっていることだった。十八世紀の植民地拡大、十九世紀の産業革命が新しいビジネスチャンスと新技術を生み出し、その両方が贅沢を独占する権利の土台を崩壊させた。数を増やしつつある、新たに裕福になった商人、貿易商、金融業者たちが、途方もなく高価な服装さえ買えるようになった一方で、新しい生産技術が良質な衣服を大衆市場にもたらしていた。もはや中世後期のように、派手な贅沢さによって確実に上流階級を区別することなどできなかった。とはいえ、十八世紀の上流階級には、中世後期とルネサンス時代の祖先のように国に協力を求め、豪華な服装をする独占的な権利を後押ししてもらうこともできなかった。ヨーロッパ社会は古い王朝制度を壊す過程を終えたか、その最中だったからだ。それは英国の立憲君主政体への移行のように、行きつ戻りつ時間をかけた変化もあれば、フランス革命のようにもっと劇的な変化もあった。地位による特権を派手に誇示することは、時代の潮流と調和しないだけではなかった——それは間違いなく危険を招く可能性があったのだ。

## 贅沢が「育ちの悪い人の目印」に変化

当然ながら、身分階級は新しい形で生き残り、それを見ればわかるようにするドレスコードも生き残った。とはいえ十八～十九世紀には、新しい奢侈禁止令が誕生し、古い奢侈禁止令の古くさい価値観をひっくり返す。その禁止令によって成上り者たちの贅沢を止められなかったなら、贅沢は高い地位を示す印ではなくなっていただろう。それ以来——そして現在まで——新たな反俗物主義者が断言してきたのは、行きすぎた贅沢は悪趣味と育ちの悪さの印であることだ。ドクター・スースの絵本に出てくる腹に星をつけた傲慢なスニーチたちは、下層階級たちが腹に星をつける方法を見つけると、自分の星を取り除く。スニーチたちと同じように、上流階級は派手な贅沢が誰にでも手に入るものになるとそれをやめた。控えめな表現、無頓着な態度、肩の力の抜けた優雅さ――派手な贅沢を見せつけるのが当たり前だった以前の社会では、見向きもされなかったふるまい――が新しい時代で脚光を浴びるステータスシンボルとなったのだ。こういったふるまいは、昔は時間をかけて絶えず上流階級と接することで身につけるべきものだった。しかし、そんなエチケットを教える本が登場し、法律と布告文と入れ替わった。啓蒙思想後の時代のドレスコードが確立されるなかで、付き合う仲間、親、養護者が与える助言が、警察官と治安判事の判断に取って代わったということだ。

　米国では手織りの布が「既製品」に道を譲った――その典型がブルックスブラザーズのカタログにある庶民的なブラックスーツだ。ほぼどこでも手に入る資本家階級の衣服の基準には、平等主義が表れていた。フランスの知識人であり外交官でもあるミシェル・シュヴァリエは、一八三四年の米国滞在中にこう書き残している。「ヨーロッパとアメリカはなんと違うことか！……男性は誰もが上着を温かく着込み、女性は誰もがパリで最新流行のマントとボンネットを身に着けていた……」[3] 十九世紀中期、英国の詩人レディー・エメリン・スチュワート＝ワートリーは、「米国の庶民はブロードを着ている。共和政体の国で庶民といえば、それは絹製の黒いヴェストを着ている人のことだ」[4]。

　大勢が流行の服装の大衆化を称賛し、この洗練された衣服が市民道徳につながった。例を挙げれば、のちにイリノイ州知事となるトーマス・フォードは一八二三年、「誇りのもてる服装がもたらしたのは、野心、勤勉、知識欲、そして礼儀を愛することだった」と書き残している。[5] 簡素さが重視された以前の時代に戻りたがる人たちもいた――しかし、それは必ずしも平等主義が理由だったわけではない。たとえば、ある米国の批評家は、洗練された衣服の普及は、「貧者と富者を区別するあらゆるもの……その土地に代々暮らす人びとといつか同じ服装をしようと闘う……最下層の生まれの人たち」の向上心を弱めてしまうと不満を述べている。[6] 十九世紀中期までに、上流階級のニューヨーク市民たちは公然とこんな不安を口にした。[7]

特権階級が美しい服を独り占めする時代は永遠に消え去るだろう……安物のブーツを履いた徒弟たちが、ベルベットのヴェストを着ているのをもう何度も目にした。数年前なら（名高いフランスの伊達男《だて》）オルセー伯爵を笑わせたことだろう。

このコメントが明らかにしているのは、優雅な衣服が普及したという「問題」とその解決策だ。この人物は、安物のブーツから徒弟であることをまだ見抜くことができている。高級な靴は低コストで模倣するのがむずかしいだけでなく、生意気な成上り者が見過ごしがちなものでもあった――なるほど、靴を見れば身なりのよし悪しがすぐわかるという考え方は今も残っている。ファッションの大衆化は新しい優雅さを生んだだけでなく、一流のファッションと、一見それと同じような安価な衣服とを見分ける繊細な識別力も生んだのだ。

## 「わかる人にだけわかる服」でステータスを誇示

男性ファッションの権威と呼ばれた伊達男ブランメルは、控えめな表現で知られていた（口絵7）。彼には簡素さを厳格なまでの完璧さに変身させる才能があり、徹底的に細部まで注意を払い、手間をかけようとした。ジョージ・ブライアン・ブランメルは平民だったが、十八世紀後期、イートン・カレッジで皇太子と親交を結び、それ以来ロンドン社交界の名士となった。ブランメルについてはほとんどが謎に包まれ、伝説のなかで歪められている。たとえば、皇太子から軽竜騎兵（訳注／銃を持った騎兵）――通称ロイヤルハウザー――のエリート部隊である第十連隊の将校に任命されたとき、連隊の軍服を自分好みの優雅なものに作り直すと言い張ったといわれる。さらに、手袋一組を作らせるのに手袋職人をふたり雇ったという噂もあった――ひとりに指の部分を、もうひとりに本体を作らせたというのだ。しかし何より有名なのは、そのクラヴァットの結び方に対するこだわりだろう。伝えられるところでは、彼は鏡の前で何時間も過ごし、その足元には完璧に結べず、皺くちゃになり、使えなくなったスカーフが散らばっていたという。友人や崇拝者によれば、彼は毎日、服を着るのに五時間かけ、ブーツはシャンパンで磨くように命じていた。着こなしのよい紳士でいるためのワードローブの維持に年間どれくらい費用がかかるのかとたずねられると、ブランメルは「八百ポンドもあればなんとかなるだろう」[8]と答えている――現在の十六万米国ドルに相当する額であり、当時、熟練職人一家の生活費は年間およそ六十ポンドだった。

そんな伝説になるほどの浪費をしていたにもかかわらず、ブランメルの最大の特徴は服装の飾り気のなさだった。彼が出入りしていた貴族の集まりでは、いまだ大半の男性がブロケード（訳注／色糸や金銀糸を用いた豪華な絹織物の一種）、宝石類といった贅沢な装飾品を好んでいた。それに対し、ブランメルは、昼間は簡素なフロックコート、夜になれば青のスーツと白いヴェストという組み合わせだった――「ほとんど変わることがなく、宝石類や香水をつけることもなく、特別なもの、目立つものでさりげなく細部を際立たせることもなかった」。ブランメルと同年代だったある人物によれば、「仲間のなかで誰よりも冷静で几帳面で、誰よりも豪華さを感じさせない服装をする人だ。あまりに揺るぎのない簡素さに……模倣する部分が見つからないため、誰も彼の服装を真似できなかった」[9]。

歴史家フィリップ・ペローによれば、十九世紀中期フランスの上流階級はふたつの脅威に曝されていた。それは「模倣……よそ行きの服を着た食料雑貨店主」と、「無様なほど躍起になって本物になろうと奮闘する、派手で粗野な成金……貧しい者による安っぽい模倣、金持ちによる大げさな模倣」[10]だった。それに対し、ほとんど慣例によるものとはいえ、巧妙で複雑なドレスコードが考案され――見るべきものを心得ている者たちには――従来どおり、地位は見ればわかるものになっていた。様々な場面それぞれにふさわしい服装があった。自宅ですごす早朝、客に会う午前、外を散歩する午後、遅い午後のお茶や安らぎの時間、夕方と正餐、仮装舞踏会、自宅での娯楽、教会の日中の礼拝、教会の夕方の礼拝、結婚式、葬儀、洗礼式、買い物。こういったものはどれも、季節によって、都会にいるか田舎にいるかによって、そしていうまでもないが男性か女性かによっても変わった。

よい身なりでいるためには、多くの衣服と多くの知識が必要とされた。行事の主催者によって衣服の組み合わせが変わり、特定の行事にどんな服装が適切なのか知っていなければならなかった。衣服は高価で、知識は厳重に守られた――それは通常、適切な社交の場で教えてもらったり、人の服装を見て学んだりするものだった。エチケットの本にもまとめられていたが、装丁された本が贅沢品で、識字能力がまだ一般的ではなかった社会では読める人は限られていた。行事に適切な服装で出席することは、社会的地位が高いという明らかな証拠となった。しかし、ルールからほんのわずかでも外れていれば、家計が苦しいか、上流社会のしきたりを知らないという証拠だった。ルール違反の数や程度が大きいほど、その人は社会的地位が低いと思われた。これ見よがしに過剰な衣装で埋め合わせようとする成上り者は、自分の無知、自信のなさ、無能さを暴露することになった。それに比べ、優雅な人は、適切な時に適切なものを身につけることにより知識を、同等の地位にある者だけにわかるステータスシンボルを巧妙に選ぶことにより自信を、呑気で無頓着な態度を取りながら、実は何もかも完璧に整えることで能力を実証したのだ。

優雅であるための微妙な知識が詳しく書かれたエチケット本が生まれると、ヨーロッパと米国の両方で市場にあふれた。たいてい貴族風のペンネームで書かれたこういった本は、正しいふるまい、話し方、そして何より重要な服装について細かく指導していた。あるフランス語のエチケット本『人のあるべき姿』にはこう書かれていた[11]。

人の素性を露わにするか、うさんくさい過去や現在を暴くには、ほんの一瞥《いちべつ》で十分だ。見る目のある男性や女性が見れば、不格好なレース、ひだ飾り、羽根、ブレスレット、とくにピアスや派手な装飾から社会的地位がはっきりわかり、その社会階級でどの地位にいるのかもうかがえる。

気取った服装が優雅さと共存できないのは、洗練された言葉と合わない言い回しがあるのと同じだ。

簡素さには矛盾する二重の意味があった。それは貴族の特権の排除と、とくに男性にとっての慎みという資本家階級の美徳の受容だ。しかし、それだけでなく、簡素さは地位を主張する新しい方法でもあった。〈男性による華麗な衣装の放棄〉が意味したのは、上流階級の男性が贅沢を放棄したということではない。そうではなく、彼らはこれ見よがしで、あからさまで、模倣が容易な贅沢を放棄し、それを「優雅さ」と呼ばれる寡黙で、巧妙で、わかりにくい贅沢に取り替えたのだ。高価な装飾という贅沢が、時間をかけて知識を「育てる」ことを必要とする、もっとずっと貴重な贅沢に代えられた――あるいは少なくともそれによって補完された。奢侈禁止令が、エチケットという普通は文字にされないルールに道を譲ったということだ。

## マナーは権力闘争の武器

女性の場合はとくに――まだ衣服の華やかさと誇示を主体とする古いドレスコードに支配されていることもあり――よい身なりと大げさな服装との境界線がかなり曖昧だった。装飾が少なすぎれば、手を抜いている、礼儀が足りない。多すぎれば、品がない、自分に自信がないと思われた。たとえば、十九世紀フランスのエチケット本はこんなふうに助言している。[12]

きちんとした身なりをしたい女性は……少なくとも日に七〜八回は着替えをする必要がある。朝のドレッシングガウン。乗馬服。昼食用の上品で飾り気のないガウン。散歩に行くならデイドレス。馬車での訪問用のアフタヌーンドレス。ブーローニュの森を車で通り抜けるためのさっそうとした服装。正餐用ガウン。夜会や劇場用の華やかなドレス……。夏には水着。秋と冬には狩猟服とスケート服が要るため、さらに複雑になる……。

当然ながら、こういったものが必要なこと自体、立派な身なりの者の地位を財力の乏しい者の手の届かないところへ押し上げた。しかし最大の難題は、必要な衣装を買えるかどうかではなく、それをいつ、どのように着るのかを知っているかどうかだ。たとえば、特定の社交行事では、高価な宝石を身に着けることが決まりとされていても、「バサンビル伯爵夫人」なる人物は、「よい身なりを理解している人であれば、けっしてダイヤモンドをつけない……夏の間は、たとえ舞踏会でも。代わりに花かリボンをつけるもの……」[13]と警告している。さらに礼拝の場でも、そんな上品な組み合わせの装いをすることで、ペローが「お金があることを見せびらかすための倹約」と呼んだものを守った。すると優雅で控えめな表現に、キリスト教徒的な謙虚さという道徳的分別が加わるようになった。「ドロホジョフスカ伯爵夫人」なる人物は読者に次のような訓戒を垂れている。[14]

私は通路側の席に座っていました。すると美しい女性たちの巨大なスカートが大きく広がり、私が座る椅子を擦り、絹のドレスと糊づけして膨らませたアンダースカート（訳注／スカートの下に着用するひだ飾りのついた下着）が大きな音を立てました……彼女たちが肩を信じられないほど大きく動かし、大急ぎで歩を進めたため、耳を聾するような衣擦れの音がしていました……私は自問しました。「礼儀を知る女性のマナーは失われてしまったのか？　自分のことばかりに気を取られている人が、主の家にくる必要があるのだろうか？」

ペローによれば、フランス第二帝政の貴族の一族は、「明らかな誇示を捨て去ること」で、一種の反俗物主義を実践していた[15]。

貴族の簡素さの説得力は、贅沢品の入手から距離をおき、所有に対する無頓着な態度を取ったところにある――そうすること自体が究極の所有であり、それこそが彼らを、意気揚々と所有することで、それまで奪われてきたものを埋め合わせていた成上り者とは違う存在にしたのだ……。

もちろん実際には、上流階級の簡素な服装のどこにも無頓着さなどなかった。むしろ地位を守る非情な戦いで使う武器のように、徹底的に細部にこだわった。上流階級の一見禁欲的な感性は慎重に計算され、さりげない優雅さというメッセージとなって伝えられた。「ダッシュ伯爵夫人」が読者に助言したように、「誰かと優雅さを張り合いたいなら、唯一の必勝法は洗練された簡素さをもつことです。服装は気取りがなく、まるで間に合わせで着たかのように見えてこそ、真価を発揮する。たとえ、着用者と仕立屋がたっぷりと時間をかけてデザインを考え、仕立てたとしても[16]」。

十九世紀にはこれが一般的な理念となった。奢侈禁止令による地位の法的規制は、優雅さのルール、厳格なまでの服装の礼儀、無頓着を装う巧妙な手段を通し、地位の非公式な規制に取り替えられた。庶民に近づいていくかのような贅沢の放棄は、美徳を促しているように見せかけながら、実は以前より狡猾な形の新しい地位意識となった。服装の簡素化は、分別のある現実的な理性と、見事なまでの誇示の欠落を示していた。派手な贅沢から巧妙な洗練への変化は諸刃の剣だ。啓蒙思想の理念に同調し、あからさまの身分階層の排除を象徴しつつも、以前ほど目立たないが、以前より手間のかかる「正しさ」の誇示を特徴とする、新しい社会の階層化を強いている。これは規則という形を取ることもできる──つまり、これこそが新しいドレスコード──平民から身分の高い者を見分ける知識のことだ。もっと捉えにくい審美眼という形を取ることもできるが、それはよくいわれるように、教えることも、学ぶこともできないものだ。

これ見よがしの簡素さ、人目を引くほどの地味さ──こういったものが贅沢の放棄を、極度に厳格で禁欲的な現象から、新しい形の贅沢に変化させた。要するに、見せかけの平等主義から権力闘争に変わったのだ。上流階級にとって、放棄とは、特権の古い象徴がためらいもなく焼き直された世界への適応にすぎなかった。

# 第7章 性別と簡素

## ――注文仕立てのコート、鯨ひげ入りコルセット、フルスカートとペチコート、新古典主義的なドレスがもつ利点

なぜ、〈男性による華麗な衣装の放棄〉が起こったのだろう？　なぜ、男性が、男性だけが贅沢で華やかな服装を手放し、ファッションのその領域を女性に任せたのだろう？

ある重要な意味を考えれば、彼らは手放していない。派手な装飾が表していた厄介で徐々に廃れつつあった象徴的意味を女性に任せ、女性が男性に代わり、それを具現化するようになっただけだ。男性は妻、愛人、娘を介し、贅沢の誇示という昔からの特権の多くを享受しつつも、自らはそれから距離をおき、虚栄心を感じ取られないようにした。

それと同時に、男性は贅沢が表す古く堕落した象徴的意味に代わり、新しく現代的な服装による表現を取り入れ、それを独り占めしたのだ。

## 古来、ファッションは男性のもの？

歴史家アン・ホランダーが指摘するように、つい最近まで、ファッションを進化させ、流行を追いかけることに熱心だったのは男性であり、女性ではなかった。「一二〇〇年からの衣服の歴史を調べれば、文化の進化の芽吹きが感じられる……人間の姿をそれまでになく、くっきりと浮き上がらせたのは……男性が最初だった……西洋の衣装において、何より急速に、何より挑発的な進化を見せたのは……男性のファッションだったのは間違いない……」[1] 十三世紀のファッションの誕生から、十八世紀の〈男性による華麗な衣装の放棄〉まで、ファッションにおけるその進化は裁縫技術の進化でもあった。仕立て技術の向上である。その仕立て技術のおかげで、体を覆うだけの衣服に代わり、袖や股下のある衣服が現れ、ひと揃いの衣服を体の形に合うもの（タイツ、ズボン、ボディス、袖）にするだけでなく、各部位を自由な形にできるようになった（トランクホーズの膨らませた部分や、それと同じように膨らませた袖やスカート。ただ覆うのではなく、徐々に形が作られていった）。それは体そのものの形を変えたかのような、誰の目にも明らかな大事件だった。新たな改革はたいてい紳士服で起こったあと、大胆な上流社会の女性たちが取り入れ、最後に従来の婦人服に織り込まれた。たとえば、体にぴったり合うダブレットを真似たルネサンス時代の婦人服ボディスも、元は男性が板金《ばんきん》鎧《よろい》の下に身につけるように作られたものだった。

仕立屋はもとは男性用にデザインされた衣服を女性用につくり変えた。しかし、男性と女性のファッションはそれぞれ強調したいものが異なるため、同じ社会的価値観を表現しつつも、ある意味、性別に基づいた象徴的意味が目立つものになった。とはいえ、〈男性による華麗な衣装の放棄〉のあとにはそれも変わり、体に合い、かつ無駄のない形であることが優先され、表につける装飾品は嫌われた。ある意味、〈男性による華麗な衣装の放棄〉が、ファッション——そして仕立て技術——がもつ要素を最大限に進化させ、活発化させることで、新しい種類の男性のステータスシンボルとした。同時に、それまで上流階級の特権を表してきた華美な装飾が、時代遅れの価値観と社会の後退を表すものに——あるいは女性を表すものに変わったのだ。

## 女性裁縫師にも権利を

〈男性による華麗な衣装の放棄〉を起こしたのは、男性の理想主義と虚栄心だったのかもしれない。しかし、ファッションを女性の特権にしたのは、男性社会での成功を目指す働く女性たちの集団だった。さらにフランスの婦人服裁縫師の同盟が、衣服の仕立て方を変え、紳士服と婦人服が異なる方向へ進んでいくのを後押しした。

その過程を説明するには、少し脱線して政治経済というファッショナブルとはいえない話をしなくてはならない。十七世紀のヨーロッパの多くの地域で、数多くのビジネスや大半の専門業者は統治者の許可を得て事業を経営していた。法的に認められたギルドがもつ特許状あるいは特権が、事業を行う免許と、国家権力に保証された少数独占の両方を与えていたのだ。当時の経済理論である重商主義により、国富を増大し、国際貿易の好ましくないバランスを避けるため、商業は政府が計画し、管理すべきものとされていた。理論上、重商主義に基づく経済全体は、国王、立法府あるいは国会の裁量により与えられる特定の法的特権に従って営まれた。さらに、その時代の法理論では政府機関と民間企業は明確に区別されていなかった。あらゆる組織が政府から付与された法的権限の下で経営されていたが、その権限の大半は経済利権と規制権力を統合したものだった。たとえば、多くの特許状のおかげで、団体には、商業の独占と、特定の領域で法律を執行する権限が与えられた。商人と職人のギルドは商業を営むだけでなく、商業を取り締まることができた。生産販売すると同時に、公正な売買、正当な度量衡、品質基準を徹底させていたのだ。

そのような広範な権力には社会的責任と制限が伴った。重商主義時代の団体やギルドにできることは、特許状により具体的に認められたことだけだった。もし、パリでかつらの生産販売をする許可を得た団体が、香水の生産を始めたり、ランスの街まで営業範囲を広げたりするとしたら、ほかの団体がもつ特権を違法に奪うしかなかった。同じように十七～十八世紀初期のフランスの仕立屋は、完成品の生産販売はできても、生地を売ることはできなかった。生地は免許をもつ織物商から買うべきものだった。そして「生地屋」はドレスやローブは作れたが、仕立服は作れなかった。特許状で認められていない団体としての活動は権限踰越《ゆえつ》――権限範囲からの逸脱――であるため、規則違反であり、不正行為だった。特許状の範囲を超える契約は結べなかった。さらにギルドの管轄外で生産された商品は、被害を受けた団体の役員による差し押さえの対象となった。

フランスでは十七世紀後期までは、男女どちらの衣服も男性の仕立屋が作っていた。女性たちはギルドから締め出されていたが、例外もわずかにあった。たとえば、仕立屋の妻は夫とともに働くことができ、仕立て職人の親方の未亡人はギルド外で再婚しないかぎり、家業を継ぐことが許された。その結果、男性の仕立屋が紳士服、婦人服両方のデザインの主導権を握るようになる。歴史家アン・ホランダーが主張するように、「四世紀の間（十四〜十八世紀）、ふたつに分かれた衣服の性別に基づく象徴的意味の間でたしかな調和が保たれていた……どちらも……同じ生地を使い、同じ原則に沿った職人芸により考案され、作られた。そのため、何世紀もの間、装飾性に男女差はなかった」[2]。

十七世紀中期、パリの女性裁縫師の集団が、仕立屋の独占権に対し異議を申し立てた。歴史家ジェニファー・ジョーンズによれば、フランスの女性裁縫師たちはギルドを組織していなかったが、なかには成功を収め、権力のある女性貴族たちを顧客として抱えている者もいた。仕立屋たちは、そんな女性裁縫師たちが独占的な法的特権を不法に奪ったとして、彼女たちが作った商品を押収し、破壊した。それはたいてい暴力的なものとなった。そうなると女性裁縫師たちは自分の生計手段を守るため、衣服を仕立てる権利を主張するしかなかった。とはいえ、女性裁縫師たちは仕立て業という男性の領域への男性と同等な参入を求めたわけではない。その代わり彼女たちが要求したのは、その時代の性別に基づいた規範を利用した、女性だけの縄張りだった。彼女たちは、女性の慎みを尊重し、女性たちが女性の婦人服裁縫師の手によって寸法合わせができるようにすべきだと主張した。そのためには、女性裁縫師にはあらゆる種類の婦人服（加えて、子どもは女性の世界に属するという慣習から、幼い男児の衣服）を製作する法的権限が必要だと力説したのである。すると一六七五年、勅令が下り、女性裁縫師は職人のギルドに入れるようになる。仕立屋は男性と八歳以上の男児の衣服と、男女を問わず、すべての仕立服の独占管轄権をそのまま保持した。女性裁縫師は女性と幼い男児用の体を覆うタイプの衣服を作れるようになったが、女性用の正装、ボディス、裾を引きずるスカート、そしてリボン、レース、組み紐などの縫って作る装飾品の独占権は仕立屋に残された。[3]

　この険悪な雰囲気と危うさを感じさせる妥協案は新たな衝突を招いた。たとえば、女性裁縫師には鯨ひげなどの硬い材料を使用し、それなしでは形を保てない服を製作する権利があった。ところが、仕立屋は、コルセットやクリノリン（訳注／スカートを膨らませるための骨組み。鯨ひげや針金を輪状にして重ねて作られた）など、鯨ひげを布地に縫い込む衣服を作る法的権限は自分たちだけにあると主張した。ジョーンズによれば、一七二五年に起こったとくに大きな騒動では、仕立屋と仕立屋のギルドの役員たちが、「（女性裁縫師）マリー・テレーズの自宅外で騒々しいデモを行い、やじを浴びせ……侮辱した。その後、仕事部屋に乱入し、何着かの鯨ひげ入りのボディスを……床に投げ捨て……彼女にはそれを作る権利がないと非難した……彼女が妊婦だったことにも構わず、男たちはそこにあった商品を乱暴に押収し……マリー・テレーズは……吐き、おびただしく出血した……彼女はあまりの心痛に……死産してしまった……」[4]。

　同様な騒ぎのいくつかは裁判にまでなった。仕立屋たちは自分たちの優れた技能、仕事の重要性を力説した。鯨ひげ入りのコルセットは流行の服のためだけでなく、背骨の異常や内臓の位置異常など深刻な身体疾患の矯正にも使用されたため、公共の利益を考えれば、そういった装具の製作は熟練職人の独占的な管理下におく必要があった。ところが、それに対する女性裁縫師による反論は、自分たちの技能は仕立屋たちと同等だ、自分たちの仕事も同じくらい重要だというものではなかった。彼女たちは女性の「礼儀作法、良識、慎み深さ」を考慮し、寸法合わせや着つけで体に触れられるとき、同性の職人を選べるようにすべきだ、という主張を繰り返した。[5]しかし、それだけでは終わらず、こんなことも付け加えた。彼女たちの仕事が「少女と女性たち」の共同体を維持する数少ない正当な手段のひとつだということだ——それは、女性裁縫師という生計手段を奪われてしまえば、大半の者が大昔からある、いかがわしい生業を強いられるというほのめかしだった。

**縫い針と剣は一緒に持てない**

衣服製作において女性だけにできる役割を求める、この主張は、今日のファッションに対する私たちの考え方をも伝えている。女性裁縫師たちは、ファッションは女性にふさわしい、数少ない真っ当な生計手段のひとつになると主張することで、社会における女性の従属的立場を黙認し、ファッションは女性だけのもので、いわゆる男性の仕事ほど重要なものではないという、今なお一般的な考え方を広めてしまった。ホランダーはこう説明する。

> 女性が行うようになった婦人服の仕立てという新しい技術は、体の形に合わせたトルソーに布地を折り重ねたり、ほんの小さく切り込みを入れたりして合わせていく工程から成り立っていた……そこでは創意に富んだ裁断や形作りは必要とされなかった……（なぜなら）トルソーの基本的な形をつくる裁断と寸法合わせの技術は、男性のコルセット製作者によってすでに考案されていたからだ……。
>
> 女性の優雅さを生み出したのは……高い費用のかかる……ファッション業者たちだ。それは儚《はかな》

げな装飾や小さな装身具を作り、美しく整えることを専門とする女性たちだった。しかし、そういったものの軽薄さと法外な費用がかかることから、女性のファッションはますます評判を落としていった……「ファッション」は徐々に認められるようになってはいたが、それを作るのであれ、着るのであれ、女性だけを対象とした、概して重要でない分野と考えられるようになった。[6]

ファッションが女性を連想させるものに、女性がファッションを連想させるものになるにつれ、美しく豪華な衣服への関心が女々しさという汚名を負うようになった。十八世紀後期までは、女性の衣服を作る独占権は女性がもつべきだと考える人が大勢いた。さらに一歩進んで、仕立ての技術は男性の威厳にふさわしくない、どんな衣服も女性が作るべきだという人もいた。たとえばジャン＝ジャック・ルソーは、大きな影響を及ぼした著作『エミール』のなかでこう主張している。[7]

幼い少年は自分から仕立屋になろうと思ったことはなかった。そういった女性の職業を、それに向いていない男性にやらせるには技術が求められる。（古代に仕立屋はいなかった。男性の衣装は自宅で女性が作った）。縫い針と剣は同じ手で扱うのは無理だ。私が君主なら、裁縫と衣類製造業は女性たちと、彼女らのような仕事しかできない障害者にのみに許可するだろう。

徐々に、どんな種類の裁縫も男らしさを奪うものと考えられるようになり、ファッション業界で働く男性たちは嘲笑や軽蔑の対象となった。ある人物は、女性ファッションを生産販売する男性たちは、

「女性の衣服を着るべきだ。そうすれば変身が完了し、この鳥の羽は彼の美しい歌に反応するだろう」と嘲笑っている。[8] こんなことをいった者もいた。

縫い針をもつ男性たち……リンネル製品や服飾品を扱う男性商人たちは、女性たちの平穏な生活を奪っている。女性たちは生計手段である技能を奪われれば……やむなく娼婦に身を落とす。あちこちで目にするそんな人間の姿を、男たちの行いを、恥ずかしく思う。頑強で粗暴な男たちが卑怯なやり方で国を侵略し、その生まれもった野蛮さはとりわけ女性たちに向けられる……身のほどをわきまえない男は残らず糾弾されるべきだ。男性の服飾商人、婦人服を作る男性の仕立屋たちは……女性の衣服を着るべきだ。[9]

仕立屋たちは、体に合った服を作るのに必要な技能を力説しつつ、こんなふうに決めつけられることに反論した。さらに、コートやシャツ、ズボンなど——主に紳士服——体に合った衣服を生み出す仕立て技術と、スカートなど、「単に」体を覆って飾りをつけるだけの衣服との違いを強調した。仕立屋は質の高い職人だというのが彼らの言い分だった。衣服の製作には、技術的な知識を厳格に適用することが求められる。ジャケットを作るのは橋を建設するようなものなのだ。それに比べ、婦人服の仕立ては——仕立て技術に含まれるいくつかの要素を除けば——ただの装飾美術にすぎず、衣服の構造よりもその表面を覆う無駄な装飾を重視している。女性は生まれつき、人目を引く布地を選び、それをスパンコールやフリル、リボンで飾り立てることに向いているのかもしれない。けれども、体に合わせて仕立てるスーツ製作という緻密な仕事は、男性の仕事だった。

論争はさらにつづいた。アン・ホランダーの意見によれば、「紳士服、ひいては外見に対する男性のこだわりもあり……男性による真剣な仕事として尊敬されつづけた……」[10]。やがて新しい緊張緩和の条件が決まった。ファッションを任されたのは、贅沢なドレスを作り、飾りをつける美的な直観力はあるが、様式的な創造力のない女性たちと、それをまとう上品だが装飾好きな女性たちだった。そして仕立て技術は、熟練した男性職人の領域でありつづけることになった。彼らは世界中の生真面目な男性のために、機能的で無駄のない衣服を製作した。それ以来、男性と女性のファッションは、細かな部分だけでなく、その根本にある象徴化された表現形式においても違う道を進んでいった。この分岐点から先に進んでいくために不可欠な第一歩が、男性ファッションはけっしてファッションではないと言い張ることだった。

## 男性の「ファッション好き」を包み隠したテーラー技術

十八世紀後期から十九世紀初期のファッションは、変わっていく政治理念と経済による人の流動性に対し服装が見せた唯一の反応ではなかった。古代ギリシア・ローマの美術や建築物から発想を得た新しい美的感性も反映していたが、それは服装以外の領域にも及んでいった。十八世紀中期のポンペイとヘルクラネウムの遺跡発掘や、十九世紀の最初の十年に起こったエルギン・マーブル（訳注／パルテノン神殿の彫刻の一部。英国外交官エルギン伯爵が神殿から削り取り、持ち帰った。現在は大英博物館に展示されている）の到着が、ファッション、建築、デザインの分野に新古典主義をもたらした。

十九世紀初期のファッションには男女を問わず、新古典主義の影響が見られたが、影響の受け方はかなり違うどころか、むしろ正反対だった。女性のファッションは基本的に昔ながらの衣服の模倣にすぎず、新しくなっても、その時代の女性の慎み深さの基準を反映したものだった。例のごとく女性の衣服は、かつて男女共通だった体に垂らしてまとうという基本的な様式を受け継いでいたのだ。フランスの女性裁縫師が作った様式に追従する婦人服の仕立屋は、体を覆い、装飾することは得意でも、仕立服の製作は苦手だった。そのため、当然ながら、古典的な体に垂らしてまとうタイプのドレスを様式化したものを作ることで古典主義を推奨した。その結果、女性の新古典主義の衣服は、古代ギリシア・ローマの彫像のローブを模倣したものとなった。それは軽く、かすかに透き通り、時代遅れの様式をそのまま復興させればどれもそうなるように、やはり風変わりだった。このことは女性たちと伝統と風変わりなものとの長いつながりと結びつくだけでなく、それを誇張することになった。

紳士服もやはりギリシア・ローマ古典時代の影響を受けた。しかし、新古典主義の男性ファッションは古代の服装の模倣ではなく、むしろ無駄のない現代的な衣装の下にある理想的な男性の裸体を想起させるものだった——その効果は丁寧に作り込み、巧妙にパッドを入れる仕立屋の技術があってこそ出せたものだ。十八～十九世紀における新古典主義の影響は、理想的な男性の裸体をかなり様式化させてほのめかしたものとなり、十九世紀初期の女性ファッションのような、体に垂らしてまとう古代の衣服の新解釈ではなかった。新古典主義は、十七～十八世紀の男性の理想だった、大柄で、まるで洋ナシのような輪郭を削ぎ落とした。コートは長く重い燕尾部分をなくし、パッドは臀部とウェストから肩へと上に移動させ、ウェストは細くした。仕立屋はそれまでと同じやり方で、勇ましく男らしい輪郭をつくり、揺るぎない技術という確固とした基盤から、新しい様式を創造する道を切り開いた。その結果として、現代のスーツは腕、脚、胴といった体の部位を別々に作り、組み合わせることで古代の理想を再現するものとなった。その衣服は暗い色の無駄を省いた機能的なもの――つまり羊毛製の鎧だった。この合理化はつづき、おおむね現代的な美的感覚の変化に追従した。様式が機能性を追い求めたことで、紳士服はゆっくりとほとんどすべての装飾を失っていく。それが話題に上ることも減っていき、上ったとしても深く掘り下げられることはなかった。そして最終的に出来上がったのが現代のビジネススーツだ。しゃれた機能主義を連想させる独特の現代的なデザインは、今日までほとんど変わっていない。

〈男性による華麗な衣装の放棄〉は、贅沢の放棄というより、当時、あらゆる視覚芸術を一変させつつあった技術と上品さを取り入れることだった。紳士服の簡素化は、もっとずっと幅広い変化の一部だったのだ。それは飾り立てることと格式張った直解主義から、二十世紀初頭に高い現代主義へと成熟していく無駄のない美的価値観へと向かう変化のことだ。実は、〈男性による華麗な衣装の放棄〉以降の紳士服は、同じ時代の婦人服よりも、あるいはそれが取って代わったもっと豪華な紳士服より実用的だったわけではない。「実用的に見えるように」デザインされていたのだ。

比較として考えてもらいたいのは、現代建築の有名なデザインが、それが取って代わったバロック様式や新古典主義の建築より、非実用的（かつ高額）であるのはめずらしくなかったことだ。平屋根は無駄がないように見えて、水が溜まるせいで雨漏りが起きやすかった。華やかな繰形（訳注／建築物の繋ぎ目の覆い）

がないと経済的に思えるが、実際には繰形があれば隠れる隙間や不揃いをなくすために、はるかに精密な建造工事が必要になった。ミース・ファン・デル・ローエが設計した象徴的建築物、シーグラム・ビルディングの一見むき出しのようなフレームは、実は必要もないのに構造上余分で高価なブロンズに覆われている。これと同じように、紳士服の仕立ても多くのドレスと同様、凝った作りになる――その違いは、ドレスの装飾は衣装の外側にあるが、スーツの場合は内側にあるということだ。複雑な作業の大半は、縫い合わせ、芯地や肩パッドを入れるなど、スーツを自然な形に見せる部分に隠されている。歴史家アン・ホランダーがいうように、「男性の体が受け取ったのは、元々の体型の上に人を実物よりよく見せる、現代的な注釈を書き込んだ、まったく新しい包装紙。裸の枠組みに取って代わった、単純だがはっきりとした新しい解釈だった。しかし、今回はすっぽり包まれることも、たくさんの詰め物を入れることも、糊で固めることも、過剰な装飾もなかった……」[11]。

男性のファッションは現代的な様式となり、文字どおり自分を誇示するというより、時代遅れの支配力を抽象的に表していた。そのため、男性たちは熱心にファッションを追いかけながらも、実際的な職務以外に関心はないように見せることができた。仕立屋が流行の装飾ではなく、衣服を体に合わせて作るという「真剣な仕事」に関心があったように、立派な男性は「流行に敏感」ではないが「身なりが立派」だった――しかも、それは虚栄心からではなく、単なる礼儀としてそうしているといいたげに。

地味だが実物よりよく見せる衣装は、旧世界と新世界両方の高潔な市民に必要不可欠な記章だと考えられた。この新しい理念は、〈男性による華麗な衣装の放棄〉が始まったとき、こう表現されている。

「分別のある男性と気取り屋の違いは、気取り屋は服装を自慢するが、分別のある男性は服装のことなど笑い飛ばしながらも、それを軽視してはいけないと知っていることだ」そう断言したのは、第四代チェスターフィールド伯爵フィリップ・ドーマー・スタンホープだ。[12] 十八世紀中期に息子に宛てた手紙にそう書かれている。この意見はそれから一世紀近くあとにも繰り返されている。『American Gentleman's Guide to Politeness and Fashion（礼儀正しさとファッションに関する米国紳士の手引き）』にこんな意見がある。「外見を飾ることに過度の関心を示さないように注意すべきだが、外見にいつも無頓着であったり、無視したりすることも、同じように非難に値すると考えるべきだ」[13] 男性の服装が新古典主義の影響下で簡素化されるにつれ、外見に気を使いすぎるような男性たちは女々しい気取り屋か、上辺だけのダンディだというのが社会通念となっていた。そのため、身なりの立派な紳士たちは外見のことは熟練の専門家に頼っていた。「気取り屋は流行の奴隷だが、賢人は仕立屋に任せる。仕立屋の務めは、賢人に相応《ふさわ》しい装いをさせることだ」といったのは米国の仕立屋ジョージ・P・フォックスだ。[14]

男女どちらの服装も簡素化されたものの、新古典主義は、〈男性による華麗な衣装の放棄〉の女性ヴァージョンを起こすほどの影響は与えなかった。簡素さの意味自体に性差があったからだ。男性の新古典主義的な衣服の簡素な様式から伝わるのは、立派な仕事の厳しさだった。ところが、流行の新古典主義的な婦人服の簡素さの基盤にあるものは、空想と奇抜さだったため、それに向いているのは、生産に従事する仕事に就かなくてもよい、余裕のある人たちだけだった。服装の性別による区分は何世紀も前からあったのに対し、この特別な象徴的意味は新しいものだった。とはいえ、そこから感じられるのは、ヴィクトリア朝時代の純粋な女らしさへの崇拝のなかで徹底的に表現されることになる、家庭的な女性という理想だった。

男性のスーツはかつてないほど無駄が省かれ、機能的になったのに、女性のファッションはこれでもかというほど空想的で、派手で、見た目は美しいものの、たいていは非実用的な形だった。ペチコート、凝ったバッスル（訳注／スカートの後腰部を膨らませるためのリボンやひだ飾り）、紐をきつく締めたコルセットが層を成し、ネックラインと裾のラインの流行は目まぐるしく変わった。もちろん、服装の象徴的意味のなかでも、この領域は政治と経済における男性至上主義と一致し、さらにそれを助長するものだった。男性が、男性だけが、自分を重々しく、力強い者に見せながら、女性は法律と慣習により、信用されない社会的地位にいることを連想させる、総じて時代遅れの凝った衣装の着用を義務づけられていたのだ。

## 女性スパイ、男性の軍人、フェミニストに変身した元不良少年

当時の偏見からすれば、婦人服の動きにくさは、「劣った性」の能力の限界に合わせたものだった。幸いなことに歴史のなかで示唆に富んだ出来事が偶然に起こったおかげで、この熱狂的な性差別主義の主張は弱まった。それに関わったのは、スカートとコルセットから解放されると優れた能力と大胆さを発揮し、高い教養を備えた男性たちと張り合った数多くの女性たちだ。しかし、婦人服が生じさせる身体的、社会的な束縛に苛立った男性は少なかった。服装は男性を一人前にしないかもしれないが、その考え方を壊し、作り変えることはできる――女性向けの衣装が堕落した放蕩《ほうとう》者を、どのよう

にして熱心なフェミニストに変えたかを伝える、想像を超えた物語が示しているように。

シャルル・ジュヌヴィエーヴ・ルイ・オーギュスト・アンドレ・ティモテ・デオン・ド・ボーモンは、フランスの外交官、勲章を授けられた軍人、そしてルイ十五世の諜報機関『ル・スクレ・デュ・ロワ』のスパイだった。回顧録によれば、一七五六年、デオンは王から秘密任務を与えられ、ロシアに送られ、女帝エリザヴェータの信頼を勝ち取り、フランス最大の地政学的ライバルのひとつ、ハプスブルク帝国に敵対する陰謀を企てた。いくつかの手柄話からわかるのは、デオンは英国（やはりフランスのライバル）による海上封鎖を回避するため、リア・ド・ボーモンという名の女性になりすましたことだ。その後も変装し、女帝エリザヴェータに侍女として仕えた。彼は正体を偽ったまま任務を完了し、捕まることはなかった。だが、この策略がのちに彼の出世と社会的地位に大きな影響を及ぼすことになる。

フランスへ帰国後一年もしないうちに、デオンは七年戦争で竜騎兵の隊長となった。その功績により聖ルイ十字勲章を授けられ、同時にシュヴァリエ（勲爵士）の称号を手にする。[15] そののち外交官としてロンドンに赴き、秘密裏に諜報機関のスパイ活動をつづけた。しかし大きな借金を抱え、外務省と諜報機関、どちらの上司とも衝突したことから、降格させられ、フランスに戻り、公金横領と背信の告発を受けるよう命じられた。[16] 王の寵愛を失い、バスティーユ監獄への投獄を恐れたデオンは、命令を拒否し、ロンドンに残る。そこで初めての著作を出版すると、それをシリーズものにし、自分が関わった機密外交文書の内容をすべて書くと脅した。その結果、デオンは英国でちょっとした有名人

当時の風刺絵に描かれたシュヴァリエ・デオン

となり、英国政府の保護を受けた。フランス政府は何もいわず彼の逮捕を諦め、結局は彼を秘密裏に大幅な昇給とともに諜報機関に再雇用した。[17] 正真正銘の売国奴であり、フランスの敵であることは明白だったが、だからこそスパイとして価値があったのだ。

　しかしデオンは、送還の脅威より、もっと大きな問題になりそうなものを抱えていた。おそらくはロシア宮廷における過去の任務のせいで、あのシュヴァリエは女性だという噂が広まり始めていたのだ。ある貴族が、デオンは女性であるという「最終的な議論の余地のない証拠」があると証言したことで、フランス社交界は動揺する。一方、ロンドンでは、賭け屋（ブックメーカー）が、デオンが女性であるほうに三対二の賭け率を設定した。デオンはその証言を否定することも、反論して噂に信憑性を与え、好奇心を煽《あお》ることもしなかった。一七七二年五月、諜報員がロンドンを訪れ、その証言を調査し、デオンはたしかに女性として生まれたと報告した。

一七七四年に王ルイ十五世が亡くなると、『ル・スクレ・デュ・ロワ』も——王室によるデオンの庇護も——王とともに消滅した。一七七五年、フランス統治機関の代理人がデオンの元を訪れ、スパイとしての職務に関わる書類を残らず返却するよう求めた。交換条件としてデオンが要求したのは、ヒーロー——あるいはヒロイン——としてフランスに帰国することだった。ここで話はふたつに分かれる。ひとつめのデオンの物語は、フランスの権力者たちがデオンの性別に関する噂につけ込み、彼が女性として生きるように——必然的に政治生命を終えるように——要求し、その見返りとして起訴を免れたというものだ。もうひとつの物語は歴史家ゲイリー・ケイツが語っている。デオンは自分が女性であるという噂を流し、故意に好奇心を煽ることで、巧みに性別を換え、英国における自分の体験談をさらに際立たせようとしたというものだ。当時、広く受け入れられたこの話は、デオンは本当に「女性として生まれたが……息子が欲しかった父親により、男性として育てられた。彼は優秀な外交官であり、軍人だった。現在は新しい王に強いられ、慣例に縛られ、生まれもった性別の姿をしている」[18]というものだった。この話のおかげで、デオンはジャンヌ・ダルク流に「ルイ十五世に仕え、自国に尽くすために男装したヒロイン」としてフランスに帰国することができ、自国を裏切る女々しい「ペテン師」にはならずにすんだ。[19]

彼が性別を換えた理由については歴史家の意見の分かれるところだが、総合的に考えると、デオンはフランスの旧体制の衰退期に、ひとりの女性として求められた生活に簡単に慣れたわけではなかった。一七七七年、女性の衣服を着るように命じられたとき、デオンはこんな不満をもらしたと伝えられている。「自分が欲しいものがまだわからない……わかっているのは、女性の格好は、頭から足まで竜騎兵の制服を身につけるよりむずかしいことだ」デオンがふたたび竜騎兵の制服を着て、米国の独立戦争でフランス軍とともに戦う許可を議会に求めると、彼女は女性に与えられた伝統的な制限——と服装——を受け入れると認めるまで投獄された。

フランス革命は旧体制のドレスコードを一蹴したが、デオンの役には立たなかった。一七九三年十月二十九日、新政府は「性別にかかわらず誰であれ、男性あるいは女性市民に対し、特定の服装を強いることができない」という法令を定めたが、その法令には但し書きがあった。「誰もが自由に、自分が気に入り、自分の性別に合った衣服を着ることができる」[20]フランスのドレスコードは、引きつづきデオンに社会が女性に要求する服装と行動を求めたのだ。革命後、年金給付が打ち切られると、デオンはまもなく無一文となる。彼女は英国に戻り、めずらしい存在として、ペチコートとフルスカート姿のアマゾンの女剣士姿でフェンシングの試合を催すなどして、辛うじて生計を立てた。やがて生活に困窮したデオンは、孤独のうちに亡くなった。

埋葬に向けてデオンの遺体が整えられているとき、フランス外交官、ロシア貴族、ロンドンの賭け屋を一様に当惑させた疑問がようやく解けた。デオンの「男性生殖器はあらゆる点でまったく異常がなかった」。

二〇一三年、ナショナル・ポートレート・ギャラリーの学芸員ルーシー・ペルツが語ったように、デオンは「英国で初めて服装倒錯者であることを公表し、自分の性的指向どおりの人生を生き抜くことのできた男性だった」[21]のだろうか？　十九世紀の伝記作家が主張したように、既婚女性を誘惑しやすくするために女性になりすました、自堕落な放蕩者だったのだろうか？　それとも、脅迫されたから女性だと自称していただけなのだろうか？　歴史家サイモン・バローズによれば、デオンは英国でかなりの借金を抱えていた。債権者たちから逃れ、フランスに戻るチャンスを提示されたとき、「デオンには承諾する以外の選択肢はほとんどなかった……彼には金が必要だったから……それに英国では債務者として投獄される恐れもあった」。女性でいることを承諾すれば、債務者刑務所行きから逃れることができたが、それはフランスに帰国しても政治生命を取り戻せなくなること、敵を喜ばせることでもあった。バローズによれば、デオンは「(女性のふりをした) ペテン師の部分もあったが……それは彼が本当にしたかったことではなかっただろう」[22]。

こういった話にはいくらか真実も含まれているのかもしれない。おそらくデオンが性別を換えたのは、利便性、必要性、願望、道徳的な信念が組み合わさったために、徐々に起こっていったことなのだろう。歴史家ゲイリー・ケイツによれば、デオンは女性として生きる以前にフェミニストとなっていた。[23]彼は「ヨーロッパでも最大規模のフェミニスト文献のコレクション」を所有し、女性は生まれつき男性より道徳心が高いと信じるようになった。「女性として生きることは、彼にとって自分自身を道徳的な人間に変える方法であり」、その時代の「過剰なまでの男らしさを求める理念から逃れる手段でもあった」。事実、デオンは性別を換えたことを、「不良少年から行儀のよい少女への改心」と呼んでいる。選んだのであれ、偶然であれ、強要されたのであれ、女性の服装をすることで、デオンは男性の世界を女性の視点で見られるようになっていたのだ。

中世後期までに、ファッションの登場によって、衣服は社会的地位と伝統的な忠誠関係を表すものから、自分らしさを表すものに変わった。人びとは古いドレスコードを再循環させ、再利用することで、新しい現代的な意味をつくり出しながら、服装を通して自分独自の個性を主張していた。そのため、いつかは、何よりも衣服の象徴的意味を力強く示す、新しい使い方を見つけ、何よりも力強い象徴性を表現するのは当然だった——性別に基づいた象徴性の新しい使い方だ。性別に基づいた服装の慣習を破ることで、女性たちは自分だけの「新しい物語」を創り上げた。それは騎士や巡礼者の姿で精神的な悟りや聖戦を求める信心深い女性や、男性らしい服装を取り入れ、社会的拘束に対する反抗を表現する不遜な女性の物語だ。

しかし、デオンが性別を換えたのがそれ以上に劇的なもの——そして同時代の人たちにとってはそれ以上に当惑するもの——であったのは、女性の服装をする男性が稀《まれ》であったからだけでなく、まさに〈男性による華麗な衣装の放棄〉が男性ファッションを贅沢で華麗なものから、簡素で無駄のないものに転換させ、男性と女性の服装の間の象徴的な隔たりを大きくした時期に起こったからでもあった。シュヴァリエ・デオンは、旧体制の名誉に基づいた価値体系において派手な存在だった。彼は豪勢な暮らしに慣れた男性であり、浪費癖があった。外務省時代には放蕩三昧を叱責され、ロンドン時代にはそれは大きな借金を作り、多くの人が債務者刑務所行きから逃れるには逃亡しかなかったと考えているほどだ。その豪胆な人生、軍人としての名誉、異彩を放つ行動は、旧体制の宮廷界では高く評価された。しかし、十八世紀末の世界ではそうではなかった——ロンドンにいたデオンの目にはいっそうはっきりと見えたであろう世界では、〈男性による華麗な衣装の放棄〉が起こり、もう十分に先に進んでいた。デオンには自分自身がまるで不良少年のように見えたことだろう。なぜなら、立派な男性である意味が変わってしまっていたからだ。

その同じ変化のせいで、女性が、デオンが切望したような支配力のある人生を生きるのは、それまで以上に不可能になった。フランスの社交界はデオンをヒロインとして称賛したが、フランスでの政治生命を取り戻そうとする彼の試みはいたるところで拒絶された。[24] 彼女は修道院に入れと脅され、彼女の唯一の希望だった支配力をもてるのは——その時代のほとんどの女性と同じように——結婚にあるといわれた。女性としての人生を受け入れてからも、デオンが愛した竜騎兵の制服を脱がせるには国王令が必要になるほどだったが、軍服をふたたび着る法的権利を求め、彼女は幾度も請願書を提出したがうまくいかなかった。

ジャン＝ジャック・ルソーは、縫い針と剣は同じ手で扱うのは無理だといった——性別による役割は厳格に区別すべきだという主張だ。けれども、十五年後、デオンはドレス姿で剣を手で巧みに扱った。だが残念なことに、女性の衣装は彼女に味方しなかった——まさにそのデザインの目的どおりに。

# 第8章 合理服運動

## ――ブルーマー、紐できつく締めつけるコルセット、糊の効いた襟つきシャツ、半ズボンのスーツの不自由

シュヴァリエ・デオンは、その時代の女性を苦しめた煩わしい時代遅れの衣服に負けまいと奮闘するうち、フェミニストとなった。十九世紀のフェミニストも同じように戦い、啓蒙思想の原則を服装の慣習に当てはめ、婦人服を改革しようとした。

従来の性別に基づいた服装に対する初期の抵抗のひとつは、アメリア・ブルーマーが行った運動で、新たに考案された衣服は彼女の名前で呼ばれた。それは女性用ズボンで、当時としては比較的短いスカートの下に着用するようデザインされていた。「ブルーマー」が表していたのは、それまでの数世紀に紳士服を変えてきた様式の移り変わりと同じものだった。スーツの庶民的かつ実用的な理念は、一八五〇年までに定着していた。品質として重視されたのは仕立て、洗練された布地、体に合っていることで、けっして表につける装飾ではなかった。英国人ボー・ブランメルがつくった理念が伝わっていくと、米国とヨーロッパの専門家たちは男性たちにこう忠告するようになる。「『なんと立派な身

カリアー・アンド・アイヴス社によるブルーマーファッション

なりの男だろう！』といわれないような服装をしなさい[1]」

男性にとっては、動きを制限されないことが何より重要だった。「どんな衣服も、着た者がなんの制限も受けず、自由に動けるものであるべきだ」と、一八五〇年の米国の仕立業向けの雑誌にも書かれている[2]。ところが、婦人服は動きを妨げるように意図的にデザインされていたらしい。十九世紀、どの都市の通りも泥だらけだったため、長いスカートでは泥のなかを裾を引きずりながら歩くことになった。そのため「上品な」女性は四輪馬車で移動し、乗り降りするときにはスカートを——ほどほどに！——持ち上げる必要があった。一方、自分の乗り物をもつ余裕のない女性は衣服を汚すしかなかった。かさ張るアンダースカートを何枚も身につけていれば、狭い廊下を通り抜けるのも簡単ではなかった。十九世紀のフェミニスト、エリザベス・キャディ・スタントンは、自分の動きにくさを、ブルーマーを着た従姉妹《いとこ》エリザベス・スミス・ミラーの動きと比較している。「彼女は片方の手でランプをもち、もう片方で赤ん坊を抱きながら二階へ上がっていく。やすやすと、優雅に。ところが私は波打つような長いドレスで、苦労しながら我が身を上へと引き上げる。ランプを掲げながら、赤ん坊を抱くなど、とても考えられない」[3]

## コルセットを捨てて機会均等を！

米国のフェミニストにとって、性別に基づいた服装は、動きやすさだけでなく、機会均等に対する重大な妨害だった。スーザン・B・アンソニーはこう主張した。「仕事が見つからない。こんな服を着ていたら女性は男性と同じ賃金を得られない」[4] どうやら雇用主のなかには、衣服を改良すれば女性が働きやすくなることに納得した者もいたらしい。アメリア・ブルーマーが編集していた女性向けの新聞リリー紙によれば、一八五一年、マサチューセッツ州ローエルにあった織物工場の経営者たちが、実用的なブルーマースタイルを取り入れた女性労働者たちを主賓に宴会を催している。[5] ブルーマー大流行の年として知られた一八五一年に、衣服改革を提唱する講演や、新しい衣装改革を進める団体のメンバーの間で、「パリの流行の独裁支配からの独立宣言」と題した小冊子が配布された。同じ年、ブルーマー支持者たちはニューヨーク市で祭典を催した。そして一八五六年二月、ニューヨーク州グレンへイブンで開かれた衣服改革会議の参加者たちが、全国衣服改革協会を結成した。その規約には、

「この協会の目的は婦人服の改革を促すこと。とくに対象となるのは長いスカート、ウェストを締めつけることなど、健康、品の良さ、飾りけのなさ、無駄のなさ、美しさと相容れない、あらゆる様式や流行である」と書かれていた。リリー紙の記載には、協会は「女性が奴隷の身分から自由な人間へ……装飾と流行と愚かさの王国が理性と正義の王国へ変わるのを支援する」[6]とあった。

同じ頃、大西洋の向こう側で、英国女性たちが合理服協会を設立した。協会は衣料品店を経営し、そこで「下着類、無理のないコルセット、キュロットスカート」を販売し、一八八八～八九年には四半期ごとに定期刊行物を刊行した。一八八九年一月版のレイショナル・ドレス・ガゼットはこんな目的の説明で始まっている。[7]

合理服協会は、体の形を歪める、体の動きを妨げるなど、なんであれ健康被害につながる衣服の様式の導入に反対する。

きつく締めつけるコルセット、ヒールの高いあるいはつま先の細いブーツや靴、健康的な運動を妨げるあらゆる重いスカート、紐で縛る外套など腕の動きを束縛するあらゆる衣服の着用に反対する。

あらゆる種類のクリノリンやバッスルなど、不快で体を歪ませるものに反対する……。

ガゼットが要求したのは、婦人服の包括的な改革であり、一世紀前に紳士服を変えた利便性、フィット感、着心地のよさという原則に基づいた、独自の新しい婦人服を提言していた。男性向けの実用的な衣服を女性も享受するという発想は、多くの人を動揺させた。たとえば、合理服改革に反対するある人物は、その運動が引き起こしかねない、もっと恐ろしい結果を、先手を打って封じ込めようとした。それは、どれほど極端な改革者であっても、女性たちが「服装にそんな大改革を起こすことで、(コルセットの)ステー(訳注／コルセットの補強に使う鋼などの平らな帯あるいは芯)の支えを要らなくする」、あるいは「女性は自然な体型に合わせた上着を着るべきとあえて勧めることまではしないだろう」というものだった。それに対し、合理服協会創設者レディー・ハーバートンはこう反論している。「とんでもない。それどころか完全な変革の推奨こそ……ここ数年間にこのテーマについて講演や執筆をしてきたほとんど全員が、何よりも強く主張してきたことなんです」[8]

合理服改革を助けたのは、新しい流行の傾向に対し、次第に高まりつつある危機感、つまり紐できつく締めつけるコルセットに対するものだった。コルセットは何世紀も前から存在し、理想の体型のイメージとともに変化してきた。たとえば、ルネサンス時代のコルセットはほとんど円筒形で、胴を長くし、胸郭を押さえつけるものだった。十九世紀初期まで、男女どちらもコルセットをつけていたが、それはスタイルをよくするためだけでなく、悪い姿勢を矯正し、内臓を正しい位置に保持する医学的な効果があるとも考えられていた。しかし、一八〇〇年代までにコルセットは完全に女性だけのものとなる。それは砂時計のような体型をつくるものになり、乳房を上方、外側へと押し、下に向かって次第に細くすることで細いウエストを目立たせ、腰の下で外側に広がっていた。女性のなかには極端に走り、自然なウェストを目立たせることでは終わらず、快適さ、食べ物の正常な消化、無理のない呼吸を犠牲にしてまで徹底的に締めつける者もいた。

コルセットに対する世論は様々だった。十九世紀ヨーロッパのほとんどの人たちは、コルセットは婦人服に欠かせない要素だと考えていた。コルセット擁護派は、虚弱な女性の体および女性の不品行と彼らが認識するもの、どちらにとっても不可欠な支えになると信じていた。「コルセットは女性の体の枠組みだ。それは基盤でも建築物でもある」[9]カスミール・デルマス医師は医学雑誌ハイジーン・アンド・メディスンでこんな意見を述べている。同じように、一八七〇年の学術論文『Hygiene for Fashionable People（流行を追う人びとの衛生）』で主張されていたのは、コルセットが「有益な理由は、身体と内臓を固定し支えるからだ。内臓は重みで下方に動き、空洞に入り込んで問題を起こす」[10]ということだった。

しかし、ほかの医師たちはコルセット――とくに紐できつく縛るタイプ――は健康に害を及ぼすとして批判し、失神、不妊、内臓損傷の原因になると非難した。たとえば、一八五七年、オーガスト・デベイ医師は次のような統計値を公表し、コルセットの危険性を伝えている。[11]

次の統計値が……無知な母親たちの目を開かせますように。彼女たちは娘に上品なウェストを与えたいと願うあまり、まだ幼い時期から柔軟性のないコルセットに閉じ込めている……

コルセットを着用している若い女性百名のうち、

十五名が胸の病気に倒れ、

十五名が初産後に死亡し、

十五名が出産後に虚弱な状態となり、

十五名の体に変形が生じ、
三十名だけが耐え抜いたが、やがて深刻な体調不良に苦しめられた。

一八九二年、ベンジャミン・オレンジ・フラワーは『流行の奴隷』というタイトルの小冊子を出版した。そして「紐できつく締めつけること、あるいは紐で締めるあらゆるものの弊害」について書き、もし「流行の衣服に必要な改革」が実施されれば、「それが人類の健康と幸福に及ぼす好影響は計り知れない」と断言している。フラワー医師の主張はこういうものだった。コルセットのせいで、「生命維持に不可欠なあらゆる臓器がうまく機能しないか、調子が悪くなり」、その結果、コルセットをしている女性は、「つねに頭痛、めまい、体調不良に悩まされ……寿命を縮め……（さらに）そのため、死ぬまでなんの役にも立たない、惨めな人生を送ることになる」。フラワー医師によれば、コルセットは着用者の健康だけでなく、全人類の未来をも脅かしていた。「もし女性たちがこの有害な習慣をつづければ、必然的に人類は劣化する……人類の救済はひとえにこの有害な習慣を改めることにかかっている」[12] レントゲン写真が発明されると、コルセットの有害な影響を劇的に示す新たな証拠が見つかった。一九〇八年、リュドビク・オフォロウェル医師は著書『Le Corset（コルセット）』に、紐で締めつけられ、圧縮された結果、歪んでしまった女性の胸郭のレントゲン写真を掲載した。

　コルセットに反対したのは医師だけではなかった。エチケットの専門家ドロホジョフスカ伯爵夫人も、紐できつく締めつけるコルセットは使わないように注意していた。「コルセットを緩めたとたん、胃炎、肝臓病、偏頭痛、不安抑うつ状態が完治した例がどれほどあることか。けれどもある段階まで

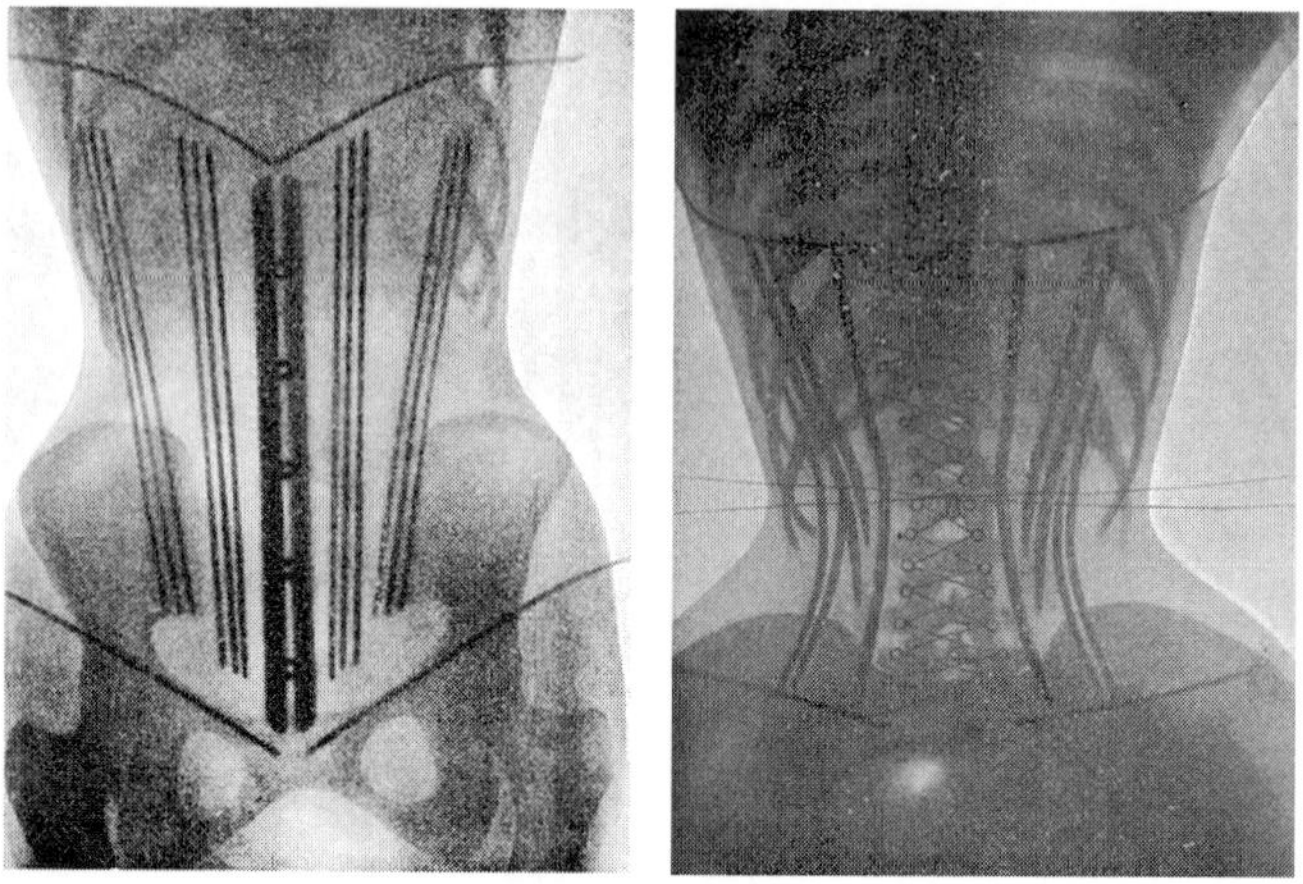

コルセットの悪影響を明らかにしたレントゲン写真

進んでしまえば治らなくなり、若すぎるうちに涙にくれる家族の目の前で墓を掘ることになる。しかし多くの場合、その家族こそが故意に歪めて形を崩された体を賛美することで、体の変形を促してきたのだ」[13]

道徳家たちも意見を述べた。その多くが体を締めつければ淫らな性欲を抑えられるため、コルセットは必要だと主張したものの、紐できつく締めつけることが女性の虚栄心の証拠だと咎めることはなかった。紐できつく締めつけるコルセットがつくる、過度にウェストをくびれさせた体は男性を挑発すると考えながらも、コルセット自体は女性の慎み深さと礼儀に欠かせないものだとして譲らない者たちもいた。たとえば、「よい行儀」の指導書は、コルセットの装着は「早めに始めて体に慣れさせ、それなしではいられなくなるようにする」ことを女性たちに勧めていた。とはいえ、こんな警告もしている。「細いウェストとクリノリンが男性を喜ばせるのは、それが恥ずべき放蕩の秘密を感じさせるからにすぎない。もし上品な女性たちがそれを知れば、身につけなくなるだろう」[14]

矛盾した考え方のせいで、女性たちはコルセットをつけても抑圧され、つけなくても抑圧された。また、コルセットに対する賢明な反対意見は、胴体をしっかり固定しなければ着られない衣装を捨てたくない女性たちにとっては都合が悪かった。合理服協会の刊行物のある記事は、中途半端な改革はまったく何もしないより悪いと嘆いている。[15]

田舎医者は、妻や娘に鯨ひげや金属でできたステーのついたコルセットを使うなと命じながらも、流行の重いスカートやきついボディスを着させることで、彼女たちの生活をつらいものにした。ボ着たことがある人ならわかることだが、幾重にも重ねたスカートは様々な方向へ引っ張られ、ボディスのボーンは体のあちこちを突いたり、擦ったりする。そういった感覚を弱めてくれるステーの補強なしで耐えられるものではない。(しかし)彼女たちの支配者は……害があるとわかっている、ひとつの衣類のことだけ考えて命令しているだけ(だった)……妻や娘は夫の在宅時は恐れ、服従するが、彼がいなくなったとたん……またも紐で我が身をきつく締めつけるのだった……。

## オスカー・ワイルドの衣服改革

文句をいって当然なのはどう見ても女性たちのほうなのに、衣服改革の運動を推し進めていったのは男性だった。その運動の先駆者が、詩人で劇作家のオスカー・ワイルドだ。ペル・メル・ガゼット紙に女性の衣服改革についての連続コラムを、ニューヨーク・トリビューン紙にはエッセーを書き、健康的なデザインを原則とし、人間の体を覆い隠すのではなく、体に合わせた衣服にするよう提唱した。[16]〈男性による華麗な衣装の放棄〉について最初に言及した心理学者ジョン・カール・フリューゲルは、一九二九年、英国における紳士服改革党の設立を支援した。その党は、合理服協会と同じく、健康と衛生状態を改善する方法として衣服改革を推し進めた。この改革派たちの主張は、紳士服が心身両面に害を及ぼし、「英国人の血統」を退化させる一因となっているというものだった。糊の効いた襟は不快で、スーツの上着は暑苦しく、ズボンは自由な動きを妨げ、下着は血の巡りを悪くし、紳士服のくすんだ色は気を滅入らせた。[17]そのせいで男性たちは「暑く、不快で、疲れ、怒りっぽく」なっていた。[18]こういった不快な衣服の代わりに改革派が勧めたのは、襟が柔らかいブラウスにスカーフをゆるく結び、長ズボンに代えてスカート、キルトあるいは半ズボンを穿くという案だった。さらにコートと帽子は、寒さや雨から身を守る必要がある時のみ着用すべきとした。[19]

紳士服改革は女性の合理服運動に刺激されたものだったが、女性の場合とは異なり、男女平等を求める気持ちから生まれたものではなかった。それどころか、はっきりいえば、女性蔑視思想が顔を出すこともあった。フリューゲルがその時代が始まった頃、〈男性による華麗な衣装の放棄〉に関する文章に、「女性は美と気品の唯一の所有者であるという恩恵を享受すべきだ」と書いたのは、女性運動に対する反感のほのめかしだと感じる人がいる。歴史家ジョアナ・バークの意見では、「(衣服改革)が起こると、男性は自分たちの衣服の現状には積極的に抗議したのに、女性が表す嫌悪と怒りには猛然と異議を申し立てた。女性が男性の先を行くことを示す象徴は残らず押しつぶさなければならなかったのだ[20]」。雑誌パンチの一九二四年のある版に掲載された風刺漫画には、山高帽、上着、ネクタイという伝統的な服装で杖をもちながら、半ズボンを穿いた男性が、傲慢な目つきで膝丈スカート姿の女性を睨みつけ、相手をまごつかせている状況が描かれている。そこには、「男女どちらにも脚を曝す権利がある」というメッセージが隠されているとバークは書く[21]。

衣服改革に対する感情的な意見が目立ったのは、異性装をすれば社会から追放されるだけでなく、法による刑罰も受けるからだった。たとえば、一八四八年に可決されたオハイオ州コロンバスの市のセクション二三四三・〇四にはこう記載されている。

誰であれ、裸体で、あるいは自分の性別に属さない服装で、公道あるいはそのほかの公共の場に姿を現してはならない。

一八六三年にサンフランシスコ市で可決された同じような地方条例はこう命じていた[22]。

誰であれ、裸体で、あるいは自分の性別に属さない服装で公共の場に現れた場合、軽犯罪で有罪とすべきであり、さらに有罪となれば……最高五百ドルの罰金を支払うべきである。

二十世紀初期までに、四十五以上の米国の都市が、性別に基づいた服装を強制し、異性装をはっきりと禁じている。変装を禁ずる法律も異性装の処罰に利用された。たとえば、警察は公共の場に変装して現れることを犯罪とする、一八四五年のニューヨーク州法を理由に異性装を禁じ、さらに非合法的な目的で別人を装うことを違法とした一八七四年のカリフォルニア州法に基づき、異性装をした者を拘束した。[23] こういった法律の多くは、ルネサンス時代のいくつかの法律と同じように、詐欺を対象にしていたらしい。実際、多くの法律は不法行為の一要素として、騙す意図や非合法的な目的があることを求めていた。[24] ある訴訟では、女装をして逮捕された異性装者は、「私は男性です」と書いたプラカードをつけて歩くことに同意することで法的制裁を逃れている。しかし、警察はたいていの場合、男性の格好をすることで男性の特権を強引に行使する女性のあらゆる試みを詐欺と捉えた。歴史家クレア・シアーズによれば、異性装禁止の対象は、「女性の衣装改革主義者、女装する男優、夜の街で男装する『ふしだらな』若い女性」だった。[25]

合理服改革は、医師、哲学者、劇作家、道徳主義者、フェミニストに支持されながらも、失敗に終わった。当初、「ブルーマー」は大手メディアに肯定的に受け取られた。たとえば、詩集『The Ladies' Wreath（女性の花輪）』では、ブルーマーについて「どこから見てもアメリカ的でユニークな特徴のあるドレス。その類まれな飾り気のなさ、無駄のなさが、それをどんな輸入品とも違うものにしている」と書かれている。だが、こんなふうに称賛しながら、結局はブルーマーを支持しなかった。ほかの雑誌は痛烈な批評をしていた。ハーパーズ・ニュー・マンスリー・マガジンの一八五二年のある版に掲載された漫画は、女性たちがズボンを穿くディストピア的な未来を描いている。そこではブルーマーを穿いた妻が縮こまる夫をいじめたり、恥ずかしそうな男性に結婚を申し込んだりして

この漫画が描いているのは、無気力な夫を叱りつける「ブルーマーを穿いた女性」。説明文にはこう書かれている。「さあ、アルフレッド、くだらない小説なんて読んでないで、何か合理的なことをなさい。まったく役に立たない人ね。あなたはもう結婚したのよ」

いる。[26] ブルーマーを批判する人たちは、「ウェリントン・ブーツ（男性用の乗馬長靴）やステッキどころか、タバコさえ女性に奪われる日は遠くないと警告した」。

猛烈で容赦のない抵抗に遭い、ブルーマーの流行は短命に終わった。アメリア・ブルーマー自身もブルーマーを見捨て、まもなく嫌われる籠状のクリノリンを選び、軽くなったから、何層にも重なる重いフルスカートに比べれば改良されていると語った。[27]

今日では滑稽なほど現実味がないように思えるだろう。当時、無数の冗談が作られるほど話題になったのは間違いない。しかし、新しいクリノリンは軽く、価格も下がった。そ

この漫画が描いているのは、プロポーズしているブルーマー姿の女性。説明文にはこうある。「答えて！　ねえ、答えてよ、愛しい方。私のものになってくださる?」

して、このふたつの大きな改善点が婦人服の性質を変えた。十九世紀初期になると米国が先頭に立ち、ブルックスブラザーズのような企業による安価な男性の既製スーツが販売されるようになった。けれども、歴史家マイケル・ザキムによれば、米国で婦人服が大量生産されるようになったのは南北戦争後のことだった。[28]とはいえ、クリノリンは十九世紀後期まで、旧世界、新世界両方で無数に生産されていた。何層ものアンダースカートが金属製フレームに取り替えられたため、比較的軽く、空気の通りもずっとよくなり、体の動きを妨げることもなかった。さらに比較的安価で、様々な社会階層の女性にとって手の届くものとなったため、既製スーツが男性に与えた社会的平等が、わずかながら婦人服にももたらされるようになった。するとそれにつづき、上流階級を模倣し、嫉妬するというお決まりの力学が働いた。デザイン史研究家マルコム・バーナードによれば、十九世紀の多くの出版物が描いたのは、「クリノリンを着た女主人が怒りながら、まったく同じ格好をしたメイドに着替えてこいと命令している」滑稽な姿だった。[29] 一八六二年のダンディ・クーリエ紙には法的規制を求めるエッセーが掲載され、そこにはこんな不満が述べられている。[30]

　奢侈禁止令をひとつ可決することができれば、もう心配する必要はない。それさえあれば、誰であれクリノリンの着用を禁じられる。例外は何もしなくてもよいご婦人たちだけだ。それなのに、誰もがその迷惑行為に染まっている……社会の最上層から最下層にいたるまで……メイドは……椅子を引きずり、テーブルを押しのけ、皿を危険にさらし、書類を飛ばす。まるでつむじ風のように。そして石炭を焚《く》べれば、火箸をスカートに巻き込んでしまうことがある……用心深いメイドに当たれば幸運だといわれる。クリノリン火災の犠牲者がそれ以上増えないから……工場では若い娘たちが裸足であってもクリノリンを着けているおかげで、扱う機械より安全に守られている……しかし格好の悪さと危険は別にしても……多くのクリノリンはそのままで盗品の隠し場所となる。

比較的軽いクリノリンはどこまで広がるか予測しにくいため、新たな大規模な流行になると同時に衝撃的な新しい災難も招いた。大きなスカートはどうしても横にいる人、戸口、家具を擦り、そして火を入れた暖炉をこすれば大惨事となった。ある概算によれば、クリノリンが流行した十年ほどの間に、それが燃えたせいで大西洋の両側で数千人の女性が亡くなっている（口絵8）。クリノリンは瞬く

クリノリンは、昔から存在する、女性の策略や狡猾さに対する恐怖心を新たに生じさせた。この漫画では、不実な妻がその広いスカートの下に愛人を匿っている。

間に、女性の服装にはつきものの、社会不安と嘲笑が入り混じった強い影響力をもつようになった。[31] クリノリンの過剰な大きさを利用することで、哀れな男性たちを押しつぶしたり、迷惑な求婚者から安全な距離を取ったりする女性たちを描いた漫画がある。ほかにも、広々としたスカートの中に本命の相手を閉じ込めたり、不倫相手を隠したりする女性たちを描いたものもあった。

クリノリンの進化は実用性の点では微々たるものだったが、アメリア・ブルーマーでさえ、最後には、金属製の籠は十九世紀の女性が望むことができる最大の自由だといった。女性の衣服改革は感動的なほど多くのニューズレター、小冊子、声明文を生んだものの、ドレスコードに長期的な変化はほとんど見られなかった。バッスル、アンダースカート、クリノリンで支えるフルスカートという婦人服の特徴は変わることなく、二十世紀初期までつづいた。コルセットのヨーロッパと米国での人気は変わらず、それは女性たちが第一次世界大戦中の労働力となるまでつづいた。

男性の衣服改革もうまく進まなかった。専門誌テイラー・アンド・カッターは一九三一年の記事で、情感たっぷりに「自制と、ボタン、飾りボタン、サスペンダーなど、秩序と抑制を表すもの」の重要性を主張し、「人と人との繋がりが減少したせいで、人類は徐々に心身ともに衰退へと向かっている。もし紐を解き、ネクタイを緩め、ボタンをなくせば、現代の衣装の全構造が破綻し……社会は崩壊する[32]」としている。さらに従来の紳士服は着心地の悪いものだったのかもしれないが、それは「社会構造をまとめるために」不可欠だったと諭す別の意見もあった。一九三二年、「男性の服装を変えるべきか」という討論が行われ、D・アンソニー・ブラッドリーという人物が、その時代の総意を反映するものとして、紳士服が昔から身体を束縛してきたことを擁護している。「男性はジャングルで独りきりでも、自分は未開人ではないと確信するためにディナージャケットに着替える――軟弱でだらしない服装は、軟弱でだらしない人種を象徴するものだ……頑丈で雄々しい男なら、糊づけでごわごわになったシャツを着る苦しさに耐えられる[33]」

## 人が服に求めるのは「快適な実用性」ではない

衣服改革運動は男女どちらの場合も、衣服の主な目的は快適でいることとする誤った前提に基づいていた。実は、主な目的は自分を表現し、変身させることだ。扱いにくく、不快で、徹底的に性別に基づいた衣服が、非実用的で、どう見ても使い物にならないにもかかわらず生き残っているのは、男女ともに、改革が請け負うどんな快適さより、流行の性別に基づく衣服がもつ象徴的な力を一貫して好んできたからだ。体の快適さと動きやすさのことだけ考え、衣服のことを「非実用的」だと指摘したところで、説得力ある批判にはならない。人が実用性のみ考えて服装を選ぶことなどあり得ないからだ――選ぶ対象が洗練されたビジネススーツであれ、風変わりな凝ったドレスであれ、がっちりした穴飾りのついたブローグ・シューズであれ（この靴の穴は今では単なる飾りだが、元々は沼地や湿原を歩きまわる際に靴から水を逃がすためのものだった。ウイング・チップもこのひとつ）、セクシーなハイヒールであれ（元々はペルシア軍の騎兵の靴）、それは変わらない。これこそが、アン・ホランダーが核心をついているように、「良識から生まれた（衣服）改革が、当然ながら、そもそもの発想がおかしい勝ち目のない戦いだった」[34]理由だ。

　女性がいつもコルセット、フープスカート、バッスル、クリノリンを身につけたのは、きっと男性がそう命じたからなのだろう。とはいえ、婦人服は男性支配の表れにすぎないという意見は、単純化しすぎだろう。問題とされる時代のほとんどで、婦人服は主に女性裁縫師がデザイン製作するか、裕福な女性たちの指示に従って依頼され、特別注文されていた。ピグマリオン（訳注／ギリシア神話のキプロスの王。現実の女性に失望し、理想の女性像を彫り、恋に落ちる。像に服を彫り入れたり、話しかけたりする様子を見たアフロディーテが像に生命を与え、彼の妻とした）のようなステレオタイプの独裁的なファッションデザイナーが、男性の幻想に合わせて女性を作り変えるということなど、まずなかった。ところが一八五八年に英国の仕立屋シャルル・フレデリック・ウォルトがパリに店を出し、紳士服の仕立ての要素と技術を取り入れることで、女性のファッションを一変させてしまう。[35] アン・ホランダーがいうように、それ以来、男性デザイナーたちが、「男性が女性に抱く、抽象的だが、うまく分類した不安や夢を、どんな形であれ、細部まで具体的に目に見えるもの」[36] に女性を作り変えるため、おおいに尽力したのは間違いない。その結果生まれた性別に基づいた衣服と、それが映し出し、育む考え方が、女性の従属性の一因となってきた。しかし、幻想それ自体は暴君のようなものではない。それどころか、幻想は長い間、どんな流行の衣服にもある力強い要素だった――女性だけでなく男性の場合も。紳士服の幻想的な部分に独自の性的魅力が備わっているのは、地味で実用的だからではなく、堅苦しいほど洗練され、森や海、軍人としての冒険を思い起こさせるからなのだ。

よいか悪いかは別として、服装の性別による区分は、男女問わず何世代にもわたり、主体性、性的な満足感、ありのままでいられる快適さも与えた。ファッションが快適さを犠牲にし、スタイルや象徴的な影響力を優先することが多いのは、そこに感触のよさ以上の心地よさがあるからだ。ホランダーはこう主張している。

昔の女性の誰もが、長いスカートやきついステーに憤慨する犠牲者だった、と考えてはいけない……女性の国家元首たち……困難な時代に優れた政治能力、実行力、適応力で国の舵をとった……それは大きなスカートと袖のついた重く固い衣服を身にまといながら……自分には権威があるという感覚は……そういった衣服によって強調され、支えられていた……紐で締めつけられ、長いスカートを着せられた何世代もの女性たちは、一日中階段を上り下りしながら家事をし、洗い桶の上で腰をかがめ、絨毯《じゅうたん》を叩き、物干し紐に手を伸ばし、子どもたちを追いかけた……。この普通の女性の衣服は何世紀もの間、深い満足感を与えた。女性たちに、無難な衣服を着ることになんの問題もなく、それ以上の心地よさはないと感じさせていたのだ。[37]

男女どちらの合理服改革も十分に練られたものではなかったが、その理由はかなり違っていた。紳士服の改革はただ余分なものだった。紳士服改革運動が始まる一世紀以上前に、〈男性による華麗な衣装の放棄〉により、すでに改革されていたからだ。たしかに紳士服は、まだ必要以上に着心地が悪かったが、重要な点は心地よさではなかった。それに引き換え、婦人服の改革は必要なものでありながら、進む方向を間違え、婦人服の着心地の悪さと非実用性に焦点を当ててしまった。そんなものは、服装の象徴的意味が示す性差別の表れにすぎなかったのだが。それに比べ、〈男性による華麗な衣装の放棄〉による改革は、紳士服をもっと快適なものにしただけではなかった。紳士服を新しく巧妙なステータスシンボル――新たな種類の政治的道徳、市民道徳の象徴――に作り変えたのだ。どれほど洗練された婦人服でも、この点では紳士服に太刀打ちできなかった。これは〈男性による華麗な衣装の放棄〉以前にはあり得なかったことだ。

当時、衣服は男女ともに同じ職人が、同じような様式、生地、技術でデザイン製作し、それぞれにいくらでも変化を加えることができた。女王エリザベス一世は、家父長制が当たり前の社会にあってさえ、贅沢な服装を通して自分の地位を主張できた。要するに、その時代の権力をもつ男性と同じように、服装による伝達手段を使っていた。ところが〈男性による華麗な衣装の放棄〉は新しい男性だけの象徴的な伝達手段を生み出し、服装による共通語となったのだ。この性別による象徴的な区別は、婦人服にとって目に見える障害物以上のものであり、服装改革の何よりふさわしい標的だったが、今もそのまま残されている。

十九世紀に入ると、紳士服は大幅に平等なものとなったが、婦人服はそうではなかったため、男女間の格差が広がった。さらに十九世紀は平等を求める理想主義が花開いた時代にもかかわらず、少なくともいくつかの点で男女平等が後退した時代でもあった。とくに理想化された女性の美徳に対する執着がいっそう強くなり、それをヴィクトリア時代のフェミニスト史の研究者たちは、「純粋な女らしさへの礼賛」と呼んでいる。アメリア・ブルーマー、レディー・ハーバートン、エリザベス・キャディ・スタントンの業績を復活させるには、新しい世代が必要となるが、この時代に服装改革に向けた何よりも説得力のある議論が行われていたのは、政治的な小冊子ではなく、ファッション誌だった。

# 第9章 フラッパーのフェミニズム

## ――ローウエスト、ボブヘア、キューピッドの弓の唇、踊れるフラットシューズ、ベークライトのピアス、サイミントン社のサイドレーサーといったスキャンダル

一九二〇年、サタデー・イブニング・ポスト紙が、F・スコット・フィッツジェラルドの短編小説『バーニスの断髪宣言』を発表している。[1]主人公の若い女性は、社交界のライバルに煽られ、長く美しい髪を切り、短いボブヘアにする。その軽率な決断のせいで彼女は社交生活を台無しにし、一族の体面を汚す。その教訓物語は、バーニスが空想のような復讐をする場面で終わる。ライバルが寝ている間にその髪を切り、「ロープのような三つ編みを揺らした」あと、まもなく驚くことになるライバルの恋人――バーニスのこれまでの経験からすれば、まもなく元恋人になる男――のベランダに放り投げたのだ。教訓――時代の過激な流行に面白半分で手を出す愚かな若い娘には、屈辱と社会からの追放が待ち受けている。

## ふくよかな成熟からしなやかな若さへ

十九世紀の衣服改革運動は失敗に終わった。とはいえ、いつの間にか婦人服は改良された——たとえ、それがフェミニストたちの論理ではなく、ファッションの論理に従ったものであっても。アメリア・ブルーマーが自分が提案したパンタロンを見捨て、クリノリンに乗り換えてからおよそ五十年後、流行に敏感なフェミニストの新しい世代が婦人服を永久に変えた。二十世紀初期の女性たちは体に合った軽い衣服を着た。体にぴったり合うワンピースタイプの水着。丈が短く着やすいスポーツウェア。体の線をきれいに出すフリンジつきのミニドレス。この〈女性による華麗な衣装の放棄〉が起こったのは、男性が贅沢で扱いにくい装飾を捨て去り、体に合った軽い作りの機能的な衣服を選んでから百五十年後のことだった。十八世紀後期に男性が行ったように、二十世紀初期の女性たちは若々しく溌《はっ》刺《らつ》としたシルエットを取り入れた。ヴィクトリア朝とエドワード朝の女性の理想像は、ふくよかで成熟していることだった——デコルタージュ（訳注／襟ぐりを深くし、首筋や胸元を見せるスタイル）に性的関心を集めつつ、脚は布地で覆い隠し、砂時計のような体型は、もはや体の一部になったコルセットの硬い鯨ひげによって際立っていた。ところが二十世紀に入ると、理想像が若さとしなやかさになり、女性はようやくコルセットの締めつけから抜け出した。脚はチュールとタフタからなる繭から解放され、性的関心の焦点だった胸に取って代わった。金箔時代（訳注／十九世紀後半、南北戦争が終わったあとの時代。経済が膨張し、都市化が進み、成金趣味が横行した）の既婚婦人に代表された重く厄介な結い上げる髪は切られ、しゃれたボブヘアに変わり、上品なハイヒールは捨てられ、踊れるようなフラットシューズに変わった。生真面目で熱心な合理服改革者にはできなかった、性別によるドレスコードの改革をやってのけたのは、ジャズ時代のセクシーなフラッパーだったのだ。

フラッパーと聞いて思い浮かぶのは、なんの苦労もなさそうな若い女性が最新流行の音楽、スポーツ、芸術、ファッションの虜《とりこ》となり、お目つけ役もなしにオープンカーを猛スピードで走らせ、違法な酒とタバコに煽られながら、真夜中過ぎまでホットジャズに合わせて踊っている姿だろう。フィッツジェラルドが描いた、わがままで無神経なデイジー・ブキャナンは文学におけるその典型の登場人物だ。しかし本物のフラッパーは、ジェイ・ギャツビーが哀れなほど執着した相手より、ずっと興味深く、ずっと思慮深い。そして何よりも、フラッパールックは従来の女性の理想像に対するあからさまな挑戦だった。シーストドレス（訳注／ベルトなしのワンピース）は、男性のスーツと同じように体にぴったり合うものだった。ここで初めて、婦人服が体の形に沿ったものになったのだ。フラッパールックはスリムで、溌剌とし、まるで少年のようだった。装飾を拒み、ありのままの形を選ぶという点で、ハイモダニズムの美的価値観を取り入れていたが、それは紳士服が一世紀以上前に〈男性による華麗な衣装の放棄〉で成し遂げた改革だった。こう考えると、フラッパーは――ジャンヌ・ダルク以降の中性的な服を着た人たちのように――男性の衣服の象徴的意味を取り入れることで男性の特権を要求したのだ。そこから感じ取れるのは性の解放であり、それがあったからこそ、フラッパールックが快く刺激的なものとなった。それは中世後期以来の女性による男装とまったく同じだ。フラッパーは髪を切り、ボーイッシュなボブヘアにしたことで、性別に基づいた象徴的意味に関する不協和音をさらに大きくした。それだけでなく、古代以来、体を覆う布で隠してきた腕ばかりか、さらに恥ずべきことに脚まで人目に曝すことで性的な刺激を際立たせた。

フラッパーたちはフルスカートと結い上げる髪型を捨て去り、
体にぴったり合う衣服と実用本位の短いボブヘアを選んだ。

## 口紅とコンパクトと社会進出

実際、女性の脚を露わにしたり、その形がわかる衣服に対するタブーがあまりに厳格だったため、ゆったりとしたズボンを着用する女性たちは性的なフェティシズムの対象となった。それは商人たちの間では「二股」と呼ばれていた。一九〇三年、男性誌ヴァニティ・フェア（現在ある同名の雑誌とは無関係）が「二股の女の子たち」という特別号を出し、ズボン姿で挑発的なポーズを取る若い女性たちの写真を特集している（口絵11）。雑誌編集者で『History of Men's Magazines（男性誌の歴史）』の著者でもあるダイアン・ハンソンによれば、「何よりも刺激的なのは……ふたつに分かれるという意味の二股が、着用した男性用ズボンによって輪郭が明らかになった女性の両脚を意味していたことだ」[2]。

多くのフラッパーは厚化粧もした――それまでは娼婦やダンスホールの芸人、評判の悪い役者がする装飾だったものだ。それが伝えていたのは、エドワード朝の純真な乙女らしい美徳に対する拒絶だった。さらに厚化粧は女性の顔をモダンアートのカンバスにした。技術の進歩が化粧品業界を根本的に変え、化粧の新しい流行が生まれやすくなってから、まだ間もなかった。携帯用小型ケースに入った頬紅、小さな格納式チューブに入った口紅が、ブラシや瓶入り顔料に取って代わった。新しい粉おしろいも携帯できるコンパクトに入っていた。一九二六年、フラッパールックが最盛期に入ると、化粧業界の大物ヘレナルビンスタイン社が「キューピッドの弓」を売り出した――「簡単に描ける口紅。これならつけるだけで完璧なキューピッドの弓が描けます」[3]。アイライナー、マスカラ、マニキュアはどれもフラッパー時代に誰もが使うものとなった。

女性ファッションのこの変化は、〈男性による華麗な衣装の放棄〉と変わらないほど劇的で、動機となったのも同じ願望と理想だったという見方もできる。つまり、自由で良識ある市民のための衣服を作ることだ。サイクリングなどスポーツの人気が高まったこともあり、扱いにくい婦人服は減っていった。しかし、十九世紀中期の衣服改革のときもこういった有利な点があったものの、ブルーマーたちは不面目な終わり方をするしかなかった。今回、違う結果になったのは、もっと重要な必要性が生じたからなのかもしれない。一九一七年、第一次世界大戦のために男性たちが職場を去ると、大勢の女性たちが労働力に加わった。さらに一九二〇年、米国憲法修正第十九条により女性に参政権が与

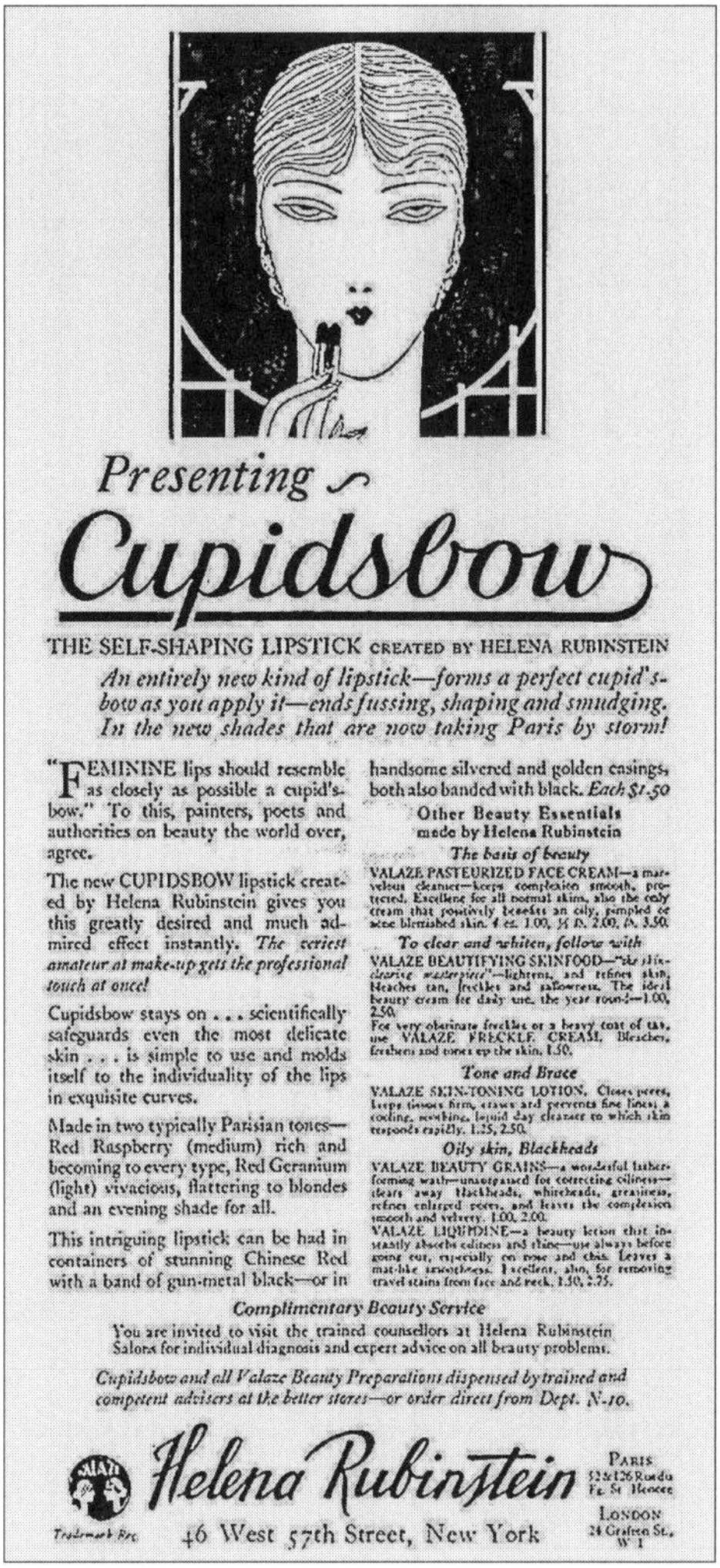

フラッパーのファッションには、「キューピッドの弓」のような唇など、
化粧品の派手な使い方も含まれていた。

えられ、完全な市民権への最後の法的な障壁が取り除かれた。女性は簡素で現代的なスタイルに引きつけられ、そのスタイルは社会に参加している市民という、女性が新たに手にした役割を象徴的に映し出していた。つまりフラッパースタイルは、単なる有閑階級向けの気ままなファッショントレンドではなかった。人間としての解放、性的な自由、気晴らしもたしかにフラッパーの理念の一部だったが、それは勤勉さや市民としての権限ともつながっていたのだ。

## 着やすい服は脱がされやすい？

フラッパースタイルは従来の性別や階級が引いた境界線を薄れさせた。経済的に自立した新たな社会の一員となり、解放された若い女性たちは結婚を後まわしにし、それまで男性だけのものだった、スポーツ、ギャンブル、飲酒、ナイトクラブでのダンスといった娯楽を心ゆくまで楽しんだ。フラッパースタイルは階級差すら曖昧にした。フラッパールックが最初に現れたのは、「一九〇〇年代初期の労働者階級が住む地域と、急進派グループだった。それが資本家階級の若者や大学キャンパスにまで広がっていった」。フラッパーのボブヘアとローウェストのシーススカートは、「共通するヒップカルチャーの下、黒人と白人を結びつけた[4]」。実際、批評家たちが嘆いたのは、フラッパーファッションが「人びとのあらゆる違い」をなくしたことだった。「誰が普通の労働者の娘で、誰が上流階級出身なのか、もうわからなくなってしまった[5]」新しい機能的なスタイルは、伝統的な女性の役割に逆らうものだった。それは十八世紀後期から十九世紀初期に男性が装飾を捨て去って以来、女性に割り当てられた「飾り立てた戦利品」という役割のことだ。それより恐ろしいのは、フラッパースタイルの「衣服の下にある体に人の関心を向けさせるようなところだった……流行の先端を行く女性用下着の数は、ブラジャー、パンティ、軽いコルセット……まで減ったため、女性の体を覆うのはほんの数層の柔らかな布地だけになった……」[6]。

貞淑な女らしさという古い規範に向けられたこういった挑発は、勝手気ままなフラッパーという否定的な固定観念に油を注いだ。フラッパールックは、女らしくない、言い換えれば、呆れるほど誘惑的だとして非難された。中傷者のなかには、ショートヘアのフラッパーは美しくない——フィッツジェラルドの髪を切った「バーニス」のように——というだけでなく、彼女たちが一生独身として過ごすことを非難する者もいた。さらに、体の形がはっきり出る短いフラッパードレスは、抑えが利かない男性の性欲を煽ると警告する者もいた。たとえば、デンマークのあるジャーナリストは、「女性たちはどんどん美しくなり、王室の厳格な服装規定の下にあっても魅惑的だ。それについていけないのは明らかに——男性だけだ……」と不安をもらした。また別の批判者はコメントをこんな含みのある言葉で終えている——女性たちが公共の場であの新しいファッションを着ると言い張るなら、「レイプに関連する刑法のあらゆる項目を廃止すべきだ」[7]。新聞や雑誌は女らしくない——あるいはあまりに挑発的な——フラッパールックを、離婚や家庭内暴力、さらには殺人すら引き起こすものとして非難している[8]。ある意外な人物も独自の意見を口にしている。それは挑発的な服装で知られた映画女優ベティ・ブライスだ。彼女は一九二六年にこう書いている[9]。

フロックコートを現代の少女や女性が着ると、たいてい恐ろしいほど人を魅了するものになる。男性だけでなく女性自身にとっても……それは感覚を刺激し、情熱を煽り、その余韻は昼も夜も消えない！　その結果……いくつもの人生が破綻し、女性が裏切られ、私生児が生まれ……どうしようもない絶望の涙が川になるほどに……滑らかな長い脚、むき出しの白い肩の輝き、体にぴったり合ったドレスが描く緩やかな曲線。そんな執拗な誘惑の代価を、誰が正確に予測できるだろう？……これが男性と女性がもつべき倫理観にどれほどの犠牲をもたらすか、誰にわかるだろう？

その新しいファッションには実用的な長所もあったが、それも否定的に捉えられてしまう。シンプルで扱いやすくなった衣服のおかげで、女性は手助けがなくても素早く着られるようになった。しかし、批判的な人たちは、こういうファッションが乱交を助長すると決めつけた。簡単に着られれば、脱ぐのも簡単ではないかと心配したのだ。

当然ながら、新たに作られたドレスコードは、このような道徳的な危機感を考慮し、フラッパースタイルを禁止した。当初、女性の髪をショートボブにするのを拒む美容師は大勢いた。雇い主は従業員のボブヘアを禁じ、その新しいスタイルを取り入れた女性を解雇した。たとえば、モーニング・タルサ・デイリー・ワールド紙の一九二二年の記事によれば、ニュージャージー銀行は、「許されないほど魅力的な」女性窓口係に対処するため、新しいドレスコードを導入している。[10]

彼女はボブヘアにし、隠れた耳たぶから翡翠《ひすい》のピアスをぶらさげ、襟ぐりの深いブラウスは刺激的なほど露出度が高く、それ以上のものを暗示させた。それだけでなく彼女が席に戻るときには、履き込みの浅い軽快なローヒールから伸びるシャンパン色の脚が視野に入る……

銀行の経営者はこの状況に対し命令を下し、女性従業員全員に次のような服装規定に従うことを求めた。「色は紺色、黒色あるいは茶色、袖は肘が隠れる長さであること。衣服の裾から床まで十二インチ（三十センチメートル）以上ないこと」この記事には、フラッパーファッションを標的にしたドレスコードを導入した企業や雇用者の名がいくつか挙げられている。[11]

ニューヨーク連邦準備銀行の従業員たちは、勤務中は身だしなみに時間を取らないようにはっきり命じられた。ボブヘアにしてもよいが、勤務中に髪を指でかきあげてはいけない……従業員委員会は極端なフラッパーに過激な服装をさせないよう委任された……ニューヨークにある老舗デパートのひとつは必要に迫られ……冬の仕事着は紺か黒、夏は白いブラウスを着るよう規定した……ストッキングと靴は季節を問わず黒とし、衣服は下は短すぎず、上は襟ぐりが深すぎないこととした。デトロイトでは女性電話交換手に制服を貸与し、デートンの金銭登録機会社ではボブヘア、短いスカート、絹のストッキングが禁止された。どうやら大企業はフラッパーを排除すべきと決めたようだ。

こういった努力にもかかわらず、フラッパーファッションの人気は高まるばかりだった。かつてはめずらしかった「フラッパールック」も、一九二〇年代中期までには、どの年齢の女性も着ている、単なるファッションとなっていた。一九二五年、ワシントン・ポスト紙は「ボブヘアの経済効果」という記事を載せ、ボブヘアの人気が経済的利益をもたらしたことを伝えている。新しいヘアスタイルの需要に支えられ、一九二〇年に五千人だった美容師の数が、一九二四年には二万一千人まで増加していた。[12] ヘアサロンも「ボブヘアのおかげで景気がよくなった」。一九二六年にはシアーズ・ローバック社のカタログの主役となった。フラッパーの衣服とボブヘアは、一九二五年の「フラッパー、ジェーン」という記事にはこう書かれている。かつては過激なファッションだったフラッパーは、「一九二五年の東海岸の夏を代表するスタイルとなった。ほかのどれでもなく、これが、ジェーンの姉妹や従姉妹や叔母たち、みんなに着られている。ジェーンの三倍の年齢のご婦人方が着るとジェーンより十歳年上に見え、百歳年上に見える女性が着れば、ジェーンのたった二倍の年齢に見えるのだ[13]」。

フラッパーファッションの大勝利は〈女性による華麗な衣装の放棄〉だった。社会的に解放され、職場で新しい役割を得たことをきっかけに、女性たちは装飾、体を覆う重い衣服、邪魔な詰め物を捨て去り、代わりに体の形に沿った軽く実用的な衣服を選んだ。それにより動きやすくなり、合理的な価値観をもち、いつでも動けることが伝わった。そのようにして婦人服はもはや砂時計のような体型ではなく、一世紀以上もの間、紳士服がそうだったように、躍動する裸体という古代の理想を示すものとなった。現実の女性の体の大半を隠しつつ、女らしさを象徴した衣服から、実際の輪郭をほのめかすことで女らしい体型を表す衣服へのこの転換は、目に見える形の男女平等宣言であり、女性の体は人目に曝されてもよいものであり、身体能力も備えていることを暗に伝えていたのだ。ザ・ニュー・リパブリック誌はフラッパーファッションを、まるで戦争を始めるかのような女性解放運動の軍服とみなした。「今日の女性たちは、長年の隷属状態がまとっていたボロ布を振り落としている……『フェミニズム』の勝利が完了間近であるため、私たちはまさにその言葉がかつて表していた凄まじい試練を忘れてしまった。だからこそ女性たちは、自分には男性と同じ能力があり、そのように扱われるつもりだと高らかに宣言したのだ[14]」

## 消えることなき「女らしさ」の呪縛

とはいえ……この〈女性による華麗な衣装の放棄〉は完了したわけでも、その男性版のように完全なもの、最終的なものになったわけでもなかった。それどころか、新たに解放された女性の理想像は、いろいろな意味で、古くさいヴィクトリア朝時代と同様、義務的なものになっていた。すらりとした躍動的なフラッパールックはまるで少年のようだった――女らしい曲線を小馬鹿にするあまり、多くの女性たちはついにコルセットを脱ぎ捨て、胸を締めつけるまでになった。たとえば、フラッパー時代のブラジャーであるサイミントン社のサイドレーサーは両側にコルセット様のレースをあしらい、胸を圧迫するデザインだったため、ふくよかな女性も流行のローウェストのシースドレスを無理なく着られた[15]。とはいえ、その溌剌さを求める理想像は、鯨ひげ入りの紐で縛るコルセットと変わらない苦痛を与えかねなかった。そのうえ、女らしい装飾の放棄は完了にはほど遠かった。フラッパースタイルには、おびただしいほどの重く凝った宝石類がつきもので、それまでになく化粧に重点をおいた。まるで、衣服の女らしい曲線や装飾をなくせば、埋め合わせとしてほかのどこかで女らしさを強調しなくてはならないかのように。そのせいで、一九二〇年代から今日まで、女性の素顔は不適切で仕上げができていない裸の顔だと思われてきたのだ。

それだけでなく、女らしさという古くさい美的な理想像の大部分は消滅することなく、時期がくればふたたび姿を表そうと静かに潜伏していた。そのため、フラッパー時代以降の婦人服は、人目を引く組み合わせに様々な要素を使いながら、対立する美的感覚の両端の間で行きつ戻りつしてきた。フラッパーは骨ばったほとんど中性的なシルエットに、過度に女らしい派手な化粧を組み合わせた。一九四〇年代のクリスチャン・ディオールの「ニュールック」と、一九五〇年代のプードルスカートは、丈が短く、脚を露出させる形ではあっても、ヴィクトリア朝とエドワード朝の乙女の非実用的なフルスカートの復興だった。一九五〇年代の女らしさの理想像は、マリリン・モンローあるいはジェーン・マンスフィールドに体現されたように、十九世紀の過度にウェストをくびれさせたシルエットに、フラッパーの体にぴったりしたファッションを組み合わせたものだった。一九六〇年代の「ツイッギールック」は、フラッパーのほっそりとした少年のような躍動感と濃いアイメイクへの後戻りだった。一九七〇～八〇年代のセックスシンボルは、ベルトから下のフラッパーの少年のような躍動感に、その上にあるエドワード朝の乙女の豊満な胸を組み合わせている――チャーリーズ・エンジェル、デイジー・デューク、ヴィクトリアズ・シークレットのスーパーモデル、テレビドラマ『ベイウォッチ』

のセクシーな女性のことだ。レーガン時代のファッションは、角張ったスーツジャケットに体にぴったりのミニスカートと、逆毛を立てた豊かな髪を組み合わせていた。

男性のファッションは〈男性による華麗な衣装の放棄〉以来、一直線に途切れることなく進歩し、さらに無駄を省き、礼儀正しく洗練された飾り気のないスタイルへと向かった――昔の名残の残るラペルやポケットなど、細部を見れば時代遅れの部分もいくつかあるが、一貫して現代的になってきた。それに対し、女性ファッションは、一九二〇年代の〈女性による華麗な衣装の放棄〉のあとですら躊躇が見られる。解放はいつも純粋な女らしさという崇高な台座が作る影におかれ、上品さは過度に華やかさを誇示することで相殺され、簡素な実用性は仰々しさによって飾り立てられてしまった。けれども、こういった緊張感はたいてい何かを生み出す――やはりどんなドラマにも摩擦が必要なのだろう。だからこそ、女性ファッションはいまだに目立つ装飾をこれ見よがしに加えるものであるだけでなく、たいてい男性のものより人びとの関心を引く。しかし、相対する美的価値観の衝突は、女性ファッションに矛盾するメッセージを伝えさせ、間違って解釈されやすくしてもいる――それが、現代女性はコケティッシュでずる賢いという、お馴染みの女性蔑視的な中傷につながっているのだ。今日でさえ、野心のある女性が服装のせいで思いもよらない誤解を招くこともめずらしくない。二十世紀の性別に基づいたドレスコードは、現代の解放された実用性と、古めかしい派手な装飾性との間の、勢力争いによって決められてきたのだ。

〈男性による華麗な衣装の放棄〉は中世後期に確立された地位、性別、政治権力の象徴を覆し、人間の個性を伝える新たな服装による表現手段を生み出した。控えめな表現を新しいステータスシンボルにし、それには現金だけでなく臨機応変の才も備えていると示すことが求められた。すると気品とスタイルが自己成型の新しい様式となった。しかし、〈男性による華麗な衣装の放棄〉には、それを生んだ啓蒙思想の理想の矛盾が封じ込められていた。控えめな表現は社会的平等という理想を反映しながらも、ステータスシンボルを模倣しづらくすることにより、地位に基づいた社会の分断を大きくもした。しかもそれが男性を対象にしたものだったため、権力と地位を求める女性は排除されてしまった。けれども、啓蒙思想が約束した平等から取り残された女性たちの苦闘と、また別の集団の苦闘が、それからの二世紀のドレスコードを決定することになる。

第3部

# パワー・ファッション

PART THREE: POWER DRESSING

---

ファッションはいつもまわりにある空気の一部であり、
あらゆる出来事とともにつねに変化している。
衣服をまとった革命が近づきつつあることも空気から感じ取れる。
——ダイアナ・ヴリーランド

＊＊＊

〈男性による華麗な衣装の放棄〉は控えめな表現を新しい排他的なステータスシンボルにしながら、それを市民道徳の印に見せかけた。結局のところ、それは少数の特権階級だけのものだった。女性が性別による服装の束縛から抜け出そうとしたように、肩身の狭い思いをしている民族集団や人種集団に属する者たちは、洗練された服装を取り入れ、揺るぎない階層制度にそれとなく挑戦した。すると新しいドレスコードが作られ、過去の奢侈《しゃし》禁止令を再現するようなやり方でこの挑戦に応酬した――今回は、人種それぞれに社会的身分に合った衣服を着させるというものだった。上品ぶったり、分不相応な衣服を着たりする蔑まれた人種集団に対する反感は、十八〜十九世紀の米国の社会生活ではよく見られた。しかし、立派な身なりへのこだわりは、十九〜二十世紀における社会正義と平等を求める闘争に欠かせないものだった。

＊＊＊

# 第10章 流行の奴隷

——銀のバックルつきパンプス、マカロニ風につばを曲げた帽子、あるいはジャック・ジョンソンの格子柄のスーツが備えた、分不相応な服装の魅力と危険

一七四〇年に可決されたサウスカロライナ州黒人法は次のことを規定した。[1]

しかし、この地域では、奴隷の大半が身分にそぐわない立派な服装をしている……所有者であれ、経営者であれ……あらゆる黒人奴隷やほかの奴隷にどんな種類の衣服であれ、次のものより質がよく、価値の高いものの所有あるいは着用を許さないこと……ニグロクロス（訳注／硬い綿布）、ズック製品、目の粗いカージー（訳注／外套用の丈夫な毛織物）、オスナブルク（訳注／重く目の粗い平織りの綿布）、青いリネン、格子柄のリネン、目の粗いガリックス（訳注／麻織物）、キャラコ、格子柄の木綿、スコットランドプレード……警官およびそれ以外の誰であれ、これにより上記のものを押収し、取り上げ、それを自分で使用し、それから利益を得る権限を与えられ、そうすることを要請される。これに反する、どんな法律、慣習、文化的風習があったとしても。

大昔の奢侈禁止令が蘇ったかのような黒人法は、「奴隷の身分を過度に超えた服装」をしている多くの黒人たちは、「卑劣で不正な方法でそれを手に入れている」として嘆きながら、実は人権剥奪を正当化していた。しかし、この法律の本来の目的は明らかだ。黒人法は黒人奴隷が隷属的な地位にあることを、ひと目でわかるようにする包括的な規制だった。黒人法は「黒人」と「奴隷」という言葉を交互に多用しつつ、奴隷の衣服の規制という名の下で、人種によるドレスコードを見事につくり上げたのだ。たとえば、ある条項では、「所有者が書いた証書あるいは免許状……」をもたない「黒人あるいは奴隷」に銃の所持を禁じている。また、上質な衣服を押収する権限を与える規定は、白人に黒人から衣服を搾取する資格を巧みに与えた。

　そういった贅沢を規制する法律が必要だと考えられたのは、洗練された衣服は地位を強く映し出すものであり、社会的地位と社会的美徳両方を伝えるものだったからだ。米国の上流階級は英国のエチケット本や「儀礼指南書」を読み、そこに書かれた優雅なふるまいや服装についての教えに従った。歴史家シェーンとグレアム・ホワイトはこんなことを書いている。[2]

> 上流階級が着るべき衣服は、ぴったり合うもので、体に合わないものではないこと。清潔でブラシがかけられ、汚れなどないこと。そして何よりも生地が滑らかで、きめの粗い布ではないことだった……絹、チンツ（訳注／光沢のある平織り綿布）、最高級の毛織物から作られ、生木綿や質の悪い毛織物ではないこと……それは社会階級の低い者たちの衣服に使われるものだった……紳士階級向けの注文仕立てのシャツ、流行のコート、ゆったりしたシャツに合うベルベットのブリーチェズを着るべ

きだった……短いジャケット、ズボン、革かオスナブルクのブリーチェズは下層階級の着るものだった……上流階級の女性が着る絹のドレスやレースの装飾品は、社会的地位の低い者が着る粗末な衣服やエプロンと簡単に見分けられた。

## 「黒人奴隷のおしゃれは分不相応」

同じように、歴史家ジョナサン・プルードはこう書く。十八世紀の米国には、「贅沢を規制する文化があり……下層階級の飾りすぎた衣服に敏感だった……『大げさで高価』な衣服を着た奴隷は……思い上がっているという印象を多くの白人に与えた」[3]。「分不相応な」服装をした黒人は、身分にこだわる白人にとって、服装による社会秩序を脅かしている、あるいは馬鹿にさえしているように見えた。黒人法は挑発と感じられるものを理由に黒人を罰した。とくに黒人女性の服装は、黒人法のドレスコードの積極的な実施の要求につながった。一七四四年、チャールストンの大陪審はこんな不満を述べた。「とくに黒人女性が、法が求めるように控えめな服装をしないどころか、衣服がかなり派手で、分不相応であるのは明らかだ」[4]一七七二年にサウスカロライナ・ガゼット紙の編集者に届いた手紙には、こんな不安が綴られていた。「奴隷女の多くは、あまり豊かでない白人女性の大半より、ずっと優雅な装いをしている」[5]人種だけでなく階級によっても階層化された社会では、立派な服装をした黒人女性は反感と妬みを買った。身なりのよい奴隷――とくに女性の奴隷――は禁じられた性的関係を想起させ、人種間に引かれた一線を不当に曖昧にしていると感じさせた。[6] それは別の手紙でもほのめかされている。それを書いた人物は、「新しいファッションが足りない……特別扱いされる黒人や混血の奴隷女がすぐに手に入れられないようなものが」と嘆いている。異人種間の性的関係という公然の秘密を匂わせつつ、ガゼットはこんなふうに激しく非難した。「異人種の男女間の……忌まわしい関係」

所有者から命令され、所有者を満足させるために贅沢な服装をしていた奴隷もいたが、多くは自分なりの理由から流行の衣服に価値を見出していた。実際、シェーンとグレアム・ホワイトによれば、所有者から最大限の自由を認められ、街で「自由時間に働くことを許された」奴隷たちが出てきたせいで、「チャールストンの黒人の（けばけばしい）ドレス」という言葉がしばしば人びとの話題に上るようになった。[7] サウスカロライナ・ガゼット紙に届いたある手紙にはこう書かれていた。「田舎の黒人とチャールズタウンの黒人には、ふるまいだけでなく外見にも大きな違いがある……（田舎者たちの）服装はたいてい分相応なものだ（が、街に住む者たちは）正反対……横柄で、恥知らずだ」[8] 逃亡奴隷ですら、驚くほど立派な身なりをしていることが多かった。たとえば、ヴァージニア州のある大農園主の召使いだった「バッカス」が、一七七四年六月に逃亡したときの所持品はこんなものだった。[9]

> ロシア兵の白い訓練用コート二着。片方の袖には紺色の折り返しがあり、もう片方はまっ白で新しく、白い飾りのある金属製ボタンがついていた。青いフラシ天のブリーチェズ。上質なポンパドゥールタフタのヴェスト。薄い夏用上着二～三着。白いストッキング数足。白いシャツ五～

六着。そのうち二着はかなりの上等品。銀のバックルつきの靴。マカロニ風につばを曲げた上質な帽子。ダブルミルド仕上げ（訳注／表面に短い毛羽をつくる織物の仕上げ法）の茶褐色の素晴らしいコート。その他の衣類数着。

バッカスの「マカロニ風」帽子を説明すると、今ではたいていの人が、童謡『ヤンキードゥードゥル』にある、おかしなアメリカ人が「帽子に羽根を挿し、マカロニと呼んだ」という歌詞として知っているものだ。十八世紀の英国の俗語「マカロニ」は、とりわけ――多くの人が呆れるほど――流行を追う男性のことだった。それはたいていヨーロッパ大陸巡遊旅行（訳注／英国貴族の子弟が教育の仕上げに行った旅行）のイタリア滞在中に手に入れた高価な舶来の衣服だった。[10] つまり、「マカロニ風につばを曲げた」帽子とは、洗練されたファッションセンスを示すものだ。

しかし、流行の帽子をもってはいたが、バッカスは軽薄なめかし屋ではなかった。恨みを抱いた元所有者は彼のことを「抜け目なく、器用で、気が利く」、「騙されやすい者に作り話をしてつけ込むのがとてもうまい」と説明した。[11] 元所有者が恐れたのは、バッカスがその上質の持ち衣装をうまく使って自由民として英国にたどり着き、そこで逃亡奴隷ジェームズ・サマーセットに習い、自由を要求するつもりではないか、というものだった。サマーセットとは、一七六九年に所有者チャールズ・スチュワートに英国に連れてこられ、一七七一年に逃亡した奴隷のことだ。彼が捕らえられると、所有者はジャマイカへ送り、大農園の労働者として売ろうとした。ところが、英国の奴隷廃止主義者グランヴィル・シャープが五名の弁護士を雇い、サマーセットに代わり、英国法では奴隷制度は認められていないと訴えた。もしサマーセットの法的主張が勝てば、当時英国にいた、およそ一万五千人の奴隷が自由になっただろう。けれども、主席裁判官マンスフィールド卿は法的主張を聞いたのち、サマーセット側の主張を支持しつつも、和解を強く勧めた。[12]

この種の訴訟を五～六件扱った経験から、両者の合意による和解をすべきだと理解している。最初の訴訟が持ち込まれたとき、私はそれを強く勧めた……もし両者に意見があるなら、正義は行われよ、たとえ天が落ちるとも……（天が落ちるともというのは、英国中の奴隷制度廃止を意味するのかもしれない。しかし、この大変動を避けるため）スチュワート氏はこの黒人を放免し、自由を与えることで裁判を終了させることもできる。

偶然にも、マンスフィールド卿、別名ウィリアム・マレー、マンスフィールド伯爵、王座裁判所主席裁判官には、人種と奴隷制度の問題に対する独自の見識があった。その甥ジョン・リンゼーは、マリア・ベルという英領西インド諸島出身のアフリカ人奴隷との間に娘をもうけ、マリアの死後、その娘をロンドンのマレー一族とともに暮らさせていた。その少女ダイド・エリザベス・ベルは貴婦人として育てられ、やはりマンスフィールド卿の姪だったエリザベス・マレーの親しいコンパニオン（訳注／上流階級の女性の話し相手になったり、外出に付き添ったりする女性）となる。同時代に描かれたダイドとエリザベスの肖像画はふたりの深い絆《きずな》を感じさせる。エリザベスはその時代の最高に贅沢な正装で座り、片手を伸ばしダイドの腕に触れている。ダイドは、伝統的というより異国風ともいえる非常に豪華な流行のドレス姿でエリザベスの横に立っている。頭にはターバンのような、その時代の流行に敏感な女性がつける装飾品を被っている（口絵12）。

しかし、ある米国人訪問者は、ダイドが一族に溶け込んでいること、さらにマンスフィールド卿が彼女を溺愛していることに対し、不満げなコメントを残している。

夕食後、黒人がひとりやってくると、ご婦人方とともに座り、コーヒーのあとには連れ立って庭園を散歩した。若い女性のひとりが彼女と腕を組み……この少女は……マンスフィールド卿の保護下にあり、一族により教育を受けた。卿は彼女をダイドと呼ぶので、それが彼女の名前のすべてなのだと思う。卿は彼女への愛情を示すことで非難されてきたことは承知している――だから私はあえて嘆かわしいことだとはいわない。[13]

マンスフィールド卿は遺言状で、ダイドの自由な女性としての地位を承認し、彼女にかなりの遺産を与えた。マンスフィールド卿のダイドへの愛情が、サマーセット裁判における判決の見解に影響を及ぼしたと考える者たちもいた。前述の米国人はこんなことも書き残している。

あるジャマイカの大農園主が、卿はどんな判決を出すだろうかとたずねられた。彼は答えた。「もちろん、被告は自由になる。マンスフィールド卿が家においている黒人が、卿と一族全員を支配しているからな」[14]

奴隷の所有者スチュワートは、自らサマーセットを解放せよ、というマンスフィールド卿の提案を無視した。するとひと月後、マンスフィールド卿は法廷でこんな意見を述べた。[15]

奴隷制度の現状は……非常に不快であり、その存続のために犠牲にしてよいものなどない……したがって、どのような不都合が起きようと……この黒人は解放されなくてはならない。

サマーセット対スチュワートの裁判は、奴隷を「農場の家畜のように」売買される財産とする見解を退け、英国における奴隷制度の終わりを告げる最初の兆しとなった。[16] この訴訟は米国の植民地でも大きなニュースとなり、マサチューセッツ州では幾人かの奴隷がサマーセット裁判を引き合いに出し、自由を求めて訴訟を起こした。米国が独立すると、サマーセット裁判の判決理由から影響を受け、ヴァーモント州、ペンシルヴァニア州、マサチューセッツ州、コネチカット州の裁判所は、奴隷制度を新しい憲法に矛盾するものと判断した。[17] バッカスの所有者が述べた意見の記録によれば、サマーセット裁判は合衆国においてすら奴隷所有者たちを不安に陥れ、彼らはその判決理由に納得しなかった。けれども、それは逃亡志望者たちに希望を与えたことだろう。

## 逃亡者が高級服を好んだ理由

多くの逃亡者たちはバッカスのように持ち出す衣服を慎重に選んだ。一七七五年、ノースカロライナ州の奴隷所有者がある逃亡奴隷の「派手に見せかける衣服」について説明し、彼女が持ち出したのは、「手織りの縞模様の上着、赤いキルティングのペチコート、黒い絹の帽子、木製ヒールの革靴、チンツのガウンと黒いコート」[18]だと報告している。メリーランドの男性が取り戻そうとした逃亡奴隷ふたりは、かなりの衣服を持ち出した。「深紅色のベルベットの肩マント……藍色の防水ジャケット。袖、胸の下、襟周りに金色レースが付いている……バックルつきパンプス……キャラコのガウン二着、紫と白のものと赤と白のもの……黒い絹のボンネット、様々なハンカチとラッフルスカーフ……白いリネンシャツ数枚[19]」

歴史家ジョナサン・プルードは、逃亡奴隷、年季契約の奉公人、囚人、無許可離隊兵を捕まえ、取り戻そうとする十八世紀後期のポスターを研究するうち、こんなことに気づいた。「その四分の三以上に……衣類についての言及があり、逃亡者たちが逃げるときに『着ていた』衣服……『持ち出した』衣服……それだけでなく、衣服の言及があれば、それはたいてい驚くほど詳細なものだった[20]」大半の逃亡者が高級品志向だった。プルードによれば、「全逃亡者の十一・四パーセントが……バックルであれば銀のバックルを持ち出し、少なくとも十パーセントが……衣服であれば高価な布地から作られた衣服を持ち出し……男性逃亡者の四分の一近くが流行している帽子を持って逃げていた……[21]」。

シェーンとグレアム・ホワイトはこんなことを書いている。「奴隷所有者たちが、自分の奴隷の高級服好きについて話すのはめずらしいことではなかった」高級服はたいてい有能さに対する褒美であったため、ステータスシンボルでもあった。一七八〇年代、奴隷所有者で牧師でもあったヘンリー・ローランスは、自分の奴隷監視人たちにこう命じている。「非常に行儀のよい黒人は誰であれ」褒美を与え、「ありきたりの白い服以上のものを着せ、見分けられるように[22]」すること。しかし身なりのよい黒人奴隷は、必死になって白人に認めてもらおうとする、ただのごますり「黒人召使い」ではなかった。流行の服装は明らかな利益をもたらしたからだ。所有者のなかには、自分の奴隷が街や近隣の大農場で別の仕事をしたり、個人が利用できる小さな菜園で育てた作物を売ったりして稼ぐのを許す者もいた。それと同じように奴隷が衣服を売るのを許す者もいた。シェーンとグレアム・ホワイトの記載によれば、「ほぼ合法的な衣服の売買……奴隷にとっての衣服の価値は、自分が使うものというだけでなく、手軽に売りさばけるため、ある種の通貨として機能していた[23]」。流行の衣服は逃亡中にも簡単に売ったり、交換したりできたため、変装の道具になるだけでなく、手軽な収入にもなったのだ[24]。ある「指名手配」ポスターには、高級服を大量に持って逃げたある奴隷は、「機会さえあれば、ほかの衣服と交換するだろう」と書かれていた。プルードによれば、いくつかの「指名手配」ポスターは、逃亡者にはこんな可能性があると警告していた。「メソジスト派の伝道者を装い……頭を剃り上げ……違う名前を名乗り……逃げやすいように偽造書類を使い……（さらに多くが）服装を替えるだろう。実際、そうすれば……外見を変えられるため、（そのポスターの推測によれば）逃亡者たちは余分な衣服を持ち出したり、盗んだりしたのだ[25]」

もちろん、奴隷がファッションに関心をもつ理由はほかの人たちと変わらなかった。身なりを自慢し、衣服を通して自分自身を表現していたのだ。プルードによれば、「自由のない労働者たちは……出世や特別な日を強調するために高級服を身につけ……（さらに）見栄えをよくすれば、平等と自主性に向けて、静かに努力していると伝えることができた……[26]」。奴隷制度からの必死の逃亡中に、「別の衣服を欲しがることはあっても、逃亡者が自分の服への強い愛着をなくすことはなかった。（というより）下層階級には自分の服が限られていたからこそ、特定の衣服への愛着が強くなった可能性もある……ブリーチェズとペチコートは、衣服がたっぷりある上流階級よりも、貧しい者にとって意味のあるものだったため、彼らはそれに十二分にお金をかけた」。

## 優雅な服装は人種差別社会への挑戦

逃亡奴隷も、自由な黒人も、ファッションを政治的な主張として利用した。ヨーロッパの洗練の基準を忠実に守った服装をする黒人奴隷もいれば、もっと自分らしいやり方を取り入れ、アフリカとヨーロッパの衣服の要素を組み合わせたり、まったく違うスタイルの要素を融合させたりする者もいた。ジョナサン・プルードはこう書いている。「奴隷労働者たちはアフリカ系西インド諸島の人びとから受け継いだ要素を服装……（および）ファッションを通して積極的に残し……それは完全にアフリカ風でも、完全にアングロサクソン風でもない、アフロアメリカン風の『クレオール化』だった」[27]シェーンとグレアム・ホワイトは、奴隷たちは「白人の権威を覆す」手段として折衷的な服装をしたのだと説明する。「そこにはわずかながら、奴隷としての生活を茶化すような感じがあるが、その特徴は捉えにくく……二百年後に見分けるのはむずかしい」[28]逃亡奴隷についての記述はかなり詳しいものだった。「奇妙な組み合わせの衣服……上流階級のうまくコーディネートされた服装とはかなり違うため、逃亡者はまるで適切な服装をからかっているように見えたに違いない」[29]プルードはこんなことを示唆している。「上流階級に対する反抗心を示すことで……労働者たちは、自分にもしゃれた格好をするくらいの権利はあると伝えたかったのかもしれない……多くの男性労働者は……帽子を〈流行の形に折る〉ことで、合法的に行われている人間の序列化に対し、自分がどう考えているのかを示していたのかもしれない」[30]

要するに、アフリカ系米国人は人種差別的なドレスコードと先入観に反抗し、服装を利用することで、自分という存在、連帯感、自尊心を表現していた。多くの奴隷だけでなく自由な黒人も、黒人法が奴隷に割り当てた手触りの粗い地味な衣服を避けた。プルードによれば、「奴隷でない黒人たちは、奴隷の作業着として、ほかのどの色より使われることの多かった色（白）を強情なまでに避けることで、奴隷ではない立場を強調しようとしていたらしい」[31]。多くの奴隷は上質な衣服を大事にし、自分の所有者を含めた白人たちが自分の選択肢を制限しようとすれば、それに抵抗することもめずらしくなかった。彼らは衣服を利用することで、白人優越主義に沿った法律やしきたりに逆らい、自分の尊厳を主張したのだ。白人たちのステータスシンボルを流用することによって。上流階級の服装のエチケットを覆し、からかうことによって。あるいはヨーロッパとアフリカの様式を組み合わせ、ほかでは見られないアフリカ系米国人ファッションを生み出すことによって。

その結果、身なりのよいアフリカ系米国人は、白人優越主義に対する挑戦の象徴として目立つ存在となった。奴隷解放――メーソン・ディクソン線（訳注／メリーランド州とペンシルヴァニア州との境界線。奴隷解放前は南部と北部の境界とされた）以北では州ごとに時期が違う――のあとも、人種差別主義の白人たちは暴言や落書きで嫌がらせをし、それができなければ暴力行為に及んだ。一八四五年、著名な友愛主義者ジョン・ファニング・ワトソンが、解放されたばかりの黒人たちの態度に不満を述べている[32]（ペンシルヴァニア州は一七八〇年に奴隷制度の段階的廃止を決めている）。

このところ、昔は見なかった洒落た黒人、ダンディな黒人の伊達男《だて》、着飾った女たちが、自分たちにふさわしい教会から出てくるのを見るようになった。彼らの野心と小さな虚栄心が急速に育ってきている……（彼らは今では）傲慢にも、見せびらかし、見栄を張ることが大好きだ……思慮深い男性たちは、彼らがもっと賢くふるまい、彼らを解放し、仲間に入れてやった人たちの善意をもっとうまく役立てることを願っている。

ワトソンは、「洒落た黒人たち」の無理をして衣装にお金をつぎ込むというけしからぬ行為に不満を抱いたわけでも、彼らが何か反社会的な行動をしていると考えたわけでもない――しかし、たしかにその怒りは「ふさわしい教会」から出てくる人たちに直接向けられている。とはいえ、彼らが社会に対し犯した唯一の罪は「見せびらかし、見栄を張ること」だった。それが浅はかな行為なのは、地位にこだわる白人たちの嫉妬と怒りを引き起こすからだと、考える人がいるに違いない。風刺漫画家たちは、衣服で「自分より優れた者」の真似しているとして黒人を嘲笑い、漫画には大げさに着飾った黒人のグロテスクな姿を描いた。もっと古い時代の成上り者の描写がそうだったように、間違いと「過剰に」正しい行いは、どちらも嘲笑われる。服装の型破りな組み合わせや派手すぎる装飾は、洗練を知らない証拠と受け取られ、典型的な黒人の話し方は、新聞、小冊子、大衆娯楽のジョークの対象となった。それだけでなく、大衆漫画は高級服を着た黒人を、仮装服姿のサルになぞらえ、エチケット本どおりの完璧な話し方と服装は、優秀な人種の滑稽な猿まねと思われた。[33] 白人の学童たちは立派な身なりの黒人を嘲り、冬には雪玉を投げつけ、暖かい季節には石を投げた。[34] それに大人が加わることもめずらしくなかった。

北部の人種問題は深刻だったが、南部はそれ以上だった。一八六三年、敗北した南部連合国は奴隷解放の受け入れを強いられたが、その世紀の終わりまでにジム・クロウ法（黒人差別的な人種隔離政策）が定着し、奴隷制度が新しい形で再現されることとなる。黒人奴隷は小作人となり、土地と所有者に縛られる状態は先祖と変わらなかった。ぶらぶらしている黒人たちは浮浪者取締法に従って逮捕され、刑務所で鎖につながれ、働かされた。浮浪罪の定義は意図的に曖昧にされたため、度を越した取り締まりが横行した。アフリカ系米国人たちが集団となり、北部でよりよいチャンスをつかもうと南部を出ようとしても、当局はこういった法律を利用してそれを阻み、取り締まりをつづけ、逃亡奴隷を勾留し、帰還させた。

白人たちは奴隷解放前と同じように、黒人が自分たちに敬意をもち、黙って従うように求めた。シェーンとグレアム・ホワイトによれば、「黒人たちにはわかっていた……高価な衣服を着ていれば……日曜の晴れ着をいつも着ていれば……危険な目に遭うかもしれないことは」。ジョン・リングリング・サーカスで働く黒人のポーター、テイラー・ゴードンは初めてテキサス州ヒューストンを訪れ、名所を見物しようと、「新品のジャック・ジョンソンの格子柄のスーツ、エナメル靴、ホットキャップ姿」で街に出た。ところが鉄道駅を出る前に、ゴードンは警棒をもった警官に止められた。「ニガー、お前はヤンキー（訳注／米国北部諸州の住民のこと）だな？」と食ってかかってきたのだ。ゴードンはとっさに答えた。「いいえ、私はリングリングのニガーです」「いや、神かけて……どう見てもヤンキーのニガーだ。やつらは生意気な格好をしているからな」そのあと、警官はゴードンに、街を歩きまわるなら、「そんな服装」でなく、ポーターの制服に着替えるよう勧めた。[35]

戦争で国家に尽くした者たちですら、アフリカ系米国人は地味な服装でいるべきという先入観から逃れることはできなかった。一九一八年、第一次世界大戦が終わり、黒人兵たちが帰国し、ミシシッピ州ビックスバーグに戻ると、白人たちが彼らを取り囲み、軍服を脱ぐよう脅した。[36]「大戦は終わったというのに、黒人にこんなもの着せてどうする?」アラバマの小作農ネッド・コッブ、別名ネイト・ショーは、こんな大口を叩いた。[37]「帰国した奴らを下車駅で待ち構え、軍服のボタンや武器をもぎ取り、服を脱がせろ。着替えがない奴は……下着姿で歩かせればいい」

同年、ミシシッピ州ジャクソンでは、公道を歩いていた軍服姿のある将校は、憤慨した白人の群衆に囲まれ、命の危険を感じ、逃げ出さなくてはならなかった。一九一九年四月、ジョージア州ブレークリーではひとりの元兵士が、終戦からずいぶん経つのにまだ軍服を着ていると考えた群衆に殴り殺された。身なりのよい「生意気な」黒人に対する白人の憎悪は、黒人差別法の時代も、そのあとも消えなかった。一九四〇年代、サウスカロライナ州在住のある黒人男性がこんな言葉を残している。白人たちは、「オーバーオールを着ていない者、溝掘りのような仕事をしていない者は誰であれ気に入らない。立派な身なりをしていれば、そいつは生意気な黒人なんだよ」[38]。

高級服を着たアフリカ系米国人と、それを不快に思う者のどちらにとっても、衣服は重要な社会的かつ政治的な利害に関わるものだった。優雅に着飾る黒人は、人種差別社会に対する真っ向からの挑戦だった。なぜなら人種それ自体が、多くの場合、外見によって決められる社会的身分だったから。男性の社会的特権を要求する方法として女性が男装したように、優雅に着飾ったアフリカ系米国人は、自分にふさわしい服装で主張をし、その服装が象徴する評価と尊敬を要求したのだ。それだけでなく、高級服にお金を注ぎ込むことは社会に対する抗議以上のものになった。立派な身なりをすることで満足感が得られ、気分がよかった。政治に関わることは個人に関わることでもあったのだ。この政治的な主張と自己主張の組み合わさったものが、影響力をもつようになって生きつづけ、見過ごされることが多かったとしても、二十世紀の社会変革の歴史の一部となった。

# 第11章 ボロ服から抵抗へ

――事件現場で目撃されたもの：ズートスーツ、コティヨンドレス（訳注／社交界デビューする女性が着るドレス）、ストレートヘア、日曜日の晴れ着。アフロとオーバーオール、ダシーキ（訳注／アフリカの民族服を起源とする鮮やかな色の男性用半袖シャツ）、黒いタートルネック、黒い革のコート

「ズートスーツはギャングの印となった」と非難したのはロサンゼルス市会議員ノリス・ネルソンだった。[1]「我々はヌーディズム（訳注／〈自然に還る〉ために、全裸のまま生活すること）を禁止している――衣服を着ない者を逮捕できるなら、過度に着飾る者にも同じことができる」その数日前の一九四三年六月四日、ロサンゼルスに駐留していた約二百名の水兵の集団が、ズートスーツを着た若いメキシコ系米国人男性を探しながら、イーストロサンゼルスを歩き回った。そしてメキシコ系米国人青年たちを見つけると、襲いかかってはその特徴ある服装を剝ぎ取った。その服装とは、つばの広い帽子に、肩幅が広く、丈の長い、ゆったりした上着。それに合わせたハイウェストのズボンは太もものあたりはかなりゆったりしているが、足首で急激に細くなっていた。ズートスーツは、二十世紀中期に蘇ったルネサンス時代の詰め込みすぎたトランクホーズだった。それは南カリフォルニアの、自らをパチューコと呼ぶ若きラテンアメリカ系

一九四三年、ロサンゼルスで起きた「ズートスーツ暴動」で身柄を拘束されるズートスーツ姿の者たち

住民たちの事実上の制服となっていた。のちに「ズートスーツ暴動」として知られるようになるこの事件は数週間も収まることなく、軍人や白人市民たちまでが水兵に加わった。ある目撃者によれば、「数千人もの兵士、水兵、市民が暴徒化し、見つけたズートスーツ姿の者たちを片っ端から殴り倒した……路面電車が止められ、乗っていたメキシコ人、フィリピン人、黒人たちが座席から引き出され、通りに放り出され、残酷に殴られた」[2]。暴徒たちはラテンアメリカ系住民の居住区、劇場、クラブ、バーを歩きまわり、ズートスーツを着た者を捕まえた。暴徒のひとりによれば、ある劇場に乱入した暴徒たちは、見つけたパチューコたちをステージに引っ張り上げると、衣服を剝ぎ取り、その目障りなスーツに向けて放尿したという[3]。

大衆は、その特別ズートスーツ禁止令を執行し、制裁を加えた者たちに同調した。警察は反撃したパチューコたちを——ときに反撃しなかったパチューコも——逮捕した。ところが暴動を起こした水兵たちは、目立たないように軍当局に送られるか、告訴を逃れて解放された。マスコミはこの暴動を、長く先延ばしにされてきた街の通りの「浄化」と呼び、まるで暴動が酔っ払いの乱闘ではなく、統制の取れた軍事行動のように伝えた。好意的に書かれた典型的な記事がこれだ。[4]

　通りのかがり火の灰のなかで、何着ものズートスーツがくすぶっていた……軍人、水兵、海兵隊たちからなる捜索隊が彼らを探し出すと、ウズラを追いかける鳥猟犬のように広場に追い詰めた。手順はいつもどおりだった。ズーターを捕らえろ。ズボンとフロックコートを脱がせたら、引き裂き、燃やせ。このおかしな衣装に合わせた「アルゼンチン風ダックテール（訳注／両側を長く伸ばし、後部でまとめるカモの尾に似た髪型）」の髪を刈り込め。

　ズートスーツのどこがそれほど気に入らなかったのだろう？　その時代のいくつかの記録から考えられるのは、膝まで届きそうな上着とだぶだぶのズボンの派手なアンサンブルが愛国的でなかったから——戦時下の配給が行われていた時代にあっては、どう考えても布地の無駄だったからだ。高価で、特別注文がほとんどのそのスーツは、犯罪による汚れた金で買ったものだと憶測する者たちもいた。しかしこういった解釈は、ひいき目に見ても単純化しすぎであり、悪くいえば、あとからこじつけた理屈だ。ズートスーツの真の罪は象徴的だったことだ。それは、米国の人種による序列がほころび始めた時代に起きた、自己決定と個人の自尊心を表す主張だったのだ。

## マルコムXの服装が主張していたもの

一九四三年六月十一日付のニューヨーク・タイムズ紙の記事によれば、最初のズートスーツが注文されたのは一九四〇年、注文者はクライド・ダンカンというジョージア州ゲインズヴィル出身の若いアフリカ系米国人だった。彼は丈が三十七インチ（九十三センチメートル）のコート、膝幅が二十六インチ（六十六センチメートル）、裾幅十四インチ（三十五センチメートル）のズボンというスーツを依頼し、仕立屋を仰天させた。その仕立屋が完成したスーツの写真を業界誌メンズ・アパレル・リポーターに送ると、一九四一年にめずらしい服として記事になった。そこからズートスーツが急速に広まり、ミシシッピ州、ニューオリンズ、アラバマ州、ハーレムで流行した。

タイムズ紙は、ズートスーツは一九三九年に公開された映画『風と共に去りぬ』のレット・バトラーの衣装からヒントを得たものと推測している――しかし、あの映画の人種に対する考え方を考慮すれば、とてもそうとは思えない。アフリカン・アメリカン紙はもっと信頼できそうな仮説を立てている。当時のファッションリーダー、ウィンザー公の服装から思いついたものとする説だ。英国皇太子エドワード八世は革新的な服装とタブー破りで名高く、そのファッションには胸と肩甲骨にひだをつけたゆったりしたスーツや幅広のズボンも含まれていた。そして「オックスフォード・バッグ」と呼ばれた、一九三〇年代に大学生の間で流行した幅広のズボンも。アムステルダム・ニュース紙がこんな皮肉を書いていたほどだ。「（タイムズ紙の）記者たちは忘れていたらしいこと……ウィンザー公も忘れてしまいたいであろうことは、当時、プリンス・オブ・ウェールズだった彼がそれを最初に着た人であり、現在のズートスーツの本当の生みの親だったことだ……あの頃、彼は若く、やはりいかしていた」[6]

起源がなんであれ、ズートスーツはジャズ、華やかさ、気ままな生き方と結びつくものになっていった。マルコムXは自伝のなかで、イスラム教への改宗前、「デトロイトレッド」として知られていた頃、よくスカイブルーのズートスーツにつば広の帽子、懐中時計の金の鎖を身につけていたと回想している。おそらくズートスーツを着た人のうち誰より有名なのは、（多分、ウィンザー公を除けば）素晴らしいビッグバンドのリーダー兼歌手だったキャブ・キャロウェイだろう。彼はよくズートスーツ姿でステージに立った。よく知られているように、アフリカ系米国人の古典的ミュージカル『ストーミー・ウェザー』でも。ラルフ・エリソンが小説『見えない人間』で描いた主人公は、観念的な信念から離れ、自己認識への旅を始める前に、政治に無関心らしいズートスーツを着た者の集団を眺めつつ、じっくりと考える。のちに自分でもズートスーツを着た彼はこんなことを発見する。「僕はある決まった服装で歩く友愛会に入会した。そこでは僕はひと目で見分けてもらえた——容貌ではなく、服装によって……」[7]

その服装による友愛会は人種を限ったものではなかった。[8] ある目撃者はこう書いている。「スコットランド系アイルランド人のプロテスタント、ユダヤ人やイタリア人、ロシア人や黒人と、様々なバックグラウンドをもつ者たち」がズートスーツを着ていた。それは米国の本流から疎外されているという共通点が結びつけたブラザーフッドであり、自己主張から生まれた挑戦的な新しいファッションであり、反体制文化的な感性であり、それがそのあとにつづくビートニク、ヒップスター（訳注／流行に敏感で、奇抜なファッシヨンをする若者）、ヒッピーの世代の特徴を形づくることになった。

それはシスターフッドでもあった。女性向けズートスーツのアンサンブルを着た若い女性たちはパチューカと呼ばれた。「ズートスーツの女ギャング」「ズートスーツを着た女」という意味だ。[9] 型破りなズートスーツは米国の良識の基準に対し――軽蔑とまではいかなくとも――無関心を示していた。それは注目を集めるものであり、米国の社会が従順で目立たないでいることを期待した者たちからの大胆な挑発行為だった。人目を引くほど贅沢で、そのゆったりした立体裁断には高い仕立て技術と多くの布地が必要だった。だからこそ、ズートスーツは米国の服装の常識に対するほとんど喧嘩腰の絶縁状だった。当時の常識では、十九世紀のブルックスブラザーズの地味で慎ましい、黒かグレーの既製服が当たり前だった。ズートスーツを流行させた黒い肌や茶色の肌の者たちには、地味で控えめな男性の美徳という有産階級の理念と、標準的なスーツが象徴する平等という守られない約束に疑問を抱く十分な理由があった。だからこそ、ズートスーツはますます人びとを脅かすものとなった。詩人オクタヴィオ・パスはパチューコについてこう書いた。「彼らは本能的に抵抗している……パチューコたちは自分の人種や先祖の国民性を擁護しようとしているのではない。彼らの態度からわかるのは、ほとんど狂信的なまでの、こうなりたいという意思だが、このままでは、自分の周囲にいる人たちのようにはなるまいという決意以外、具体的なものが伝わってこない」[10]

そういった面で、パチューコたちは、シャルル・ボードレール、ジュール＝アメデー・バルベー・ドールヴィイ、トーマス・カーライルが作品のなかで称賛し、批判した、十九世紀のダンディたちの魂の末裔だった。ボードレールは、ダンディとは、「人としての美しさの理念を高め、自分の情熱を満足させ、感じ、考える以外にすることのない人」[11]のことだと書いた。バルベー・ドールヴィイはこう書いている。ダンディズムの「最も一般的な特徴は――予想もしないものをつねに生み出す能力……既成の秩序に対する個人の反乱……ダンディズム……は規制をもてあそびつつ、同時にそれに相応の敬意を払う」[12]。ダンディの存在そのものが、資本家階級の道徳的秩序に対する非難だった。その秩序はプロテスタントの労働倫理に従うもので、立派な市民とは生産的な職業に就いている者だと決めつけていた。カーライルは風変わりな作品『衣服哲学』のなかで、ダンディは宗教心の低下が残した空虚さを、服装に執着することで急いで埋めたのだと述べている。[13]

こんな狂乱の時代、ほとんどの教会から追い払われた宗教の教義は、善良な者たちの心に隠れて見えないか……肉体を離れた霊魂のように、家もなく世界を放浪している――それはけっして気まぐれに迷信や狂信的行動という、いくつもの奇妙なものに姿を変えたりしない……新しい反主流派の熱意に鼓舞されたこういった人びとは、勇気と粘りを見せる……彼らは汚れなさと分離主義を気取り、独特な衣装で自身を目立たせ……世の中に汚されまいとする。

## ダンディの大衆化

十九世紀のダンディは民主主義と平等を目指す運動の敵であることから、たいていは貴族だった。ダンディたちは当然ながら裕福で、「何も考えずに浪費できるほどの資産をもっていた」[14]。しかし二十世紀に入ると、疎外された者の新しいダンディズムが生まれた。貧しい者、失業者、仕事はあっても能力を発揮できていない者たちには、お金はないが、情熱を追求する自由時間はあった。十九世紀のダンディたちと同様、ズートスーターたちは社会の本流から疎んじられていた。彼らは祖先の言葉と文化を取り上げられ、帰化した自国から蔑まれる移民の子どもと孫たち、あるいは南部農村部のあけすけな人種差別から、北部の都市の尊大な態度の人種差別へと逃げてきたアフリカ系米国人移住者たちだった。民主主義の徳が共有され、「勤勉であれば報われる」という米国人が重視する環境から除け者にされたズートスーターが表現していたのは、本流に対する不自然で派手な無関心だった。

この反抗的な姿勢が、一九四〇年代の米国に広く見られた人種差別と組み合わされれば、散発的でばらばらな集団暴力と、政治家たちの終わりのない敵意を引き起こすには十分だった。カリフォルニア州選出の上院議員ジャック・B・テニイは、「現在のズートスーツ暴動が、合衆国とラテンアメリカ諸国との分裂を大きくしようとするナチス諜報部が支援しているものかどうか判断するための」非米活動調査委員会の議長を務めた。[15]その委員会で証言したある目撃者は、ズートスーターたちは「スパイ」と国内のナチス支持者に扇動されていたと主張した。「若者たちが軍人たちを襲い始めれば、敵は国内にいるということです[16]」

ズートスーツ暴動が起きたのは金鉱の州（訳注／カリフォルニア州の俗称）だけではなかった。同じ年の後半、デトロイトとハーレムでも暴動が起こった。大手マスコミは、暴動がある種の「人種的迫害」であることを一貫して否定したが、黒人紙はそれに同意しなかった。全米黒人地位向上協会の機関紙『クライシス』の意見記事で、チェスター・ハイムズは端的に、「ズート暴動は人種的暴動だ」と断言している。[17]その一方で同紙の別の編集者はこう考えていた。「こんな暴動は起こらなかっただろう……法を執行する警官と組織の人間の半分以上を含めた住民の大部分が、程度の差こそあれ、黒人は二流市民であり、そうありつづけるべきだという考えを共有してさえいなければ」[18]

小説家ラルフ・エリソンはズートスーツに対し、おそらく誰よりも洞察に満ちたコメントを残している――それはあらゆる人種の市民団体のリーダーたちに向けた警告だ。[19]

重要なのは……黒人大衆のなかにあふれている神話と象徴の意味を学ぶことだ。この知識がなければ、計画がどれほど正しかろうと、リーダーシップは機能しない……おそらくズートスーツには重要な政治的意味が隠されている……リーダーたちがこの難問を解決できさえすれば。

現在でも、同じような難問が多くのリーダーたちを当惑させている。彼らが直面しているのは、除け者にされた若者たちによる曖昧で象徴的な表現だ。具体的には、腰パン、ボディピアス、タトゥーなど数多くのファッションを通した主張だ。二十世紀中期には、新しいタイプの集団ダンディズムが誕生している。若者たちのそれは、特定の服装様式やポピュラー音楽への取り憑かれるような関心によってはっきりわかる。パチューコは一九五〇～六〇年代のビートニクやヒッピー運動のための試作品であり、この数十年間に現れたモッズ、パンク、ニューウェーブ、ニューロマンチック、ゴスといったサブカルチャーの原型だったのだ。

ズートスーツはパチューコの政治闘争同様、謎めいていたが、人種間の平等を求める闘争が独自のドレスコードを生み出すにつれ、服装の政治的意味は率直なイデオロギー論争のテーマになった。立派な服を着たいという欲望は、現状に対する堂々たる挑戦だったのだろうか？　それとも、資本家階級のきちんとした身なりという規範に対する惨めな降伏だったのだろうか？

## 黒人資本家階級の悲しい仮面

一九五五年、著名なモアハウス大学の社会学者E・フランクリン・フレイジャーは、「黒人資本家階級」は、「その『上流社会』を構成する人たちの活動」の周囲に「空想の世界」を生み出したと書いている。黒人の「上流社会」とは、排他的な社交クラブ、カクテルディナーパーティ、若い女性をお披露目する舞踏会、様々な授賞式、黒人向け大学の男子学生社交クラブ（フラタニティ）と女子学生社交クラブ（ソロリティ）のことだ。フレイジャーがソースティン・ヴェブレンの『有閑階級の理論』の精神と伝統について書いた『Bourgeoisie Noire（黒人資本家階級）』は最初、フランス語版が出版された。一九五七年に英語版が出版されると、本のテーマとなったコミュニティで大評判となった。ヴェブレンの金箔時代の上流階級に対する批判と同様、フレイジャーの黒人資本家階級に対する評価も情け容赦がなかった。フレイジャーの考えでは、黒人上流階級が行う社交的な儀式は、白人上流社会のもったいぶった儀式――もちろん黒人は除け者にされた儀式――の涙ぐましい模倣にすぎなかった。実際、フレイジャーから見れば、黒人資本家階級の文化に見られる、ほとんどの要素の背景にあるのは、白人より劣っているという心の奥に隠れた感覚と、貧しい黒人たちと同じに見られたくないという、まだ果たしていない狂おしいほどの願望だった。[20]

たいてい空想の世界で生きている黒人資本家階級は、仮面をつけて気の毒な役柄を演じることで、劣等感、自信のなさ、心の内面を悩ませつづける苛立ちを隠している。大勢の黒人と本当は同じであることから逃れようともがいても、自分たちより恵まれていない同族の者たちと同様、抑圧の対象であることからは逃れられない。彼らは自己嫌悪感を高めてきた……それは地位を求める病的なまでの悪戦苦闘から明らかだ……白人の世界で認められることを切望してきた。彼らの……まがい物の「上流社会」が虚しさと徒労感を感じさせるせいで、彼らは絶え間なく新しい妄想への逃避を求めている。

衣服は黒人「上流階級」の空想の世界で中心的な役割を果たしていた。実際、衣服は、「気の毒な役柄」を演じるために黒人資本家階級が身につける「仮面」とセットになった、文字どおりの衣装だった。黒人資本家階級は「絶え間なく物を買っている――家、自動車、家具……衣服はいうまでもない……『上流階級』に人生を捧げた黒人教師たちは、二十足もの靴を見せびらかしたが、その大半は履かれたことがなかった」[21]。大量消費は「裕福だという錯覚」を与えてくれたため、黒人資本家階級は、実際よりも――あるいは人種差別社会で得られるよりも――高い社会的地位にある重要人物であるかのようなふりをした。

フレイジャーは特別な嘲笑を、お披露目舞踏会、別名「コティヨン」という伝統のために取っておいた。それは黒人資本家階級が自分の先祖が仕えていた裕福な白人家庭から拝借したものにすぎない、と彼は言い切っている。舞踏会は「機会を与えてくれる……いわゆる裕福な黒人が浪費を楽しみ、空想の世界をつくり出し、人に認めてもらいたい願望を満たす機会を」。さらにフレイジャーが嘆いたのは、こういったお披露目舞踏会のことを黒人紙が興奮気味に報道していることだ。「会場の飾りつけにかかった金額や、女性たちの高価なドレスや宝石類……を書いていた……黒人紙の週の出来事をまとめた記事には……女性たちが身につけた宝石類、ドレス、ミンクコートのリストまであり、そこにはたいてい衣装や宝石類の推定価格まで記載されていた……」[22] フレイジャーから見れば、黒人のお披露目舞踏会は、ヴェブレンがいった顕示的消費の極致だった。彼らは自己肯定感を高めたいという強い渇望に駆られ、熱狂的なまでに物を手に入れ、躍起になって社会に認められようとしていた。最悪なのは、そのけばけばしいサーカス全体を支えているものが、紳士気取りと自己嫌悪の有害な組み合わせであることだ。フレイジャーの目に映る黒人資本家階級は、顕示的消費によって、垢抜けせず、無骨で、生活苦と闘う大勢の黒人たちから自分自身を切り離そうとしていた。しかし結局のところ、彼らが心から求めていたのは、黒人であることから自分自身を切り離すことだったのだ。

一九五〇年代にフレイジャーの本が世に出ると大評判となり、今もなお、二十世紀のとくに著名な黒人社会学者のひとりによる古典的研究とされている。中流および上流階級のアフリカ系米国人の社会生活に精通している人なら誰でも、フレイジャーの記載に納得する部分があるだろう。今日でも、地位意識と贅沢品への過度の関心は人種を問わず米国人に広まっているが、とくにそれが目立つのは黒人の知的専門職と実業家だ。これを書いている今、私の目の前には父のものだった、擦り切れた『黒人資本家階級』がある。父はフレイジャーの懸念を深刻に受け止めていた。それがカルヴァン派のプロテスタント神学に触発された禁欲主義と、少しばかりの主流派プロテスタントの反俗物主義が組み合わさった結果、父は質と様式にこだわりながらも、贅沢と派手さを軽蔑していた。「上流社会」の行事や排他的なクラブを軽蔑するフレイジャーの意見に父は賛成した。父は私や妹が「ジャック・アンド・ジル」――黒人の若者向けの上流階級社交クラブ――に入るのを許さなかった。また家に来た親戚が妹のお披露目舞踏会の話をすると、父はフレイジャー直伝の長々とした批判で応じたのだった。

黒人資本家階級の勢力は衰えることなくつづいている。マルクスが「資本家階級」という言葉――元々は革命前のフランスにおいて地所を所有する都会人たちの肩書――を資本主義の下で搾取を行う経済的階級の肩書にしたのと同様、フレイジャーも「資本家階級」という（ここ数十年で「ブジー」という軽蔑を示すスラングに変わった）言葉を、政治的無関心、社会的野心、個性のない大量消費によって定義される、ひとつの社会学上の階級に変えた。それ以来、その言葉は漠然とした侮辱を感じさせるものとなり、その結果、政治意識の高い黒人たちは、その兆候を表に出さないようにしてきた。資本家階級の気取りは今では明らかに廃れたといってよいだろう。しかし黒人が優雅に装った歴史は長く、フレイジャーが資本家階級の気取りとして攻撃したものより、はるかに多種多様だ。実際、どんな大きな変革もきっかけは資本家階級だというのはよくある意見だが、合衆国の人種間の平等を求める革命闘争の描写ほど、それをうまく表したものはない。

## 公民権運動にはきちんとした身なりで

一九六三年五月のある暑い午後のこと、ミシシッピ州ジャクソンにあるウールワース店内のランチカウンターに五人のグループが座った。彼らは行儀がよく、身なりもきちんとしていた。女性のひとり、アン・ムーディの記憶では、ドレスとストッキング、つま先の開いていないパンプスを身につけ、髪は当時、中流階級の女性たちに流行していた、ストレートにのばし、毛先をカールさせたスタイルだった。五人のうち、ふたりは白人、残り三人が黒人だった。米国南部の歴史を少しでも知っている者なら、次に何が起こったのか知っているだろう。そのグループに高校生の一団が「ケチャップ、マスタード、砂糖……パイ」で襲いかかったのだ。[23] 最後にはムーディはカールさせた髪をつかまれ、床を引きずられた。近くにある大学の職員たちが駆けつけ、増えつづける一方の暴徒たちからグループを救い出した。「大学キャンパスに連れ戻される前に」とムーディは回想した。「髪を洗いたかったから……ある美容室に立ち寄ったの。全米黒人地位向上協会の事務所から通りを挟んで向かい側にある店だった[24]」

この話を聞いたとき、私が最初に感じたのは称賛と畏敬の念だった。ムーディはなんと大胆不敵なことか！　まるで暗殺者と異常接近した直後にネクタイを整えているジェームズ・ボンドのように、ムーディにはスタイルと冷静さが備わっていた。人種差別者たちの群れから間一髪で逃れた直後に、身なりを整えることを考えたのだから。しかし私は半分だけ正しかった。ムーディはたしかに大胆不敵だった。けれども、彼女が身だしなみを気にする気持ちの根底にあるものは、００７の虚栄心とは

アン・ムーディと仲間たち。ランチカウンターでの座り込みデモ中に暴徒に食べ物を投げつけられたあと。

まったく違うものだったからだ。

きちんとした身なりは、公民権闘争の必須条件だった。黒人教会の歴史と合衆国における人種間の平等を求める闘争の専門家アンソニー・ピン教授は、公民権運動における服装の重要性をこう説明する。「決まったドレスコードはなかったが、（公民権運動家たちは）自分たちの真剣さと重要性を示す方法として一番よい服を着た。彼らは黒人と黒人の体の固定観念を打破するしかなかった……服装は……政治の世界では深い意味をもつからだ」[25] 人種差別主義の白人たちがムーディと友人たちに食べ物を投げつけたのは、その立派な身なりが示す精神的、象徴的な力を彼女らから奪い取るためだった。そしてムーディには、加えられた暴行をきれいに洗い流し、尊厳を取り戻す必要

一九六三年の有名なワシントン大行進のとき、公民権運動家たちはスーツにネクタイ姿だった。

があった。

たしかに「立派な身なり」とは、重要な場面で特権階級の白人たちが決めるものであり、また彼らのためのものだった。しかし人種間の平等を求める闘争が進むにつれ、そういった「きちんとした身なり」に基づいた行動主義は、実際問題としても、イデオロギー的にも受け入れがたいものとなっていった。人種間の平等の要求と、きちんとした身なりという白人中心の基準の間にある矛盾が、何より目立ったのが黒人女性たちの場合だ。アン・ムーディの例を考えてみよう。彼女は人種差別的な暴徒のせいで、おしゃれなパンプスの片方をなくし、丁寧にセットしたヘアスタイルを台無しにされた。ヒールのない紐靴を履いたほうが賢明だったのではないか？　そして、彼女のヘアアイロンで真っ直ぐにし、カールさせた髪の長さはどうだろう？襲撃者にとってつかみやすいものだったのではないか？アップにするか、短く切ったほうがよかっただろう。

## きちんとしたヘアスタイルの不平等

別のヘアスタイルだったら、もっと自信をもてたのではないかと意見する人もいるだろう。ムーディは気を取り直そうと近くの美容院に入り、白人女性たちに流行していたスタイルに戻そうとした。一九六〇年代初期の女性のヘアスタイルは、生まれつき真っ直ぐな髪の女性向けにデザインされていた。とはいえ彼女たちにとっても、十分に面倒なものだった——真っ直ぐな髪をカーラーに巻きつけ、一九六〇年代のきちんとセットした資本家階級の女性風の外巻きカールにしなければならなかったからだ。つまりほとんどの黒人女性は、まず髪を真っ直ぐにしてから、カーラーでセットし直す必要があった。誰でも知っているが、髪を真っ直ぐにするのは簡単なことではない。通常、ホットコーム（訳注／電熱式の整髪用くし）ではうまくいかず、すぐに元に戻ってしまう。けれども薬剤を使えば時間がかかり、危険でもある。一九六〇年代の「ストレートパーマ剤」の主成分はアルカリ溶液で、毛幹を真っ直ぐにするが、無防備な頭皮も傷つけた。

黒人女性にとって、「きちんとした」髪は時間とお金がかかるものだった。さらに悪いことに、この身だしなみの慣習から感じられるのは、黒人の髪はかなり手を加えなければ、人に見せられるものにならないということだ。このきちんとした身なりの基準は、当時も——そして今も——男女間の政治闘争と結びついている。黒人男性のなかには髪を「コンク（訳注／縮れ毛をアルカリ溶液などで伸ばすこと）」する者もいたが、一九六〇年代までにそうする人はほとんどいなくなった。身なりの立派な黒人男性と白人男性の規範は五分刈りだった——つまり手間がかからなかった。けれども、長い髪は女性だけの特権であり、義務だった――要するに女らしさの証《あかし》だったのだ。これは黒人女性にとって特別な負担だっただけではない。そんなヘアスタイルを要求する女らしさの規範自体が、黒人女性は生まれつき、白人女性より女らしさが足りないと思わせる侮辱でもあったのだ。

公民権運動家の服装と身だしなみは、彼らが農村部に運動を展開し、貧しい小作人や労働者を組織するにつれ、あまりきちんとしたものでなくなっていく。一九六〇年代初期――多くの若い公民権運動家が「革命家」を自称するようになった頃――学生非暴力調整委員会（SNCC）の活動家たちは、スーツやドレスを捨て、デニムのスカートやジーンズ、オーバーオール――彼らが組織化を望んだ農園や工場の労働者の衣服――を着た。SNCCが新しく加えた以前より急進的なイメージには、「手をかけたヘアスタイルをやめ……自然な髪にすること」というものもあった。[26] 公民権運動の歴史を研究するタニシャ・フォードによれば、この服装は象徴として適切であるだけでなく、実用的でもあった。「（オーバーオールの）いろいろなポケットはビラやペンや印刷物を入れるのに役立った……小作人たちが畑《フィールド》で長く働くように、SNCCの活動家たちも自分たちの（フィールド）で長時間働き、選挙登録をしようという勇気あるアフリカ系米国人たちを探して農村部をまわった……さらにSNCC活動家たちは（服装）を利用して、小作人たちとの政治的な同盟関係を示し、黒人中流階級の政策を批判した[27]」

しかし、アフリカ系米国人が階級別に分裂していることは、公民権運動家にとって問題だった。公民権運動のまとめ役の多くは相対的に都市部に住む特権階級――大学生や弁護士など専門的な職業に就いている者たちだった。彼らの感性やふるまいは中流や上位中流の都会的なものだった――まさし

一九六五年のあるデモ行進では、若い世代の公民権運動家は、彼らが連帯してほしいと願う貧しい人びとへの仲間意識からオーバーオールや作業服を着た。

く文字どおりの資本家階級だ。彼らにとって〈身なりをきちんとする作戦〉は単なる戦術ではなかった。それは彼らの純粋な価値観をも反映していた。〈身なりをきちんとする作戦〉を実践してきた公民権運動家は、白人の大多数の感性にただ合わせているだけではない。彼らの大半はその感性をもはや自分のものにしていたのだ。資本家階級のほかのメンバー同様、彼らは洗練されていないふるまい、ぼさぼさの髪、だらしない服装を、人格の貧しさの証と捉えた。とはいえ、新しい世代の公民権運動家たちには、資本家階級のようにきちんとしてはいない地方の労働者たちを組織化する必要があった。そのうえ、公民権運動の基礎を成す道徳的な原則――相手が誰であれ平等な尊厳と敬意をもつこと――は、貧しい者たちをそんなふうに低く評価することと相容れなかった。そして最悪だったのは、黒人女性の髪にまつわる苦労が明らかになったため、従来の〈身なりをきちんとする作戦〉は、黒人たち全員に同じ条件で当てはめることができなくなったことだ。白人女性にとって上品なヘアスタイルにするのが簡単だったのは、上品とされるヘアスタイルが元々白人女性向けに考えられたものだったからだ。とすれば、白人にとって身なりをきちんとするのが簡単だったのは、きちんとする基準そのものが白人向けに作られたからかもしれない。ＳＮＣＣが考えた新しい労働者階級スタイルは、そんな深まるばかりの疑念を反映していたのだ。

## ブラックパワー運動――黒人らしさは美しい

「ブラックパワーが欲しい！」一九六六年、ＳＮＣＣ活動家ストークリー・カーマイケルは、ミシシッピ州グリーンウッドで集会を開いたとき、新しい社会運動用のフレーズを使った。ブラックパワーは本流の公民権運動から生まれた、それまでより気性の荒い若いブラザーたちであり、急進的な思想や真正面からぶつかる戦術、大げさな言葉遣い、そして派手でありながら現実的という新しいスタイルを組み合わせて行動した。ブラックパワーとは何かとたずねられると、カーマイケルは、「この国が黒人の邪魔をしたら、いつでも屈服させるという意味だ――この国の白人は誰でも、パワーがどんなものか知っている。白人のパワーがどんなものか知っているなら、黒人のパワーがどんなものかも知るべきだ」と答えた。[28]

グリーンウッド集会ののち、ＳＮＣＣと人種平等会議は、マーチン・ルーサー・キング率いる南部キリスト教指導者会議の非暴力の理念を捨て、好戦的な分離主義とブラックパワーを取り入れた。[29] ブラックパワー運動の主張は、アフリカ系米国人にとって重要な平等と解放は、米国の文化、経済、政治の根本的改革によってのみ実現できるというものだった。白人が支配する学校、事業、職場に、形式だけ対等な立場で仲間入りする権利だけでは十分ではなかった。ブラックパワーが挑んだのは、白人が黒人を搾取する暗黙の規範と慣行だった。ブラックパワーが求めたのは、黒人に適した理想と価値観に沿って統制された、黒人が管理する経済的に独立した組織だった。

ファッションと美学はブラックパワーの課題の重要な一部であり、「黒人は美しい」というスローガンに映し出された優先事項だった。一九六二年、のちにブラックパンサー党のリーダーとなるエルドリッジ・クリーヴァーはこう書いている。「白色人種の美の基準は、これまでも、そして今も、『白人優越主義』原理の礎のひとつだ[30]」彼の主張は、「乳白色の肌、きらめく青い目、流れるような長いブロンドの巻毛」をよいものとする従来の美の描写と基準が黒人のやる気を失わせ、「ストレートパーマやかつら、皮膚漂白」のために無駄な時間と金を費やさせてきたというものだった。「縮れ毛」をうまく流行のスタイルにできなかった黒人女性は、「特別、醜悪なものとみなされた」。クリーヴァーにとって、そんな文化的な基準を再検討することは、社会政策のどの改革にも劣らず重要なことだった。「とはいえ、白色人種の美の基準を禁じる法律を求めるのはおかしなことだろう」とクリーヴァーは皮肉をいった。黒人解放に必要なのは、そんなことではなく、文化意識の改革だった。「我々は自分自身を美しい人間とみなすべきだ」と、ストークリー・カーマイケルは一九六七年のインタビューで断言している。「我々は、美しいのは長い金髪の若い白人娘だけだと思い込んでいる。我々が厚い唇、低い鼻、縮れ毛をもっていること、我々が黒く美しいことを理解しなくてはならない。だから、白人の真似をするのはもうやめるんだ[31]」

ネイション・オブ・イスラム運動（訳注／一九三〇年、デトロイトで始まった秘密結社的なアフリカ系米国人組織）の黒人国家主義者でありカリスマ的リーダーだったマルコムXもまた、人それぞれの美しさを黒人解放の欠かせない部分として捉えていた。しかし、彼が悲しそうに回想したのは、若い頃、薬剤で髪をストレートにすることで、白人の美の基準に合わせようとした自身の経験だ。[32]

それは自虐的な行動に向かう最初の大きな一歩だった。痛みに耐え、文字どおり皮膚を薬剤で焼いたのは、生まれつきの髪を柔らかくなるまでコンクし、白人男性の髪のように見せるためだった。私は米国にいる大勢の黒人男性や女性たち、洗脳され、黒人は劣っていると信じ込まされた者たちの仲間入りをした……そういう者たちは白人の基準によって「美しく」見られるためなら、神が創造した自分の肉体を汚し、損なうことさえするだろう。

若い世代の活動家たちにとって、自分の外見に対する誇り――あるいはその欠如――はけっして取るに足りないことではなかった。それは黒人コミュニティが直面する非常に深刻な政治問題のひとつだった。その時代のある記事にはこう書かれていた。自然なヘアスタイルにすることは、「我々の……脱洗脳プロセスの一部だ[33]」。一九六五年の演説でマルコムXはこんなことを話している。「もしあなたが人に、神が与えた唇を、神が与えた鼻の形を、神が与えた髪質を、神が与えた肌の色を憎むように教えるなら、あなたはある人種の人間にできる最悪の罪を犯している[34]」アフリカ系米国人が被っ

ブラックパンサーたちは反体制文化と軍隊風スタイルを組み合わせた。
カリフォルニア大学サンタクルーズ校、ルース＝マリオン・バルク・アンド・プリックル・ジョーンズ・コレクション。

た被害の大きさ——マルコムXがとくに力を込めて語った被害——を考えると、これは衝撃的な主張だ。あの重要人物マルコムXとブラックパワー運動は、身だしなみと自分の外見に対する誇りから生まれたのだといっているのだから。「黒人は美しい」という理念は、無数の人びとのスタイル、ファッション、身だしなみの急進的な変革につながった。黒人男性も黒人女性も、白人主流派の「きちんとした」ファッションだけでなく、主流の公民権運動をも撥《は》ねつけた。SNCCの運動家たちは小作人や工場労働者の丈夫で実用的な衣服を取り入れたが、ブラックパンサー党は斬新な軍隊風スタイルを考え出した。それはベレー帽、パイロット用サングラス、ボヘミアン風タートルネックセーターに、丈の長い光沢のある革ジャケットを組み合わせたものだった。その一方、アフリカ中心主義の活動家たちは、派手な礼服か、鮮やかな色のアフリ

一九六〇年代、若い世代の黒人女性は人工的なストレートヘアを拒否し、人種の誇りを示す自然なヘアスタイルにした。
カリフォルニア大学サンタクルーズ校、ルース＝マリオン・バルク・アンド・プリックル・ジョーンズ・コレクション。

カ風ケンテ（訳注／カラフルな綿布。金糸を用いることもある）で作ったシャツ「ダシーキ」にアフリカ風アクセサリーを身につけた。この優美なアフリカ回帰は、文字どおりアフリカへの帰還を求めた十九世紀と二十世紀初期の運動の再現だった。それを起こしたものは、対等の立場で白人と融合するのは不可能であり、解放されるためには、白人の優位性と黒人の劣等性を前提とする社会と文化からの、思い切った脱却が必要だという考え方だった。奴隷制度が力ずくで奪ったアフリカ流の名前や言葉や文化様式を取り戻すことで、アフリカ系米国人は自分たち独自のアフリカ由来の美徳にふさわしい社会を築き始められるというのだ。

## ヒッピーの貧しさは偽物？

きちんとした日曜の晴れ着による行動主義を放棄し、労働者階級の衣服と自然なヘアスタイルで組織化した大衆になることを選んだ、SNCCの運動家たちの大多数は、中流階級の都会出身者だった。SNCCに加わるまでの人生の大半を、それ相応の服装で過ごしてきた者たちだ。彼らのブルージーンズ、オーバーオール、デニムスカート姿がどこか不自然だったのは、それが政治的な意見を強調するために計算されたものであり、自分が受け継いだ文化をありのまま表現していなかったからだ。そのスタイルは彼らが組織化したかった貧しい農民や工場労働者の一部とつながるのには役立ったが、それ以外の者たちには反感を抱かせた。人種に関係なく、地方や小さな街の住人の多くが感じていたのは、「誰であれ、いつも古びた作業服を着ている者はすぐにいなくなる」ことだった。[35] そういったわざとらしさを嫌う者もいた。ストークリー・カーマイケルの当時の恋人で、のちに妻となった南アフリカの歌手ミリアム・マケバは、SNCC運動家たちは貧困を美化しつつ、自らはそれから安全な距離をおいていると感じた。[36]

私は貧しい環境で育ちました。だから身ぎれいにしたときには、自分の身なりと外見をそれは誇りに思ったものです。ストークリーと彼の米国人の友人たちは、貧しくもないのに浮浪者のような格好をして……あの人たちは「汚れた体でボロ服をまとっていれば、大衆と一体になれる」といいます。これには腹が立ちます……なんだか偉そうで……私たちは貧しさを誇りに思ったことなどなかったから。

皮肉なことに、急進的でアフリカ中心主義的な新しいスタイルは、気取った見せかけにすぎなかったため、偽物という批判を受けやすかった。一九六九年、黒人の急進的な社会学者ロバート・アレンはこんな不満を述べた。[37]

黒人文化は共有すべき経験というより、むしろ身につけるべき象徴となった。アフリカの礼服、ダシーキ、ドレス、サンダルは、立派な身なりの黒人活動家だけでなく、アフロヘアにした中流階級のヒップスターにとってさえ、当たり前の道具となった。企業もとくに自然なヘアスタイル向けのヘアスプレーの広告を出し、抜け目のない文化民族主義者のなかには、アフリカ風の装身具や衣服を世間知らずの若い黒人に売りつけ、ひと儲けした者たちもいた。

ジャーナリスト、トム・ウルフは、一九六〇年代後期から七〇年代初期のそんな政治的戦略のために、「急進派のおしゃれ」という新語を作った――その裏の意味は、政治的な約束の多くは最新流行のトレンドと同様、深く根づいたものではないということだ。[38]

ああ、よくいわれることだが、パンサーたちはうまくコーディネートする方法を知らないのか。タイトなパンツにタイトな黒のタートルネック、革のジャケットにキューバ製サングラスにアフロヘア。だが本当のアフロとは、装飾的に刈り込む植木のように形を作って整え、アクリルのような艶が出るまでスプレーをかけたものではない……素朴で自然な不揃いがあり……野性的なものだ……黒人公民権運動家に三サイズも大きすぎるグレーのスーツを着ている者はいない……女性パンサーたちは……よくいわれるように、とても細く、しなやかで、タイトなパンツにヨルバ族（訳注／ナイジェリア南西部の民族。北米とカリブ海の黒人の多くはこの民族に属する）風のターバンを巻いている……まるでヴォーグ誌から飛び出してきたかのようだが、もともとは、ヴォーグが彼女たちから取り入れたものなのは間違いない。

ウルフはパンサー自身ではなく、パンサーのご機嫌を取る裕福な白人自由主義者たちを嘲笑ったのだが、運動に対する不快な疑問をいくつか浮かび上がらせていた。その新しいスタイルは人種的な侮辱を生んだ美の基準を打ち負かしたのか、ただそれを書き直しただけなのか？　黒人急進派のおしゃれはアフリカ系米国人に平等な敬意をもたらしたのだろうか？　それとも同情していた白人さえ、パンサーやほかのおしゃれな黒人急進派を、公民権運動後の時代に向けてドレスアップした、二十世紀後期の気高い未開人だとみなしたのか？

資本家階級のきちんとした身なりを否定することは、魂のない物質主義に対する執拗な批判と、上から目線の土への郷愁の間での危ない綱渡りとなった。哲学者ロラン・バルトは、同時代の「ヒッピー」の美学に対する辛辣な説明のなかで、反体制文化の象徴的表現が示す、この綱渡りをこう表現している。

服装は……ヒッピーがする主要な選択だ。西洋の規範である清潔さと関連し……米国の価値観のなかで最も重要なものが……見世物的なファッションでは消されている。体や髪や衣服は汚れ、通りでは衣服を引きずり……それでも、どういうわけか、それは本当の不潔さとは違い、長く染みついた貧困とも、体を変質させるような不潔さとも違う……ヒッピーの不潔さは別物。それは休暇のために借りたもの。ただ埃のように舞い降りたもの……

こんな上辺だけのものであっても、ヒッピーの美学は、米国の資本家階級の道徳主義に対する確かな象徴的な反発だ、とバルトは考えた。なぜなら、「社会道徳と清潔さの保護者である裕福な者たちの分別と……間違いなく衝突するのだから……」。対照的に、「かなり貧しい国」に出入りするヒッピーは、「崩壊し」、「矛盾した」意味を伝えた。[39]

元々の主義主張から離れて周囲を見たとき、ヒッピーの抵抗運動は米国の体制順応主義よりもずっと重要な敵に直面する……貧困だ。この貧困がヒッピーに（無責任な）……貧困の模倣を選ばせた……自分の故郷である都会（裕福な者の文明世界）に対抗してヒッピーが考え出した特徴の大半は、（貧しい国々では）まさに貧困を表すものだ……裸足、不潔さ、ボロ服……しかし、そういったものは豊かな者たちの世界との象徴的な戦いで使うものではなく、私たちが戦うべき相手そのものなのだ。

そう考えれば、たしかにSNCC指導者とブラックパンサーたちはアフリカ系米国人ヒッピーだった。彼らは、服装による象徴的意味を利用した前世代の公民権運動家たちのきちんとした身なりに反発した。その象徴的意味は、白人ヒッピーたちが、白人の主流派の道徳主義による繁栄を攻撃するときに使ったものでもあった。けれども、豊かな米国のヒッピーとは違い、黒人運動家は真の貧者とともに働いた——都市のスラム街の低賃金労働者や、小作制度に基づいた経済のなかで身動きが取れない地方の農民とともに。ここでバルトが予測しているように、きちんとした身なりを拒むことは、本物の貧困に対する上から目線の模倣や、無謀な挑発のように見られる危険があった。それだけでなく、当然ながら、多くの黒人たちは急進派のおしゃれは自分には手の届かない贅沢と考えた。

## 八〇年代・航空会社のドレスコード

一九六九年、「黒人は美しい」運動がほぼ頂点に達した頃、アフリカ系米国人の半数近くが自然なアフロヘアに賛成していた。[40]だが著名なアフリカ系米国人たちは、その新しいスタイルを逆効果を招く姿勢として非難した。たとえば、アフリカ系米国人として早い時期にメジャーリーグ入りした野球選手のひとりで、のちに米国最大の長距離バス会社グレイハウンドバスラインの経営幹部となったジョー・ブラックは、大げさにこう問いかけた。「君がアフロヘアだからといって、将来性のある仕事をくれる雇用者を……知っているかい？」往々にして黒人たちは急進的な作戦に疑問を抱き、成功するために大切なのはきちんとした身なりとふるまいだと力説した。「スローガンを繰り返し、憎しみを吐き出し、外見を変えたところで、飢えの苦しみは終わらないし、安定した仕事が得られるわけでもない……君自身のために、君の未来と自尊心のために、そして国中にいる黒人たちの尊厳のために、このことを覚えておいてほしい」[41]

髪をストレートにするという嫌われた習慣を擁護する人たちさえいた。たとえば、一九六九年、アフリカ系米国人向けの月刊誌エボニーに一通の手紙が届いた。「今は黒人女性がふたたび髪をプレスし、ウィッグもひと揃い買い、かわいく、好ましく、魅力的に、女らしく見せるべきときだと思います……男性たちはアフロヘアがよく似合い、男らしく見えます――アフロは女性にも似合うけれど、まるで男性のように見えてしまいます[42]」

一九七〇年代後期までに、アフリカ中心主義のスタイルから威嚇と派手さがかなり消えた。それは巨大産業が後押しする新しいファッショントレンドに変わり、アフリカ風の衣服やアクセサリーが売られ、「自然な」髪を整えるための身だしなみ用品やサービスも出てきた。公民権運動家アン・ムーディがミシシッピのウールワースのランチカウンターでつらい目に遭ったあとに飛び込んだ美容院でも、その十五年後にはおそらくストレートヘアの代わりにアフロヘアにするか、長いブレイズヘアにする注文を受けただろう。どんなヘアスタイルにも熱心な愛好家もいれば、けなす人もいた。そしてストレートヘアをきちんとした身なりと考える人もいれば、自己嫌悪の表れと考える人もいた。自然なヘアスタイルは自尊心を示す実用的なものにもなれば、必要のない挑発にもなった。ブレイズヘアも大胆でおしゃれと思われることもあれば、ビーチにしか適さない気取ったスタイルだと思われることもあったはずだ。

一九八〇年九月二十五日、アメリカン航空で十一年間勤務していたレニー・ロジャーズは、コーンロウヘアで出勤した――コーンロウという名前は、編み込みにより、頭皮が畑の作物の間にある畝合いのように平行線状に見えることからつけられた。アメリカン航空では、従業員に頭部全体のブレイズヘアを禁止していたため、ロジャーズにヘアスタイルを変えるか、ヘアピースで覆うかして、会社のドレスコードに合わせるよう求めた。しかし、ロジャーズはそれを拒否し、最終的に人種差別と性差別を受けたとして、アメリカン航空を訴えた。ロジャーズのコーンロウヘアについての主張は、このようなものだった。[43]

それは歴史的に見て、アフリカ系米国人女性が取り入れてきたファッション、スタイルであり、米国社会における黒人女性の文化的、歴史的な本質を反映するものである……それはアフロヘアを尊重していた故マルコムXの公式声明のようなものでもあった……ほとんど疑いようがないのは、もしアメリカン（航空）が「アフロあるいはブッシュ」にしている黒人女性、あるいはすべての女性を排除する方針を取り入れる場合、その方針には非常にあからさまな人種間の力学と、奴隷制度の痕跡を表す影響が含まれることになる……雇用者が髪型について指示を出すのは……「白人の所有者」が支配する社会と一致する……

アメリカン航空はきちんとした身なりを職務要件としていた。しかし、これは合法的な人種差別だったのか？　ロジャーズ事件を扱った連邦裁判所によれば、そうではなかった。アブラハム・ソファラ判事が指摘したのは、そのドレスコードが人種、性別を問わず、全従業員に適用されていることだった。それだけでなく判事は、コーンロウヘアは黒人の生まれつきの特徴でもなければ、黒人だけの特徴でもないと述べた。それは人工的に作り出したものであり、誰にでもできることだった。判事はロジャーズがコーンロウヘアにし始めたのは、映画『テン』で白人ブロンド女優ボー・デレクがそのヘアスタイルをして流行らせた直後であることにも言及した。さらにアメリカン航空はロジャーズに髪を切ったり、コーンロウを解いたりすることを求めたわけではなく、「勤務時間中、髪をひとまとめにし、ヘアピースで包むことを容認していた」[44]――つまり、「勤務時間外は好きなヘアスタイルにすること」を認めていたのだ。

ロジャーズが差別的として異議を申し立てたブレイズを禁じるルールは、すべての主要な航空会社が一九六〇～七〇年代、そして八〇年代に入っても押しつけていた、細かく厳しい服装と身だしなみ規定のほんの一部にすぎなかった。航空会社は一九八〇年代まで厳しい規制下にあり、運賃、路線、航空機の形状の大部分を法律により規定されていた。そのため、価格や基本サービスで他社と差をつけることができなかったため、イメージを重視することで厳しく競合していたのだ。制服はエミリオ・プッチやクリスチャン・ディオールといった流行のファッションブランドによるデザインで、チケット販売代理店から客室乗務員にいたるスタッフの外見のあらゆる要素が管理された。ドレスコードには、身長、体重、メイク、アクセサリー、爪、そしてもちろんヘアスタイルに関する厳しい規制が含まれていた。一九七二年出版の書籍『Flying High: What It's Like to Be An Airline Stewardess（フライング・ハイ――航空会社のスチュワーデスの現実）』で、著者がこうアドバイスしている。[45]

腰まである髪を残しておけるという大きな希望を抱かないこと。おそらく襟から一～二インチ

（二・五〜五センチメートル）下で切ることになると考えること。そう考えておけば、運よく、長い髪はシニヨンなどにまとめればよいとなったとき喜べるから。ヘアピースは多くの養成所で、割引価格で購入でき、講師が使い方を教えてくれる。

おそらくアメリカン航空は、人種を理由にロジャーズを選んで厳しいチェックの対象にしたわけではないだろう。会社はほとんどすべての社員を厳格なドレスコードに従わせていたのだ。

## ディズニーとリッツ・カールトンのドレスコード

今日でさえ、そういった厳格なドレスコードは、接客業では当たり前のものになっている。イメージが飲食、宿泊、サービスといった商品の大きな部分を占める業界だからだ。たとえば、ディズニーのアミューズメント施設は、運営と維持管理の手際のよさで知られている。これこそがアミューズメント施設を「地球でいちばん幸せな場所」に変える「魔法」なのだ。それと同じようにディズニー従業員たちも、厳しい規定「ディズニールック」に従う――そこでは「あらゆる細部に目が配られる」。ディズニールックとは、「清潔、飾らない、上品、プロらしいこと。そして『最先端』のトレンドや極端なスタイルは避ける」というものだ。髪を不自然な色に染めることは禁止されている。男性の髪は、耳を覆ったり、襟より下に届いたりする長さでないこと。「ツーブロックヘア」は認められない。ヘアジェルのつけすぎも問題になるのは、ディズニールックは「ソフトで自然なヘアスタイル」を求めるからだ。男性の爪は指先より長く伸ばさないこと。女性は指先より六ミリを超えない長さで、マニキュアをする場合は自然な色とし、「黒、金、銀、多色使い、派手な色」でないこと。女性は頭の一部を剃ってはいけない。ディズニールックが断固として禁止するのは、「見える部位のタトゥー、焼き印、ボディピアス（女性の伝統的な耳ピアスは例外）、舌ピアス、スプリットタン（訳注／蛇のように縦に裂けた舌）、歯のヤスリがけ（訳注／ヤスリで前歯を削ること。バリのヒンズー教の儀式のひとつ）、耳朶《みみたぶ》の拡張、外観を損なう皮膚移植[46]」だ。

同じように、リッツ・カールトンホテルも厳格なドレスコードを強いている。すべての従業員が誓わなければならない、その「サービスバリューズ」とは、「私は、自分のプロフェッショナルな身だしなみ、言葉づかい、ふるまいに誇りをもちます」というものだ。さらにリッツ・カールトン・リーダーシップセンターによれば、「リッツ・カールトンのドレスコードがあれば……リッツ・カールトンの紳士淑女である従業員が……身だしなみにプロ意識と威厳をもちつづけ……けっしてお客様を苛立たせたくなくなる[47]」。

ホテルは従業員以外にドレスコードを配布しないが、ロサンゼルス・タイムズ紙の一九九六年の記事によれば、オレンジ郡ダナポイントのリッツ・カールトンで求められていたのは、「髪は『自然な色』であること」。禁じられていたのは、「髭、ヤギ髭、マトンチョップ風もみあげ、ドレッドヘア、大きなヘアスタイル（頭頂部から三インチ〈七・六センチメートル〉以上高くしたまげ、ツイストヘア、バングヘア）、二十五セント硬貨より大きなイヤリング、片手に二個を超える指輪、裾が膝上から二インチ（五センチメートル）以上上になるスカート、長い爪」というものだった[48]。リッツ・カールトンのマネージャーによれば、ドレスコードは調度品選びのような贅沢な経験にすぎない。「当ホテルにお泊りのお客様方は、気持ちのよい環境に代金を支払っています。それだけでなく、身だしなみのよい従業員に対しても代金を支払っているのです」[49]そのランクに達しない従業員は帰宅させられる――あるいはネイルやヘアスタイルを直しに行かされる。「彼らのためにホテル内の美容室の予約を取ってきました……拒んだ者は解雇できます。私たちはとても厳格で、従業員たちは同僚の身だしなみに問題があれば、通報するほどです」

ロジャーズ事件から数十年間、多くの従業員たちがコーンロウなどのヘアスタイルを禁じる職場のドレスコードに不満を抱いてきた。一九八六年、シェリル・テイタムは頭全体をブレイズにしたヘアスタイルの変更を拒否したため、ワシントンDCにあるハイアットホテルの職を失った。[50]経営側が、そのスタイルを、「極端で普通ではない髪型」を禁じる規則に違反していると考えたからだ。それを受け、五十人ほどの女性たちがホテル内でデモを行い、黒人コミュニティのリーダーたちはホテルをボイコットすると脅した。[51]そういったヘアスタイルを禁止したのは、ハイアットとアメリカン航空だけではなかった。ワシントンDC、メトロポリタン警察、人材派遣会社アトランタアーバンリーグ、ハワード大学病院はいずれも、当時、頭部全体をブレイズにするヘアスタイルを禁じていた。

今日、オールブレイズはありふれたものとなり、議論を呼ぶことはない。しかしファッションの変化につれ、新しいヘアスタイルは同じような難題を突きつけ、新しいドレスコードを考え出させる。もしかするとドレッドヘアは、コーンロウの二十一世紀初期ヴァージョンなのかもしれない。そのスタイルを好むアフリカ系米国人は増えつつあるが、大勢のほかの人種の人たちから、型破りで秩序を乱すものと思われている。二〇一三年、チャステティ・ジョーンズが保険金請求会社の職を得られなかったのは、「プロらしく、きちんとしたイメージ」を求めるドレスコードに合わせるためにドレッドヘアを変えるのを拒んだときだ。彼女はレニー・ロジャーズとほとんど同じ主張により、雇用者のルールは差別的であると米国雇用機会均等委員会（ＥＥＯＣ）を説得した。ＥＥＯＣはジョーンズに代わり、こう訴えた。「ドレッドヘアは髪型のひとつであり、アフリカ系の人たちに生理的、文化的に関わりのあるものだ……ヘアスタイルは人種的アイデンティティの決定要素となり得る」けれども、ＥＥＯＣが支援したにもかかわらず、ジョーンズは負けた。第十一巡回控訴裁判所は、「我々は（ドレッドヘアにする）個人の強い意思決定と、それに伴うあらゆるものを尊重する……とはいえ、（ＥＥＯＣ）は（雇用者が）人種を理由に、故意にミズ・ジョーンズを差別したという説得力のある主張をしていない」と考えたのだ。[52]

## ドレスコードが生み出した分断

ブレイズ、ドレッドヘアなど、人種的アイデンティティに結びつくヘアスタイルを禁じるのは雇用者だけではない。多くの学校も同じようにしている。二〇一三年、七歳のティアナ・パーカーはオクラホマ州タルサにあるデボラ・ブラウン・コミュニティ・スクールから帰宅させられた。理由はドレッドヘアが、「ドレッドヘア、アフロヘア、モヒカン刈りなど、一時的に流行しているヘアスタイルは認められない」とするドレスコードに違反していたからだ。[53] ケンタッキー州にあるバトラー・トラディショナル・ハイスクールの二〇一六年のドレスコードは、「極端な、目障りな、あるいは派手な」

ヘアスタイルを禁じ、具体的にリストにしていた。「ドレッドヘア、コーンロール（原文ママ）、ツイスト」、さらに「アフロ……二インチを超える長さのもの」[54]とある。二〇一六年、ノースカロライナ州ダラムにあるスクール・フォー・クリエイティブ・スタディーズで、黒人の生徒たちがアフリカ風のヘッドラップ（頭に巻いた布）を取るように命じられた。[55]さらに、ボストン近郊のミスティック・ヴァレー・リージョナル・チャーター・スクールでは、二〇一七年、アフリカ系米国人の生徒ミャーとディアナ・クックがヘアエクステンションを禁じるドレスコードに合わせるため、長いブレイズヘアを「元通り」にすることを強いられた。[56]

ほとんどの状況で、公民権法により、ルールが全員に平等に適用されるかぎり、学校や雇用者が「きちんとした」服装と身だしなみを求めることが認められている。実際、ドレスコードが厳しくなればなるほど、公平だと捉えられがちになる。そして従業員のほとんど全員のヘアスタイルを変えさせたリッツ・カールトンのように、雇用者はスタイルに対する機会均等にこだわるようになる。しかし、それは変わりつつあるのかもしれない。二〇一九年、ニューヨーク市人権委員会は、「ニューヨーク市民が、人種、民族、文化的アイデンティティに強く結びついた生まれつきの髪とヘアスタイルを維持できる権利」を保護するという声明を出した。そこには、「生まれつきの髪、ロックス、コーンロウ、ツイスト、ブレイズ、バントゥノット（訳注／頭部全体にいくつものお団子をつくるヘアスタイル）、フェードカット（訳注／サイドとバックを短く刈り上げたショートヘア）、アフロなどの手を加えた、あるいは手を加えていないヘアスタイル。さらにカットや手入れをしていない髪を維持する権利」も含まれていた。その年の後半、カリフォルニア州でクラウン法（訳注／黒人の自然な黒髪を社会の中で普通のものにするための法律）が可決され、「髪質、プロテクティブ・ヘアスタイル（訳注／ダメージを受けやすい黒人の髪を保護するためのヘアスタイル。ブレイズやドレッドヘアなど）……を含めた、歴史的に人種に結びつく特徴」に基づいた差別を禁じる州の公民権法が修正された。[57] ニューヨークやカリフォルニアで、ファッションの分野のように法律の分野でも新しい流行が始まれば、人種の特徴を表現したヘアスタイルに対する法的権利が、あなたの近くの街にもまもなくやってくるのかもしれない。

二十世紀の中期と後期、人種間の平等を求める運動は、〈身なりをきちんとする作戦〉を取り入れる者と、反抗的な戦術を好む者に分かれた。きちんとした服装をすることは、人種的固定観念に挑戦し、尊厳を堂々と主張することになった。けれども、それは、古典的なヴェブレン主義者から見れば、優位にある者に追従し、張り合っているとみなされる可能性もあった。それに対し、民族独自の服装や身だしなみは本流の規範に対する拒絶であり、自分の思いどおりに平等と敬意を求める急進的な活動家たちの願望を表していた。しかし、「急進派のおしゃれ」はだらしなく、野暮ったいものになりかねず、戦いという名の下で貧困と社会的排斥を美化してしまっていた。この不穏な時代、ドレスコードにはつねに二重の意味があった。そして社会正義を求める苦闘が国を二分するにつれ、〈身なりをきちんとする作戦〉として知られてきたものが、人種間の平等の支持者たちをも二分してしまったのだ。

# 第12章 腰パンと服従

## ——人種の代表であれ！ 腰パン、ギャングのシンボルカラー、フードつきのスウェットシャツ、装飾的な歯列矯正器具（別名グリルズ）をやめろ

二〇〇四年、全米黒人地位向上協会が開催した「ブラウン事件判決（訳注／一九五四年、米国最高裁が公立学校における白人と黒人の別学を定めた州法を違憲とした判決）」五十周年記念式典において、コメディアン、ビル・コスビーが行ったスピーチは、〈身なりをきちんとする作戦〉と知られるようになったものの恥ずべき一例となった。聴衆に熱弁を振るったコスビーは、「うちの芝生から出ていけ」的な暴言を吐き、貧しいアフリカ系米国人たちの態度、立ち居ふるまい、行動、名前、服装を攻撃した。[1]

教育を受けるために、人びとが行進し、顔に石をぶつけられたというのに、今の……低所得層の……人たちは自分の義務を果たしていない……帽子を逆にかぶり、ズボンを股のあたりまで下げ……女性はドレスを股のあたりの丈にし……ありとあらゆる針を体に突き刺し……シャニクワ、シャリクワ、モハメドといった名前のくだらない奴らは全員刑務所にいる……

コスビーを批判した人たちには、彼はかなり保守的な皮肉屋、もっと悪く考えれば、打算的な裏切り者のように見えた。コスビーの発言は、黒人資本家階級の欠点のすべてを象徴していた。横柄で、批判的で、必死に白人に認められようとし、恵まれない人たちから距離をおこうとしている。

とはいえ、コスビーのスピーチは多くの似たような忠告のひとつにすぎない。たとえば、二〇一一年八月七日、フィラデルフィア市長マイケル・ナッターは、暴動の直後、マウント・カーメル・バプテスト教会で、大半が黒人の聴衆に向けて、演説した。彼は、暴徒たちは「同じ人種の私たちに恥をかかせた」と嘆き、こう力説した。[2]

> 人から敬意を払われたいなら……店のなかで誰かにつきまとわれたくないのなら……仕事を与えてもらいたいのなら……それなら、愚か者のようなふるまいをやめ……そんな忌々しいフーディ（訳注／フードつきのスウェットシャツやパーカー）を下ろし……ズボンを上げ……ベルトを買いなさい。君たちの下着や尻の割れ目を見たい人などいないのだから。

信徒たちはシュプレヒコールで彼に賛成した。「ベルトを買え！　ベルトを買え！」同じように、一九六三年のワシントン大行進五十周年を祝う二〇一三年の式典で、黒人映画制作者タイラー・ペリーはこう述べている。「もしズボンを足首まで下げて歩き回ったら、私は愚か者にほかならない」[3]——彼が伝えたのは、そんなふるまいをしては、前の世代の黒人たちが、平等を求める苦闘のなかで払った犠牲が無駄になってしまうということだ。二〇〇八年、当時上院議員で大統領候補だったバラク・オバマは、ＭＴＶの視聴者にこう呼びかけた。「ブラザーたちはズボンを引き上げるべきだ。母親や祖母と歩いているときに、下着が見えているなんて……いい加減にしよう。君の下着なんか見たくない人だっている。私もそのひとりだ」[4]

オバマは腰パンの非合法化は「時間の無駄」だと断言することで、自分の意見に重みをもたせた。しかし、それに賛成しない者たちもいた。同じ年、ミシガン州フリントの警察署長は、「腰パン」は市の治安紊乱《びんらん》行為および公然わいせつ条例に違反していると発表した――それぞれ最高懲役一年あるいは最高五百ドルの罰金の対象となる。[5] 腰パンという社会悪を犯罪行為としたのはフリントだけではなかった。二〇〇七年、ルイジアナ州デルキャンブレでは、故意に下着を見せながらズボンを穿くことが禁じられた。[6] 二〇〇八年、ジョージア州ハヒラでは、ズボンの上端を腰より下げ、肌や下着が見えるように穿くことが禁止された。[7] 二〇一〇年、ジョージア州オールバニー市法務官の報告によれば、ズボンあるいはスカートをヒップから三インチ（七・六センチメートル）より下で穿くことを禁じる法のもと、警察が召喚状百八十七通を発行し、市は三千九百十六ドルの罰金を徴収した。[8] 二〇一〇年、フロリダ州オーパ＝ロッカで腰パンが禁止され、[9] 二〇一一年、テキサス州フォートワースの公共交通局は、乗客が下着や臀部が見える状態でズボンを穿くのを禁じた。新しい政策を伝える標識には、「ズボンを上げるか、別の乗り物を探せ」と書かれていた。さらに二〇一一年には、フロリダ州が公立学校での腰パンを禁じた。二〇一三年には、ニュージャージー州ワイルドウッド市が遊歩道での腰パンを禁じた。そして二〇一六年には、サウスカロライナ州ティモンズビル市は、腰パン禁止の規則違反者には最高六百ドルの罰金を科すと息巻いた。

アンチ腰パンの考え方は、法律の内容はもちろん裁判にも影響を及ぼした。二〇一二年、アラバマ州裁判官ジョン・ブッシュは、被告ラマーカス・ラムジーに対し、訴訟手続き中に腰パン姿だったことを理由に三日間の勾留を宣告した。「法廷で尻を見せたことは法廷侮辱罪にあたる」と裁判官はたしなめた。「釈放されたら、自分に合うズボンを買うか、少なくともベルトを買ってズボンを引き上げ、下着が見えないようにしなさい[10]」

米国自由人権協会（ACLU）はこういったドレスコードに一貫して反対してきた。「ダブダブのズボン姿で公共の場に出ることをやめさせる」イーストバトンルージュ提案に対し、ACLUルイジアナ事務局長マージョリー・エスマンはこう語っている。「議会は……ファッションの解説などしていないで……あらゆる人の権利を守るべきだ……衣服の選択によってではなく、『人格そのもの』によって判決を下されるように……」彼女の主張は、禁止令が「アフリカ系米国人の若者を対象としている」ことを指摘し、「政府がベルトをどの高さにするのかを決定できるようになれば、それ以外の服装や外見のあれこれまで管理できるようになってしまう。何を着るのかは個人の選択……政府が口を出すことではない」というものだった。[11]ルイジアナ州テレボーン郡が腰パンを禁止したとき、ACLUはこう断言した。「特定の衣服の着方を禁ずることは、憲法修正第十四条（訳注／南北戦争後の一八六八年に制定された憲法の修正条項。黒人の市民権を認めた）で保障された自由権の侵害である。政府には……服装を口実に、それ以外には何も違法なことをしていない、罪のない人たちの行動を止める権利はない[12]」

「口実」という言葉を使うことには、法的に重要な意味合いがあった。「口実を作って行動を止めること」は悪名高い取り締まり戦略で、漠然とした疑惑に基づき人を勾留、尋問、捜索するために利用される——さらに、そういった疑惑が人種に結びつけられることがあまりに多い。干渉するもっともな理由がなければ、悪徳警官は言い訳、つまり口実を探し、行動を止めるのを正当化しようとする。市民的自由の擁護者たちから見れば、腰パン禁止令によって、不適切な服装が、それ以外になんの問題もない人たちを攻撃し、犯罪の証拠を探す口実になってしまったのだ。

## ギャング殺害事件の判決の鍵はドレスコード

不適切な服装が証拠そのものになる場合もある。ギャングのメンバーを思わせるもののせいで、それ以外になんの問題もない行動や、わずかな違反行為が、ずっと大きな重罪に結びつけられることもある。たとえば、カリフォルニア州法では、対立するギャングたちが「乱闘」を起こし、死者が出た場合、双方のギャング全員が殺人罪で起訴される可能性がある。その死は彼らが加わった乱闘の「当然の、十分に考えられる結果」と考えられるからだ。ギャングの仲間であれば、殴り合いの喧嘩のようなわずかな違反行為でさえ、重罪につながる可能性がある。鼻を殴ることも、拳が当たる顔が対立するギャングのものなら、致命的な挑発となる。しかし、ギャングたちにはメンバーカードなどなく、名簿も作成していない。そのため、服装がメンバーである証拠になってしまう。

対立するカリフォルニアのギャング集団、スレーニョス（南部人）とノルテーニョス（北部人）の例を見てみよう。どちらも地域の小さなグループがゆるく結びついた集団で、名前からわかるように、それぞれカリフォルニア南部と北部の出身だった。警察と検察官の主張によれば、ギャングたちは、様々なギャングの印を示すことで自分の所属を伝えている。独自のタトゥーやグラフィティ・タギング（訳注／スプレーペンキで描かれた落書きの一種。個人や集団のマークが描かれることが多い）は、電話の局番のようなギャングの支配地域がわかるものがよく取り入れられる。色からもギャングの所属がわかる。青ならクリップスとスレーニョス、赤ならブラッズとノルテーニョスのように。

検察官は、ジャージや帽子も、ギャングの地域や所属するグループの印となるという考えも示してきた。[13] オークランド・レイダーズとサンフランシスコ・フォーティーナイナーズのグッズはノルテーニョスであることを、ＬＡクリッパーズのジャージやドジャーズのキャップは、スレーニョスであることを示している可能性があるということだ。

私の故郷フレズノでは、フレズノ・ステイト・ブルドッグズのフットボールとバスケットの試合のチケットは、ずっと街一番の人気で、ブルドッグは地域の誇りのシンボルだ。ところが最近、そのブルドッグズはカリフォルニアでもとくに規模の大きなギャングのひとつのシンボルになった。二〇一三年、フレズノ郡の地方検事は、そのギャングのメンバー数は三万人にも及ぶと推定した。ブルドッグズのギャングは、チームのジャージ、帽子、マスコットのバッジを自分たちのものとして身につけてきた。ほとんどのギャングと同様、ブルドッグズたちも、仲間以外の誰かが厚かましくも「自分たちの」グッズを身につけていれば、ひどい目に遭わせる。さらに、ノルテーニョスやスレーニョスのようなギャングは、ブルドッグズのグッズを身につけている者は誰であれ、敵かもしれないと考える。そのため、間違った地域で間違ったチームのシャツを着れば、危険な目に遭う可能性がある。二〇〇三年、カリフォルニア州立大学フレズノ校二年のリンゼイ・ホーソンは、フレズノから七十マイル（百十二キロメートル）北にある街アトウォーターでランニング中、着ていたブルドッグズのシャツのせいで、通りかかった車に乗っていたスレーニョスたちに怒鳴りつけられ、脚に向けて発砲された。銃弾は舗装道路に当たり、火花を散らした。また、四児の父親でギャングとなんの関わりもなかったスティーブン・マシエルは、フレズノ校のブルドッグズの赤いシャツを着ていたせいで、二〇一一年、ブルドッグズのメンバーに射殺された。[14] 地域の高校はフレズノ校の衣服の着用を禁止したが、それからまもなく、やはりブルドッグが描かれたジョージタウン・ホヤスのグッズも禁止しなければならなくなった。スポーツ関連のロゴの入った衣服をすべて禁止する学校もあったほどだ。

　検察官たちは、そういった衣服に目を向ければ、ばらばらに見える犯罪行為が、実はもっとずっと深刻なギャング活動の一部であることがわかるという。二〇一五年、ニューヨーク・タイムズ紙の記者ダニエル・アラルコンは、あるギャングの抗争を取り上げた。それはカリフォルニア州のフレズノから北へ車でおよそ一時間の小さな町モデストで、エリック・ゴメスというノルテーニョスの若者が死んだ事件だった。[15] 銃撃の実行犯は逮捕を逃れ、国外逃亡したと信じられていた。検察官たちは別の人物ジェシー・セボーンを殺害の容疑で裁判にかけた。ノルテーニョスたちが死んだメンバーを称えるための壁を、スレーニョスに属するセボーンがタギングで汚したことが、その殺人につながる恐ろしい一連の出来事を引き起こした、というのが検察官たちの見解だった。検察側の主張によれば、まずノルテーニョスたちは、壁にタギングされた仕返しにセボーンを襲った。その後、セボーンは復讐しようとスレーニョスたちと出向き、そのうちのひとりがゴメスを殺害したのだった。しかし検察側は、犯罪現場にセボーンがいたことさえ証明できなかった。彼らにはセボーンが直接手を下していなくても、彼が壁を汚したことと、その数時間後に起こった殺人を関連づける必要があった。その事件の仮説は、スレーニョスであるセボーンは、壁にタギングすることが「弾丸を放つことに相当する」宣戦布告になると理解していたことだ。つまり、ギャングが複数死ぬことは、彼が壁を汚したあとに当然起こり得る結果だった。要するに、この理屈によれば、セボーンは自分で引き金を引いたも同然であり、殺人罪で有罪というのが検察側の申し立てだったのだ。

公判中、検察官たちは陪審員たちにセボーンと仲間たちの写真を数多く見せた。カメラを睨みつけたり、ビールをラッパ飲みしたり、青いジャージを着たりしているものだ。彼らはまさにギャングのように見えた——法的に意味のある事実ではないが、陪審員たちに影響を及ぼしたのは間違いない。そのうえ、青いジャージを着ていることで、自分たちはスレーニョスだと——エリック・ゴメス殺害の責任を負うギャングだと——はっきり示していたのだ。つまり、その場にふさわしくない衣服のせいで、ジェシー・セボーンを殺人罪で刑務所に送ることも可能だったわけだ。

セボーンの弁護人もやはりギャングのドレスコードを利用することで、依頼人の無実を示そうとした。彼が陪審員たちに見せたのは、セボーンと六歳の息子が赤いシャツと短パンを着ている写真だった。「スレーニョスの犯罪に関わるようなストリートギャングだった人物が、息子と全身赤い服を着て写真を撮るでしょうか?」彼は被告側の鑑定人で、元ギャングで刑事事件コンサルタントのジェシー・デ・ラ・クルス博士にそうたずねた。「もちろん撮りません」とデ・ラ・クルスは答えた。デ・ラ・クルスの意見では、セボーンと仲間たちは、「ギャングのふりをする人たち。つまり目立ちたがり屋」にすぎなかった。公判のあと、地域のヘッド・スタート・プログラム(訳注/政府による育児支援。低所得家庭の幼児と身体障害児に予防接種、健康診断などの支援を行う)

に携わるある陪審員が、記者たちに対し、三歳くらいの幼児は、親が所属するギャングへの忠誠心から、「青いホームベースに座ること、赤いクレヨンを使うこと」を拒むといった。彼女が思い出したのは、あるスレーニョスの幼い息子が、「ママにヴァレンタインデーのカードをあげたいけど、それを赤にしたらお尻を叩かれる」と涙ながらに伝えたことだった。[16] 本物のスレーニョスなら、息子に赤色を着せることなどなく、ましてや父親として得意そうに写真を撮ったりしないというのが、彼女が下した結論だった。セボーンの裁判は評決不能陪審として終了した。つまり、ドレスコードは犯罪の証拠にも、無実の証明にもなり得たということだ。

## フーディは犯罪者の制服？

「黒人やラテンアメリカ系の子どもたちの親には、フーディを着せないよう強く勧めています」テレビによく出ている学識者ゲラルド・リヴェラは、ニュース番組『フォックス・アンド・フレンズ』でこんな役に立つアドバイスをしている――黒人やラテンアメリカ系の親たちがこの番組を観ているとは思えないが、そういった考えに共感する視聴者もいるだろう。「トレイヴォン・マーチンの死には、ジョージ・ジマーマンだけではなく、フーディも大きな責任を負っていると私は考えます」[17] トレイヴォン・マーチンは若いアフリカ系米国人で、二〇一二年、フロリダ州サンフォードで自警団員に撃たれ、死亡した。その近辺に住んでいたジョージ・ジマーマンは、雨の夜に外を歩くマーチンを見て、「怪しい」と感じた。[18] ジマーマンはマーチンをトラックで追いかけ、警察に通報した。警察は追跡をやめるようにいったが、マーチンが逃走すると考えたジマーマンはトラックから降り、マーチンの前に立ちはだかった直後、彼を撃ち、死なせてしまった。ジマーマンは、マーチンに襲われたあと、自己防衛で発砲したと主張した。しかしマーチンは武器をもっておらず、その死を調査した警察は彼が犯罪に関わった証拠はないと判断した。マーチンの死に対し、全米から激しい抗議が寄せられ、銃による暴力や人種、自警団による監視についての議論が再燃した。

トレイヴォン・マーチンは死んだとき、フーディを着ていた。そしてリヴェラによれば、そのタイプのスウェットシャツは犯罪行為の象徴だった。[19]

セブン-イレブンに張りついている誰かを見るたび、その子はフーディを着ている。監視カメラで路上強盗を見るたび、あるいは建物の陰で高齢女性から金を奪っている者たちを見るたび、それはフーディを着ている子どもだ。こんな型にはまった格好をすれば、君がまるでギャングのように見えることに気づくべきだ――人びとは君を危険人物だと考えるようになる……（マーチンは）無垢な子どもだった……だが私は確信をもっていえる。もし彼があのフーディを着ていなければ、あの頭のおかしな近所の自警団員は、あんなふうに暴力的で攻撃的なやり方で反応したりしなかった。

リヴェラはビル・コスビーの〈身なりをきちんとする作戦〉の話を繰り返しているが、彼にはかなりの確信があった。フーディを着た黒人の子どもは暴漢のように見える――だからそんな扱いを受けても意外でもなんでもないという確信が。しかしそれだけでなく、彼は、「浅黒い肌の子ども」のいる不安な親という立場からも話していた。彼は自分の息子を「怒鳴った」ことがあった。なぜなら、フーディと腰パンにしたジーンズは、息子を嫌がらせのターゲットにしてしまうからだ。おそらく本人は、単にカッコつけていただけなのだろうが、多くの黒人とラテンアメリカ系の親は似たような結論に達していた。たとえば、サンフランシスコのミッション・ディストリクトの若者たちが、ニューヨーク・タイムズ紙の記者ダニエル・アラコンに、自分たちは赤い服は着ないといったとき、アラコンは最初、スレーニョスに属している少年たちかと考えた。赤はノルテーニョスの色だからだ。ところが、少年のひとりが残念そうにこうつけ加えた。「僕のママも赤を着させてくれないんだ」この少年たちは象徴的な争いに関わるギャングではなかった——彼らは、不安を抱き、我が子を危険から遠ざけようとする親の子どもだったのだ。そしてもちろん親たちは、自分自身を下層階級から距離をおこうとする資本家階級の俗物などではなかった——彼らは間違った衣服を着れば、有罪か無罪か、生か死かに関わる問題になりかねないことを理解する現実主義者だったのだ。

## 名門黒人男子大学のドレスコード

モアハウス大学が学生たちに選ばれるのは、数々の指導者たちを輩出したという素晴らしい遺産があるからだと思われる。[20] だからこそモアハウス大学の学生はキャンパスや大学が後援する行事や活動の際、つねにその場にふさわしい、きちんとした服装をすることを求められる。この方針に従わず、服装がふさわしくないと判断された学生は、授業や大学の様々な会合に出たり、様々なサービスを受けたりすることはできない。不適切な衣服や身なりの例は次のものだが、これに留まらない。

1．教室、カフェテリアなど屋内ではキャップ、スカーフ、フードを被らないこと。この方針は宗教的あるいは文化的服装の一部とみなされる被り物には適用されない。

2．教室や公式のプログラムでは、その使用を裏づける医師による文書がないかぎり、サングラスやサンバイザーは禁止。

3．装飾的な歯列矯正器具（グリルズなど）は恒久的なものであれ、取り外しができるものであれ、キャンパス内や大学が後援する行事でつけないこと。

4．新入生歓迎会、学位授与式、創立者記念日など重要なプログラム、あるいはそれ以外のプログラムにおける、ジーンズの着用は禁止。プロらしいビジネスカジュアル、セミフォーマル、フォーマルが求められる。

5．言葉であれ、イラストであれ、人の名誉を毀損する、人に不快感を与える、あるいはわいせつなメッセージが描かれた衣服は禁止。

6. つねに上半身と下半身を衣服で覆うこと。公共の場での裸足は禁止。

7. 腰パン――下着や下の衣類が見えるほど、ズボンや半ズボンを下げること――は禁止。

8. 公共の場や大学の共用エリアでパジャマを着用しないこと。

9. モアハウス大学キャンパス内や大学が後援する行事では、女性の服装（ドレス、トップス、チュニック、ハンドバッグ、パンプスなど）を連想させる衣服を着ないこと……

モアハウス大学は大勢の著名な卒業生たちを誇りにしている。たとえば、活動家で政治家だったジュリアン・ボンド、米国外科医総長デヴィッド・サッチャー、映画制作者スパイク・リー、俳優サミュエル・L・ジャクソン。そしてもちろん公民権運動を象徴する存在、マーチン・ルーサー・キング・ジュニア牧師だ。キング牧師と同窓である一九四八年の卒業生のなかに、パジャマやハイヒールパンプス、装飾的な歯列矯正器具をつけ、講義やキャンパス行事に行った者が皆無だったことはいうまでもない。

とはいえ、二〇〇九年にモアハウス大学が発表したドレスコードは宣戦布告だった。批判する人にいわせれば、上品ぶっていた。「モアハウスは、もはやインテリ黒人男性すべてにとって安心できる場所でなくなっただけではない。どちらかといえば、ジャケットに合わせてウィンザーノットを結び、カフスボタンを留められる者たちだけの場所になったのだ……。立場にふさわしい服装をするのは、教育水準と変わらず重要であるという理念を推進することは、モアハウスが何十年間も守ってきた権利拡大の遺産を軽視することだ」[21]それは差別的だった。「モアハウスは事実上の制服を作りつつある。それは、上流階級で、性別に基づく決まりに従い、シスジェンダー（訳注／生まれつきの性別と心の性が一致している人）で、異性愛者で、スーツ、ネクタイ、スラックスなど、その人生になくてはならない物を数多く所有する黒人男性を正常な人間とみなし、特権を与えるものだ……モアハウスの管理者たちは恥じ入るべきだ」[22]それは抑圧的だった。「いったん人びとの表現を抑え込もうとすれば、その人たちのユニークさが残らず壊れ始めていき、あなた方はロボットを生産することになる……」[23]それは公民権運動への裏切りにほかならなかった。「その新たなドレスコードの指針は……モアハウスの誰よりも著名な卒業生であるマーチン・ルーサー・キング・ジュニア牧師が、かつて世に知らしめた予言的な理想を驚くほど後退させるものだ……博士は肌の色（あるいは拡大解釈すれば服装）という見かけの虚飾ではなく、『人格そのもの』によって……人間が評価される政治構造の夜明けを予言していた」[24]

ドレスコードは二十一世紀のジム・クロウ法なのだろうか？　なるほど、厳しいドレスコードは大学という環境のなかでは時代錯誤でしかない。幼稚園から第十二学年（高校三年）までの多くの学校や、多くの雇用者がドレスコードを強要する一方、多くの人にとって高等教育は、子ども時代と実社会の間にある、特典つき幕間劇のような、親の干渉やプロとしての責任から逃れ、いろいろなものを試すことができる時間だ。一九六〇年代の反体制文化が起こした大変動以降、大学生たちは伝統や過去のしきたりを、行動を制限するもの、排他的なものとして抗議した。それに対し、多くの大学は数々の伝統的なルールを廃止することで応じた。門限や付き添いつきのダンスパーティが、キャンパスの寮やフラタニティ・ハウスの芝生でのビールコンパに取って代わったように、ドレスコードも新しい形式張らない服装に道を譲った。

しかし、モアハウスは例外だった。従来の服装規定という規律を残した、ほんの一握りの大学のひとつだった。[25] 実をいえば、モアハウスはもっと重要な点で妥協しない存在だった。それは米国で四つだけ残った男子大学のひとつだったことだ。[26] ヴァージニア州リッチモンド近郊にあるハムデン＝シドニー大学もそのひとつで、モアハウスと同様、自己表現を重視している。どの学生も、「To Manner Born to Manners Bred—A Hip-Pocket Guide to Etiquette for the Hampden-Sydney Man（生まれつきの礼儀作法、身につけた礼儀作法——ハムデン＝シドニーマンにエチケットを教えるポケットガイド）」を配布される。そこには紺のブレザーやシアサッカースーツから、もっと格調の高い正装まで、服装に対するアドバイスも数ページにわたって書かれている。「一族に伝わるタータンで仕立てた礼装用ズボンは素晴らしいものになる」[27]

ほんの少し前まで、多くの大学が全人教育を目指し、そこでは学問の習得は文化変容（訳注／先進的な文化や異文化に適応すること）という大きな教育過程の一部にすぎなかった。そういう大学の大半が男子校だったのは偶然ではない。「ハーヴァードマン」「プリンストンマン」といった古めかしい呼び名はその名残だ。ハムデン＝シドニーとモアハウスはこの全人教育を守ってきた。ほかの大多数の大学が国際的な出世第一主義に向かうなか、彼らは独自の文化を築き上げようと努めている。こういった大学を特徴づけているのは、資本家階級の男らしい美徳という理念だ。ハムデン＝シドニーの行動規範がどの学生にも求めるものが、「いかなるときも紳士としてふるまうこと」であるのに対し、モアハウスが学生たちに求めるのは、きちんとしたふるまいと服装をすることで、「多くのリーダーたちを生み出してきた優れた遺産」に恥じない生き方をすることだ。

　モアハウスのドレスコードは「排他的」だと批判する人たちは、ある意味、当たり前のことをいっているだけだ。男子校であるモアハウスは、誰はばかることなく、人類の半分を排除している。歴史を誇る黒人大学として、その残り半分のうちのわずかなマイノリティに合わせたものを提供しているのは明らかだ。その歴史的な使命は、黒人コミュニティのリーダーになる意思と能力がある男性たちに、その活躍の場をさらに絞り込ませることだった。

　もちろん、モアハウスのドレスコードに対する反対意見には、もっと辛辣なものもあった。ただ排他的であるだけでなく、偏狭だというものだ。それは、ドレスコードのなかに、モアハウスのキャンパスに現れた少数だが非常に目立つ異性装グループへの対策と思われるものがあったからだ（彼らがトランスジェンダーなのか、女性だったのかはわからない）。彼らは「ザ・プラスチック」と自称していた――二〇〇四年の映画『ミーン・ガールズ』のファッショナブルな若い女性たちのグループに由来する名前だ。ヴァイブ誌は「モアハウスのミーン・ガールズ」というタイトルの記事でそのことに触れ、「メイク、マークジェイコブスのトートバッグ、とてつもなく高いハイヒール、ビヨンセ風のヘアピースで決めた、性別のわからない者たちの小さな集団」と説明している。[28] 記事は拡散され、大学管理部にとって残念なことに、ほんの十五分ほどで、「ミーン・ガールズ」はモアハウス大学の対外的な顔として有名になった。さらに、モアハウスの学生支援部門の副委員長ウィリアム・バイナムによるこんなコメントが、偏見ではないかという懸念に油を注いでしまう。「当大学では、ゲイのライフスタイルを実践している五名の学生について協議を進めています。そのライフスタイルのせいで、彼らは私たちがモアハウスの男性がするとは思わない服装をしています」[29]

バイナムは、ドレスコードはゲイの男性を標的にしていないと主張した。「モアハウスはゲイの学生たちを全面的に支援しています。この（ドレスコードの）対象は彼らではなく、学生全員なのです」

モアハウスは、ドレスコード導入前にキャンパスのLGBTQ組織「セイフスペース@モアハウス」に助言を求めている。当時のセイフスペースの共同代表は、ドレスコードは別にして、モアハウス全体は、「ゲイの学生の平等については以前より力を入れていた。僕はゲイであることを隠さない学生として、入学を許されたことをいま幸運に思っている」と語った。[30] そのドレスコードにもっと声高に異論を唱える者のなかにさえ、それはゲイに対する偏見に基づいたものではないと考える人もいた。たとえば、ドレスコードを「驚くほどの後退」「問題のある管理部門から注目を逸らそうとする怠惰な試み」と非難したモアハウス卒業生も、「その方針がゲイの男性だけに向けられたものと推測するのは不当だ」と述べている。むしろ、彼にいわせれば、その標的は「女装して自分を表現することにした、一部のゲイの男性たち」だった。[31]

とはいえ、トランスジェンダーの権利運動を二十一世紀の社会正義運動と捉える人たちにとって、そのドレスコードは公民権運動に関わってきたモアハウスの遺産に対する裏切りだった。そして多くの人たちにとって、スカーフ、キャップ、サンバイザー、「グリルズ」を禁じるドレスコードは、世間に疎い資本家階級の道徳観を映し出しているように思えた。さらに反対意見の背後には哲学的な信念があった。それは個人に与えられる機会は、外見ではなく、内側に備わった美徳によって決まるべきだという考えだ。モアハウスの学生は、人格そのものによって評価されるべきであり、クローゼットの中身によってではないのだ。

しかし、そのドレスコードには支持者もいた。ウェブニュース〈ザ・ルート〉のコラムニストが、それはモアハウスの組織としての使命の一部だと論じたのだ。「もし『何をしても許される』というのが進歩の印なら、私は仲間に入れないでほしい。はっきりいって、私はドレスコードの大ファンだ……たしかに……私たちのコミュニティの（ミーン・ガールズ）には、なんの制限もなしにありのままの自分になり、栄光に包まれる居場所が必要だ。だがモアハウスには、そういった場所のひとつになる義務などない……」[32] 支持者たちにとって、モアハウスのドレスコードは、日曜の晴れ着による行動主義という公民権運動の伝統を反映したものであり、ハーヴァードで教育を受けた上品なW・E・B・デュボイス（訳注／アメリカの社会学者、社会主義者、歴史学者、公民権運動家。全米黒人地位向上協会創立メンバーのひとり）、そして当然ながら、マーチン・ルーサー・キング・ジュニア牧師によって体現されたものだった。公民権を求める者たちは、晴れ着を着てランチカウンターに座り込み、デモ行進をした。彼らはそんな服装をすることで、人種差別主義者の固定観念を目に見える形で否定した。身なりの立派な黒人は服装を利用し、黒人は無知で怠惰でだらしないという、人種差別主義者が抱くイメージを混乱させる装いによって、視覚的、直感的レベルから生まれる人種差別主義を退けたのだ。

## ジャケットとネクタイで地位を守る

私の父はモアハウスの卒業生ではないが、そのドレスコードには部分的に共感したかもしれない。教育者、ソーシャルワーカーとして、不正行為を覆し、不運な人の運命を上向きにすることに人生を捧げた。長老派教会の聖職者だった父は、自分自身に最高水準の倫理と道徳を課していた（残念なことに、我が子たちにもそれを課すこともあった！）。さらに国際的な大学教授でもあった父には柔軟性があり、多様性のある生き方を認めていた。

父は一時期、仕立屋としての訓練を受けたこともあった。当時、向上心に燃える黒人知的専門職たちが熟練を要する職を身につけておくのは当たり前のことだった。それは精神修行であると同時に、人種差別のせいで志望する職業に就けない場合の備えでもあった。そのおかげで父は上質な布地を見分けることができ、いつも粋な服装をしていた。身なりでその人がわかると思ってはいなかったが、服装が、いい意味でも悪い意味でも、自分に与える影響は認めていた。だからこそ、父は毎日、ドレスシャツ、ネクタイ、ジャケット姿で仕事に行った――粋な格好をするのを楽しみ、少々の虚栄心もあったのだろう（私もそれを受け継いでしまったらしい）。カリフォルニア州フレズノの、人を干からびさせるような暑い日だろうと。同僚たちは明らかにもっとカジュアルな服装をしていようと。

「外は三十八度だよ――どうしてジャケットを着るの?」と私はたずねたものだ。

父は決まってこう答えた。「これがプロの仕事着だからだよ」

「でも、ほかの教授たちは誰もジャケットなんて着てないわ。学部長にも着ている人はいないでしょう。学長でさえ、今日はきっとジャケットなしですよ」と母もいった。

「それは彼らの勝手だ。人間は他人の行動によって自分のことを決めてはいけない」と父は答えたものだ。父がそんな言い方をするとき、その意見は傍らにいるわが子への忠告でもあった。

人種の問題は、この会話のずっと下に隠れていたわけではなかった。一九七〇年代は人種間の関係がとくに進んでいた時代ではなく、フレズノは父の生まれ故郷、アラバマ州バーミンガムから遠く離れてはいたが、父が職場で遭遇する反応のなかにはお馴染《なじ》みのものもあった。父はカリフォルニア大学フレズノ校で初めての黒人学部長であり、教員たちも、学生たちも、少なくとも最初のうちは、そのことを父に身にしみて感じさせたのは間違いないだろう。父が不満を口にすることはなかったが、しばらくは苦しい思いをしたに違いない。あのジャケットとネクタイは鎧だったのだ――地位を守り、主張するための。父はその建物にいるどの用務員とも親しく接していたが、そのひとりだと見間違えられるはずがなかった。これは白人の同僚たちには心配する必要のないことだったから、父が慎重に服装を選んでいた理由のひとつはそれだったのかもしれない。父は服装がメッセージを伝えることを理解していたため、暑いからといって服装を変えたりしなかった。

とはいえ、何より重要な動機はもっと個人的なものだったと思う。ジャケットとネクタイを身に着けると本来の自分でいられた――その洗練された組み合わせが、厳しい気候による不快さを上回る安心感をくれたのだ（それに着ていたのは半裏地つきの、シルクとリネン混紡のスポーツジャケットだった――暑い日に同僚の多くが着て、脇に汗染みをつくっていたであろう、耐久プレス加工の半袖ドレスシャツより通気性がよく、涼しくすらあった）。

父は地域のまとめ役でもあり、『市民運動の組織論』の著者ソール・アリンスキーの僚友であり、E・フランクリン・フレイジャーの聡明な弟子だった。父が生きていれば、コスビーの「パウンドケーキスピーチ（訳注／既出のブラウン事件判決五十周年記念式典でのスピーチのこと。パウンドケーキを盗もうとして射殺された黒人のことを批判的に話した）」を嫌ったことだろう。父は貧しい人たちをその不運のせいで非難する人たちにはうんざりしていた。「私たちは公民権のおかげで得たチャンスを生かそうと意気揚々としていたのに。運をつかめた者は多くなかったんだよ」と父はよくいっていた。しかし、人間は独力で這い上がるべきだと考えていなかったとはいえ、ズボンは自分で引き上げ、できるだけよい印象を与えるべきだということには賛成しただろう。

## 人格は肌の色よりわかりにくい

モアハウスは昔の伝統、黒人大学の特色を維持しているが、そういった大学が目指していたのは、ふるまい、エチケット、服装の授業を含めた全人教育を提供することだった。多くの大学が全人教育を目指していたのはそれほど昔のことではない。そこでは学問の習得は、文化変容という大きな教育過程の一部にすぎなかった。そういった教育は必然的に議論の的となる（文学、歴史、哲学、法曹倫理といった、現代の教育の人文主義的な研究のどの分野も同じ状況にある）が、とくに大学に入るまで、そんなことはまったく知らなかった学生たちには有益だ。モアハウスのドレスコードを批判する者たちは、当然ながら、それがエリート主義であることを不安に思った。それが後押ししているものが、資本家階級の理念、スーツ、ネクタイ、スラックスなど、人生になくてはならない物を数多く所有する、黒人男性の資本家階級的な理念だったからだ。だが、もしかすると、そこが重要なのかもしれない。モアハウスが、学生の一部にとって馴染みがなく、窮屈な思いをする服装を求めたのは、学生の大半が入りたがっている知的専門職の世界にある成文不文のドレスコードを、卒業生全員にとって馴染んだもの、違和感のないものにするためだったのだ。

ある意味、モアハウスは、かつては高等教育では当たり前のものだった、ある種の人格教育をつづけてきただけだ。たとえば、一九六五年、エール大学には二十条項からなるドレスコードがあり、白、クリーム色、紺一色のコットンパンツ、ストライプのボタンダウンシャツ、コインローファー（訳注／ストラップの切り込みに硬貨をはさむことができる靴）、加えて公式の場のためのダークカラーのスーツ、そして「レストランでデートするときのための」スポーツジャケットとネクタイを勧めていた。「過度に凝ったデザインあるいは……派手なパターンのジャケット」は避けるように注意し、セーターを選ぶときには、「オーソドックスなスタイル」の「チャコール、グレーあるいはオリーブ色の混紡糸」のものにするようアドバイスしていた。さらに「黒……ニットネクタイは欠かせない」[33]と強く勧めている。

今日、米国の一流で排他的な高等教育機関――ニューイングランドのアイヴィーリーグとその有名なライバル校、私の母校で職場でもあるスタンフォード大学もそのひとつ――の大半にそのようなドレスコードはない。学生にドレスコードは必要ない。過半数が特権階級出身のため、服装が象徴的に表すものをほとんど直感的に理解しているからだ。シェイクスピアが考え出し、その数世紀後にハムデン＝シドニーが取り入れた表現どおり、彼らは「生来その風習に慣らされている」。しかし、慣らされていない少数の者たちは、初めての職探しの時期につらい思いをすることがある。毎年、秋の採用シーズンがくると、会議室前の廊下を学生たちが不安げに歩き回っている。会議室では一流法律事務所が、誰もが望む夏のインターン生を選ぶ面接を行っている。その大半の服装は、予想どおり、生真面目で地味だ。なぜなら、それこそ求められているものだから。ごく少数の学生がわずかなチャンスを手にする理由は、その者の能力もあるが、控えめな上品さの範囲から逸脱しない身なりをしているからでもある。

けれども、毎年、悪名高い偏狭な法律専門家の規範に合う、洗練されたプロらしい身なりができない者たちが何人かいる。彼らはもみあげが長すぎたり、スカートがタイトすぎたり、スーツに光沢がありすぎたり、ネクタイが派手すぎたりする。私は大手法律事務所で働いた経験から、そういった細かい部分が、それさえなければ文句なしの履歴書の価値を下げかねないことを知っている。サンフランシスコのある有名な法律事務所で、一年目のアソシエイトとして何度か働いたとき、私はダブルのスーツを着るというミスをした。それは上品で控えめなスーツだったけれど、それでも……。私がいた業務グループの責任者だったパートナーは、そのスーツのことを、何度かこうコメントした。「素晴らしいスーツだな」そのほのめかしに気づいた私は、そのスーツを夜の外出用——あるいは人生のパートナーができたときのために取っておくことにした。面接官がどんなに包括的に、平等に評価しようとしていようと、服装にわずかなミスがあれば、極めて重要な印象に悪影響を及ぼすかもしれない。

こういった学生たちに、教育者でメンターでもある私がすべきことはなんだろう？　モアハウスのドレスコードに対する反応から理解すべきなのは、どれほどよかれと思って助言しても、それが素直に受け取られるとは限らないことだ。だから、私は何もいわないでおく。しかし、そんなふうに黙っていることがエリート意識や独善を映し出すのではないか、さらにどんな厳格なドレスコードより陰湿なのではないかと不安になる。スタンフォードの大半の学生たちは知的専門職がいる環境で育った――つまり、彼らにはプロらしい規範を教わる必要などない。けれども、それでは、教わる必要があるかもしれない少数の学生たちを置き去りにしてしまう――「恵まれない生い立ち」や「過小評価された集団」の学生たちがスカウトされ、就職できれば、私たちもうれしいが、現状では、一生役立つ知識は自分で身につけさせるようにしている。それに比べ、モアハウスは、ほとんどの歴史ある黒人大学のように、社会的地位を上げることを大学の使命の重要な部分としている。意図的に教化と社会化――ほかの多くの大学では当然と思っているもの――に焦点を合わせている。モアハウスのドレスコードにある規制のいくつか――とくに性同一性に関する項目――には不安を感じるとはいえ、それは単なる偏見やエリート主義ではないと思う。そこには問題があるとしても、学生たちに不快な思いをさせまいとする良心的な取り組みらしい。そうしなければ、彼らが人種差別がもたらす避けようもない不利益だけでなく、ふさわしい服装や身だしなみをすれば避けられる不利益まで被ることになるからだ。

公民権運動の決定的な理念は、人間は肌の色ではなく、人格そのものによって評価されるべきというものだ。残念なことに多くの判断が一瞬の第一印象に基づいてなされ、人格は肌の色ほどすぐわかるものではない。有色人種は、洗練された作法、説得力のあるスピーチ、品行方正さ、博学さを伝えるチャンスすらもらえないこともめずらしくない。しかし、服装の規範を理解していること、それに従う意思があることは、誰でも伝えられる。成功するための服装に関するどの論文からもわかるのは、これが大きな違いをもたらすことだ。これは、少々のことは大目に見てもらえる人種の者たちにとっても同じだ。人種差別主義者に侮辱されながら働く者たちも、そうすることで達成の見込みのない目標を、努力次第で得られるチャンスに変えられる。これこそ、服装とドレスコードが、人種間の平等を求める苦闘の驚くほど重要な一部となってきた理由だ。

今日、多くの活動家たちが、〈身なりをきちんとする作戦〉という言葉を、嘲り言葉、紳士気取りの同義語、恵まれない人たちに対する侮辱として使っている——二十世紀中期の黒人資本家階級に対し、フレイジャーがした批判の二十一世紀ヴァージョンである。しかし、それは、その表現を考え出した人が意味したものではない。ハーヴァード大学の歴史家イブリン・ブルックス・ヒギンボサムが初めて〈身なりをきちんとする作戦〉という概念を使ったのは、一九九四年の著書『Righteous Discontent: The Women's Movement in the Black Baptist Church, 1880-1920（当然の不満——一八八〇～一九二〇年の黒人バプテスト教会における女性たちの運動）』だった。それが示していたのは、見た者たちが敬意を抱かずにはいられないほど、激しく、断固とした、威厳ある政治的行動主義のことだった。ヒギンボサムは、立派なふるまい——そして服装——をすることで敬意を求めた公民権運動家たちのことを書いた。彼女はあるインタビューで、〈身なりをきちんとする作戦〉について、広まっている誤解を正した。[34]

過去に戻って一九五〇年代にいる自分を思い描いてください……あなたは裏口を通らねばなりません。当時はリンチもありました。外の社会のありとあらゆるものが、お前は劣っている、尊敬に値しないと教えます……公民権運動の行進をした人たちを思い出してください……そこを歩く人びとは日曜の晴れ着を着ているのが見えるでしょう。でも、彼らは法律に公然と反抗していますね？……白人のチンピラたちがやってきて、彼らにコーヒーを浴びせたり、罵ったりしているのが見えます。世の中はその光景から、どちらが立派なのか判断します……彼らはきちんとしていると思われたかった。なぜなら彼らは人びとに自分たちを見て、こういってほしかったから。「あそこにいるのは、立派な人たち……彼らの主義主張は、私たちも共感できるものだ」……（そこには紳士気取りもなければ、上流階級の仲間入りをしたいという願望もなかった）。ファニー・ルー・ヘイマー（訳注／米国の市民活動家、公民権運動家。ミシシッピ州による黒人人口削減政策に基づき、同意なく子宮を摘出された）がおしゃれな服をもっていたと思いますか？　けれども、彼らは自分の人生は尊敬に値すると信じていたのです。

活動家で哲学者のコーネル・ウェストも、活動家サークルや大学の同僚の大半とは違い、いつもスリーピースにネクタイを身につけることで、同じように服装と自尊心との結びつきを主張していた。[35]

W・E・B・デュボイスは、ヴィクトリア朝風のスリーピースを着て、そのヴェストに鎖つき懐中時計をつけることで……知識階級の職業意識に威厳を加えていた。（それに比べ）最近の黒人知識階級の大部分が着ている、みすぼらしい衣服は、学問の世界の壁の裏側で完全に忘れられた自分の立場と、米国の文化と政治という広い世界で感じる無力さを象徴していると考えていいだろう。

## ブラックライブズマターのデモには「日曜の晴れ着姿」で

二〇二〇年春、その年に起こった警官によるアフリカ系米国人数名の恐ろしい死をきっかけに、全米で人種間の平等を求めるデモ行進と抗議運動がわき起こった。抗議者の大半はソーシャルメディアによって団結していた。その多くが、無意識のうちに怒りと悲しみをあふれ出させていた。あらゆる階層、そして注目すべきことにあらゆる人種からなる抗議者たちが、米国だけでなく、世界中で通りに繰り出した。彼らが求めていたのは、人種差別の撤廃、警官の暴力の犠牲者たちに対する正義の実現、そして警察の組織改革だった。そこにドレスコードはなかった。参加者たちは自宅からそのままの格好で出てきたため、服装の多様性が急速に広がる運動の多様性を映し出すことになった。そのことを、ワシントン・ポスト紙のファッション批評家ロビン・ジヴハンはこう評した。「行進する大衆の装いにまとまりはないが、こういった映像から心の深い部分で響き合っているのがわかる。人間をつなげる方法は無数にある。きちんとした身なりというゲームをするための衣装を着ている人などいない[36]」

ところが数週間後、それが変わり始める。二〇二〇年六月四日、その年の少し前にミネアポリスで警官に殺害されたジョージ・フロイドに敬意を表するための、ニューヨーク市のデモ行進に参加した人の大多数が、敬意の印としてきちんとしたスーツとネクタイを身につけていたのだ。六月十四日にトランスジェンダーのアフリカ系米国人——日常的に警官から虐待を受ける集団——を支援する群衆がブルックリンに集結したとき、彼らは全身白ずくめだった。そして、サウスカロライナ州コロンビアでは、あるグループが人種間の平等を求め、六月十四日の行進を組織すると、抗議者たちは「着飾った日曜の晴れ着姿」で到着した[37]（口絵13）。おそらく、こういった新たなドレスコードが生まれた理由のひとつは、活動家たちが信念だけでなく、服装の統一に必要な規律も備えていることも示したかったからだろう。服装がまとまっていないことは活動の幅の広さを象徴する一方、そこから中央集権的な組織化の不足がわかるため、長期的な影響力を弱める可能性があった。社会学者ゼイネプ・トゥフェクチ——トルコにおける抗議運動の参加者であり研究者——が気づいたのは、ソーシャルメディアを介して素早く組織化された分散的な抗議活動には、過去、組織化がもっと時間を要する骨の折れる作業であった時代の、同じような抗議活動ほど、影響力がなかったことだ[38]。

一九六三年のワシントン行進には……運動を立ち上げ、行進を考えるところまで辿りつくのに十年かかり、それを組織化するのにさらに半年かかった……権力者がそれを見たら、こう考えるだろう。「ここまでできるなら、彼らには後方支援も備わっている。組織化能力もある。集団としての意思決定能力もある……」

（それに対し、ソーシャルメディアで組織化された最近の抗議活動では）結集するのが非常に素早い。ご存じのとおり、情報はフェイスブックの投稿から手に入る……かかる時間も、参加者を集める能力も、一九六三年の行進とはまったく違う。けれども、活動自体は同じように見えても、権力者に同じことを伝えてはいない。なぜならデジタル技術は……人の足にバネを取りつけるようなものだから……(しかし)それでは、次の行動に進まなくてはならなくなったとき、必ずしもそうできる筋力が備わっているわけではない。

フェイスブックやツイッターが出てくる前の時代に戻ることはできない。とはいえ、ドレスコードによる象徴的表現を利用すれば、過去の極めて重要な社会運動が備えていた規律と組織力を示すこともできるのだろう。

サウスカロライナの行進で見られた日曜の晴れ着は、一九六〇年代の行動主義の特徴だった地味な資本家階級の服装とはまったく違っていた。エレクトリックブルー、チェリーレッド、くすんだローズのスーツが、青やグレーに取って代わっていた。ある若い女性はショッキングピンクのシフォンのミニドレスに、ライムグリーンの五分刈りの姿を見せびらかし、そこにはアン・ムーディ等、昔の活動家たちが身につけた上品なスカート、アイロンでプレスした髪、パールのアクセサリーはなかった。サウスカロライナの行進は、過去の公民権運動の指導者たちに敬意を表してはいても、その表現方法は現在のものだった。その行進のまとめ役のひとり、エディ・イーデスが語ったように、「若いアフリカ系米国人男性として、自分と同じ肌の色をした立派な身なりの人を見たことから、力をもらいました。彼のふるまい、動き方……いつの日か歴史の本のなかに……僕が公民権運動の写真を見たときのように、どこかの若者がそれを目にして、こういうのかもしれない。『これは僕たちの今の姿であり、過去の姿でもある』」[39]。新しい世代のアフリカ系米国人の活動家たちはファッションを利用し、軽蔑的な固定観念を退けただけでなく、資本家階級のステータスシンボルを盗み取ることで、「きちんとした身なり」の資本家階級の地位に歯向かった。つまり、服装の固定観念からの逸脱は、社会的、政治的制約を拒否するという合図だったのだ。

十九〜二十世紀において、最も意味深く、影響力のあった政治運動の一部は、人種間の平等を求める苦闘によって生命を吹き込まれた。そういった運動では服装とドレスコードを工夫して利用することで、古いステータスシンボルを作り変え、服装が示す権力の印を一変させ、個性を築き、表現する新しい様式を生み出した。疎外された集団は、ファッションの刺激的な力を利用することで、社会的階級に挑み、平等と正義の大胆で新しい理想を前進させた。日曜の晴れ着姿の堂々としたアフリカ系米国人、派手なズートスーツ姿の反抗的なパチューコ、タートルネックセーターと革コートのおしゃれな黒人急進派の誰もが、敬意と公正さを求めるコミュニティの代表として、また唯一無二の個人として、自分の存在を主張した。自己成型は、服装がもつ社会的、政治的な役割から切っても切り離せなかった。個人に関わることは政治に関わることでもあったからだ。二十世紀中期の公民権運動が、その後の数十年間の尊厳と平等と自尊心を求める新たな苦闘につながっていったとき、新しいドレスコードが大切な伝統を生き返らせ、かつてないほど古い慣習に楯突《たてつ》いたのだ。

# 第4部
# 政治と個性

PART FOUR: POLITICS AND PERSONALITY

---

ファッションとは
日常の現実を切り抜けるための鎧だ。

——ビル・カニンガム

かけがえのない存在になるには、
つねに人と違っていなければならない。

——ココ・シャネル

＊
＊
＊

## 個性を創り出す一九六〇年〜現在

一九六〇年代の文化の大変動は、西欧諸国において、衣服の周囲にある可能性、習慣、法律を根本的に変えた。一九六〇年代の反体制文化は、普段着として大量の新しい衣服を取り入れた。デニムの作業服とブーツ、アジアやアフリカや北米先住民族の本物の伝統あるいは想像した伝統に由来する、どことなく異国風の衣服といったものだ。二十世紀の最後の数十年間、こういったスタイルは反体制文化の片隅から主流へと移っていった。その結果、衣服を着た人の個性が、それまでよりも受け入れられやすくなっただけでなく、そこからその人の信頼性と誠実さが伝わると期待された。

とはいえ、ドレスコードは生き残った。それは高校生や飛行機の乗客、レストランの客だけでなく、レストラン、ホテル、コーヒーショップ、小売店、投資銀行、法律事務所で働く無数の従業員の服装を規制している。さらに不文律のドレスコードは、相変わらず気づかぬうちに蔓延している。それには狂信的な幻想のなかで想像されるような、女性は「女らしい服装」をするべきという無遠慮な期待もあれば、シリコンバレーの反俗物主義者の捉えにくい厳格さもある。しかし実際には、ドレスコードがなくなれば、服装に基づいて人を判断することがこれまで以上に正当化される。なんの制約もなく服装を選べば、そこに映し出されるのは、個人の好み、分別、性格だけのように思えるからだ。二十世紀後期および二十一世紀初期のドレスコードが、成文不文に関係なく表しているのは、服装を地位、性別、権力を示すために利用しようというお馴染《なじ》みの試みと、広く浸透しつつも用心深く保護された、人の個性を表現する権利との間の衝突だ。

＊＊＊

# 第13章 女らしい装い方

——パーソナルベスト：梳かした髪、カールあるいはセットした髪、口紅、ファンデーション、アイライナー、頬紅、うさぎの耳とサテンのタイツ、ハイヒール

——やりすぎ：露出させた鎖骨、ヨガパンツ、ミニスカート、スリムジーンズ

——法曹界の女性たちについて：スカート、ストッキング、メイク、襟ぐりを深くしない、女性用モーニングスーツ

二十世紀を通して、性別に基づく規範が変化したことが、二十世紀全体のファッションにおける非常に重要な発展の一部、およびドレスコードの非常に攻撃的な使い方の一部につながった。女性解放運動に刺激を受けた二十世紀後期の女性たちは、それまで男性だけのものだった、社会的、経済的、政治的特権を強く求めた。彼女たちの服装は新たに手にした自由を映し出していた。新しいスタイルは、前例のない創造力で昔の服装の象徴を再利用し、新たに組み合わせたものだった。二十世紀後期の西洋の女性たちは――資産家のお嬢さまであれ、有望な若き知的専門職であれ、低賃金労働者であれ――従来の女らしい衣服、伝統的な男らしい衣服、最新の西洋風ドレスに、東洋文化、古代社会の

衣服、未来の空想上のファッションのアイテムを自在に組み合わせた。しかし、政治的平等化と自己主張を切り離すことだけはできなかった。昔のフェミニストのスローガンにあったように、ここでも個人に関わることは政治に関わることでもあったからだ。

女性たちの服装の解放は、フラッパーの体にぴったり合う衣服から始まり、二十世紀を通して断続的に進み、一九六〇年代の反体制文化のなかで新たな勢いを得る。アメリア・ブルーマーやエリザベス・キャディ・スタントンといった女性たちの先駆的な努力の後を追った第二波フェミニズム運動は、雇用、政治、社会生活における平等という発展期のテーマを拡大させていく。同時に性革命も、従来は男性の社会的特権だった個人の満足と女性の自己主張を重視したジャズエイジを引き継いだ。しかし、フラッパーの理念だった、このふたつの要素を表すドレスコードは、ますます折り合いのつけにくいものとなった。女性たちが職場での平等、政治的な平等を手に入れるには、〈男性による華麗な衣装の放棄〉以降の男性たちと同じように、控えめな表現をしなければならないが、性の解放は官能性の表現を意味していたからだ。その結果、大勢の女性が仕事に就き、社会的、政治的な平等を求めると、その多くが辻褄の合わない要求に直面することになる。プロとしての責務を果たし、男性のように主張しつつ、女らしい弱々しさとセックスアピールも表せという社会的圧力だ。男女の平等の観点からすれば、これではハイヒールで三歩進んでは二歩下がるようなものだった。女性たちはやっとのことで、〈男性による華麗な衣装の放棄〉以来、男性だけのものだった特権的な服装による表現のいくらかを手にしたというのに、いまだ社会が許す程度の女らしさを伝えるために、何であれ残っている女らしい特徴を強調しなければならなかった。それは、フラッパーたちがショートヘアと男仕立ての衣服に、派手なアイメイクとキューピッドの弓の唇を合わせて、バランスをとっていたのとほとんど変わらない。ある意味、人目を引くほど飾り立てる女らしさを見せろという要求は、以前ほど厳格ではないものの、相変わらず顕著だった。さらに、依然として残る女らしさの見せ方が過去の世代と比べ、大げさになりがちだったため、色気で誘惑する女性の狡猾さという昔ながらの批判も招いた。

法律、職場の規則、社会の慣例が、こういった矛盾を成文化していった。その一方、休むことを知らないファッションの創造的なエネルギーは――街の通りであれ、ショッピング街であれ、オートクチュールの高級服飾店であれ――服装の性別に基づく意味を動く標的にした。しかし、男女どちらも、政治と個人両方にかかわる古くさい束縛に抗った。ファッションが社会正義および自己実現のどちらにも関係するものとなっていたからだ。その結果できた新しいドレスコードは、新たなスタイルを定着させ、過去のファッションを再定義し、刻々と変化していく当惑するほど膨大な数の服装の意味を生み出した。女性たちはこういったドレスコードを多種多様なやり方で受け入れ、それを拒絶し、切り抜けた。けれども、こういった新しいスタイルはすべての人を喜ばすことはできなかった。新たな女性の理想として期待されるものは、古いものと同様、執拗につづく規制の正当化理由ほど明確なものではなかった。そして、女性の仕事と同様、女性の衣服も明確なものになっていなかったのだ。

## 女性の成功は服装で決まる？

一九六七年の著書『How to Dress for Success（成功するための服装）』のなかで、ハリウッドのコラムニスト、ジョー・ハイアムズと、伝説的な映画衣装デザイナー、エディス・ヘッド――オードリー・ヘップバーン、グレース・ケリー、ジンジャー・ロジャース、エリザベス・テイラーといった女性たちのファッションの背後にいた創造力豊かな人物――は、雇用市場と結婚市場はどちらも男女間の戦場であると説明している。そこでは適切な服装こそ女性の鎧であり、秘密兵器だった。[1]

あなたがどの分野での成功を目指しているのであれ、勝敗は服装と外見で決まる……あなたの美徳、長所、魅力、才能、優しい心は、飛び抜けて優れているのかもしれない……あなたの家族も、友人たちも、あなたのことを、アダムの妻イヴ以降に生まれた誰よりも素晴らしい存在だと思っているのかもしれない――しかし、イヴには強みがあったことを思い出してほしい。彼女はたったひとりの女性で、ライバルなどいなかったのだ。

『成功するための服装』が女性たちにアドバイスしているのは、衣服の選び方だ。それは、自分の姿を引き立て、配偶者あるいは未来の配偶者の好みと調和し、自信を感じさせても上司より目立たず、自分の肌と髪の色に合うものを選ぶというものだった。さらに職場や社会生活では、流行のものや派手なものを避けるよう注意している。[2]

メイク、ヘアスタイル、スカートの丈、色合いを極端なものにしては、ひんしゅくを買いやすい。

面接官はこう考えるだろう。「この人には完全にお手上げだ――彼女はあらゆる点でやりすぎだ」

青年たちは、美術館やナイトクラブ、あるいはある種の雑誌の表紙を飾る裸のヴィーナスの魅力に目を奪われはしても、彼らが結婚する相手は、カバーガールよりむしろ体にカバーをかけた若い女性だ。

この本では、それぞれの容姿に合わせた対処法や注意点をアドバイスしている。「夫をしっかり捕まえておく方法」というタイトルの節では、よくない例として、新婚カップルに人気のリゾートホテルで見た光景を取り上げている。「花嫁は誰もが、日中、ヘアカーラーをつけていた……まるで人類が火星人に侵略されたかのようだった……奇妙で、見た目が悪く、愚かで、醜い生き物たちがそこら中にいた――そしてすでに苦痛を感じ始めた気の毒な配偶者たちは、侵略された者のように怯えた様子だった……（この現象が）五組の夫婦のうち三組が別れるという現在の離婚率と関係があるのではないか……」[3]

『成功するための服装』のなかでもとくに重要な教えは、ヘレナ・ルビンスタインの言葉、「醜い女性なんていない――怠け者がいるだけ」の再現だった。美容に熱心な女性のおかげで富を築いた者の都合のよいモットーである。この本によれば、醜い男性もいない――怠け者の妻がいるだけだそうだ。[4]「成功するための家族の服装」という章では、読者にこう教えている。妻は「（夫の）ワードローブに責任をもち、自分の手で管理すべき……夫が気ままに家中に落としていく衣服の状態をつねにチェックすること……必要なら、毎朝、夫の衣服を並べ、うまくコーディネートできるようにしておくこと」[5]。

この負担を面倒に思うべきではない。むしろ妻なら夫の怠惰や無頓着さを歓迎すべきだ。「夫が服装に無関心なのは、妻にとっておおいに役立つ」と著者たちは言い切る。それに比べ、滅多にいない「伊達《だて》男」と結婚する不運な女性は、「夫に釣り合う服装をするだけでなく、夫が家族全員の被服費をすべて自分のために使ってしまわないように」心配しなければならなくなる。[6]

この本には、二十世紀後期の性別に基づいた先入観が反映されていた。女性たちは細心の注意を払って、ちょうどいい程度に自分をアピールしなければならない。魅力的に、しかしセクシーになりすぎないように。プロらしく、しかし堅苦しくなりすぎないように。スタイリッシュに、しかし派手にならないように――さらにつねに心に留めておくべきは、状況が変わるたびに衣服の選択を再評価し、再点検しなければならないことだ。しかも、そういったことはすべて、苦もなくこなしているように見せなければならない（まずは、ヘアカーラーをつけて朝食を食べなくてもいいような髪の整え方も見つけること）。そして、自分の人生にいる男性のためにも同じ手順を繰り返すのだ。

## 男女別のドレスコードは性差別？

この本の出版から数十年経ち、職場におけるドレスコードは劇的に変化したが、衣服の選択に関係する課題は変化していない。

二〇〇〇年二月、ハラス・オペレーティング社は「飲料部門イメージ転換」プログラムを導入した。そのプログラムには、会社が「パーソナルベスト」プログラムと呼ぶものの一部として、新しいドレスコードが含まれていた。バーテンダー全員が要求されたのは、黒いパンツ、ヴェスト、蝶ネクタイ、白いシャツの制服を着用し、「身だしなみを整え、視覚に訴え、体を引き締め、指定の制服を着ている間はその見た目を無理なく維持すること」[7]だった。

そのドレスコードには、それ以外にも一般的なガイドラインがいくつか含まれていた。[8]

**総合ガイドライン（男女に平等に適用される）**

外見――雇用時に写真に撮ったパーソナルベストのイメージを維持すること。

ジュエリーを支給された場合は必ず身につけること。それ以外にも趣味のよいシンプルなジュエリーは認められるが、大きなチョーカー、チェーン、ブレスレットは認められない。

流行のヘアスタイルや不自然な色の髪は認められない。

さらに男女に特定した規定も数多くあった。

**男性の場合**

髪はシャツの襟に届かない長さであること。ポニーテールは禁止。

手と爪はつねに清潔にし、爪はきちんと切ってあること。マニキュアは認められない。

アイメイクおよびファンデーションは認められない。

靴は黒一色の革靴、あるいは（滑りにくい）ゴム底の革靴にすること。

**女性の場合**

勤務日には髪を梳《と》き、カールしたり、セットしたりして整えること。髪はいつも下ろしていること。例外は認められない。

ストッキングは肌の色に合ったヌードカラーか自然な色合いであること。伝線していないこと。

ネイルは透明、白、ピンク、赤のみにすること。風変わりなネイルアートや非常識な長さは許されない。

靴は黒一色の革靴、あるいは（滑りにくい）ゴム底の革靴にすること。

メイク（フェイスパウダー、頬紅、マスカラ）は必須。補色を用いて適切に行うこと。口紅はいつもつけること。

ダーリーン・ジェスパーセンはネヴァダ州リノにあるハラスでバーテンダーをしていた。彼女は職場でも自由時間でもメイクをしたことがなかった。メイクをすると自分が「性的対象」[9]や「道化師」[10]に見える気がするからだ。見上げたことに二十年もの間、職場で口紅さえつけずに過ごしてきた彼女は、今更メイクを始めるつもりなどなかった。そこで、彼女はハラスを訴え、女性だけにメイクを強要するなら、そのドレスコードは一種の性差別だと申し立てた。

一九六四年の公民権法第七編は雇用における性差別を禁じている。「差別」という言葉の厳正な意味において、ハラスのドレスコードは明らかにそれに当てはまる。女性たちに、女性たちだけに、メイクをするよう求めたからだ。しかし、第九巡回控訴裁判所はダーリーン・ジェスパーセンの申し立てを却下した――その決定には大勢が驚き、少数の公民権専門の弁護士たちすら面食らった。裁判所が根拠にした判例は数十年前のもので、それが性別に基づいたドレスコードに対する従業員差別法に例外を設けていたからだ。ジェスパーセンは性別を特定したドレスコードを訴えた最初の女性でも、最後の女性でもなかった――さらにドレスコードを訴えたのは女性たちだけではなかった。たとえば、複数の客から、「従業員の身だしなみのぞんざいさ」についてクレームがついたあと、金銭登録機会社――記憶にあるだろうが、一九二〇年代にフラッパーファッションを禁止した会社――は、男性従業員に対し、次のような命令を出している。「髪はきちんとカットし、櫛で梳くこと。頭の後ろは下へいくにつれて髪の幅を狭くし、襟の上で終わること。つまり長髪にすることはできない」残念なことに、「長髪」こそ、従業員ジェラルド・ファガンがしたかったヘアスタイルだった。「私の髪は長く……耳の下、後ろは襟の下まであります。それは私が自分らしくいられた時代の流行とファッションを表すスタイルであり、仲間たちも同じように考えています」と彼は性差別の申し立てをめぐり、一九七三年にこう書いている。[11]

公民権法第七編に関わる訴訟が始まった時代、裁判所がそういったドレスコードに対して出した判決には一貫性がなかった。男女に特定したドレスコードが差別であるとした判決もあった。たとえば、一九七一年、オハイオ州のある裁判所は、ゼネラル・ミルズ社は食品加工工場の女性従業員にはヘアネットを使うことで長髪を認めながら、男性従業員には短く切ることを要求したことにより、不法に差別を行ったという判決を出した。[12] 一九七二年にはカリフォルニア州のある裁判所が、従業員は職種により異なるドレスコードの対象となる権利があるのに、どのドレスコードも所定の職種の全員に適用され、性別を考慮していないという結論を出した。[13] しかし、ほかの裁判所は、性別の違いにより異なる規則を当てはめるのは単なる常識であるとし、そういったドレスコードは、平等な雇用機会をないがしろにしないかぎり合法であると判断している。たとえば、一九七二年、カリフォルニア州の裁判所は、雇用差別法は「雇用の一般規則を禁じていない……従業員に与える経済的影響は極わずかだった……単に（男性従業員）が就業規則の規定以上に髪を長くしたいだけである」[14]とした。同じように、ワシントンDCの裁判所は一九七二年にこんな意見を述べた。雇用差別法が禁止するのは、「時代遅れで道理に合わない性的固定観念が……一方の性の雇用機会に明確な不利益を与える場合だけである……この法令に従う連邦議会は、連邦裁判所に、襟の長さの髪あるいは襟下半インチ（一センチメートル）の長さの髪が（認められるか）どうかを決定する任務を与えていない」[15]。同様に、一九七二年、ジョージア州の連邦裁判所はこう主張した。[16]

雇用者が、男女に異なる身だしなみを要求するのは不合理ではない――そういった要求は（差別的な）性別に基づいた扱いを示すものではない……（そうでないとすれば）、論理的には、雇用者が女性にドレスの着用を認め、男性がそれを選ぶ場合、雇用者には男性がドレスを着るのを止められないということになってしまう……しかし、この裁判所は……社会習慣を考慮した正当な身だしなみの基準を定める権利に関する……馬鹿げた根拠のない侵害に……関与することはない。

ジェラルド・ファガン事件の裁判は、それ以降のほとんどの連邦裁判所と同様、この裁定に賛成した――つまり、ファガンの訴えを退けたのだ。それ以来、「屈辱的」あるいは「不平等な重荷」でなければ、雇用者が男女に特定したドレスコードを強要できるというのが固定化された規範となった。

たとえば、一九七〇年代後半、サンフランシスコのリポーター、クリスティン・クラフトが全国放映されていたCBSの華やかなスポーツ番組『ウイメン・イン・スポーツ』のホストに採用されると、経営陣は彼女の髪をブロンドに染めさせ、濃いメイクをさせた。この新しい外見はどこかぎこちなく、結局、番組は打ち切られた。さらに一九八一年、セントルイスのテレビ局KMBCに夜のニュースの共同司会者として採用されたとき、彼女は経営陣に、またイメージチェンジをするのは嫌だと訴えた。それにもかかわらず、KMBCはイメージコンサルタントを雇い、クラフトのワードローブとメイクに手を加えた。しかし、フォーカスグループ（訳注／マーケティング・リサーチのための消費者グループ。その意見が商品やサービスに反映される）がイメージチェンジに不満足であることがわかると、局は彼女を番組から降ろした。[17] クラフトは性差別があったとして訴え、男性司会者たちは誰も同じようなイメージチェンジをされず、同じような外見の基準に縛られていないことを指摘した。局は男性たちに減量、ヘアスタイルの変更、メガネのコンタクトレンズへの変更、より似合う衣服の着用を命じてはいたが、クラフトはもっとずっと厳しい基準に縛られていたのだ。たとえば、イメージコンサルタントは、同じコーディネートを三～四週間に一度以上しないことを求めた。それに対し、男性たちは、同じスーツでもネクタイを替えれば、一週間に二度着用することができた。局によれば、視聴者から要求があるため、クラフトにはより高い基準が設けられていた。「視聴者は……男性より女性のカメラ映りを厳しく批評する……女性の衣装は男性ほど単純でなく、要求が多い」ＫＭＢＣの言い分は、これは自分たちの過失ではなく、「社会がそのやり方をしてきた」というものだった。

しかし、連邦裁判所はクラフトの訴えを退けた。「基準に合理性があり、男女双方に対し公平に求める」かぎり、「性別に基づき区別される外見の規制」は合法であるとしたのだ。[18]「記録はＫＭＢＣが外見を過度に強調させたことを示すと思われる一方、私たちはテレビのジャーナリズムにおける本質対イメージの問題を……取り上げる公開討論の場にいるわけではない……ＫＭＢＣの外見の基準を決定したのは、中立的な職業的、技術的判断のみであり、女性の役割やイメージに対する固定観念的な見解ではなかった」

この結論から逃れるのは簡単ではない。一般社会の性別に対する先入観に基づいた、そういった「中立的な職業的判断」が、雇用者に「女性の役割やイメージに対する固定観念的な見解」を取り入れさせ、それを従業員に押しつけさせる結論のことだ。実際問題として、原則ではないとしても、クリスティン・クラフトの訴訟のように、法律がこれを認めることが多い。とはいえ、限界はある。たとえば、会計事務所プライスウォーターハウスが、将来有望で、パートナー候補者として十分な資格のあるアン・ホプキンスの昇進を拒んだとき、事務所が引き合いに出した理由のひとつは彼女のワードローブだった。共同経営者たちは来年また挑戦するように勧めると同時に、「もっと女性らしく歩き、女性らしく話し、女性らしく装い、メイクをし、髪をスタイリングし、ジュエリーを身につける」[19]ように忠告したのだ。ホプキンスはこの事実上のドレスコードを公正なものとは考えなかった――それどころか、それは彼女の権威を傷つけ、仕事をやりにくくするものだと考えたのだ。そこで彼女は性差別として訴え、一九八九年には米国最高裁判所に上告し、その過程で法律を変えさせることになった裁判官サンドラ・デイ・オコナー――当時、最高裁で唯一の女性――が指摘したのは、プライスウォーターハウスはホプキンスに、出世のために性別によるステレオタイプを演じるよう要求したことだった。さらに問題なのは、その性別によるステレオタイプが、職業意識、権威、能力の一般的な規範と一致しないことだった。ホプキンスは「板挟み状態」にあった。昇進するには性別によるステレオタイプを認めなければならなかった。しかし、そんなことをしては、成功するために好印象を与えるべき同僚やクライアントが抱く、彼女のプロとしての信頼性を損なうことになってしまう。結局、ホプキンスは最高裁の訴訟に勝利した。彼女の事件は連邦議会を動かし、一九九〇年に公民権法が修正され、公民権保護のさらなる強化につながった。裁判官オコナーの見解は、その法のひとつの解釈として、さらに職業をもつ女性が直面する問題の申し立てとして、大きな影響を及ぼしつづけている。

## バニーガールの衣装に込められたメッセージ

プライスウォーターハウス対ホプキンスの事件にもかかわらず、セックスアピールを売り物にするビジネスにおいては、雇用者は従業員にそれらしく見え、それらしく装うことを要求できる。たとえば、フーターズレストランは接客係として女性のみ雇い、オレンジ色のホットパンツと、体にぴったり合う襟ぐりの深いトップスの着用を求める。同社によれば、「わが社のビジネスの真髄はフーターズガールだ……彼女たちはそのためのオーディションを受け、いったん雇用されれば、魅力的な容姿を保たなければならない……フーターズだけで味わえる経験を提供できるように」[20]。これは法的に問題がある。けれども、エロチックな「フーターズガール」は、多くのクレームや、連邦政府の雇用機会均等委員会による調査をくぐり抜けてきた。

フーターズの前の時代、一九六〇～七〇年代にはプレイボーイクラブがあった。一九六三年、若きグロリア・スタイネムはプレイボーイバニーとしての短期間の体験を基に暴露本を書いた。『A Bunny's Tale（あるバニーガールの物語）』というタイトルで、彼女のバニー姿の写真が表紙になっている。[21]

私は鮮やかなブルーのサテンの衣装を渡された。あまりにタイトなため、背中のジッパーを閉められると、肌が食い込んだ……ボトムはかなりハイレグだったので、たっぷり五インチ（十二センチメートル）もの日焼けしていないお尻だけでなく、腸骨まで丸見えになった。ウェストを締めるボーンはスカーレット・オハラも真っ青になるほどで、全身のありとあらゆる肉が乳房へと押し上げられているかのようだった。前屈みになっては危険なことはわかっていた……特大サイズの自転車用セーフティバンドに似た形の、バニーの耳がついたブルーサテンのバンドが頭につけられ、衣装の最後尾のフックにはグレープフルーツ大の白いふわふわした半球がつけられた。

「これでいいわ、ベイビー……ハイヒールを履いたら行きなさい……」

いうまでもなく、プレイボーイクラブが求めるのは、女性たち、しかもこの制服を着る女性たちだけだ。なぜなら雇用するのは「バニー」になる女性だけだからだ。[22] プレイボーイクラブは、女性従業員を容姿でランクづけするため、次のようなガイドラインを作成した。[23]

1. 非の打ちどころのない美人（顔、体つき、身だしなみ）
2. 並外れて美しい若い女性
3. かろうじて要件を満たすレベル（若くないか、修正可能な容姿の問題がある）
4. バニーのイメージを失っている（若くないか、修正不可能な容姿の問題がある）

こういった基準が、ある公民権訴訟の対象となった。一九七一年、ニューヨーク州人権局理事会はこう述べた。プレイボーイクラブは基本的にセックスアピールを売り物にしているため、「バニーとしての雇用対象を女性のみに制限することは、真正な職業の要件と同等であり、従って、（雇用における性差別を禁止する法律の）適応対象外となる」。理事会はその論争を要約し、次のような見解を伝えた。[24]

（プレイボーイクラブの）メンバーたちが引きつけられる対象の大部分は、顧客に給仕する、「バニー」と呼ばれる、若く美しい女性従業員たちの魅力である。若く容姿端麗な女性をこのように搾取することで、被告人たちは「バニー」の雇用を事業の基盤としてきた……原告の勤務が終了させ

職場の厳しい規則に抗議するプレイボーイバニーたちのデモ。

られた理由は……プロポーションに関する合格基準を満たしていなかったことだ……彼女はその性別の完璧に近い基準を満たさないと評価されている……筆者の見解ではあるが、セックスアピールの商業的な利用に基づき、故意に刺激し、誘惑しようとする事業の……設立や永続は勧められるものではないが、その存在は人権法違反ではない。

本物のプレイボーイクラブの店は一九八八年に永遠に幕を閉じたが、幾度か再開されてもいる。二〇〇六年に開店したラスヴェガスの店は六年間つづき、二〇一八年にはマンハッタンで開店した。ミズ・スタイネムはそれについてどう思うかとたずねられると、彼女らしく断固としてこう答えた。「プレイボーイクラブは家父長制のパロディでした」彼女にいわせれば、バニーたちは「ミンストレル・ショー（訳注／一八三〇年代に米国で生まれたバラエティーショー。顔を黒く塗った白人が、黒人を笑いものにする差別的な内容）の女性差別版」だった。もうひとりの元プレイボーイバニーの有名人、メアリー・ローレンス・ハットンは、プレイボーイクラブで働き始めたときミドルネームを短縮し、その後、初期のスーパーモデルのひとりとなった。彼女はプレイボーイクラブの復活を比較的楽しげに受け止めた。「私がいいたいのは、あれはワンピースの水着だということ」とバニーの衣装について語った。「今の水着と比べれば、かなり地味なワンピースではないかしら。耳をつけているのは、とてもおかしいけれど」[25]

バニーの水着、ウサギの耳、シャツの襟、蝶ネクタイは、性別に基づいた象徴的意味が極端に様式化された例だ——伝統的な紳士服のばらばらの要素を組み合わせたエロチックな女らしさは、女性が男装するという異性装の古典的な様式のなかで、着用者の女らしさをアピールすると同時に、男性だけに許される性的な奔放さを心地よくほのめかしもする。それは、女性の役割とイメージという、非常に馴染み深い固定観念により作られたコーディネートであり——単に奇抜というより、心地よい刺激があるという意味で「納得のいく」コーディネートでもある——そこにはファッションのシステムが何世紀もの間に生み出してきた、豊かで、複雑な象徴的意味があるからこそ、納得がいくのだ。要するにプレイボーイバニーが大げさな形で映し出していたのは、二十世紀後期における女らしさの理想という要求と束縛だったのだ。

## ハイヒールと #KuToo 運動

私の同僚デボラ・ロードは、著書『The Beauty Bias（ビューティーバイアス）』で、性別に基づいた美しさの基準がいかに不公平なのか、力強い持論を展開した。真っ黒なカバーには、白い文字のタイトルと赤いハイヒールのイラストが描かれている。ハイヒールは女性の狡猾さ、性的魅力、性的な力、家父長制とあまりに強く結びついているため、服装のひとつであると同時に抽象的なアイコンにもなっている。それはテキストメッセージの絵文字でもあり、女性用公衆トイレの標識でもあり、ポスターや広告に使われる性的な娯楽のシンボルでもある。

服装の一部としてのハイヒールは伝統的な女らしさの象徴であり、慣習や昔からある、はっきりした規範により、多くの状況で求められるものだ。服装のなかに、それひとつだけで、性別に基づいた服装の論争、矛盾、快楽、苦痛、先入観を封じ込められるものがあるとすれば、それはハイヒールだ。

二〇〇〇年、リノとラスヴェガスでホステスが、「ねえ、ボス、私の足にキスして」と書かれたプラカードを掲げ、ハイヒールを強要するドレスコードに抗議した。「どうして男性の目の保養のために、女性が痛い思いをしなくてはならないの?」とあるホステスが疑問を投げかけていた。[26]

二〇一三年にもコネチカット州フォックスウッズにあるマシャンタケット・ピーコット・トライブのホステスたちが、ハイヒール着用を求めるオーナーに対し同様の抗議を行った。ホステスたちはハイヒールを、健康を害するものとみなし、なかには、その着用を求めるドレスコードを利用し、高齢従業員を解雇しようとしていると考える者もいた。高齢従業員はハイヒールが体に及ぼす悪影響に耐えにくくなるからだ。「女性の大半はここで十五年、二十年働いてきました。この仕事は本当に足に負担がかかり、経営陣もそれを知っているんです」と不満を述べたのは、フォックスウッズのあるホステスだ。[27]

そういった抗議と、ハイヒール着用は性差別だという訴えに対抗するため、その仕事自体をセクシーな服装が欠かせないものに変えるカジノも出てきた。ヴェガスストリップでは、今では若い女性たちがホステス兼エンタテーナーとして雇われ、一九七〇年代のプレイボーイクラブの華やかさを再現している。スレート誌の暴露記事によれば、「彼女たちは飲み物を出すほかにも……踊ったり、カジノの中をパレードしてもてなしたりする。カジノ側は、その新たな職務の内容は、性差別、年齢差別を理由にした訴訟をうまく切り抜けるのに役立つと信じている。なぜなら若くてセクシーな外見という職務資格は違法ではないから……[28]」

ハイヒール着用を求めるドレスコードは、接客業界で働く女性だけでなく、裕福な著名人にも適用される。たとえば、二〇一五年のカンヌ国際映画祭では、数名の女性がイベントの正装規定に反し、フラットシューズを着用していたことを理由に出席を断られた。多くの女性たちが、ハイヒールによる健康被害（ある出席者は、「健康上の問題からヒールを履けない高齢女性たちまで」出席を断られたと不満を述べた[29]）と、ドレスコードの背後にある、性別に基づいた不公平な規範の両方を理由に、怒りを露わにした。翌年のカンヌ国際映画祭では、数名の大物女性俳優たちがあえてフラットシューズを履いたり、裸足で出席したりした。俳優クリステン・スチュワートは抗議の雰囲気を感じ取り、大げさにこう問いかけた。「(男性も) ヒールを履かなくてはいけないの？……じゃあ、私も黒の蝶ネクタイをすれば、フラットでもヒールでもいいはずよね[30]」

とはいえ、あからさまに公然と無視するのは、ハリウッドのセレブだからこそできること――裸足にイブニングドレスはいかにも映画らしい組み合わせであり、映画『甘い生活』でドレスのままトレヴィの泉に入った俳優アニタ・エクバーグの時代からあるものだ。しかし、給料ギリギリの生活をしている女性たちにとって、ドレスコードを無視することには危険が伴う。それでも一部の人たちは危険を冒し、その抵抗が報われる場合もある。たとえば、二〇一六年、英国の受付係ニコラ・ソープは、フラットシューズを履いていたせいで帰宅させられた。けれども、その実用的な靴は、彼女がハイヒール着用を強いるドレスコードの差し止めを求める請願書に署名をもらうため、あちこちのオフィスを回るときにおおいに役立った。十五万人以上が署名した請願書は、議会の委員会を動かし、より「合理的な」職場のドレスコードの要請につながった。[31] ハイヒールとの覇権争いは東京にも及んだ。そこでは女性たちがハッシュタグ #KuToo——日本語の靴と苦痛を合わせたただじゃれ——の下に集結した。ニコラ・ソープと同じく、日本の俳優、石川優実は、ハイヒール着用を強要する雇用者のドレスコードを禁止する法律を求め、請願書を提出した。[32]

## ハイヒールの起源はペルシアの騎馬兵

なぜハイヒールは、伝統的な女らしい服装の当たり前の一部になったのだろう？　たしかに女性の足は、多くの時代、多くの文化において、美的で性的な関心の対象だった。中華帝国の悪名高き風習、纏足《てんそく》は義務であり、一部の人たちがいうほど、西洋の履物のファッションとの共通性はないらしい。この古代の習わしの起源ははっきりしていない。多くの歴史家の推測では、皇帝の数千名もの妻や側室たちを、文字どおりよろよろと歩かせることで、性的な貞節を守らせる方法として始まった。やがてその風習はステータスシンボルとなり、地位争いのお馴染みのプロセスを通して広まった。とにかく、いったんステータスシンボルになったものは、驚くほど長くつづいた。一六四四年に明朝を倒した満州人は、纏足を根絶させようと数多くの禁止令を出したが、その風習は消えることなく、十九世紀になっても一般的に行われていた。[33]

ハイヒールの祖先と考えられる、もうひとつのものがチョピンだ――目眩《めまい》がしそうな厚底靴を最初に履いたのは、十五世紀のヴェネチアの売春婦と貴族の女性たちだった（口絵14）。チョピンには二十インチ（五十センチメートル）以上の高さのものもあったため、着用者は両側に召使いを従え、歩行を助けてもらう必要があった。その時代のエチケット本には、女性は練習すれば、それを履いて優雅に動き、ダンスすらできるようになると書かれている。[34] 一四三〇年、ヴェネチアは、法によりチョピンの高さを三インチまでと定めたが、そのドレスコードは公然と無視されたらしい。チョピンは十七世紀まで、ヴェネチアとスペインのファッションに残った。[35]

纏足もチョピンも表面的にはハイヒールと似ているが、現代のハイヒールは中国の纏足の改良型でも、チョピンの子孫でもないだろう。むしろ、それは習慣となっていた女性が男装する異性装から生まれたものだ。実はハイヒールは、何世紀もの間、男性のファッションだった。ハイヒールの物語は、実用的な靴からステータスシンボル、女らしさのアイコン、フェティシズムの対象、そしてもちろん個人のファッション哲学へと移り変わっていった物語でもある。

トロントにあるバータ靴博物館学芸員エリザベス・センメルハックによれば、ハイヒールの原型はペルシアの乗馬用の靴だった。それは騎馬兵が馬上で戦うとき、足をかける鐙《あぶみ》を強く踏んで体を安定させるためのものだった[36]（口絵15）。その踵の高い靴を履いたペルシア兵が初めてヨーロッパを訪れたのは一五九九年だった。すると彼らが履いていた靴が、ヨーロッパ貴族の心を捉え、大流行となった。いったん踵の高い靴が地位と男らしさ両方を表すものとなれば、当然ながら、目立つもの、大げさなものになっていった。貴族たちは、下層階級に負けまいとヒールをどんどん高くしていった。さらにハイヒールがかなり歩きにくいものであることも、ステータスシンボルとなった。扱いにくい衣服は、ソースティン・ヴェブレンが誇示的浪費と呼んだもののひとつの形で、働く必要のないことを――極端な場合、歩く必要もないことを――明確に示すものだった。身長がたった五フィート四インチ（百六十三センチメートル）だったフランス王ルイ十四世はヒールの高さが四インチ（十センチメートル）の靴を履いていた。彼は靴底とヒールを赤い色素で染めて靴を目立たせたが、当時、その色素が高価だったため、それ自体が富の象徴となった（口絵17）。ステータスシンボルの誕生である。するとすぐさま真似をする者が現れた。英国王チャールズ二世が一六六一年の戴冠式の肖像画を、目立つ赤いヒール姿で描かせたのだ。しかし、一六七〇年代までにその靴があまりに流行し、高い地位が揺るがされると、太陽王ルイ十四世は、赤いヒールの着用を廷臣に限定した[37]。

大胆な女性たちは、初めは挑発として、この流行を取り入れた。普通は男性のものであるハイヒールを履くことで、自分は男性の特権を求める解放された女性だとほのめかしたのだ。ハイヒールの女性化が始まったのは、女性が男性のステータスシンボルを、女らしい服装のひとつの要素にしたときだ。文化的なドレスコードのもうひとつの大きな変革、〈男性による華麗な衣装の放棄〉がなければ、女性のハイヒールはひとつの逸脱行為のままだったのかもしれない。貴族制度が非難を浴び、平等と勤勉という新しい理想が脚光を浴びるなかで、華やかで非実用的なファッションといった旧体制の象徴は時代遅れのものとなった。十八世紀初期までに、ヒールを履いた男性は滑稽なものとみなされるようになる。たとえば、英国の風刺作家で詩人のアレクサンダー・ポープは、自分の紳士クラブ（訳注／十八世紀英国で上流階級の男性向けに作られた会員制クラブ）から、こんな会員を追放している。「一インチ半（三・八センチメートル）以上のヒールの靴を履いている者……背を伸ばしてから来い！」[38]

　こうしてハイヒールは、排他的かつ典型的な女性の装飾品となった。道徳主義者にいわせれば、これもたちまち女性の虚栄心のもうひとつの例になるのだろうが、実際にはハイヒールを履く女性は男性のために履いていることが多い――それもひとつ以上の意味で。ファッショナブルなハイヒールを履く女性は、啓蒙思想から影響を受けた地味で実用的な服装の男性がもはや自分ではできない方法で、富と特権を誇示することができる。今も昔も、「トロフィーワイフ（訳注／富や権力のある男性が社会的地位を誇示するための若く美しい妻）」は夫の富の証明だったのだ。ハイヒールは、男性が扶養する女性を通して富を誇示するステータスシンボルとなった。さらにハイヒールはセクシーだ。脚のラインを長く見せることで、容姿を引き立てる――男女を問わずずっとそうしてきたように。それだけでなく、慎重に小さな歩幅で歩く必要があり、力強い動きができないため、エロチックな雰囲気に加え、弱々しさもほのめかす。

　ハイヒールは磨かれた女らしさの象徴へと発展し、反宗教改革時代の尼僧の修道衣のように、貞淑にも従順にも見えた。あるいは、修道士ベルナルディーノが娼婦の印として非難したジュエリーのように異国風でもあり、道徳に背くものでもあった。とはいえ、ハイヒールは女性だけのものであるため、それを履いていれば、女性の礼儀という性別に基づいた習慣を守っていることになった。

しかし、基本的に非実用的で装飾的ゆえに、女性の虚栄心だという昔ながらの批判も招いた。そのため、ハイヒール着用を求めるあらゆるドレスコードが、軽薄で、邪悪ですらあるという批判から逃れられずにいる。十五世紀のイタリアのユダヤ人のピアスや、ルネサンス初期の女性の「虚栄心」と同じく、ハイヒールはステータスシンボルでもあり、卑しく堕落した女らしさの印でもありつづけてきたのだ。たとえば、ニューヨーク・タイムズ紙の一八七一年の意見記事には、こんな不満が述べられている。[39]

今の時代の若い女性が履いている靴が、これまで流行した非常に忌まわしい発明品のひとつであることは間違いない……鳥のくちばしのようなつま先に、三インチもの高さのヒール……自分をファッショナブルだとみなす若い女性のなかに、外反母趾、たこ、魚の目、関節の腫れのない者はほとんどいない。良識、独立心、精神の安定の欠如が……女性たちを流行の奴隷にさせてしまっているらしい。選挙権！　役職に就く権利！　そんなことを要求する前に、まずは独立心、良識、審美眼をもつ女性に会いたいものだ……五番街を……快適さも足取りも邪魔しない靴で歩けるような女性に。

## ルイ十四世とクリスチャン・ルブタン

二十世紀初期、マサチューセッツ州とユタ州で提案されたドレスコードにより、ヒールが一インチ半以上の靴が禁止される予定だった。[40]一九二一年、ユタ州で検討された法案は、誰であれハイヒールを所有する女性に、最高千ドルの罰金と、最高一年の実刑を科すというものだった。[41]ところが、同年、マサチューセッツ州議会の前に靴職人たちが集まり、提案されたマサチューセッツ州法が可決されれば、婦人靴全体の六十パーセントが非合法となると抗議した。すると、マサチューセッツ州整骨療法学会の代表たちは、「ハイヒールは、これまでどこの国も経験したことのない最悪の流行病である」と反論し、さらに「女性の病気の八十七パーセントは、ハイヒールの着用が原因である」と断言した。昔のコルセットに対する批判の再現である。最悪なのは、学会会長のこんな主張だった。「妊娠出産にも……悪影響を及ぼす」ハイヒールは、高潔な女らしさの本質そのものに打撃を与える恐れがあるようだった。[42]

今でさえ、ハイヒールは女性の虚栄心を感じさせるため、多くの人がまるで十九世紀と禁酒法時代の道徳主義者のように、その靴とそれを履く女性の両方を批判する。たとえば、二〇一三年、ハイテク新興企業カンテロンシステムズのCEOホルへ・コルテルは、会議場でハイヒールを履いた女性を密かに撮影し、その写真にこんなキャプションをつけてツイートした。「こんなヒールがあるなんて……信じられない」そして、こんなハッシュタグをつけた。「#brainsnotrequired（脳は必要ない）」コルテルはその後のツイートでさらに意見を述べ、ハイヒールは「愚かしく、健康に悪い」、「健康より印象を重視する浅はかさ」の表れであり、「浅はかさというより……情報、科学、健康、選択、改善を高く評価する文化」にとって受け入れがたいものだと断言している。[43] 多くの女性がコルテルの発言に苛立った。「じゃあ、女性たちを愚か者呼ばわりするあなたに悪いところはないの?」と問いただす者もいた。コルテルのコメントは、ハイヒールを履く女性は能なしか、よくても脳を必要としない。なぜなら、彼女たちはセックスアピールを利用して出世できるからだとほのめかしていた。ピンヒールはキャリアアップのための戦いの武器であり、コルテルのツイートを分析したアトランティック誌のライター、メーガン・ガーバーがいったように、「女らしさ……を利用し、能力主義に基づいたシステムを出し抜く」方法なのだ。[44] コルテルのハイヒールに対する攻撃は、彼が男性優位の産業にいる男性であるため、男性優越主義の傾向があった。しかし、その攻撃の大半は、多くのフェミニストの意見を繰り返したにすぎない。彼女たちはハイヒールを女性が従属的な立場にある兆候と原因として捉えていた——そんな非実用的な邪魔物が、女性の自主性を損ない、女性はお飾りでしかないという認識を強めているというのだ。たとえば、二〇〇〇年、デボラ・ロードは、ニューヨーク・タイムズ紙への投稿で、「婦人靴産業は女性差別者に許された最後の聖域だ」と書き、ハイヒールを「人間の体を傷つける履物」「纏足と同じ役割をもつもの」とし、「女性にその着用を強いる者はいないものの……そんな小さな屈辱が……女性たちの人生の邪魔をする」と述べている。[45] 職業人生の大半、ハイヒールという虐待を受けてきた者からのもっともな反応だ。けれども、コルテルのコメントからわかるように、女性のファッションに対する批判と、ハイヒールを身につける女性たちに対する批判の間にはごく細い境界線しかなく、いくつかのことがハイヒール以上にその境界線を歩きにくいものにしている。
ハイヒールのドレスコードはいまだ複雑だ。ハイヒールを批判するすべての女性にとっては、非実用的で、性的に挑発するもの、家父長制度を誇張させたものだが、ほかの人たちにとっては、シックで、容姿を引き立て、力さえ与えるものだ。たとえば、二〇一三年、スタイルコンサルタント、チャシー・ポストは、ハイヒールを悪くいう人たちにこう答えている。「私はどのタイプのハイヒールも大好きです。できるなら、それでジョギングしたいくらい……見た目も好きだし、履いたときの感覚も好き。いつもより背が伸び、優美に、力強くなる感じ……ヒールはただ『シック』なだけでなく、仕事用のワードローブを洗練させ、その質を高めてくれる……靴は力強い主張にもなるの……」[46]
とにかく、ハイヒールは相変わらず人気があり、どんなドレスコードも無視できる女性の間でも、それは同じだ。一九九二年、靴デザイナー、クリスチャン・ルブタンは手掛けるすべての婦人靴に赤いソールを使い始めた（口絵16）。すると人気が出たどころの騒ぎではなくなった。ルブタンは、二〇〇七年、二〇〇八年、二〇〇九年に、ラグジュアリー・インスティテュートが手掛ける、ラグジュアリー・ブランド・ステータス・インデックスにより、世界最高の婦人靴メーカーに選ばれた。今日、彼の靴は一足六百ドル以上で販売され、最高額のものは六千ドルを超える。[47]流行を追う女性たちは彼の新作を買おうと小売店に殺到した――ときには、いくつものデザイン、いくつもの色を買っていく者さえいた。「赤いソールもあれば、血のように赤いハイヒールもある。店に行ったら両方買えばいい。どちらかを選ぶのは嫌だから」とカーディ・Bは手に入れたピンヒールのルブタンのことを、抑揚をつけて歌う。伝えられるところでは、小説家ダニエル・スティールは六千足以上のルブタンを所有し、一度に八十足も買うという。[48] 長年の間に、ルブタンは赤い靴底は自社の独占的なトレードマークだと主張し、赤いソールの靴を製造したライバル企業を何度か訴えたことがある。二〇一一年には、第二巡回区連邦控訴裁判所が、ルブタンには際立つ赤いソールの婦人靴を製造する独占権があるという見解を述べている。[49] ルイ十四世の奢侈禁止令と旧制度が廃止されてから二百三十年以上経ったというのに、法律はいまだに、みんなが欲しがる赤いソールのハイヒールを売買する者を制限し、彼らの排他的で高い地位を保証しているのだ。

## 米国の公立高校でドレスコードが急増中

堕落した女性から貞淑な女性を区別する昔からの規範が、今なお今日のドレスコードを決め、多くがそれを利用することで、女性の体に対する異常なまでの支配を正当化している。ドレスコードのせいでダーリーン・ジェスパーセンのような女性たちや、性的対象やお飾りになることを拒否しようとハイヒールを拒む女性たちがつらい目に遭っている間にも、同じように強い規則や先入観が女らしい慎み深さを求める。慎み深さは一見、性的対象やお飾りになることの逆、あるいはその対策とさえ思えるかもしれないが、実はどちらのドレスコードも、女性に男性の願望を満足させることを求めている。性的対象とされ、お飾りにされた女性たちが目の保養になることを強いられる一方で、慎み深い女性たちは自分に注意を引きつけないようにしなければならない。お飾りと慎み深さを求めるのは家父長制度というひとつのコインの表と裏であり、現代女性はその端でバランスを取る必要があるのだ。

十九世紀、足はエロチックなもので、人の心をくすぐる力は、デコルタージュ以上だった。歴史家フィリップ・ペローによれば、足は、「あらゆる男性の妄想の中心、その欲望を伝える火花、彼らのあらゆる空想の拠り所」なのだ。床を擦るドレスに隠れて見えないからこそ、女性の靴と足は、「世界共通の情熱的かつ熱狂的な崇拝の対象」となった。[50] 上手に男に媚びる女性が、礼儀正しさの境界線で踊りながら、座ったり、馬車から降りたりするときに少しだけスカートを上げて露わにするのは、「優美な足先。それがあなたを魅了し……隠されているものを見たいという節度を欠いた欲望を抱かせる……（そして）ほんの少し見せるだけで、もっと多くのものをほのめかすことができる」。[51] それとは対照的に、あまりに多くを見せれば、エロチックな緊張感が消えるどころか、がっかりするような欠点が残らずあからさまになる。「純真で世間知らずな……乙女が……足を足首まで露わにする。ブーツが口を大きく開けるとも、ストッキングがしわになるとも考えずに……」[52] 皮肉なことに、慎み深さを求めるドレスコードは、許されることと許されないことの境界線をエロチックにし、欲望を抑えるどころかむしろ高めてしまう。隠すことには、禁じられた果実がもつ永遠の魅力が封じ込められているのだ。

二十一世紀に入ると、鎖骨が足に取って代わった。エロチックな関心と社会的タブーの対象となるとは思えないものだ。二〇一五年、ケンタッキー州ウッドフォード・カウンティ高校のステファニー・ダンは、鎖骨が露わになるシャツを着ていたせいで校長室に呼ばれた。[53] その年の初め、ユタ州ハイランドにあるローンピーク高校のガビ・フィンレイソンはダンス教室の入口で止められた。ハイネックでノースリーブの、膝下丈のドレス――一九五〇年代のハリウッドのコメディでドリス・デイが着ていたようなもの――に規則で決められた二インチ（五センチメートル）の肩紐がついていなかったせいだった。[54] 十六歳のフロリダの学生、ミランダ・ラーキンは、学校管理者からスカートが学校で着るには短すぎるとみなされ、「ドレスコード違反者」と書かれた特大サイズの蛍光イエローのTシャツを着せられた。[55] 二〇一三年、カリフォルニア州ペタルーマのある中学校では、女子生徒たちが集められ、ヨガパンツ、レギンス、ぴったりしたスリムジーンズの着用禁止が伝えられた。[56]

そんな厳格なドレスコードは一見、時代に逆行しているようだが、実はどんどん一般的になっている。二〇〇〇年には米国の公立校の四十六・七パーセントが、「厳格なドレスコード」を強制し、二〇一四年には五十八・五パーセントとなった。そして「厳格さ」を新たなレベルに押し上げる学校が増えつつある。[57] たとえば、二〇一四年、スタテンアイランドにあるトッテンヴィル高校が成功するための服装という新たな規定を設け、帽子、ヘッドバンド、フーディ、サングラス、タンクトップ、襟ぐりの深いブラウス、ホルタートップ、へそ出しルックを禁止した。二〇一四年九月五日には、百名もの生徒たちがドレスコード違反で校長室に呼ばれ、その後、講堂に集められ、親がもってきたドレスコードを満たす別の衣服に着替えさせられた。結局、最初の二週間で、二百名の生徒がドレスコード違反で居残りさせられた。[58]

こういった厳格なドレスコードの擁護者たちによれば、多くの思春期の若者たちは不適切とわかっているものを着ることで、礼儀作法の境界線を試している。また、いくつかの研究が、ドレスコードがあれば服装に気を取られることがなくなり、学業に専念できることを示してきた。さらに制服のようなドレスコードは、学校管理者がギャングや不良グループを弱体化し、学校の地位やイメージに関わる社会的な批判を減らしやすくする。[59] 一見、不当に厳格な規制のようなものも、実は服装の基準を明確化しようとするものであることが多い。そして、スカートやショートパンツの長さは経験則によって決められる。たとえば、よく知られた「指先ルール」は、生徒が両腕を両脇にしっかりと垂らしたとき、衣服は指先の位置より長くなければならない。[60] それと同様、広く利用されている「クレジットカードルール」によれば、シャツの襟ぐりは、喉からクレジットカード一枚分の長さより深くしてはいけない。シャツで鎖骨を覆うよう求めるドレスコードも、同じように経験則を根拠にしているのかもしれない。女性の鎖骨を見ると興奮する者も少しはいたのだろうが、おそらくそれは要点ではない。ウッドフォード・カウンティ高校のスコット・ホーキンスはこう説明した。「鎖骨そのものに性的魅力などありません……それは単なる基準点なのです[61]」

その擁護者たちにいわせれば、厳しい学校のドレスコードは極めて恥ずべき服装を禁じると同時に、生徒たちに見苦しくない外見の大切さを教え、過ちを許さない実社会に備えさせている。最近の学校のドレスコードのなかで、どれより問題になりそうなものも、この点から考えれば理解されるのかもしれない。テキサス州ヒューストンにあるジェイムズ・マディソン高校の校長カルロッタ・アウトリー・ブラウンが生徒の親たちに対し、ヘアカーラー、レギンス、パジャマ、下着、シャワーキャップを禁止するドレスコードを強要すると、それが新聞の大見出しとなった。ブラウンはキャンパスに不適切な服装でやってくる大人たちを観察し、それが子どもたちの悪い手本となっていることに気づいていた。「あなた方は、あなたの子どもが最初に出会う教師なのです」と彼女は手紙で親たちをたしなめなめ、ドレスコードを説明し、「子どもたちには、何が適切で、何が不適切なのか理解してもらいたい……」と書いた。[62] 激怒した親たちも、ただ傍観し勝手なことをいう人たちも、一様にブラウンのことを上品ぶっている、無神経だ、これは〈身なりをきちんとする作戦〉だ、さらには人種差別だとまでいって非難した（ジェイムズ・マディソン高校の大半はラテンアメリカ系住民と黒人で、ブラウン自身も黒人）。[63] ヒューストン市評議員のある候補者は、ブラウンは解雇されるべきだといい、「大半の親には、このドレスコードに従う金銭的な余裕はないだろう」と不満を述べた。ヒューストン教員連盟の議長は、このドレスコードは「階級差別」であるといい、さらにこうつけ加えた。「この校長は毎週美容院へ行き、髪の手入れをしてもらう金と時間がたっぷりあるのかもしれない。そんな機会をもてない人たちを批判するとは、あなたは何者なのか……」[64]

それでもブラウンは主張を曲げることなく、ドレスコードに必要なのはお金の余裕ではなく、努力だと断言した。そして彼女が指摘したのは、大半の親が「教会」には問題のある服装で行かないことだった。「率直にいわせてもらえば、夜に街に出かけるなら（彼らはそんな服装をしない）……ここはプロの仕事場です……自宅で家族といるときには許される格好も……学校という環境では許されません」[65] 学齢期の子どもをもつ親たちを対象としたドレスコードというこのアイデアは、人気を呼ぶかもしれない。テネシー州選出の国会議員アントニオ・パーキンソンは、公立学校の子どもの親を対象とした、州全体のドレスコードを作成する法律の制定を後押しした。「学校にランジェリー姿でやってくる親たちもいる……そこから生じる、からかいやいじめを想像してほしい」[66] と彼は訴えた。

## 女性は包んでおかないと危険？

もちろん、大半の学校はドレスコードの対象を子どもに限っている。残念なことに、子どもたちは自分の体に不安を抱きやすく、その不安が無神経に強要されるドレスコードによって生じ、増幅される可能性がある。二〇一八年秋、本書のためのリサーチを行っている時期、私はワシントンDCの学校のドレスコードに関わる公開討論会で講演した。討論参加者には、ドレスコード違反で何度か帰宅させられたことのある頭脳明晰で愛嬌のある高校生、ワシントンDC公立校の学校管理者、全国女性司法支援センターの弁護士、危険に曝《さら》されている若い女性たちの支援に力を尽くす非営利組織の教育者がいた。公開討論会が焦点を当てたのは、「Dress Coded（ドレスコードの実施）」という報告書だった。内容はドレスコードを実施する際に生じる不公平に関するものだ。たとえば、黒人生徒の割合が高い学校には、たいてい非常に厳格なドレスコードがあるが、規定文書も実施傾向も過度に女子生徒を対象としていた。[67] 黒人女子生徒がおかれた状況は最悪だった。黒人女性特有のヘアスタイルやターバンなど被り物の包括的な禁止はもちろん、スカートの長さ、胸の谷間、ヨガパンツを規制する、女性だけが対象のルールが、人種差別的に実施されることが多い。討論に参加した生徒たちは、思春期に入ってからの涙を誘うような体験を話してくれた。変化していく自分の体のことで、すでに自意識過剰になっているのに、学校管理者が示す欲しくもない新たな関心にも対処しなければならなかった。管理者は数カ月前には何もいわなかった服装のことで、彼女を厳しく批判したという。

理論上、学校のドレスコードは妥当かつ公平なように見える。男女どちらにも適用され、それぞれが身につけそうなスタイルを禁じている。例を挙げれば、袖なしのTシャツ、攻撃的な言葉が書かれた帽子はたいてい男子生徒が身につけ、ショートパンツや襟ぐりの深いトップスはたいてい女子生徒に好まれるものだ。だが残念なことに、実際には、ドレスコードの実施はまず例外なく女子生徒を対象にしている。たとえば、トッテンヴィル高校のドレスコード捜査網にかかった二百名の生徒のおよそ九十パーセントが女子だった。[68]しかし、高校のドレスコードの明らかにされた根本的理由の多くが、女性の体は本質的に気を散らすものであるという前提に基づいていることを考えれば、この差は驚くべきことではない。例を挙げると、ミシガン州グランドラピッズにあるプリマス・クリスチャン高校の校長ジム・バゼンは、女子生徒に焦点を当てたドレスコードは、男子生徒から彼女たちを守る方法だとして擁護した。「素肌をたっぷり見せつけられるのは……男性にとっては悩ましいもの……（また）男性が女性を性的対象として扱うことにつながる……」彼は、まるで男性の性衝動は抑えの利かない自然の力であるかのように、うんざりするほどよく聞く、抵抗できない女性の誘惑というものを責めたのだ。「胸の谷間を露出させたシャツ、スカート風ショーツ、タイトパンツやレギンス、ショートパンツや、体にぴったりのシャツを着た若い女性たちを見ないでいることを若者に期待するのは、雨の中、外出して、濡れないようにと願うようなものだ……」[69]

学校管理者たちはよく、抑圧的なドレスコードは獲物を探す男たちから若い女性を守っているというが、それは女性こそが諸悪の根源であるという昔ながらの考え方を繰り返しているだけだ。バゼン校長は、女性や少女を、男性や少年の欲望に火を点けているとして、暗に非難している。「若者たちにはそんなつもりなどなくても（ここが強調されている）、慎みのない服装の若い女性が通り過ぎれば……性的な考えを抱いてしまう」つまり、性的嫌がらせや性的対象化はそれ自体悪行ではない。それは校則により抑えるべきものであるとはいえ、聖アウグスチノ修道会の教義にあるとおり、「すべての人間は……純粋な心をもっていても……堕落した存在となる」[70]のは避けられないことだというのだ。この論理からすると、女性は原罪のせいで非難され、そこから生じるあらゆる罪を改善する道徳的責任を負うべき存在となってしまう。「若者が若い女性を性的対象として扱わないようにさせるには、若い女性に体を覆えというしかありません！」

女性が服装を監視され、批判されるのは高校に限ったことではない。二〇〇七年、二十三歳のカイラ・エバートは、サンディエゴからトゥーソンに向かうサウスウェスト航空機に搭乗したあとに、「体を覆う」ようにいわれた。彼女が着ていたのはへそが見えるセーター、大きく開いた襟ぐりのTシャツ、デニムのミニスカートだった。それは飛行機が滑走路へと地上走行する直前のことで、客室乗務員が不適切に肌を露出させたままなら、飛行機から降りてもらうといった。エバートはそのときまで、自分の服装に問題があるとはまったく思っていなかった。搭乗手続きをし、エアポートセキュリティを通り抜け、数えきれないほどのサウスウェスト航空の従業員の前を通り、自分の座席につくまでに何人もの客室乗務員とすれ違った。恥ずかしさと大事な約束に遅れる不安から、エバートは体を覆った。スカートを下に引っ張り、腹部を毛布で覆うことで、自分は機内にいられるほど慎み深いことを客室乗務員に納得させたのだった。[71]同じ年の後半には、乗客セテラ・カシムがサウスウェスト航空の客室乗務員から、襟ぐりの深いサンドレス（これもまた、ゴールデンアワーのネットワークテレビなら、セクシーでもなんでもないもの）を厳しく責められ、航空会社の毛布で体を覆うか、ほかの便を探すようにいわれた。[72] 二〇一二年六月にはサウスウェスト航空の従業員たちが、ラスヴェガスからニューヨークに向かう若い女性を引き止め、ドレスの襟ぐりが深すぎると注意した。[73] 皮肉なことに、サウスウェスト航空が女性たちに恥をかかせた服装は、数十年前の客室乗務員自身の制服に比べれば、それほど挑発的ではなかった。サウスウェスト航空は当初、自社を「ラヴエアライン」という愛称で呼んでいた。一九七〇年代、この航空会社の広告は、客室乗務員は全員、ホットパンツとゴーゴーブーツを着用した女性だと謳《うた》っていた（サウスウェスト航空は、その仕事から男性を排除したことを差別とする裁判に最終的に負けた）。[74]

　ここに挙げた若い女性たちが、エアラインの乗客に期待される、概して高い基準の礼儀作法や上品さに達していなかったわけではない。むしろ、その逆だ。だらしのない服装をし、身だしなみも整えず、小綺麗にすらしていないのは、飛行機で旅をする人たちによく見られることだ。たとえば、二〇一四年、エスクァイア誌のマックス・バーリンガーは、飛行機がゲートから離れたとたん、靴下を脱ぐ乗客がいることを非難し、こう諭している。「男性がスーツ姿で飛行機に乗った時代もあった……華々しさは消えつつあるが、市民の行動の基本ルールは消えていない。靴下は履いておけ」[75] 同じような不満を強い口調で伝えているのは、スレート誌のJ・ブライアン・ラウダーだ。「パジャマのパンツ、トレーニングウェア、ネグリジェ、ペンキ塗り用のボロ服、サイズの合わないスウェットシャツのパレードに世界中のターミナルで遭遇する……公共交通機関で移動する際には、飛行機は……自宅の居間の延長ではないと認識すべきだ……」[76] けれども、洗練された服装の砦《とりで》であるエスクァイア誌も、最後にはさじを投げている。「空の旅に上品さなど残されていないのだから、なんとかして上品そうに見せようとする理由はないも同然だ[77]」

航空会社はこういった服装問題の総じてお粗末な状況を大目に見ているが、それでもミニスカートやへそ出しルックの女性は槍玉に挙げられる。そのドレスコードが一貫して実施されていないのはなぜだろう？　おそらく、航空会社に服装に関するはっきりしたルールがないからだろう。たとえば、サウスウェスト航空は、「わいせつ、反道徳的、明らかに不快感を与える」服装を禁止しているが、それでは曖昧だ[78]。それと同じように、アメリカン航空との合併前のＵＳエアウェイズ航空が禁止したのは、「不適切な服装[79]」だった。こんな曖昧なドレスコードでは、服装の規制を事実上、個々の従業員の判断に任せることになるため、従業員たちは乗客からの苦情に対応しなければならなくなる。その結果、何を「不適切」とし、誰に恥をかかせるのかに対し、個々の従業員と乗客たちが先入観や妬み、小さな不満を抱くようになる。航空会社のこういったその場しのぎの気まぐれな判断と比べれば、高校のドレスコードが素晴らしくよいものに見えてくる。少なくとも高校は生徒たちに、着るべきでないものを前もって伝えているのだから。

女性を対象にした厳格なドレスコードは、慎み深くするよう促すだけではない。それはある種の服装を慎みのないものと決めつける。高校がヨガパンツや鎖骨の露出を禁止しても、慎みのない服装をしないようになるわけではない。無害な衣服をセクシーなものとすることで、慎みのない服装を増やしている。そもそもヨガパンツはそれほどセクシーだろうか？——それを着ているサッカーママと思春期前の娘はどこでも見かける。エアラインの普通の乗客が、頭上の荷物棚を奪い合っている最中に、誰かがミニスカートを穿いていることに気づいたり、それを気にしたりすると思うだろうか？　こういったドレスコードの本当の役割は、特定の服装が挑発的だと伝えるためだ。ルネサンス時代の道徳主義者たちが、「虚栄心」は売春婦の印だと伝えたように。結局のところ、挑発的な服装の客観的な定義など存在しない。それは時代とともに驚くほど変化してきた。十九世紀に「あらゆる男性の妄想の中心」だった足のことを考えてみよう。エスクァイア誌のマックス・バーリンガーが残念そうに書いているのは、現在のエアラインの乗客はそれを無謀にも人前に曝すことだ。「昔はストッキングがちらりと見えただけで、衝撃的な出来事のように感じられた」と書いたのは、コール・ポーター（訳注／米国のポピュラー音楽作曲家）だった。今では神のみぞ知る……鎖骨どころか、へそ出しルックまである。ストッキングがちらりと見えたのが衝撃的だったのは、それがつねに隠されていたからだ。白日のもとに晒《さら》されていれば、ありふれたものになる。たいてい、その逆もまた真実だ——そんなセクシーな鎖骨は公衆道徳のために隠すべきだと力説すれば、鎖骨がフェティシズムの対象になるかもしれない。

慎み深さは意図的に、つねに動く標的にされている。どんな女性グループであれ——どんな服装をしているのであれ——貞淑な者と罪深い者、よい女の子と悪い女の子に分けることができ、またそうされる（さらに女性はイヴの原罪という罪を背負っているため、道徳主義者たちは必ず悪い女の子を見つけ出す）。高校があまりに厳格で差別的なドレスコードを押しつけるとき、学校は自分が得意なことをしている。彼らは生徒たちに教えている。ヨガパンツは単なるカジュアルな服装ではない——それは罪の印だと教えている。彼らは例を挙げて生徒たちに教える。着ているもので悪い女の子を特定し、そういった悪い女の子たちを不当に扱っているのだ。

## レイプ犯が狙うのは「地味で大人しい服の女性」

服装を悪徳と美徳の印とするなら、裁判官と陪審が、嫌がらせ、暴行、レイプの被害者を、加害者を誘うような衣服を着ていたとして非難しても、驚くに当たらない。例として、一九八九年、フロリダで行われたスティーヴン・ラマー・ロードの裁判について考えよう。彼は若い女性をナイフで脅し、レイプしたとして告発された。女性は事件直後に病院へ運ばれ、ナイフによる負傷の治療を受けた。診察の結果、彼女と被告の間に性行為があったことが判明した。裁判では、別の女性が、ジョージア州でロードにナイフを突きつけられ、レイプされたと証言した。しかし、被害者の服装――ミニスカートとハイヒール――が一見、争う余地のない事件を、「合理的」な疑いのある事件にしてしまった。陪審がロードを無罪としたあと、陪審長はこう説明した。「私たち全員が、彼女の服装から、彼女がそれを求めていたと感じました」[80] ロードはのちに別のレイプを自白し、暴行している最中に被害者にこういったという。「お前が悪いんだ。お前がスカートを穿いているから」[81]

悲しむべきことに、この誤審は例外的なものではなかった。国がその戦術を禁じ始めた一九七〇年代後期から一九八〇年代まで、レイプ裁判の弁護人は被害者の身持ちの悪さを伝えようと、その性生活や肌を露出させた服装の証拠を提出することが多かった。陪審も、慎みのない服装の女性が襲撃者をそそのかした、あるいは必要のない危険を冒した――別の言い方をすれば、彼女たちが「それを求めていた」――と解釈することが多かった。

たしかに社会学的研究により、挑発的な服装や濃いメイクをしている女性はレイプや嫌がらせに遭いやすいと広く信じられていることが明らかになっている。[82] 一九九一年の研究からわかったのは、専門職の精神科医ですら、「肌を露出させた衣服は、若い女性が性犯罪に遭う危険を高める」と信じていることだった。[83] だが実は、挑発的な服装が性的暴力の危険を高めることはない。フェミニストたちがずっと主張してきたように、レイプは暴力と攻撃の犯罪であり、性欲が起こす犯罪ではない。レイプ犯はほかの犯罪者と同様、無防備な標的を探すのであり、肉体的に引かれる標的を探すことはない。服装が果たす役割は限定的とはいえ、実際には慎み深い服装のほうが性犯罪者の注意を引くらしい。有罪判決を受けたレイプ犯の研究からわかったのは、彼らは「体を隠す服装（すなわち、ハイネック、ロングパンツとロングスリーブ、重ね着）」をしている女性は消極的で服従しやすいため、暴行の格好の標的になると信じる傾向が最も強かった。それに比べ、もっと肌を露出させる服装の女性は、強情そうで、反撃しそうな印象をもたれた。この論文の著者たちが出した結論は、「こういった結果は、女性は肌を露出した挑発的な服装をするとレイプされる危険性が最も高くなるという、一般的な説と食い違う」というものだった。[84] つまり、セクシーな衣服は性暴力を招くという考え方は神話にすぎない。それは、男性が犯した犯罪を女性のせいにする不文律のドレスコードの一部だ。セクシーな服装が危険だとしても、それは男性の性衝動という変えることのできない性質のせいではない。そういった固定観念が、それを暴力の弁解にしてきたから、そう思われているだけなのだ。

幸いなことに、今日の法律では、弁護士が性的暴力の犠牲者の性生活――あるいは服装――を指摘し、合意があったと示唆することは許されないのが一般的だ。たとえば、スティーヴン・ラマー・ロードの無罪判決を受け、フロリダ州はレイプ被害者の「被害時の……服装」を指摘し、それが「性的暴行を誘発した」ことを示す証拠として使用するのを禁じた。[85] とはいえ、ほかの理由があれば、被害者の服装の証拠としての採用は許される。なぜなら、それが事件の争点に影響を及ぼす場合があるからだ。たとえば、簡単に脱がせられない衣服は、被告が被害者を素早く脱がせ、女性はそれを手伝っていないという主張と矛盾するかもしれない。破れたり、汚れたりした衣服は、加害者が暴力をふるったという主張を裏づけるかもしれない。これは筋が通っているが、被告の弁護士が、別のものに見せかけて挑発的な服装の証拠を提出する口実を探し、慎みのなさに対する社会の反感を利用し、陪審に偏見を抱かせようとする危険もある。

## ノーメイクも濃いメイクも批判される

女らしく着飾ること、女らしい慎み深さという昔からの理想が、現代もなお、女性がすべき服装を決めている。着飾ることを拒否する女性は、女らしくないとけなされる──どこか欠陥のある女性だと。慎み深さを拒否する女性は、男性をからかっている、誘惑している、身持ちが悪いと非難される──こちらは堕落した女である。女性が男性との社会的、政治的平等を求めるにつれ、こういった古い規範が新しい要求と激しくぶつかる。男性が支配する企業で知的専門職として見られたければ、今日の女性は──何世紀も前に男性がしたように──装飾性の高い衣服を放棄する必要があるが、ある程度は残しておく必要もある。勤勉な市民道徳を表す、体に合う男仕立ての衣服も取り入れなければならないと同時に、体を覆うという昔ながらの女の慎みの特徴も残す必要もある。女性の服装を抑制し、決定するドレスコードからわかるのは、言葉と布地に包まれた、この葛藤であり、それは女性たちをあり得ないほどの板挟み状態に陥らせている。

悲しいことに、これは単に男性優越主義の問題ではない。女性の服装に対する人を萎縮させるような批判の大半は、女性によるものだ。女性の美しさの従来の概念に反対するその批判は、新しくはあっても、結局は昔と同じ窮屈な女性の理想を強いることになってしまう。俳優エマ・ワトソン――十二歳になる私の娘にとってはハーマイオニー・グレンジャー――は、これまでずっと、実に優れた男女平等の代弁者であり、今では国連の親善大使となっている。俳優として活動家として、かなりの業績をもつワトソンだが、それでもロンドンのラジオ司会者、ジュリア・ハートリー＝ブルワーの酷評を避けることはできなかった。ブルワーは二〇一七年、ツイッターで、ワトソンが肌を露出させるトップスを着た宣伝用写真を撮らせたことを批判したのだ。「エマ・ワトソン。『フェミニズム、フェミニズム……性別による賃金格差……なぜ、ああ、なぜ、私は真剣に受け止めてもらえないの……フェミニズム……ああ、これが私のおっぱいよ！』」[86]

いうまでもなく、男性優越主義はそれよりありふれたものだ。古代宗教とヘブライ語聖書の優れた専門知識をもつ歴史家で、エクセター大学教授のフランチェスカ・スタヴラコプルも、ＢＢＣのテレビ番組『The Bible's Buried Secrets（聖書の葬られた秘密）』の司会をしたとき、同様の批判を受けた。テレビ批評家トム・サトクリフによるその番組の批評は、出だしは好調だったものの、やがてこんな言葉が出てきた。「こんなことをいうのは不適切なんだろうが……スタヴラコプルの外見のことだ」そういいながらも、実際、そのことしか頭になかった彼はつづけた――スタヴラコプルのことを、「ソロモンの歌（訳注／旧約聖書の一書。男女の愛の歌）のなかでも、とくにセクシーな節のひとつから出てきたかのように悩ましい人」といったのだ。[87] それを受け、スタヴラコプルは、女性の服装に対するそういった批判はよくあることだと述べている。[88]

どうやら……女性は魅惑的かつ知的ではいられないから、女らしいスタイルを取り入れる女性は、美しいものに気を取られるあまり、真面目な学者ではいられないという意味なんでしょう。私のヒールは高すぎる。髪は長すぎる。スリムジーンズは現代的すぎる……私はあまりに「魅力的」、あるいはあまりに「女らしい」から、学者らしくないということなんです。

スタヴラコプルはこんなことを思い出した。「ずっと批判されてきました……男性からも女性からも……外見のことを……ある女性の先輩教授から、ロングスカートかゆったりしたパンツを穿き、髪は後ろで縛っておくべきだといわれたこともあります……そうしたほうが出席者たちが……私の話に集中できるからと……」

スタヴラコプルの同僚たちの意見は正しかったのだろうか？　彼女があまりファッショナブルではない服を着れば、批判しそうな人たちは彼女の体つきではなく、その研究内容に目を向けただろうか？　スタヴラコプルがゴールデンアワーのテレビ番組に出演するにはセクシーすぎると思われる二年前、ケンブリッジ大学古典学教授で、古代ローマを専門とするマリー・ビアードが、『Meet the Romans（ローマ人たち）』というBBCの番組に出演した。スタヴラコプルとは違い、ビアードは女性的な魅力をみじんも感じさせない人だ。[89]

私はメイクをしません……髪も染めません……私はどこから見ても五十七歳の妻、母、学者です。顔のしわ、目尻のしわも、そして長い年月、図書館の机で前屈みになっていた結果の猫背にも、少しばかり誇りを感じます……ギリシアの偉大な哲学者（ソクラテス）のように、私もだらしなく見えます。でも、億劫がらずに彼の話を聞けば、価値あるものを分けてもらえます……（そして）彼ほどの価値はないけれど、私の話にも同じことがいえます。

ビアード教授は、セクシーな靴やデザイナーズジーンズの罠に落ちるのを避けてきた。しかし、女らしく着飾ることに気を取られていなければ、人びとはその服装には目を向けず、その意見に目を向けたのだろうか？　いや、逆に、テレビ批評家A・A・ギルは、ビアードの控えめでカジュアルな服装に気を取られてしまった。「過去の出来事をこれほどじっくり眺める人が、自分自身をじっくり眺めたことがないとは奇妙だ……髪は悲惨だし、服装はこちらが戸惑うほどだ。これは断じて性差別ではない」とギルは断言した。「テレビに映るつもりなら、外見にそれなりの手間をかけるべきだ」[90]

もちろん、ビアードも彼女なりに努力したのかもしれないし、フランチェスカ・スタヴラコプルがもらったようなアドバイスを受けた結果として、外見から女らしい虚栄心をいっさい消したのかもしれない。あるいは、女性のプロらしい服装のどうやっても勝ち目がないシナリオを知っているため、性差別をする男性の矛盾した要求を満たすことなど、とうの昔にあきらめたのかもしれない。スタヴラコプルが受けた批判と内容はほとんど同じでありながら、まさに正反対の批判をしたギルの主張は、性差別主義がどんなものかをうまく表している。それは、性差別主義者が女性に対し、攻撃、嫌がらせ、過小評価をすることであって、セクシーな靴や輝く長い髪、露出した鎖骨、襟ぐりの深いブラウスとはなんの関係もない。性差別主義者のドレスコードに目を向けても、女性の「正しい装い方」など存在しない。あるのは多くの「間違った装い方」だけだ。そして、そのひとつひとつに対し、女性を過小評価し、攻撃する理由がつねに準備されている。

## キンズバーグ判事の付け襟

弁護士なら、正義を求める気持ち、告訴される恐れを気にかけ、女性を性別に基づいたドレスコードの板挟みにしないようにすると思うかもしれない。しかし、悲しいかな、法律家は女性の服装のこととなると、最も不寛容な部類に入るだろう。女性弁護士たちは、どの現代女性も直面する、厳格で矛盾するあらゆる要求だけでなく、非の打ちどころのない法の権威者が解釈した、頑固なギルドの伝統的な服装の要求に立ち向かっている。

訴訟長官——連邦最高裁判所で連邦政府側の弁論を行う弁護士——は法廷で口頭弁論を行う際、独特で古風なひと揃いの服装の着用を義務づけられている。有名なエピソードを手短に説明すると、一八〇〇年代初期以来、どの訴訟長官もモーニングコート――前裾を斜めに裁断し、後ろが燕尾になったコート――に縞のズボン、ヴェスト、アスコットタイを身につけていた。最高裁判所のアーカイブによれば、その伝統が始まったのは、習慣と敬意から、法廷で議論する弁護士全員が正装していたときだった。正装をしていなかった不運な弁護士は災いなるかな。一八九〇年、上院議員ジョージ・ウォートン・ペッパーが「外出着」で法定にやってくると、ホレス・グレイ裁判官は大声でこういったと伝えられている。「厚かましくも、灰色のコート姿でこの場所にやってきた人でなしは誰だ？」そしてペッパーは、モーニングコートに着替えるまで、法廷に入れてもらえなかった。[91]

今日、最高裁判所で弁論するほとんどの弁護士は平凡なビジネススーツを着ているが、訴訟長官とそのスタッフは、昔からの伝統を守り、モーニングスーツを着ている。モーニングスーツは、その名からわかるように、昼間に着用する紳士用正装の形をわずかに変えたものにすぎない（お馴染みのブラックタイと燕尾は夜会向けだ）。もちろん現在では、それを着る機会のある人は徐々に減っているため、「正装」といえば、黒か濃紺のディナースーツにコントラストとなるシルクかグログランのラペルと、側章をつけたスラックスのことだ――米国人が「タキシード」と呼ぶもの。厳密にいえば、タキシードは準礼装で、ネクタイと燕尾のカジュアル版だ。個人宅での形式張らない場にのみ適したものと考えられている（テレビドラマ『ダウントン・アビー』のファンなら、伯爵未亡人が、晩餐に準礼装のディナースーツで現れたグランサム卿に苦言を呈した場面を思い出すかもしれない。従者が正装の置き場所を間違えたせいだった）。

モーニングコートが今では独特の衣装となったのは、ファッションは変化したのに、それは変化していないからだ――変化がないのは、既婚女性の慎み深い服装の模倣から始まった修道女の修道衣とよく似ている。こういったことからいえるのは、訴訟長官のモーニングコートはどう見ても貴族の遺物であり、それを定着させた司法制度は、自分自身は世界の模範的な立憲民主主義の守護者だという幻想に浸っている。

英国系米国人の法廷における服装の伝統は、法律専門職が男性しか入会できないクラブだった時代に定着したものだ。モーニングコート、ベンチウィッグ、裁判官の法服さえも紳士服だった。今日、男性が着るとかなり気取って見え、まるでコスチュームのようだが、女性が着るともっと不格好になる。そのため、二〇一〇年、エレナ・ケイガンという若き法律家が最初の女性訴訟長官となり、その仕事にふさわしい服装を選ぶとき、彼女にどんな選択肢があるのかについて、不安と困惑が広がった。彼女はモーニングコートを着るのだろうか？　そのことが問題となったのは、英国系米国人の伝統に従う法学者たちは、服装の作法となると過ちを許さないことが多いからだ。ベンチウィッグをつけていない法廷弁護士が裁判官から「見えない」存在となる英国の慣習や、灰色のコート姿の弁護士の厚かましさに対するホレス・グレイ裁判官の激しい怒りから、それがはっきりわかる。コロンビア大学ロースクール教授パトリシア・ウィリアムズは、ケイガンがおかれた苦しい立場に関係した別の例について語っている。クリントン政権の時代、訴訟長官のオフィスからひとりの女性弁護士が、最高裁判所に現れたとき、男性のモーニングスーツではなく、茶色かベージュのビジネススーツを着ていた。

傍聴者たちの報告によれば、最高裁判所長官ウィリアム・レンキストが服装のことで彼女を公開法廷で叱責し、その後、訴訟長官のオフィスに怒りに満ちた手紙を送り、そのような無作法が二度と繰り返されないように求めたという[92]。それに応え、訴訟長官のオフィスは、女性弁護士がレンキストの法廷に向かうときには、伝統的なモーニングスーツの「女性ヴァージョン」を着ていくよう忠告している。

モーニングスーツの「女性ヴァージョン」とは正確にはどんなものだろう？　ウィリアムズ教授の推測では、それは「おおよそ男性ものと同じだが、バストラインにダーツが入り……古典的なチャコール色の縞柄のスラックスが、ネオクラシックなチャコール色の縞柄のスカートになる。ストレッチウィングカラーにウィンザーノットも必要がどうかはまだ決まっていない[93]」。訴訟長官ケイガンが立ち向かう大きな悩みに果敢に取り組んだのは、スレート誌の法律コメンテーター、ダリア・リスウィックだった。歴史的に見て、「モーニングコートに匹敵する女性の衣服は、肩を出したロングドレスと、花嫁の母親が着るパステルカラーのドレスしかない[94]」。

ケイガンが抱える問題は、モーニングスーツがプロの服装になったのは、それがその時代の男性の正装だったからだ。それが象徴していたのは、〈男性による華麗な衣装の放棄〉につながった、冷静な判断と勤勉という美徳だった。紳士服の象徴的意味に不可欠な要素は、それと逆のもの——婦人服——との対比にこそあった。当時、婦人服は、〈男性による華麗な衣装の放棄〉が捨て去ったものの多くを象徴化するようになっていた。体にまとわせた装飾、誇示、幻想、そして虚栄心のことだ。モーニングスーツそのものは、間違いなく男らしいものであるため、それを取り入れる女性は誰であれ、どうやっても、映画『モロッコ』のマレーネ・ディートリッヒのように挑発的な衣服を着ているかのように見えてしまう。モーニングスーツの象徴的意味は、間違いなく計算された男らしさだ。しかし、それに匹敵する女性の衣服などない。リスウィックが指摘するように、同時代の女性の正装は、スーツとは逆の象徴的意味をもつものとなってしまい、シュヴァリエ・デオンのフルスカートがフェンシングの試合向きではなかったように、法廷に行くには不適切なのだ。リスウィックが出した結論は、「ケイガンは、自分は男性の仕事をする女性、あるいはお披露目舞踏会に行くところと思わせるような衣服を着ようとすべきではない」[95]というものだった。ある伝統が女性の排除につながるものであれば、女性として、それを尊重してはいけないということだ。ケイガンもそう考えたらしく、訴訟長官として典型的な女性のビジネススーツを着た。彼女は今ではもう伝統的な知的専門職の服装の問題を解決した。最高裁判所の連邦最高裁判事となった現在、男女共用の法服を着ている。

ところで、法服は本当に男女共用なのだろうか？　連邦最高裁判事ルース・ベーダー・ギンズバーグは二〇〇九年のCスパン（訳注／米国の非営利ケーブルテレビ局。議会中継などを放送）の番組でこう語った。あの標準的な法服は、「男性用に作られたものです。なぜなら、シャツとネクタイが見えるようになっているから。そこで、サンドラ・デイ・オコナー（最高裁判所の判事となった最初の女性）と私は、法服の一部に何か女性らしいものを取り入れたらいいのではないかと考えました」[96]。ギンズバーグ判事が身につけたレースの襟、クラヴァット、ジャボ（訳注／胸元に垂らすひだ飾り）は、今では最高裁判所の関係者のなかで伝説となっている。彼女は膨大なコレクションを所有し、南アフリカ製の豪華な白いビーズの襟、青と金のビーズをあしらっ

最高裁判所判事ルース・ベーダー・ギンズバーグ。
伝統的な法服に個性と女性らしさを加えようと、
彼女が考えた襟のひとつをつけている。

たカラフルな襟、そして白いレースの襟もいくつかもっていた。そして、飾り気のない黒と金の襟は、裁判所の意見とは異なる意見を表明するときのために特別に取っておき、お祝いムードのある金レースの襟は、多数意見を読むときに身につけた。ファンたちはギンズバーグ判事に手製の襟を贈り、書記たちは彼女とともに仕事をした記念として襟を贈り、彼女自身も思い出や記念の品として多くを購入した。国の最高裁判所に関わるあらゆるものがそうであるように、ギンズバーグ判事のファッションセンスもイデオロギー論争のテーマとなった。保守的な弁護士エド・ウィーランが、判事が独特な襟をつけ、自分の性別に注目させることで、「性差別主義者」の固定観念を後押ししていると批判したこともあった。[97]けれども、恥ずかしくも女性は「女らしい服装」をすべきだと主張したドナルド・トランプが米国大統領に選出された翌日、ギンズバーグ判事は「反対」を意味する襟をつけた。[98]

## パンツスーツを巡る本音と建前

モーニングスーツは男性訴訟長官にとっては安全な制服だった。扱いにくく、時代遅れではあっても、着用を求められるなら、それが適切であるという保証だった。しかし、エレナ・ケイガンは先駆者とならねばならなかった。それと同様、男性弁護士にはいつでも、絶対に信頼できる濃紺やチャコールのスーツがあったが、それに対し女性には選択の幅はあっても、どれを選んでも誰かが異議を唱える。そのため、女性弁護士、向上心のある弁護士のためのドレスコード、スタイルガイド、ワードローブルールがアドバイスを与えている。とはいえ、それは、エディス・ヘッドの著書『成功するための服装』を読めばわかることなのかもしれない。たとえば、二〇一〇年、シカゴ弁護士協会は「着るべきでないファッションショー」を開催し、スレート誌記者アマンダ・ヘスによれば、そこでは「判事、法律学教授、法学生のグループが……（ほとんどの時間）女性の法廷でのファッションの粗探しをしていた」。また別の弁護士協会では、「判事と弁護士らが公開討論会を開き、彼らの同僚であるセクシーな女性たちについて愚痴をこぼしていた……イリノイ州北部地区連邦破産裁判所のA・ベンジャミン・ゴールドガー判事は、あまりにセクシーな服装の女性弁護士たちは、『大きな問題だ……法定では土曜の夜のような服装をするべきでない……』[99]と説明した」法律ニュースのウェブサイト〈Above the Law（法を超越して）〉によれば、二〇一一年、デューク大学ロースクールのキャリア・専門職開発センターでは、女性法学生協会と共同で、「着るべきでないもの――面接編」セミナーを開催した。そこでは次のようなアドバイスが挙げられた。[100]

**ブラウス**

いくつかルールがある。1．けっして、絶対に襟ぐりが深くないこと。2．それは重要なことだ。3．ボウタイには気をつけること。たいていだらしなく見える。4．しわがないこと。5．襟ぐりが深くないこと。

**メイク**

メイクは必ずしも必要ない。残念だが。メイクをしても、していることがわからない程度にしておくこと。アイシャドーをつけるのはよいが、つけすぎないこと……。

**ヘア・様々な身だしなみ**

デボラリップマンのネイルカラー、サリーハンセンのネイルシールがよい……。

二〇一二年、ウェブサイト〈法を超越して〉は、ニューヨーク大学教授アンナ・アクバリのインタビューを掲載した。彼女は女子法学生に対し、誰もが希望する大手法律事務所での夏のインターン生に選ばれるために役立つヒントを与えている。彼女が主張したのは、女性たちは男性に……よい印象を与える服装をするべきというものだった。「法律のような男性が支配する分野では、スカートやドレスのほうが男性の気を引くため、とりわけ見返りが大きい。とくに面接では、女性はつねにスカートかワンピースを着るべきだ。面接官（大半が男性）にかなり気に入られるからだ」靴については、女性は「三・五インチ（九センチメートル）以上の」ヒールを履くべきではないが、同時に「非常時以外、フラットシューズは避けること。それがあなたの名声や服装に役立つことはない。まずよい影響力のない靴のひとつだ」。

二〇一四年、ロサンゼルスにあるロヨラロースクールの学外研修担当部長は、女子学生たちにこう忠告した。「胸の谷間が見える服やピンヒールが適切な仕事の装いではないと、改めて伝える必要などないでしょう……それでも、私のところに企業側から苦情が来ます[101]」ところが、アクバリ教授は、デューク大学の「着るべきでないもの――面接編」セミナーを踏まえつつも、こう述べている。女性は、「最低でも薄いメイクをすべきだ。いくつかの研究から、メイクをする女性は職場で得をし、より優秀な人材として認められることが証明されている[102]」。

そのようなドレスコードは時代遅れだとする反論に対し、あるプロらしい服装を教えるコンサルタントはこう認めている。「一九五〇年以降に生まれた人に（パンツスーツ）に違和感を抱く人はいません。けれども……面接者がいつも一九五〇年以降に生まれた人とは限らないのです……こんな話を聞いたことがあります……ある視覚障害がある判事が書記たちに、もし女性弁護士がパンツスーツを着ていたら、自分に伝えるように命じていたというものです。そんなことがあるからこそ、私たちはいつもスカートを穿くのです……[103]」同じようにフェミニストのウェブサイト〈イゼベル〉のある記事は、こういったドレスコードは時代遅れで、女性にとって屈辱的であるのに、残念ながら、信頼できるキャリアアドバイスとして受け取られていると批判していた。「役割にふさわしい服装をしない女性は、その仕事に就けない可能性がある」[104]

その一方で、判事のなかには、女性は服装をあまりに安易に捉えていると考える者もいる。二〇一三年、テネシー州巡回裁判所判事ロイス・テイラーは、「判事たちは……女性に男性と同じ基準を守らせてこなかった……」と不満を述べ、自分の法廷用の新しいドレスコードを発表し、ミニスカート、肌の露出の多いブラウス、スウェットパンツなどを着た違反者を締め出した。[105]たしかに、昔ながらのスーツにネクタイという長くつづいてきた習慣に縛られる男性弁護士より、女性弁護士のほうがずっと自由に服装を選択できる。けれども、その結果、女性たちは自分の選択を容赦なく批判される――判事だけでなく、法律事務所のパートナー、シニアアソシエイト、郵便室係、さらには通りすがりの男性たちにも。女性弁護士はスカートとハイヒールを着用しなければならないが、スカートが短すぎたり、ヒールが高すぎたりしてはいけない。男性を喜ばせるためにメイクもしなければならないが、男性を喜ばせようとしているように見られてはいけない。しかし、よいこともある。こういった屈折した暗黙のルールを見抜き、征服できる者であれば、法律の複雑さなど、ものともしないに違いない！

## 女性が自分らしさを表現するのは、これから

人間はこれからも服装から互いを批判するのだろう。むしろ、服装で自分自身を表現しようとすれ

ば、ある意味、批判を招くのは当然だろう——ただありのままでいるより、表現することが好きなだけであっても。とはいえ、女性の衣服に向けられることの多い批判はそういうものではない。それはもっと容赦がなく、冷酷で、偽善的で、矛盾し、何より悪いのは道徳を振りかざすところだ。しかし、ますます多くの女性たちが、誰はばかることなく、現代の職場や権力の殿堂に、数々の女らしいスタイルを持ち込みつつある。たとえば、二〇一七年、民主党の女性下院議員たちは、国会議事堂のいくつかの場所で袖なしの服を禁止するドレスコードに対する抗議集会を開いた。[106] また、ほとんどの女性議員が「無地でくすんだ色のかっちりしたシースドレスや、体形を隠すスラックス」を着なければと思い込んでいる場所で、アリゾナ州選出の上院議員キルステン・シネマは、鮮やかな柄物、奇抜なジュエリー、ピンヒール、体にぴったり合う——しかもたいてい袖なしの——衣服を身につけていることからファッションリーダーとなっている[107]（口絵18）。一九二〇年代にそうだったように、イデオロギー的な議論ができなくなってしまった場所でも、ファッションが今より素晴らしい平等へと向かう道を開くのかもしれない。

　本書のリサーチ中、ニューヨーク・タイムズ紙のマンハッタンオフィスで、ファッション批評欄を担当するヴァネッサ・フライドマンと話をした。彼女が滅多にお目にかかれない、素晴らしい自己表現をする女性のひとりであることに注目せずにはいられなかった。寒く、雨に濡れた二月の朝、カジュアルだが、流行のバイカーブーツにタートルネック、そしてロングスカートという黒でまとめた上品な服装だった。それは生真面目な記者の仕事服に、ファッションに詳しい人ならではの上品さを加えるという巧みな組み合わせだった。私は、婦人服産業の専門家であり、いまだ男性のものである仕事に就いている女性としての洞察力を聞けるものと期待しつつ、働く女性たちが直面している問題についてたずねた。するとフライドマンは、細心の注意を払いながら、希望に満ちた意見を話してくれた。[108]

女性が着るべきとされたものの歴史を見ていきましょう。（一九四〇〜五〇年代）彼女たちはドレス、パンプス、真珠を身につけなければならなかった……その後、伝統的に男性のものとされた役目を担うようになると……一九八〇年代にはパワースーツが登場し、当時は肩幅は広くなければという考え方があった……要するに男性の制服を取り入れつつも、それを女性向けにする必要があった……色は鮮やかなものでもよいが、ジャケットを着なければならなかった。スカートでもよいが、セクシーなものではいけなかった。最近になると……女性たちは……古典的な女らしいスタイルや柔らかな感じのスタイルを着るようになった……戦闘モードを弱めながらも、けっして支配権を譲っているようには感じさせないものを。マリッサ・メイヤーはヤフーを経営していた時期、カーディガンとオスカー・デ・ラ・レンタの花柄のスカートを着用し、ミシェル・オバマもほとんどいつもワンピースを着ていた。でも彼女の前のファーストレディたちは、たいていスカートスーツだった……私の考えでは、そういった変化が女性が着てもよいと感じるものの幅を広げ、結果として自分の権力の座で心地よくいられるようになる。すると、自分にも同等な能力があると男性に見せつけるための特色ではなく、自分の好みに従って自分の特色を出そうとするようになる。

二十世紀後期のドレスコードは、女性の服装を規定し、禁じることで、女性の政治的、社会的、性的な自由を制限してきた、昔からの束縛を永続化させた。今日、女性の服装を支配する、戸惑うほど多く、矛盾のあるルールが最終的に求めているのは、あるひとつの限定的な女性の理想ではなく、むしろ容赦なく監視することだ——ひとつの掟《おきて》を与え、満足すれば、すぐさま次の掟を与えるというように。しかし、そうなればファッションが抵抗し、新しい目的のために古い象徴を反体制的な形で再利用するチャンスを絶え間なく差し伸べる。するとそこから新しい世代のドレスコードが生まれるのだ。

# 第14章 異性装と性の境界線

## ——自分の性別のものではない衣服：プロムナイトのタキシード、男の子は青（それともピンク）、女の子はピンク（それとも青）、ミニスカート、チュチュ、男仕立てのスーツ

古代、服装とドレスコードの目的は、社会的地位を人の体につなげることだった。性別はあらゆる社会的地位のなかでも、何よりも基本的で、ずっと変わらないものであり、有性生殖の生物学的機能をひとまとめにした社会的役割に結びつけるものだ。しかし最近では、新しい科学技術が生殖機能を変更可能なものにし、社会規範の変化も古い性別に基づいた役割を脅かしてきた。女性たちが解放されたのも、医学の進歩と、道徳規範が妊娠と子育てを要求するものから、家の外で働くことに変化したおかげだ。男性たちも、これまでの唯一の稼ぎ手という立場から外され、父親たちが享受した独占的な権限を失ったものの、父親たちには許されなかった、興味のある分野の探求ができるようになった。二十一世紀の新しいドレスコードは、こういった男女別の役割の変化を反映しつつ、同時にそれを妨害している。

## トランスジェンダーのドレスコード

ペンシルヴァニア州ハリスバーグに暮らすアニヤ・ウルフは、二〇一六年のビショップ・マクディヴィット高校のプロム（訳注／卒業記念ダンスパーティ）で着る衣装を見つけた。ブラックスーツ、蝶ネクタイ、そしてグレーのヴェストという控えめなアンサンブルだ。彼女はそこに、一緒にパーティに行く相手の衣装に合う、濃い青緑色のポケットチーフを加えた。ウルフはこの三年間、毎日、パンツとシャツ姿で通学した。彼女のアンサンブルはプロムのドレスコードに従っていた。ドレスコードには着用できる様々な種類の衣服が記載されていたが、女子生徒がスーツを着てはいけないという規定はなかった。プロムに求められる慎み深さは、プロムの衣装の準備をする国中の女子高校生たちを苦しめてきた。しかし、ウルフのスーツはそのよくある問題に対する素晴らしい解決策だった。「女の子のドレスはたいてい……肌の露出が多いでしょ？」と彼女は考えながら話した。「私の衣装はかなり慎み深いものだと思うの」[1]ところが、プロムのほんの数日前になって、学校側がドレスコードを書き換え、女子生徒にドレス着用を求めた。ウルフはスーツ姿でプロム会場まで行ったが、校長が入場を認めず、警察に通報すると脅した。[2]

同じ年、カリフォルニア州セントラルヴァレーにある保守的な都市クローヴィスで、男子高校生のグループがドレス姿で学校に行った。それは男子生徒に長髪、ピアス、ワンピース、スカートを禁じる学校のドレスコードに対する抗議行動だった（共感した女子生徒たちは、格子柄のフランネルシャツとジーンズを身につけ、男子生徒とトランスジェンダーの生徒全体との結束を示した）。[3]その抗議活動が求めたのは、学校がトランスジェンダーの生徒を受け入れること、そして性別に基づいた服装と身だしなみ全般に対する規則を和らげることだった。クローヴィス統合学区の広報担当官ケリー・アバンツは、その問題について話し、トランスジェンダーの生徒がドレスコードからの除外を求められるようにすると学生組織に約束した。「彼らとともに取り組むことで、彼らが自分のものとして認識する性別を表現できるような学校環境にします」ところがある学区役員は、こんな融通の利かない言葉でドレスコードを擁護した。「女性は女性、男性は男性であり、けっして同じではありません」[4]しかし、カリフォルニア州の教育規約は、性別の表現に基づく差別を禁じ、米国自由人権協会はその学区を告訴すると正式に警告した。すると別の学区役員ジニー・ホブセピアンは、性別に基づいたドレスコードを擁護し、差別撤廃命令に抵抗する法理論を展開した。「法律があるからといって、私たちが我慢しなければならないという意味ではない」[5]いや、いうまでもないが、それこそ「法律」という言葉が意味するものだ。結局、その学区は降参し、以前より男女の区別の少ないドレスコードを導入した。今では男子生徒も長髪にし、ピアスをつけてもよい。とはいえ、耳以外のピアスと髭は性別を問わず禁止されている。[6]

多くのほかの学校も、男女に特定したドレスコードの実施に苦労してきた。トランスジェンダー、ノンバイナリージェンダー（訳注／男性か女性かの二者択一に収まらないジェンダー）を自認し、厳格な性別に基づいた規範全般に苛立つ生徒たちからの抗議が増えているからだ。新しい世代は、ファッションという道具を利用し、新しい自分らしさをつくり上げ、かつて当たり前とされていた性による区別を複雑にしたり、覆したり、あるいはそんなものなど気にもしないでいる。彼らは性別により服装を決めるルールと、性別の意味を書き直そうとしながら、未来のドレスコードを書いているのだ。

## 男の子はピンク、女の子はブルー？

古代から現在にいたるまで、ドレスコードは、服装が目に見える性別の象徴となることを求めてきた。聖書による禁止や法的な束縛が、曖昧さを残さず性別を明確にするドレスコードにつながった。規範や理想の変化が、服装と大半の社会的地位との象徴的なつながりを弱めても、法と慣習は、服装と性別の象徴的なつながりを断固として残そうとしてきた。しかし、ファッションが変化したことで、男性あるいは女性に生まれつき「属する」特定の服装はなくなった。さらにこういった変化が、男らしい服装、女らしい服装の区別を陳腐化させていく恐れはつねにある。性別に基づいたドレスコードの主な目的は、性別ごとに特定の種類の服装を着せることでも、着せないことでもない。単に、服装を見れば着用者の性別が明確になるようにすることだ。

性別の象徴がただの模倣にすぎない場合もある。中世後期とルネサンス時代の股袋（訳注／男性のブリーチェズの前開きを隠すための袋。装飾を施したものもあった）や、議論の余地はあるが長いネクタイがそれに当てはまる。どちらもペニスを連想させ、形もよく似ているため、そのまま男根と解釈されるだろう。けれども、服装が表す性別の象徴はもっと気まぐれなもので、ブルーを男性の色、ピンクを女性の色とする思いつきのようなものだ。この慣習は一般的なものだが、だからといって、それぞれの色が本来、男らしいもの、女らしいものであるわけではない。その証拠に、今から一世紀も遡らない時代には、この色が象徴する意味は今の逆だった。

一九一八年の小売業に関する記事にこんなものがある。「一般的に受け入れられている習慣として、男の子にはピンクを、女の子にはブルーを使う」なぜなら、「ピンクは明確で力強い色であるため、男の子に向き、ブルーは繊細で優美なため、女の子に向く美しさがある」[7]。ここで重要なのは——今と同じように——男の子は女の子とは違う服装をするということだ。なるほど、性別で区別することは大昔から重視されてきたが、その境界線を正確にどこに引くかは時代とともに変化してきた。十九世紀後期から二十世紀初期にかけて、乳児と幼い子どもは男女を問わず、白いドレスを着用し、少年と少女はどちらも長髪をカールさせ、パンプスを履き、首周りにはレースの襟をつけ、ボンネットを被っていた。少年たちが初めて髪を切り、子供服を卒業して男性向けの衣服を着るのは、十分に体が成長する六～七歳頃だった[8]。なぜなら、紳士服は男性であることそれ自体ではなく、男らしさに結びついていたからだ。男女どちらであれ、幼い子どもは華奢で純真なため、家庭的な女らしさを連想させたのだ。

そういった象徴的意味の気まぐれさからわかるのは、性別に基づいた服装の大半は人間の体の仕組みを考慮していないということだ。それどころか、それが反映しているのは社会慣習だ。「婦人服」とは、とくに女性の体に適したもののことではない——女性たちが普段着ている衣服にすぎない。これは、性別に基づいた規範からのどんな逸脱も、規範の改定につながる可能性があることを意味する。つまり、大勢の女性たちがパンツを着用すれば、パンツが婦人服になるということだ。

ドレスコードとは、そういった変化が性別に基づいた服装の区別をすっかり壊してしまわないようにするものだ。たとえば、二十世紀中期、何百という米国の都市は、異性装をはっきりと禁ずる法律を成立させ、ほかの多くの都市も、それより一般的な禁止事項を利用して公然わいせつを禁じていた。一般的にドレスコードは、どんなものであれ、性別に基づいた特定の服装を強要していたわけではない。強要していたのは、性別に基づいた象徴というしきたりだった。性別に基づいた服装の定義は不明確で流動的なため、こういった異性装の禁止は当然ながら曖昧だった。具体的にいえば、違法な「異性装」とは、性別に基づいた規範から故意に逸脱すること、あるいは特定の十分に定着した慣習に背くことだ。どちらにせよ、その対応には問題があったため、一九七〇年代に入ると、異性装で告発された者たちが、公民権違反としてそういった法律に異議を唱え始めた。

　当初、異議を唱えたのは、医師から「性転換者」と診断された人たちだった（ここで読者にお許し願いたい。この用語は当然ながら多くの人にとって不快なものだ。けれども、当時は広く使われ、問題となった法律専門家の意見でも使われていた）。たとえば、コロンバス市対ザンダース事件で、法廷は、性別適合手術に向けた心理的な準備として女装をしていた、男性から女性への性転換者には、異性装を禁じる地方条例に照らし合わせ、犯意があったと立証できるような過失責任はないとした。[9]裁判官はこう述べた。「本物の性転換者にとって……女装し、女性としてふるまうのは、条例の規定の意図的な違反ではなく、むしろ抑えがたい衝動あるいは自制心の喪失の結果である」しかしこの意見は、表現の自由やトランスジェンダーの権利を断固として弁護していたわけではない。むしろ、ある意味、「計画的な」異性装の禁止と、性別に基づいた服装の定着した慣習の両方を後押ししていた。ザンダースの異性装が無罪となったのは、彼女の望みと目的が、あくまで——女性として——伝統的な婦人服を着ることだったからだ。

それから四年後、同じオハイオ州コロンバスで、条例がふたたび非難の的となる。今回の申し立ては、どんな服装をしてはいけないのか、あるいはどんな服装をすべきなのか、明確ではないというものだった。コロンバス市対ロジャーズ事件で、裁判官はその条例を違法に曖昧だとして無効とした。[10]

歴史を振り返ってみると、服装の様式は男女を問わず、ファッションの変化に左右されている。現在では、市販されている男女の衣服は見かけがよく似ているため、「通常の知能の持ち主」では、男性用なのか女性用なのか見分けられないだろう。それに加え、今日では、故意に、しかしなんの悪意もなく、異性向きの衣服を着る人たちもめずらしくない。

四年前のザンダース事件と同じように、今回も自由や寛容さが大きな勝利を得たわけではない。ロジャーズ事件の裁判は、異性装禁止の背後に隠された目的に異議を唱えてはいない。唯一の問題は、その法律が何を禁じているのか、明確にされていないことだ。ファッションの変化のせいで、そのつもりはなくても法律の条文に違反する者が出てくる。具体的には性別の曖昧な衣服を着たり、コーディネート全体を見れば、本人の性別にふさわしいが、部分的に「故意に、しかしなんの悪意もないが」異性向きのものを身につけたりする。たとえば、一九七〇年代、流行のロマンチックな海賊のように見せようと、ヒラヒラしたブラウスを着る男性もいれば、映画『アニー・ホール』風にネクタイにブレザーを着る女性もいた。ロジャーズ裁判では、性別に基づいたドレスコードの悪意のない違反は、コーディネートに関わるものだったようだ。そこでは、人間の体の明確な身体的特徴も含め、様々な要素が混じり合っている。そして個々の要素は着用者の性別のものではなく、男性のもの、あるいは女性のものだと、はっきりわかる。

## 殺害されたトランスジェンダー

性別に基づいた規範の「悪意のない」違反と異性装の間の境界線がどこにあるのかは、つねにはっきりしているわけではない。一九六〇年代から一九七〇年代初期にかけて、「ピーコック革命（訳注／紳士服をカラフルにし美しく着飾ろうとする運動。孔雀の雄の羽が雌よりもカラフルなことからこの名がついた）」が起こった時期、男性たちは、〈男性による華麗な衣装の放棄〉以前の男性の優美さを思い出させるような、華やかな新しいファッションに身を包んだ。鮮やかな花柄、フリルのシャツ、大胆なジュエリー、セットした長髪（髭と、ボタンを外した襟からのぞく胸毛のせいで、おしゃれが台無しだったが）。一九八〇年代までに、米国社会に生じた男性の役割に対する社会不安が逆風を招き、性別に基づいた規範がもっと大きな影響力をもつようになった。アーティスト、ミュージシャン、流行に敏感な都会人たちが、性別に基づいた身だしなみや服装を打ち破ろうとあれこれ試しているのに、普通の米国人たちは、定着した性別の境界線内に留まろうともがいていた。ゲイに対する偏見が蔓延していた時代、男性たちは、あまりにファッショナブルな服装をすると、女々しい、あるいは「ゲイ」だと思われるのではないかと心配したのだ。性別の境界線から、うっかり、あるいは遊び半分で外れただけでも、嘲笑されたり、嫌がらせを受けたりすることがよくあった。今日、異性装を禁ずる法律は廃止になったが、疑う余地のない異性装はいまだ社会的侮辱や排斥の対象となり、暴力をふるわれることすらめずらしくない。

皮肉にも、おそらく誰よりも非難された異性装者たちは、以前の法律なら不起訴になった可能性がある。彼らは性別に基づいた服装を、型どおり、きちんと身につけていたからだ。グウェン・アラウジョの悲劇的な事件を考えてみよう。彼は従来の医学的な定義では男性として生まれながら、自分は女性だと思っていた。アラウジョは十七歳のとき、カリフォルニア州ニューアークにある友人の家のパーティに出かけた。普段は丈の短いタンクトップとジーンズ姿だったが、その夜は、ゆったりしたブラウスとミニスカートを友人から借りた。アラウジョの性別の転換が始まったのは数年前だった。彼女は外見的には魅力的な若い女性だった。しかし、彼女の母親はミニスカートに不安を抱く。いつもはジーンズを穿くアラウジョのむき出しになった脚が、いまだ男らしかったからだ。[11] それだけでなく、アラウジョはまだ生殖器再建手術を受けておらず、スカートではジーンズほど体を隠せなかった。

アラウジョの母親の不安は的中した。パーティが嫌なムードになったのは、ホセ・メレル——アラウジョの知り合いで、聞くところによれば、過去に親密な関係にあった少年——がアラウジョを質問攻めにしたときだった。[12]「お前は男か、女か、どっちだ?」と彼は問いただした。状況がますます悪化したのは、別の友人ニコール・ブラウンがアラウジョのスカートのなかに手を入れ、男か女か「確認」するといったときだ。ブラウンは裁判で、アラウジョを浴室へ連れていき、「ペニスに触れたと思った」と証言した。[13] そのあと、彼女は「ひどく動揺」し、こう叫びながら廊下に走り出た。「これが男だなんて信じられない。信じられない。こんなこと、耐えられない」

目撃者たちがのちに語ったのは、三人の男性——ホセ・メレル、マイケル・マギドソン、ジェイソン・カザレス――がグウェン・アラウジョを殴り、首を絞めて殺し、両手、両足をロープで縛り、死体を埋めたことだった。その後の殺人の裁判で、弁護人たちは、男性たちは「理性をなくした状態で」行動したため、計画的な殺人ではないと主張した。「これはごまかしと裏切りの事件です」ある弁護人は陪審にこう訴えた。依頼人は、アラウジョがトランスジェンダーだと気づいたとき、激高し、「その反応が、怒りと激情、衝撃と憎悪として表に出た」[14]のだと。「エディー（アラウジョの本名）の本当の性別」がわかったことで引き起こされた反応は、「あまりに深く、ほとんど原始的なもので……セクシュアリティ、性の選択は私たちにとって非常に重要なものです……この事件ではそれが嘘だったことが……ことさら大きな怒りを招いた――性的な詐欺、ごまかし、裏切りに対する怒りを」。ホセ・メレルの母親ワンダ・メレルは報道陣にこう語った。「付き合っていた美しい女性が実は男だったとわかれば、どんな男性だって気がおかしくなるでしょう」[15]ある新聞の解説者はこの意見をあきれるほど大げさに捉え、アラウジョは以前、メレルとマギドソンと親密な関係にあったため、彼女が彼らをひどく傷つけた結果、自分自身が殺害されることになったと主張した。

男性たちがこんな事件を起こしたのは、アラウジョが彼らを辱めたせいだ[16]。彼は嘘とごまかしを使い、彼らを騙してセックスに及んだ。彼は彼らに正直ではなかった。もしそうだったら、こんな事件は起きなかった……この男性たちはまさに辱められた。彼らはレイプされたのだ。

ジェイソン・カザレスは、故殺に対し不抗争（訳注／有罪は認めないが、起訴内容を争わないと主張すること）を申し立てた。メレルとマギドソンの第一級殺人に対する陪審の評決は行き詰まり、未決定審理となった。のちの裁判で、このふたりの男性は第二級殺人で有罪判決を受けた。二〇〇六年、カリフォルニア州はグウェン・アラウジョ犠牲者正義法を成立させ、その結果、いわゆる「ゲイ・パニック・ディフェンス（訳注／暴行や殺人の弁護のための抗弁。ホモセクシャル・パニックと呼ばれる心理状態により心神喪失状態にあったと主張する）弁護法」が裁判で利用されることが減った。[17] 二〇一四年には、カリフォルニア州はその弁護法をすべて禁止した。

トランスジェンダーの活動家で哲学者でもあるタリア・マエ・ベッチャーが指摘するのは、「体を隠すようにデザインされた性別に基づく服装そのものが……生殖器の状態を表している……」ことだ。ベッチャーの主張は、トランスジェンダーたちは、こういった従来のドレスコードに従わないために罰せられているというものだ。「（服装によって）性別を示すというのは生殖器を示すことであり、いたるところで見られるやり方だが、性転換した人たちはそれを拒む」[18]

性別に基づいたドレスコードの歴史を考えれば、性別に基づいた服装は生殖器を象徴しているというベッチャーの意見を、さらに一歩先に進めたほうがよいかもしれない。なぜなら、性差は生殖器だけの問題ではないからだ。たとえば哺乳類では、性差は誕生後の赤ん坊に授乳できる能力によっても決まるため、婦人服の大半は乳房に注意を引きつけるものになっている。さらに、従来の固定観念は、攻撃性や共感性といった、性別に備わる特定の心理的な性質と結びつくことから、こういった考え方も性別に基づいた服装の特徴となる。性別に基づいた服装は、こういった特徴や特性のすべてを象徴化し、表すことができる。トランスジェンダーのアイデンティティに違和感を抱く人たちがいるのは、そのアイデンティティが予想もしない形でこういった特質を合わせもっていることが多いからだ。些細ではあるが忘れてはいけないのは、これが、アン・ホプキンスやダーリーン・ジェスパーセンのような、性別の固定観念に従わない者たちに違和感を抱く人がいる理由でもあることだ。

ホセ・メレルの母親は息子の激しい怒りを説明しようとした。「付き合っていた美しい女性が実は男だったとわかれば、どんな男性だって気がおかしくなるでしょう」[19] しかし、ここで美しい女性というのは、グウェン・アラウジョが成りすましていた実在の人間ではない。彼女は誰も叶えることのできないエロチックな幻想だった――ひとりの人間に数多くの特質を詰め込んだ女らしさの理想だ。性別に基づいた服装とは、それが隠す裸体を示すものではない――それは、その体の理想像をつくり上げるだけでなく、異なり、補い合う男女の体の間にある、エロチックかつ社会的な関係の理想像をもほのめかしている。そして、この幻想を脅かすのが、いわゆる「人を欺くような」異性装なのだ。

実際、どんな種類であれ、型にはまらない性別の表現が暴力を引き起こすことはよくある。グウェン・アラウジョの殺人者たちの弁護に使われたものと非常によく似た観点から、そういった攻撃性を正当化する人は大勢いる。たとえば、二〇一七年四月二十日、ワイオミング州上院議員マイク・エンツィは、グレイブル高校の生徒たちに講演を行った。医療費負担適正化法は行き過ぎであり、所属する党がそれを廃止しようとしていることや、教育省が地域の学校に押しつける横暴な規制のことなど、彼は様々な話題について話した。その講演会で最後の質問をしたのは、二年生のベイリー・フォスターだった。もしLGBTQコミュニティのためになんらかの活動をしているなら、それは何か？　エンツィはこう答えた。ワイオミング州では、「君たちはおおむね……自分がなりたいものになれる……それを誰かの顔に押しつけないかぎり」。具体的にいえば、エンツィはこういった。「チュチュを着た男が、金曜の夜にバーへ行くと、暴力沙汰に巻き込まれることにいつも驚くとしよう。まあ、彼は自分からそうなることを望んでいるようなものだがね」[20] エンツィは工夫を凝らした表現をしたわけではないが、チュチュを着た紳士が誰かの顔に押しつけたものとは、人間の体の仕組みと、性別に基づいた服装とを勝手気ままに結びつけたことだと推測できる。「服装倒錯者（服装の慣習に違反する人）」は、性別の象徴を予想もしない形で合わせもつことで、性別とセクシュアリティの幻想と理想を後押しする巧みな工夫に関心を向けさせるのだ。

## 「性別のドレスコード」が溶け合う未来

歴史を振り返ってみれば、性別に基づいた服装の主な役割は、着用者の生殖の役割を伝えることだった。こう考えれば、生殖器の違いを象徴するようにデザインされた服装の説明になるだけでなく、幼児期の少年が少女のドレスと同じような服装をしている理由、未婚女性が既婚女性と違う服装をする理由、高齢女性が妊娠可能な年齢の女性と違う服装をする理由もわかる。社会的地位が血統により受け継がれる君主制と貴族社会では、性別に基づいた服装の重要な役割は、王朝、王国、帝国の運命を左右する生殖の役割を象徴することだった。だからといって、異性装は「人を騙すもの」だったわけではないが、それは重要な経済的利害、場合によっては地政学にかかわる社会的役割に対する挑発だったのだ。

しかし今日では、政治権力は一般的には子が受け継ぐものではなく、多くの人たちが子をもたなくても、幸福で充実した人生を送っている。快楽が、セックスの本来の目的が生殖であることを忘れさせ、同時に科学技術がセックスなしの生殖を可能にした。現代の私たちの服装は、こういった変化を映し出している。ファッション史研究家アン・ホランダーは、この性別に無関係な服装に向かう傾向について、こう述べている。[21]

真の性平等は……誰もが子どものような服装をするところにあった。最近、博物館や公園で見かける大勢の大人たちの姿は、まるで学校の遠足のようだ。誰もが、子どもが着るようなカラフルなジャンパー、セーター、パンツ、シャツを身に着けている……（こういったものは）体を束縛することなく、自分以外に責任を負わないことを意味する衣装だ……以前なら気ままな子どもの特権だったものに大人が馴染んでいる……（さらにそれが示しているのは）大人のセクシュアリティの重荷からの解放だ……男性も、女性も……まるで砂場で遊ぶかのような格好をしている……（彼らの服装はまるで）衣服によって性別を区別する必要のなかった頃の……幼い少年か少女だ……なぜなら、何をするかも、どう考えるかも、性別によって区別することを求められていないから……

こんな性的特徴を除いた子どもじみた服装と比べると、性別に基づいたドレスコードに意図的に逆らった服装は、成熟したセクシャルな体を目立たせる。はっきりそれとわかる異性装者、トランスジエンダーたちは、創意工夫することで、従来の性別の印をリミックスし、新しいヴァージョンをつくり出している。人間が、新しい――人によっては解釈に苦しむ――方法で、性別に基づいた象徴的意味を組み合わせたがるのは、意外でもなんでもない。実際、自分の生殖器の性別に「属さない」性別がもつ象徴的意味に、心理的に自分を重ね合わせる人がいることも――あえていわせてもらえば――自然なことだ。とはいえ性別に基づいた理想を表す、巧みな工夫を用いているからといって、それだけで異性装者やトランスジェンダーだと識別することはできない。たいていの人たちは服装によって生物学的な性別の特徴を意識的に誇張し、美容整形や過剰なボディービルのような方法でそうする人も大勢いる。これを「不自然」とするなら、性別に基づいた服装全般もそうなる。有名なドラァグクイーン、ルポールがいったように、「私たちはみんな裸で生まれてくる――それ以外のものは邪魔物なのよ、ベイビー」。

今日、ますます多くの人たち――トランスジェンダーもいるが、そうでない人たちも大勢いる――が、性別に基づいた服装の象徴的意味を、慣習に囚われることなく使うようになっている。たとえば、ダンサー、サラ・ジェフラードはスタイリッシュな紳士服を好み、〈A Dapper Chick（おしゃれなヒヨコ）〉というブログで、刺激を与えてくれる女性たちのインタビューや、彼女自身のユニークなファッションセンスがよくわかる写真を公開している。ジェフラードが気づいたのは、古風なスーツが自分に自信を与えてくれることだ。「私はそれは恥ずかしがり屋なのですが、スーツを着れば、大きな自信を感じられます……着ていないと、自分が価値がない存在に思えます」ジェフラードにとって、最も重要な服装の過渡期は、スポーツウェアから男仕立ての服装に変わった時期だった。「以前は……都会的なストリートウェアを着ていました。でもその格好が気に入らなくて……店に入ると、後をつけてくる人もいたし……でも、今のような服装にしたら、そんなことはなくなりました」ジェフラードはトランスジェンダーではないが、スーツが自分の性別と調和しないとは思わない。「このスーツは実は婦人服なんです」と彼女はいう。同じように、ブログ〈She's a Gent（彼女は紳士）〉の筆者ダニエル・クーパーも、紳士用スーツを好み、こういう。「男になりたいわけじゃない。紳士服を着た女性でいたいだけ[22]」

二〇一五年、ウィル・スミスとジェイダ・ピンケット＝スミスの息子、ジェイデン・スミスがファッション界で称賛の的になったのは、ブランド婦人服の広告キャンペーンで、ルイ・ヴィトンのスカートを着用したときだ[23]。スミスは型破りなスタイルで知られていた。GQ誌は感嘆しつつ、こう評した。「ヒョウ柄のタイツは彼にとってのいつものジーンズ。ドレスは彼のTシャツだ[24]」

ニューヨーク・タイムズ紙のファッション批評欄を担当するヴァネッサ・フライドマンは、スミスのスタイルが際立つ理由をこう説明した。「それは彼が性別の過渡期にいる男性でも……男女どちらでも着られるような衣服を着た男性でもないから……彼は、どう見ても、女性の服を何気なく着ている男性ね。そして、それを着ても女の子には見えないけれど、本当にとてもすてき。スカートを穿く男性たちによくある毛深い脚の話とは違うレベルなの[25]」

これは、もしかすると、性別のドレスコードを躊躇することなく混ぜ合わせ、組み合わせるようになる未来の前触れなのかもしれない。こういった性別に基づいた服装の新しい使い方は、今日の世界の数多くの性別を想像する方法のひとつであり、新たな社会的役割や、新たなタイプのエロチックな空想の誕生を暗示する。

こんなふうに非常に不安定な状態にもかかわらず――あるいは不安定だからこそ――性別に基づいた服装を抑え込み、規制しようとする試みは相変わらず無数に存在する。性別に基づいたドレスコードは変化しながら、新しい社会規範や、新しい科学技術を反映しながらも、相変わらず、人間の体、社会的交流、個性、そして自分自身との関わり方を方向づけている。

# 第15章 宗教とドレスコード

——わいせつとして禁止される、あるいは冒瀆行為として非難されるもの：ヘッドスカーフ、ブルカ、ブルキニ、ビキニ、セクシーなシェイテル（訳注／正統派ユダヤ教の既婚女性向けのウィッグ。夫以外の男性に髪を見せることを禁じたラビ教義に従うためのもの）、ヒップヒジャブ、カバーガール社のメイク

宗教的な服装は、昔ながらの単純なドレスコードをそのまま適用しているだけで、二十一世紀のファッションの特徴である組み合わせや模倣といったものとは無関係のように見えるかもしれない。そんな見方によって、宗教的な服装について一般の人びとが何を話し、それをめぐる紛争にどう反応するのかが決まる。聖典や聖職者が命じた服装は、信仰の直接的な表現だと考える人は多い——「単なる」ファッション哲学ではなく、世俗のドレスコードの侵害を許さない聖なる命令であると。同時に、世俗の市民の理想に従う無宗教者の目には、宗教的な服装がひとつの脅威、あるいは道徳主義的な不寛容さと女性蔑視を示す、「身にまとう教義」と映る場合がある。その結果、そういった服装を制限あるいは禁止するドレスコードの正当化につながる。

しかし、二十世紀後期から二十一世紀初期の宗教的な服装は、伝統的な宗派のドレスコードの単な

る延長ではない。むしろ、伝統的な宗教のしきたり、反植民地主義的な抵抗、ポストモダン的なアイデンティティ・ポリティクス（訳注／人種、ジェンダーなど特定のアイデンティティをもつ集団の社会的地位を向上させる活動）、独自の現代的な融合のなかの世界主義的なファッションセンスを組み合わせたものになる。今日、古代宗教の服装ですら、現代ファッションの独特な自己表現の一部となってきた。その多様で入り混じったメッセージが宗教的な服装を介して伝えるものは、解釈の過程で失われやすく、宗派の象徴的意味を義務づけたり、禁止したりするどのドレスコードも予想外の結果をもたらす。

## フランスの法と「スカーフ事件」

二〇〇四年三月三日、フランス議会は公立学校で人目につく宗教的な服装を禁止する法律を承認した。その法律はあらゆる宗教的な象徴に適用されるものの、それがイスラム教徒の少女たちが被るヘッドスカーフを標的にしていることを疑う者も、否定する者もいない。その新しい法律をめぐる論争は、瞬く間に「スカーフ事件」として知られるようになった。ヘッドスカーフが議論のテーマとなったのは、それが起こした感情の激しさのせいだけではなく、長い歴史のなかで、それが多種多様な人びとにとって、多種多様なものを象徴するようになっていたからでもある。それは信仰への服従を示す昔ながらの象徴であるだけでなく、世俗的な権威への反抗を示す現代的な印でもある。ヘッドスカーフは、女性の髪と素肌は淫らなもので、人目に曝すものではないという、女性蔑視を反映していると断言する人たちもいれば、それは性的対象になることから女性を保護していると考える人たちもいる。意図的であれ、元々そういうものであれ、慎み深くあるために作られた衣服も、今では自己顕示のひとつの形となり、着用者が注意を引くまいとしても目立ってしまう。ヘッドスカーフを義務づけるにしろ、禁止するにしろ、ドレスコードにはあまりに多くの意味が含まれるため、小さすぎるマンティラ（訳注／頭および肩を覆うヴェール）の下から巻毛がはみ出たりしたら、単純な解釈ができず、誤解を招くようなことが起こるのだろうか？　そして、ヘッドスカーフを被る女性たちは、それがもつ影響の大きさを自分で抑え込めるのだろうか？

二〇一一年、私がパリ政治学院の客員学者としてパリにいた時期、誰もが「スカーフ事件」のことを考えているようだった。フランス人の多くが、ヘッドスカーフは過激なイスラム原理主義者であることを示し、共和主義的な価値観を間違いなく脅かすものと捉えていた。二〇〇四年、パリ政治学院教授で、フランス外務省顧問でもあったジュスタン・ヴァイスは、こう警告した。「イスラム教徒の過激派の連中は……少女たちに（たいてい本人の意思に反し）学校でのヘッドスカーフの着用を強いることで、ほかの少女たちも同じようにする圧力をかけている……」宗教的な過激主義と戦う必要性から、ヘッドスカーフを禁じる法律を正当化する人たちもいた。平和的な宗教のしきたりにすぎないものを、大げさに一部の宗派の暴力に結びつけることは、イスラム教徒に対する偏見の証拠だという人たちもいた。たとえば、歴史家ジョーン・ウォラック・スコットは、二〇一一年の意見記事で、ヘッドスカーフ禁止は、「国民性を浄化し、守ることで……いわゆる外的要素を一掃しようとする政治活動の一部」[1]だと批判している。

あるフェミニストたちは、ヘッドスカーフを、ヨーロッパの女性たち自身、最近ようやく解き放ったばかりの、義務としての慎み深さの復活として捉えた。フランスの哲学者シルビアーヌ・アガサンスキーはこう論じた。「(ヘッドスカーフ)禁止法は、少女や未成年者の体を守るために作られた……ここでヴェールが意味しているのはイスラム教ではない。むしろ政治活動だ」[2] こういった懸念は、イスラム教とその伝統に冷淡な西洋人に限ったことではない。たとえば、フランス人イスラム教徒の女権拡張活動家ファデラ・アマラは、「ヴェールは、女性の服従を示す目に見える象徴だ」と断言している。[3]

しかし、ヘッドスカーフ――アラビア語名のヒジャブと呼ばれることも多い――を被る女性の多くは、それは女性の服従を示す象徴ではなく、その逆だと主張した。女性を物扱いすることに対する対策だというのだ。たとえば、オンタリオに暮らすある女性は、ヒジャブのことを、「社会とその価値観、性的対象にされることへの拒絶……自分自身の尊厳とセクシュアリティを取り戻すための女性の力だ」[4] と説明した。また、「ヒジャブはファッションの独裁政治からの解放だ。それが性的魅力の愚かさを取り除いてくれるおかげで、人間らしくいられる」[5] とする意見もあった。ある意味、ヒジャブの人気は、様々な信仰をもつ女性たち――そして信仰心の薄い女性、信仰心のない女性――の間で流行した、慎み深さに対する世俗的なブームを映し出していた。たとえば、高級衣料品店のクリエイティブ・ディレクターは、彼女の考案した「大きめで、柔らかく体を包む」新しいスタイルについて、まるでヘッドスカーフを被る決心を明らかにした信仰の厚い女性のようだといった。「何年もの間、極端に美化され、性的対象にされ、人形のように誇示されてきた女性たちのイメージから影響を受けました」[6] 同じように、ポッドキャストの司会者アミナトゥ・ソウは、宗教色のない口調で、多くの信心深く、慎み深い女性たちの発言に味方した。「裸で歩き回ることを解放だと考える女性には賛同できません……残念だけれど、これを解放だとして喜ぶ人が多すぎます」[7]

ヘッドスカーフは宗教的、文化的、あるいは政治的なものだったのか？　それとも同時にその三つだったのか？　それは東洋の女性蔑視の象徴なのか、それとも西洋の女性を物扱いすることに対するフェミニストの反応なのか？　それを禁止するのは圧政なのか、それとも解放なのか？　ヒジャブ——および、それを義務づけた習慣と、禁止した法律の——意味はいまだ解読されていない。

## ヘッドスカーフは服従か、抵抗か？

早くも西暦紀元前一二〇〇年には、アッシリア帝国の法律が、ヴェールを社会的地位の正式な印とし、既婚女性と内妻には公の場でのヴェール着用を義務づけ、奴隷や娼婦にはヴェール着用を禁じている。[8] 異教徒と初期キリスト教徒どちらの習慣でも、髪は霊的に非常に重要なもので、虚栄心とセクシュアリティを象徴するものであったため、髪を切ったり、覆ったりすることは貞節の証《あかし》とされることが多かった。

現代の西洋人がイスラム教を連想する頭の覆いは、十五世紀まではキリスト教が広まったヨーロッパでも一般的なものだった。ヨーロッパの農民たちは簡単なスカーフを被り、貴族の女性たちはもっと凝った頭飾り、たとえば円錐形あるいは尖塔のような形の頭飾りエナンや、両側を羽のように拡げた頭布ウィンプル（のちに尼僧服の一部となるもの）を被っていた。今日でも、カトリックのクララ童貞会、別名コレタス派の修練女は、就任式に髪を切り落とし、十字架とともに籠に入れる。[9]アブラハムの宗教——ユダヤ教、キリスト教、イスラム教——はどれも慎みを義務づけるが、とくに女性は頭を覆うべきと考える人もいる。そのため、ヴェールを被ることは、この三つの宗教すべての、とくに伝統的あるいは保守的な宗派に共通するものだ。

ヘッドスカーフが守るべき宗教的なしきたりかどうかについては、イスラム教聖職者の間でも意見が分かれている。イスラム学教授サハル・アメルは、コーランがヒジャブの着用を明確に義務づけていないことに言及している。この問題は、「学者たちを混乱させつづけ……実際のコーランの文章に具体的な記載がないことに注目が集まっているようだが……曖昧な表現は翻訳の問題ではない……アラビア語の文章はおそらくもっと漠然としたものだろう……」[10]。現代のヘッドスカーフは植民地主義と文化帝国主義の歴史に対する反応でもある。ヨーロッパの植民地保有国は、ヴェールを時代遅れの宗教と文化的伝統の象徴として捉え、イスラム教徒の女性たちをそこから救い出す必要があると考えた。たとえば、一八七七〜七九年までエジプト財政監査官を務め、一八八三〜一九〇七年までエジプト総領事を務めたイヴリン・ベアリングは、ヴェールの着用は「東洋社会に悪影響を及ぼす」と主張した。彼の考えはこんなものだった。もしエジプトが、「西洋文明の真の精神を吸収するよう説得あるいは強制」されるべきとすれば、ヨーロッパ人がすべきことは、よくない方向に進んでいくイスラム教の習慣と彼が感じたものを打ち倒すことによって、まずイスラム教徒の女性たちの地位を向上させることだろう——そこでとくに重要になるのがヴェールだった。驚くほどのことではないだろうが、皮肉なことに、ベアリングのフェミニズムは都合よく植民地に限定したものだった。英国に帰国した彼は、婦人参政権に反対する男性同盟の創立メンバーとなったのだから。[11]

しかし、ヴェールに対する反対はもちろん、土地の習慣を徐々になくそうとする植民地住民に限ったことではなかった。エジプトは、早期に反ヴェール運動が起こった国のひとつとなった。一八九九年出版の『女性解放』のなかで主張されているのは、ヒジャブは「女性とその地位向上の間に立ちはだかる大きな壁であり、結果として、それは国とその進歩の間に立ちはだかる壁となった」ことだ――面白いことに、ヒジャブという言葉はアラブ語で壁や仕切りを意味する。[12]

一九二三年、三人の傑出したエジプト女性が、ローマで行われた国際女性同盟会議から帰国したとき、カイロにある鉄道のプラットフォームに降り立ち、芝居がかった動作でヴェールを脱いだ――マスコミが写真撮影をし、「ヒジャブを脱ぐ」というタイトルで報道した出来事だ。[13]これがエジプトのフェミニスト運動のきっかけとなり、それはイスラム教徒が大多数を占めるほかの社会にあっという間に広がっていった。「ヒジャブを脱ぐ」は厳密にいえば、宗教改革運動ではなかった。とはいえ、あらゆる宗教――コプト教徒（訳注／古代からエジプトに存在するキリスト教徒）、キリスト教徒、ユダヤ教徒――の上流、中流階級のエジプト女性たちは、何世紀もヴェールを被っていたが、「ヒジャブを脱ぐ」運動の時期、こういった宗教集団すべての女性たちが、解放と称してヴェールを脱いだ。

イスラム教徒が大多数を占めるいくつかの国では、近代化を進める政府が、西洋の服装を文明国のドレスコードとみなした。たとえば、トルコ共和国の建国者ムスタファ・ケマル・アタチュルクは、公務員のドレスコードを導入する際、西洋風の帽子とスーツを義務づけ、伝統的なトルコ帽を禁止した。彼は一九二五年の演説でこう述べた。「いくつかの地域で、女性たちが顔を隠そうと、布切れやタオルで頭を覆っているのを見た……文明国の母親や娘たちは、こんな奇妙なふるまい、こんな卑しい格好をするだろうか？　こんなことをしていては、この国は嘲笑われてしまう。直ちに改善しなければならない」[14]トルコは一九八〇年代に、公務員と大学生のヴェール着用を禁止した。同じように、一九二五～四一年、イラン国王だったレザー＝シャー＝パフレヴィーは、一九三六年にヒジャブを禁止した。警官たちは女性たちのヴェールを剝ぎ取り、隠しているものがないか家宅捜索することもあった。一九七〇年代までに、トルコ、イラン、モロッコ、エジプトといった国々では、裕福で教養のある都会女性はヴェールをしないのが普通になった。皮肉なのは、上流階級がヴェールを脱ぎつつあるときに、下層階級の田舎の女性たちがヴェールを被り始めたことだ。サハル・アメルはこう述べている。「二十世紀初期、ヴェールをしていた中東女性たちは……外で働くことなく、自宅に留まる余裕があった……（そののち）いつも自宅外で重労働をしていた地方の女性たちにとって、ヒジャブは都会的な装いであり、これから暮らしがよくなるという希望を示すものだった」[15]かくして、何世紀もの間、高い地位を示すものだったヴェールは、下層階級を示すものとなった。

一九七〇年代から八〇年代にかけて、ヴェールが復活したが、そのほとんどは宗教的慣習であると同時に、ヨーロッパの植民地主義に対する政治的主張でもあった。フランスの植民地の歴史のなかで重要な位置を占めるのがアルジェリアだ。一八三〇年、フランス軍は首都アルジェを掌握し、それ以降、一九六二年のアルジェリア独立まで、フランスの植民地市民は現地住民の伝統的な習慣と服装を抑圧しようとした。この同化政策のひとつは、儀式めいたやり方でアルジェリア女性たちのヴェールを脱がせるものだった。[16]フランス軍士官の妻たちがアルジェリア女性たちのヴェールを取り去った

――西洋の啓蒙的な影響力を象徴的に示して見せたのだ。それに対し、アルジェリア女性のなかにはヴェールを被り、フランスの植民地支配に対する抵抗を示す者もいた。同様に、一九八〇年代のインドネシアにおけるヴェール着用は、人類学者カルラ・ジョーンズによれば、「抵抗の表現であり……腐敗した政権を……批判する手段だった」[17]。それと同じように、イランのイスラム革命は、法による禁止令を破り、挑戦的にヘッドスカーフを被った女性たちも参加したデモから始まり、やがてヘッドスカーフは国王による腐敗政治に対する抵抗の象徴となった。

一九七九年の国王の敗北と亡命、アヤトラ・ホメイニ師の台頭が劇的な転換を起こした。今日、イランは、サウジアラビア、スーダン、そしてインドネシアの一部とともに、女性がヴェールを被ることを義務づけている。二〇一四年、イランの法律は全女性に対し、公共の場での黒色、青色または茶色のチャドル――頭からつま先まで全身を覆う外衣――あるいはそれと同等のものの着用を義務づけ、そのドレスコードはコミテまたはガシュテエルシャドと呼ばれる指導パトロール隊により強要された[18]。ニューヨーク・タイムズ紙によれば、コミテは、足首が見えている、口紅をつけている、スカーフから髪が一房のぞいているといった、わずかな違反を理由に女性を逮捕することで知られてきた。イランの活動家マシ・アリネジャドによれば、二〇一四年、イラン国内で三百六十万人の女性が服装を理由に注意され、解雇され、逮捕された[19]。さらに、小売店も慎みのない衣服を販売したり、女性にドレスコード違反をさせたりすれば、法的制裁の対象となる。つまり、小売店はファッション警察の事実上の手足となっている。たとえば、一九九〇年のタイムズ紙の記事によれば、ある女性がホテルのロビーでお茶を飲んでいると、ヘッドスカーフがずれ、髪の生えぎわが露わになった。するとウェイターが彼女に一枚のカードを見せた。そこにはこんな文章が印刷されていた。「イスラム法に従えば、社会における女性の地位を高く保つことができます――どうか規則を尊重し、私たちにあなたにサービスする喜びを与えてください[20]」丁寧な言い方ながら、ヒジャブを被らなければ、サービスしないということだ。

今なお、ヒジャブはイラン人を分裂させている。伝統主義者たちは、チャドルを義務づける法律が広く無視されていることに不満を抱く。女性のなかには許容範囲を超える者たちもいた。「タイトなコートに蛍光色のスカーフを組み合わせ……そこから髪を外に流し落とし……強硬論者たちは……『裸同然の格好で通りをうろつく』女性たちを非難する[21]」

二〇一四年、シーア派神学校は、黒いチャドルを着た女性たちによる抗議活動を組織し、風紀の乱れの問題に関心を向けさせた。「堕落と不品行が国を飲み込んでしまった」とある女性は嘆いた。それとはまったく対照的なことに、それから三年も経たない二〇一七年、服装の規制に苛立った女性たちが、スカーフを脱いで抗議した。「私がスカーフを取ったのは、私の体をどうするのか政府から命令されることにうんざりしたからです」とある抗議者は強い口調でいった。この抗議行動は、やがてソーシャルメディアによるキャンペーンにつながる。フェイスブックのアカウント〈My Stealthy Freedom（私の密かな自由）〉では、女性たちが頭を覆っていない自分の写真を投稿し、ヘッドスカーフを義務づける法律を終わらせるよう求めている[22]。ある抗議者たちはヘッドスカーフの新しい使い方を見つけた。棒の先に結びつけることで、脱いだスカーフを果敢な抵抗を示す旗に変えたのだ。

こういった歴史がヴェールをめぐる政治的な駆け引きを複雑なものにしている。ヘッドスカーフは家父長制度的な宗教上の慣習だったのだろうか？　それとも植民地の規制に対する抵抗の象徴だったのだろうか？　ヴェールを取り去るという決断が映し出したのは、進歩的なフェミニストによる改革だったのだろうか？　それともヨーロッパの文化帝国主義の影響、あるいは神政政治に対する行為だったのだろうか？

## わいせつなビキニから破廉恥なブルキニへ

スカーフ事件から六年後の二〇一〇年、フランスは公共の場で顔全体を覆うヴェール、別名ブルカの着用禁止令を通過させた。同年、フランスでの禁止につづき、ベルギーが同じような法律を通過させた。二〇一五年、オランダ議会は、公共の場と公共交通機関で顔を覆うヴェールの着用禁止令を通過させ、さらに二〇一六年十二月には、ドイツ首相アンゲラ・メルケルが公然とこう主張した。「顔全体を覆うヴェールは不適切であり、法的に可能なかぎり禁じられるべきです」二〇一七年一月、オーストリアでは裁判所と学校における顔を覆うヴェールの着用禁止令が提議され、全公務員を対象にしたヘッドスカーフ着用禁止を検討することになった。[23]

ヨーロッパの裁判所は、個人の信仰の自由を侵害する難問に向き合いながらも、こういうドレスコードを守ってきた。二〇一四年、フランスは欧州人権裁判所でこんな主張をしている。「自らの意思により……顔を覆うことは……フランス社会で共存するための基本的な必要条件に抵触している……友愛の理想に反するものでもあり……社会的相互関係に欠かせない、文明が求める最小限の必要条件を満たしていない」欧州人権裁判所は、ブルカ禁止令は合法的な目的、つまり「全フランス市民が『共存』するための条件の維持」に適うものとし、それを認めた。[24] さらに二〇一七年、欧州人権裁判所は、「顔を部分的にあるいは完全に覆う衣服」を禁止するベルギーの法律を満場一致で支持し、その法律が「民主主義社会に必要なもの」であることを認めた。[25]

ヘッドスカーフとブルカを禁止する方針に追随するヨーロッパの都市のなかには、現在、全身を覆う水着を禁止しているところもある。それは「ブルキニ」と呼ばれる、イスラム教徒女性に支持されているものだ。ゆったりした潜水用のウェットスーツのように見えるツーピースで、長袖にレギンス、キャップを組み合わせている。最初にブルキニを考案したのは、オーストラリアに暮らすイスラム教徒のレバノン人アヘダ・ザネッティで、娘のためにデザインした。「自分の子ども時代を振り返ったとき、泳いだことも、スポーツをしたこともないと気づきました。やりたくなかったからではなく、そのための衣服がなかったからなんです！　そのせいで、夏は楽しくありませんでした」とザネッティは語る。彼女が立ち上げた会社アヒーダ・ブルキニ・スイムウェアは、たちまち大成功した。「みんな、すっかり夢中になってくれて。まったく予想外でした。今では世界中で販売しているんですよ……」

二〇一六年、英国のデパート、マークス・アンド・スペンサーが国内の店舗だけでなく、ウェブサイトから国外向けにブルキニの販売を始めると、瞬く間に完売した。今では、ダナ・キャラン・ニューヨークとドルチェ＆ガッバーナがおしゃれで目の肥えた女性たち向けにファッション性の高いブルキニを提供している。[26] 信仰はないが、ビーチで過ごすときにもう少し体を隠したいと買い求める人たちの数も増えつつある。

しかし、オーストリア、ドイツ、フランス、イタリア、モロッコのいくつもの都市はブルキニを禁止してきた。反ブルキニドレスコードを支持するフランス首相マニュエル・ヴァルスは、二〇一六年、ブルキニは「女性の奴隷状態」を象徴していると述べ、[27]フランス女性権利大臣ローランス・ロシニョルは、ブルキニは「女性の体を封じ込める後押しをしている」[28]と語った。当の女性たちがブルキニの着用を選択しているのだと指摘する人たちに対し、彼女はこう答えた。「もちろん、それを選択する女性たちもいますが……米国のニグロにも、奴隷制度を好んだ者もいたのです」（彼女はのちに「ニグロ」という言葉を使ったことを謝罪したが、主張の内容自体は撤回しなかった）。二〇一六年夏、警察はカンヌのビーチでレギンスとヘッドスカーフを着用して座っていた女性に対し、「道徳および世俗主義を重視する服装」をしていないことを理由に出頭を命じた。[29]同じ年、ニースの警察は、ブルキニを着た女性に、現地の着用禁止令に違反しているとして、その場で脱ぐことを命じた。[30]

公衆の面前で女性に衣服を脱ぐことを求める法律が、本当に男女平等の勝利だったのだろうか？それとも、女性の服装に関する道徳を論じる、また別のドレスコードにすぎなかったのか？　皮肉なことに、慎み深い女性たちに水着を脱ぐよう言葉巧みに要求した都市のいくつかは、今からそれほど遠くない過去、あきれるほど慎みがないとしてビキニを禁止していた。遠くない過去の、女性の慎み深さに関する西洋の規範は、現在のイランと同じくらい厳しかった。十八～十九世紀の上品な女性たちは、長袖とロングスカートとボンネットという煩わしい水着を着ていた。できるだけ慎みを守るために設計された「移動更衣車」を使う女性たちもいた。それは服を着たままなかに入り、水着に着替えるための専用ワゴンだった。一八〇五年、アイルランドの作家、ウォーリリー・チェンバレン・オウ

移動更衣車に入ろうとしている女性。

ルトンは、ケントのビーチで使われていた移動更衣車をこんなふうに描写している。[31]

四輪の馬車が帆布で覆われ、一端には同じ帆布の傘状のカーテンがあり、それが水面まで下ろされていたため、移動更衣車からステップを降りる水浴者は人目を避けられる。そのおかげで非常に上品な女性も、細心の注意を払いながら海水がもたらす効用を味わえるのだ。

二十世紀、女性の海水浴の習慣も水着も徐々に仰々しいものではなくなっていった——とはいえ、仰天させられる出来事がなかったわけではない。一九〇七年、オーストラリアの水泳選手で映画スターだったアネット・ケラーマンは、ボストンのリヴェアビーチで体にぴったり合ったワンピースの水着を着用したとして、公然わいせつ罪で告発された。その事件が法廷闘争にまで発展したことから、米国の各都市は水着のドレスコードを緩和させた。そして一九二〇年代までには、すらりとした躍動的な女性という新しいフラッパー時代の理想が、体にぴったり合った実用的な水着を生む。ツーピースの水着が銀幕に（そしてその後まもなくビーチに）登場したのは、一九四〇年代初期だった。ハリウッド映画の道徳性を管理していたヘイズ映画製作倫理規定は、女性の胴の中央部分を露出させるツーピースの衣服を、へそが隠されていることを条件に許可した。当時、米国で流行する水着は、映画女優が着たものを模倣したため、必然的にハイウェストのものとなった。

最初の「ビキニ」が公開されたのは一九四六年。それはフランスのデザイナー、ルイ・ルオールが考案したものだ。一九四〇年代のスラングでは、魅力的な女性を「爆弾」と呼び、極端な衝撃のことを「アトミック」と呼んだ。ルオールはそのふたつのスラングを組み合わせ、さらに米国によるビキニ環礁での原水爆実験に対する承認も示しつつ、自分が考えた小さすぎるツーピースのデザインを「ビキニ」と名づけた。[32] ビキニは瞬く間に大評判となると同時に、瞬く間に道徳的な危機も生じさせた。一九五〇年代初期、腰骨に引っ掛け、へそを露わにするビキニが大西洋のビーチに登場すると、米国人たちは、それをヨーロッパの道徳の退廃のひとつの症状と捉えた。ヨーロッパでは、一九五一年、初代ミス・ワールド美人コンテストの勝者がビキニ姿で王冠を頂いたあと、教皇ピウス十二世が、ビキニを非難した。[33] 米国だけでなく、フランス、イタリア、ベルギー、スペイン、ポルトガル、オーストリアの各都市も、公衆道徳と公衆衛生に危険をもたらすものとして、ビキニを禁止した。[34] ルオールは、どんな評判もよい宣伝になるといって炎上を煽り、どんな水着も「結婚指輪を通り抜けることができないかぎり」本物のビキニとはいえないという忠告までした。[35]

一九五三年、カンヌはそのけしからぬ水着を歓迎した。当地で開催された有名な映画祭の期間中に、ビキニを着た若きブリジット・バルドーが写真に撮られたときのことだ。とはいえ、お堅い合衆国では、一九五七年になるまで、ビキニは相変わらずけしからぬものとみなされた。モダンガール誌は米国の読者層にこう忠告した。「いわゆるビキニのことで、無駄に言葉を使う必要などまったくない。なぜなら、慎みと礼儀を知る女性であれば、そんなものを着ることなど、けっしてありえないからだ」だが、一九六〇年代初期までに、ビキニは道徳的な怒りなど打ち負かしてしまう。ウルスラ・アンドレスが一瞬にして憧れの女優となったのは、一九六二年の映画『007 ドクター・ノオ』のなかで、ふたつのホラ貝を手に、白いビキニ姿でカリブ海から登場したときだった。その水着はヘイズ映画製作倫理規定を完全に乗り越えた。一九六五年までに、タイム誌はビキニを着ないのは、「ほとんど時代遅れ」とする記事を掲載している。[36]

一九五〇年代、小さすぎる水着は社会秩序に対する脅威とみなされた。そして二〇一六年、海辺で衣服を身につけすぎるのは礼儀違反となった。慎み深さという宗教的な美徳が、市民の悪徳となったのだ。どんな形にしろ、ヒジャブが緊張をもたらすものになったのは、あまりに多種多様な人たちにとって、あまりに多種多様なものを意味していたからだ。民族、宗教的な所属を示す目立つ象徴だったため、同化、国民としての自己認識、集団としての誇りに関する論争を招いてしまった。それは禁欲主義と自己犠牲という女性独自の礼儀であり、強制された女性の慎み深さという古い慣習を再現し、搾取的に性的対象とされてきた古い慣習とも関わりがあった。そこにあったのは、社会的背景と考え方の問題だった。イスラム嫌悪に対する反抗的な姿勢とも、宗教的な原理主義の症状ともいえた。性的対象化の回避とも、宗教的な女性差別者の道徳的妄執ともいえた。個人の自由な選択の問題とも、圧倒的な社会的圧力の問題ともいえた。そう考えれば、ヒジャブを強いるのであれ、禁止するのであれ、あらゆるドレスコードが、矛盾と、意図せぬ結果を生む法律を生んでしまったのも無理のないことだ。

## 宗教と現代ファッションが出会ったら？

宗教的なドレスコードが現代ファッションに出会うとき、古い象徴の新しい組み合わせと現代的な感覚が、信仰の印を、個人の自己創造の要素に一変させることができる。神聖なものと世俗的なものが混じり合うと、宗教的な強硬論者と、偏狭な原理主義に反対する者を同じように不安にさせる。どちらも、こういった新たな組み合わせから生まれる忠誠心と正統性に疑問を抱くからだ。それでもなお、新しい世代は宗教的なドレスコードを拒み、尊重し、別の用途に使いながら、彼ら独自の信仰の象徴をつくり上げ、その過程で宗教的慣習を変えていく。

デザイナー、アニーサ・ハシブアンはこう主張する。「ファッションを手段のひとつとして利用すれば、ヒジャブを米国や西洋各地で普通のものにするような文化的な変化を起こせます。そうすれば、誤解を解き、取り除くこともできます[37]」

今では信心深い女性たちのなかにも、従来の宗教的な服装を、現代的でファッショナブルな感覚に合ったものにし、販売しようとする人たちが大勢いる。ヌラ・アフィアが、二〇一五年、米国の化粧品会社カバーガールのキャンペーンで、ヒジャブを被った最初のモデルになったのは、メイクを教えるユーチューブ動画が人気となったあとのことだ。「信心深いイスラム教徒の若い女性には、美しくなりたくて、いい化粧品を探している人がそれは大勢いるのに、メイクを教えるビデオはまだあまりありませんでした……」[38] アフィアはヒジャブを被ったイスラム教徒の女性のために——そして自分自身のために、新しいイメージの創造に一役買ってきた。「成長するにつれ、私がヒジャブを被っているせいで、みんなから見下されていると感じるようになったけれど……（メイク）のおかげで、ヒジャブを被っていても自信をもてるようになりました……メイクは私にとって自分自身を表現する方法なんです……」

　ハリマ・アデンの例を考えてみよう。彼女は二〇一九年、スポーツ・イラストレイテッド誌で、ブルキニを着てポーズを取る最初の水着モデルとなった。アフィアと同じく、アデンは髪、腕、脚を覆いながらも、それを宝石のようにきらめくシルクと、メイクと、大胆なジュエリーで埋め合わせることで、慎み深いドレスコードを艶やかで魅惑的なものにしたのだ。さらにヒジャブを被った女の子たちは、独自のアーバンポップカルチャーを生み出しさえしてきた。たとえば、#Mipsterz（イスラム教徒のヒップスター）というグループが制作したミュージックビデオの主役は、スケートボード、ジャグリング、ヘッドスタンドをする女の子たちだが、彼女たちはヘッドスカーフを被っているだけではない。ジャッキー・Oのサングラス、体にぴったりのカプリパンツ、ジーンズジャケット、ゴールドチェーン、ロックコンサートのTシャツ、ハイヒール、グリルズ、さらにはきらめく二本指用「ナックルダスター」リングを身につけている。[39]

ファッション産業は宗教的な慎み深さのルールはよく知らなくても、需要と供給のルールはよく理解している。ドルチェ&ガッバーナ、オスカー・デ・ラ・レンタ、バーバリー、ダナ・キャラン・ニューヨークといった高級ブランドが慎み深い新しいファッションを展開し始め、ヘネス・アンド・マウリッツ、ユニクロ、ザラ、メイシーズも、それより慎ましい価格で、慎ましい婦人服を生産している。[40]「慎み深いファッション」は成長産業なのだ。世界イスラム経済報告書によれば、二〇一七年、イスラム教徒向けの衣服の消費は二五四〇億ドルにも上り、イスラム教徒の女性たちは慎み深い衣料品だけで四四〇億ドル消費し、その市場は二〇二二年までに三七三〇億ドルになると予想されている。[41]そういった衣服を法律で禁止しても、その市場の妨げにはならなかった。ブルキニ起業家アヘダ・ザネッティによれば、ブルキニを禁じるドレスコードができてからも販売数は減っていない。「禁止されるたびに……売上が伸びています[42]」

もちろん、慎み深いファッションが生まれれば、それを中傷する人がいる。ヒジャブをファッションに変えるどんな努力をしようと、ヒジャブを性差別主義と抑圧の象徴とみなす者たちから見れば、そこには必ず問題がある。ヌラ・アフィア自身の非イスラム教徒の祖父母は、彼女がヒジャブを被ることに反対した。「祖母にとって、スカーフはとても、とても受け入れがたいものでした。そして、今もそうなんです……祖母は、それが私を束縛すると本気で思っているんです[43]」

スポーツ・イラストレイテッド誌が、年に一度の水着特集号にハリマ・アデンを掲載すると発表すると、ほんの数時間のうちに、「原理主義者の宗教的なドレスコードを美化することになる[44]」「抑圧の象徴を称賛している」[45]という批判が殺到した。一九九八年、美術とファッション史研究家アン・ホランダーは、ヒジャブを被るファッショナブルな女性をこんなふうに描写した。「シルクのスカーフで頭を押さえつけ、顔を隠し……肩から上に魅力がまったくないのが大きな問題だ……」ホランダーにいわせれば、女性がヒジャブとファッショナブルな衣服を合わせると、スカーフがその組み合わせのほかの部分の表現力を打ち消してしまう。「首から下の魅力も、それを伝える個性なしでは、気づいてもらえない……スカーフは、その下にある現代的な衣服に包まれた、形のよい脚と曲線を描く胴がもつ個性を完全に奪い取ってしまった。その女性は愚かに見える。まるで頭部を失った古代のヴィーナス像だ[46]」

ほかの批判者たちは、慎み深いファッションを、女性を搾取する文化のある種の流用と捉える。たとえば、ガーディアン紙の意見欄にはこんな不満が掲載されていた。「東洋文化が称賛されるのは、西洋社会によって美化されたときだけである……同じ服装が、イスラム教徒の女性を『過激派』にすることもあれば、さらに襲撃の対象にされたり、犯罪者にされたりする危険もある[47]」

いっぽう、宗教の伝統主義者たちは、美と魅力を重視するファッションそのものが、ヒジャブをつける理由である慎み深さと矛盾していると訴える。アフィアの両親とほかのイスラム教徒たちは、彼女が化粧品を使うことを非難した。「しばらくの間、化粧品を両親から隠していました……自分の結婚式でメイクをしたら、父親に怒鳴られて……みんなから、そんなことをすべきではないといわれました……」そんな目に遭ったからこそ、アフィアは気づいた。「同じ信仰をもつ人たちがスカーフを外す選択をする理由がわかりました――イスラム教徒コミュニティのなかでスカーフをつける女性たちは、いつも二重に裁かれているからです……みんな、女性に完璧でいることを期待します……それなのに、おしゃれをすることは、慎み深さに欠けるということだから、メイクをしてはいけないと、多くの人からいわれました……」[48]同様に、ブルキニ姿のハリマ・アデンがスポーツ・イラストレイテッド誌に掲載されると、宗教の伝統主義者たちはこう主張した。「ヒジャブの目的は覆い隠すこと。それなのにこの馬鹿げた行為はなんだ？　彼女は完全に、徹底的に身を曝している。これはファッションであり、イスラム教徒ではない[49]」

ほかにも、スポーツ・イラストレイテッド誌は「イスラム教を植民地化、私物化しようとしている。これは非常に侮辱的な行為だ[50]」という批判もあった。二〇一六年、トルコのファッション会社モダニサが、最初の「イスタンブール・モデスト・ファッション・ウィーク」を開催すると、保守的なイスラム教徒たちが会場前で抗議活動をした。「ヘッドスカーフは、単なる日用品、あるいは人によってはイスラム教徒であることを周囲に知らせるためのものとみなされますが、実は貞節とアイデンティティを表しているのです」とデモのリーダー、エミネ・ヌル・チャクルはいった[51]。「自分の立ち位置、イスラム教徒としてのアイデンティティを象徴するヘッドスカーフが、今、ファッションの名のもとに犠牲にされています」

#Mipsterzのユーチューブ動画に対するコメントには、こんなものがあった。「なんだ！　ヒジャブと体にぴったりした服だって？　これは神に対する冒瀆だ！[52]」こんなものもあった。「多くの人たちは、ヒジャブにうんざりしているのに……動画の少女たちは、いわゆるパートタイムのイスラム教徒なんだろう」さらに別の中傷者はこう断言した。「これはヒジャブではない。実のところ、ヒジャ

ブの意味を茶化している。この女の子たちは慎み深くもなければ、イスラム教を敬ってもいない」また、あるコメントは、動画からにじみ出る遊び心に調子を合わせながらも、こう諭した。「スケートボードはヒールを履いて乗るものじゃないよ。スケートボード文化を尊重してくださいね、お姉さんがた」

## 宗教的しきたりをおしゃれに解釈

昔からある宗教法が現代ファッションと衝突すれば、忠実な信徒たちはたいてい工夫に富んだ実際的な解決法を見つける。それによって、個人の表現と敬虔な行為をうまく結びつけるのだ。ハラカー、つまり正統派ユダヤ教の法規は、既婚女性に髪を覆うことを義務づける。その束縛はヒジャブを義務づけるものと同様、アブラハムの宗教に共通のルーツをもつものだ。多くの信心深い正統派ユダヤ教徒の女性は、宗教的なドレスコードの要求と、自分自身のファッションセンスを満たす、都合のよい手段を取り入れてきた——ウィッグである。シェイテルは部外者にはほとんど知られていないが、正統派ユダヤ教コミュニティのファッショナブルな女性たちがするウィッグについての会話は、ほかの女性たちのヘアスタイリストとの会話と同じだ。「結婚式やパーティ会場で女性が集まれば、こうたずねる。『その靴、ドレス、ウィッグ、どこで買ったの?』」ある女性は自分のウィッグをこう説明する。「特注よ。長いシルクのような髪を、深く濃いチョコレート色に染めた千二百ドルの傑作よ——紛れもなくセクシーなウィッグでしょ[53]」自分のシェイテルをプロにセットさせる人も多い。ニューヨーク・タイムズ紙によれば、マディソン・アベニューにあるシェイテルの手入れに特化したサロンでは、一回の料金が最低六百ドルだ。「正統派ユダヤ教徒の女性たちは、最新の地毛に見える品を求め、いかにもウィッグというものは欲しがりません」というのは、そのオーナーであるマーク・ガリソンだ。[54] 有名なヘアスタイリスト、フレデリック・フェカイのアドバイスによれば、本物らしさを維持するために、「正統派ユダヤ教徒の女性たちはウィッグをいくつも持っていないと。地毛はカットしたあと、伸びていきます。だから、それぞれの長さごとにウィッグが要るわけです」。「ウィッグを地毛のように見せたいのよ」とせがんだのは若い女性だった。[55]

しきたりの守り方を重視する者もいる（彼らは、地毛のように見えるウィッグでは、髪を隠す趣旨にそぐわないのではないかと疑問を抱いている）が、ほかの人たちは、伝統的な束縛を現代的な感覚に合わせる賢いやり方だとみなしている。たとえば、正統派ユダヤ教徒のための相談欄には、こんな質問があった。「地毛の上にウィッグをつけては、しきたりの意味がなくなってしまいませんか？（とくにウィッグが地毛より美しい場合）[56]」回答者はシェイテル着用者の肩をもち、ウィッグをつけるのは、袖が肌色のシャツを着るよりましだという判断を下した。[57] 米国ラビ協議会会長ラビ、ラファエル・グロスマンは、その慣習には議論の余地があるが、合法であるとしている。「強く反対する権威者たちもいる。ウィッグは刺激を避けようとする基本原則と矛盾するように思える。しかし、私個人の考えでは、それは容認できる……とはいえ、女性は官能的に見えるようなウィッグは避けるべきだ[58]」

ロサンゼルス・タイムズ紙によれば、「前髪の短い、しゃれた深紅のボブヘアのウィッグ」をつけた、あるラビの妻は、こう断言した。「ユダヤ教は、慎み深さと魅力のなさを同一視していません……シェイテルは個人の自由な生活を犠牲にすることなく、女性の見栄えをよくしてくれます……（誰もはっきりいわないけれど）シェイテルをつけることは、つけている女性の心理に大きな影響を与えます。そして、こう伝えるのです。『私には手を出せないわよ』シェイテルをつけることで、女性は自分の本当の姿と素顔を、人生における最も重要な場所である結婚に捧げるのです」[59]

シェイテルは、多くの女性にとって、穏やかなしきたりの納得できる形だったが、ウィッグですら大きな束縛と捉えてきた女性たちもいた――見栄えのせいではなく、自分が象徴するもののせいで。トヴァ・ロスは豪華で地毛そっくりのシェイテルを購入し、冗談半分にそれを「エスメラルダ」と名づけた。彼女はこう書いている。「成長すると、その習慣の背後にある理屈に嫌悪感を抱くようになりました……自分の髪のせいで、男性が陶酔状態になるほど興奮するなんて、とても思えなくて……男性たちに……（私には手を出せないと）伝えることが、なぜ私の義務なのか……私が既婚者であることは、結婚指輪を見れば簡単にわかりませんか？」ロスは、宗教的なドレスコードの偽善性についても苛立っていた。「フラットブッシュ地区の大勢の女性にはあきれるばかりです。体にぴったりしたスカートに五百ドルのピンヒールという姿で、『神が命じたように慎み深さの本質は守っている、だってシェイテルをつけているから』っていうんですよ」そしてロスが気づいたのは、シェイテルをつけても、正統派ユダヤ教の求めを満たすことも、道徳的な意見から逃れることもできないどころか、さらに慎み深さを求められるようになったことだった。「私がウィッグをつけると、みんながじろじろ見て――これでは慎み深くなどいられません……スカートがほんの少しだけ膝の上にきただけでなじられ、舌打ちされ、それではだめだとばかりに指を振られます……そこで考えたのは、先入観と中傷から抜け出すこと……別の視点で生きることにしたんです……」[60]

結局、ロスは「エスメラルダ」と別れ、徐々に髪を隠すことをやめていった。「ミトパショト（イスラエルのヘッドスカーフ）とバンダナがヘッドバンドとなり、その後、薄いヘッドバンドとなり、それからヘッドバンドもやめました……ユダヤ教に対する心からの愛情を、そのしきたりをめぐる恨みに変えたくはなかったんです」

## ファッションの力がもたらす混乱

信心深い女性たちは、ヒップヒジャブやセクシーなシェイテルを利用し、昔からのドレスコードを満たしつつも、個人のスタイルを現代的なものにしている。伝統主義者のなかには異議を唱え、流行を追うのは信仰が足りない証だという者もいる。彼らはきっと、トヴァ・ロスがシェイテルをさほど苦労なくやめたのは、それが信心深いユダヤ教徒だけにわかる信仰の象徴にすぎなかったおかげだというのだろう。しかし、そういったファッショナブルな信仰の表現は、ファッションの人を魅了する力と、それが生じさせた個人主義の世界を反映しているという、漠然とした大きな不安を抱いていることもあるだろう。意味をもつ古代の衣服がすべてそうであるように、宗教的な服装は、社会的役割と、自己主張を超越し、それに取って代わる誓約を象徴するようデザインされている。ところがファッションにはこの意味を複雑にし、徐々に壊していく傾向があり、古いステータスシンボルを取り入れては、それを個性の印に作り直してしまう。

サマンサ・エロフが立たされた窮地について考えてみよう。彼女は、二〇〇八年、オクラホマ州タルサにあるファッションブランド、アバクロンビー&フィッチで採用面接を受けるとき、ヘッドスカーフを被っていった。アバクロンビーはイメージを重視することで知られた店で、従業員が組み合わせてよい服の色、ジーンズの折り返しの幅（一・二五インチ〈三センチメートル〉以内）、セーターの袖をどのくらいたくし上げるか、パンツのウェストラインの位置（腰パン不可！）を規制し、細かいところでは、気取らない雰囲気にするためにシャツをどれだけ「たくし込む」か、シャツの襟をどれだけ「立てる」かまで決まっていた。[61] そして、ヘッドスカーフはそのドレスコードに合っていなかった。しかし、エロフによい印象をもった店のアシスタントマネージャーは、彼女のために例外を設けるべきだと考えた。実際、一九六四年公民権法第十二条は雇用者に対し、ドレスコードに例外を設け、宗教的な服装を受け入れるように義務づけている。それにもかかわらず、裁判記録によれば、スーパーバイザー、ランダル・ジョンソンの主張はこんなものだった。「君は……彼女を雇うことはできない……お客が入ってきたとき、全身を緑色に塗った者たちのことを、宗教的な理由からそうしています、などといえるか？[62]」

エロフはアバクロンビーが宗教による差別をしたとして訴え、事件を最高裁判所まで持ち込んだ。[63] アバクロンビー側の主張は、そのドレスコードをエロフに強制する権利がある。なぜなら、彼女は、ヘッドスカーフをつけるのは、個人的な理由からではなく、宗教的な理由からだとはいっていないから、というものだった。裁判所はこの釈明は受け入れがたいと判断した。口頭弁論のある時点で、裁判官サミュエル・アリトはこんな仮定の質問を投げかけた。「アバクロンビーの採用面接に四人がやってきたとしましょう……冗談のように聞こえるでしょうが、おわかりのように、そうではありません。ひとり目はターバンをつけたシーク教徒の男性、ふたり目は帽子を被ったユダヤ教ハシド派の男性、三人目はヒジャブを被ったイスラム教徒の女性、四人目は修道衣を着たカトリックの修道女です……この人たちは……宗教的な理由からこの服装をしている……と伝えなければならないと思いますか? ファッションの話をしようとしているわけではありませんよ[64]」

エロフは最高裁判所で勝訴し、結局、二万五千ドル以上の慰謝料を受け取ることで、アバクロンビーと和解した[65]。裁判官アリトの大げさな質問が伝えているのは、エロフが信仰心からヘッドスカーフをしているのは明らかだったということだ。しかし、その点が争われ、明らかにならなかったため、最高裁判所まで持ち込まれたのだ。宗教的であれ、非宗教的であれ、ドレスコードは、まさにこの種のどうにでも取れる衣服の意味を排除するために作られている。ところが現在では、ヒジャブのような昔からある定着した衣服ですら、ひとつの単純な意味だけではなく、多くの意味をもってしまっている。

ファッションがヒジャブの宗教的な意味を損なうことはない。けれども、ファッションはたしかにその意味をややこしくしている。考えようによっては、ファッショナブルなイスラム教徒の女性が、おしゃれな服やメイクとともにヒジャブをつけることは、誘惑の源である女性の体を覆うために作られたヒジャブの目的と相反する。ファッショナブルに身につけるヒジャブは、神学からの解放を支持するための、身につけて表す反対意見となってしまうからだ。それだけでなく、強制的な慎み深さを示す道具としてのヒジャブがもつ固定観念的な意味を混乱させることで、それ以外の意味の重要性を強く主張することになる。つまり、ヒジャブが文化的な誇りの象徴、植民地独立後の抵抗の印、あるいはイスラム嫌悪に対する反対の印となってしまうのだ。

こう考えてみると、宗教的な慎み深さの純粋な印としてヒジャブを擁護したい人たちが、ファッショナブルなヒジャブのことを憂慮するのは正しい。ファッションはけっして純粋ではないからだ。伝統的なヒジャブは壁だ。それに比べ、ファッショナブルなヒジャブは隠すための仕切りではない。あらゆるファッションがそうであるように、その人独自の個性をさらけ出すものだ。カバーガール社の化粧品でフルメイクしてつけるヒジャブ、おしゃれな服を着てつけるヒジャブ、ヒップスターTシャツとデニムのジャケットを着て、スケートボードに乗りながらつけるヒジャブ——それぞれが明確で複雑なメッセージを伝える。そのメッセージのなかで、スカーフが表現しているのは、宗教的な献身と慎み深さの象徴としての伝統的な意味だが、その組み合わせから生まれるほかの要素が、その意味を混乱させ、薄め、覆しすらする。ファッションのシステムに取り入れられると、宗教的な服装が別の文化資源となる。すると元の背景から切り離され、記憶と感情を呼び起こす力を搾り取られてしまう。

それだけでなく、(宗教的正統主義から見れば、さらに悪いことに)、ファッショナブルなヒジャブを被った女性は、自分のヒジャブに声を与えることで、巧妙に、しかし間違いなく、どのヒジャブもこういった個々の意味をもてることをほのめかす。いったんヒジャブがファッションになってしまえば、どのヒジャブもう謎めいた仕切りになることはできない。今では、それぞれが否応なしに、着用者の意思にかかわらず、着用者がもつ何かをさらけ出す。それぞれがファッション哲学になる。この意味からすると、エミネ・ヌル・チャクルが、ヒジャブは「ファッションの名のもとに犠牲にされている」と不満を述べたのは正しかった。ファッションは文化を取り上げ、切り裂き、別の目的で利用する。そしてファッションは貪欲で、俗悪で、不遜だ。伝統的な宗教服が現代の自己成型の要素となるにつれ、ヒジャブが慎み深いものから現代風に変わるにつれ、それは否応なく、何かを包み込むカーテンから、何かを宣伝する横断幕へと変えられてしまう――頭につけられるのか、棒の先に結ばれるのかには関係なく。

二十世紀後期に入ると、表現する個人主義の理想が、ファッションの発展を左右するようになった。それまでの優先順位が逆になり、服装による地位の印、さらには性別の目印すら、個性をつくり、表現するために使われる要素となった。服装が個性と深く関わるようになるにつれ、昔の身分の違いを強調するドレスコードに対する反発が高まった。女性たちは、装飾と慎み深さという女らしい理想から生じる束縛と闘った。古い性別による規範や、男女という性別に分ける考え方にさえ、異議が唱えられた。宗教的な服装は、徐々に複雑になる社会的、政治的意味を背負うようになった。こういった変化を受け、企業、学校、政府、宗教団体は、増えていく全世界的なファッションが招く混乱を抑えるようなドレスコードを作り出した。そして二十世紀末には、個人主義の大きくなっていく求心力が、十八世紀に始まった贅沢の放棄と組み合わさり、新しいファッショントレンドを生み出した。それは、自然でありながら目立つという理想だ。これは二十一世紀の服装とドレスコードの特徴のひとつとなるだろう。

# 第5部

# 仕立て直された期待

PART FIVE: RETAILORED EXPECTATIONS

人生で欲しいものは、
全部着こなしてしまえばいい。

――イーディス・ヘッド

私は服をデザインしているのではない。
夢をデザインしている。

――ラルフ・ローレン

# 第16章 ブランドとマーク

――職場にふさわしいもの：赤いソールのルブタン、21クラブのネクタイ、紺のブレザー、プレッピールック、赤いスニーカー、パタゴニアのベスト、グレーまたは黒のTシャツ

――職場にふさわしくないもの：デザイナーズブランドのドレス、ハイヒール、スーツ

中世とルネサンス時代のドレスコードは、人目を引く豪華さによって貴族の特権を伝えるものだった。上流階級の服装は神のような荘厳な雰囲気を醸し出した。しかし啓蒙思想運動以降、不文律のドレスコードは、人道主義的な市民道徳と、人間のありのままの姿に対する賛美を反映し、気品と洗練によって社会的地位を伝えるようになった。今日のドレスコードには、この古い伝統のどちらの要素も含まれている。豪華さはとくに婦人服に残り、昔と変わらず高価な贅沢品を独占することで、それを上流階級の地位の印としている。一方、〈男性による華麗な衣装の放棄〉の理念は、簡素な仕立服に反映されている（とはいえ、そこには微妙なステータスシンボルを数多く取り込むことができる。内部の構造、仕立て技術、ボタンの配置、縫い目といった細部のことだ）。それだけでなく、ほとんどあらゆる場面でよく着られるようになったカジュアルなスポーツウェアのなかにも、徐々に反映さ

れつつある（ショートパンツとアロハシャツ姿で行われるビーチでの結婚式、職場での毎日のカジュアルフライデー）。

一九六〇年代以降、次第に影響力を強めてきた「ファッションを自然なものにする理想」のせいで、多くの人びとは実用的で機能的に見える服装を取り入れ、服装を作為的に利用しているとはみじんも感じさせないようにしている。皮肉にも、この種の衣服が現在のステータスシンボルとなったが、その多くが型にはまった、わざとらしいもので、求めたものとは逆の印象を与えている。贅沢の放棄の理念は、その究極の形である地味な服装という美学に受け継がれ、流行に対する無頓着を装いつつも、それを道徳的に重要なこととみなしている。それを映し出しているのが、大学教授陣のくたびれた反俗物主義、いわゆる米国の中心地の偽の無産階級政治、そしてカリフォルニアのシリコンバレーのいかにも気取りのないカジュアルなスポーツウェアだ。

## クリスチャン・ルブタンの赤いソール

第二巡回区連邦控訴裁判所によれば、クリスチャン・ルブタン社は、「たいていは見向きもされない靴のソールを重視したことで知られ……ルブタンの靴の特徴は……鮮やかな赤のソール。それはたいてい靴のほかの部分の色と好対照をなしている」[1]。法廷が強調したのは、「大金が動く商業市場や社交の場では、こういったものが極めて重要になる……今日、『赤いソールがちらりと見える』だけで、『事情に通じている者たち』は『瞬時に』それを見分ける……」ことだ。こんな些末《さまつ》なファッションの極意が、法廷で関心の対象となったのは、「ルブタンが二〇〇七年三月二十七日に……登録商標としての『赤いソールの印』の……保護を求める……申請書を提出」し、ラッカー塗装の赤いソールの靴を製造し、市場に出す独占権を主張したからだ。イヴ・サンローランが「紫、緑、黄、赤の『単色』シリーズを市場に出そうと準備していた」が、それがソールを含めて靴全体が同色だったため、ルブタンは赤色の靴の販売を止めようと告訴したのだ。

その論争には、知的財産法の細部のわかりにくさも関係していた。そこでは「美的機能性」「獲得した識別力」といった難解な法的概念が大きな影響を及ぼしたからだ。とはいえ、基本的な利害関係は理解しやすかった。多くの高級ファッションブランドと同じように、クリスチャン・ルブタンの事業戦略は、自社の製品を、見ればすぐわかり、ほかとは違うものにすることだった。ルブタンの不断の努力の結果、赤いソールは誰もが欲しがるステータスシンボルとなった。唯一無二の存在でいるためには、同社は赤いソールの靴の製造者、ひいては着用する者まで支配する必要があった。しかし、ルブタンが成功するとそれを真似る者が出てきた。ルブタンはファストファッション企業ザラやほかの数社がヨーロッパで赤いソールの安価な靴を販売するのを止めようと、すでに戦っていたのだ。ルイ十四世とは違い、ルブタンには赤いソールの靴を、社会階級に基づいて制限すると命じることはできなかった。けれども、ルブタンにとって幸運なことに、現代の法律はわかりにくいが、かなり有効なドレスコードを提供する。

中世およびルネサンス時代の奢侈《しゃし》禁止令は、人の心を乱すファッションの変化と戦ったが、現代の贅沢を禁じるドレスコードはファッションと協力し合い、その気まぐれなエネルギーを利用することで人びとを分類し、ランクづけしている。啓蒙思想の価値観が幅広く受け入れられたことで、あからさまな地位の序列は容認されなくなった。その結果、地位を偽る人、金持ちなのにわざわざ庶民のように装う人が出てきた。そのため、十八〜十九世紀の間に、明確に地位に基づいたドレスコードは、一見平等な実力主義に取って代わられた。

とはいえ、貴金属や宝石はいうまでもなく、毛皮、しなやかな革、シルク、カシミア、エジプト綿は、以前と同様、地位を裏づけるものでありつづけた。違いは、かつては社会階級によってはっきりと制限された贅沢な衣服を着る特権が、徐々に、それとなくではあるが、経済力によって制限されるようになったことだ。しかしここで、ファッションの急激な変化は社会階級を壊すというより、むしろ後押しし、ソースティン・ヴェブレンが誇示的浪費と呼んだものに拍車をかけた。衣服をそれが古くなるよりずっと早くに流行遅れにするという流行の周期により、最先端の衣服を着られる余裕が豊かさの証《あかし》となった。もちろん、こういったステータスシンボルは今も存在するが、十九世紀までに不確かなものとなった。工業化と大量生産のおかげで衣料品の製造コストが低くなったため、庶民が上流階級の高価なファッションを模倣できるようになったからだ。

この傾向は二十世紀に入ると加速し、現代では合成繊維が高価な織物をその何分の一かのコストで模倣できるため、贅沢な見栄えの製品が大衆市場に流れ込んだ。一方、ファストファッションのおかげで、一流ブランドが非常に洗練された斬新なデザインの商品を公開すれば、数日後には誰もがその模造品を手頃な価格で手に入れることができる。

そのため、現在では、異なる方法でステータスシンボルが作られている。啓蒙思想後の時代のドレスコードの大半がそうだったように、現代の法律はその価値を理由に社会的地位を擁護している。価値とは贅沢品それぞれの優位性を示す印のことだ――ラルフ・ローレンの馬とポロプレーヤーのマーク、ルイ・ヴィトンの様式化したイニシャル、シャネルの重ねたCの文字、ティファニーのパッケージの独自のブルー――こういった象徴は、二十一世紀における紫のシルクやシロテンの飾りだ。同様に、ハイヒールの赤いソール――かつてフランス貴族だけに許されたもの――は、今ではデザイナー、クリスチャン・ルブタンだけに許された商標であり、彼の裕福な顧客のためのステータスシンボルだ。こういったもののすべてが排他性とステータスの高さの印となる主な理由は、チューダー朝時代の英国の法律やルイ十四世の布告が贅沢な布地と貴石の流通を制限したように、ブランドが陳列する衣服の数を制限することを法律が許しているからだ。上流階級向けのブランドや高級宝石商は、商品の流通を製造現場から売り場まで厳しく管理することで、高価格を維持できるよう気を配っている。要するに供給量を制限している。小売業者と契約を結ぶことで、割引を禁止するか厳しく制限し、また会社によっては、最高級品は自社が管理する専門店向けに取っておくところもある。こんなことができるのは、法律により、各社が商取引において独自のステータスシンボル、つまり商標を自由に使えるようになっているからだ。誰がこういったステータスの高い象徴を身につけるのかについて、法律が直接、指示を出すことはない。しかし、現代の商標法の目的は、排他性とステータスの高さを保護することであり、それは過去の奢侈禁止令とまったく同じだ。商標法の専門家であるバートン・ビービ教授はこう述べている。「奢侈禁止令は、一般的に信じられているように、工業化と民主化とともに消えたわけではない。むしろ、それは（現代の商標法のなかで）新しい……形を取ったのだ[2]」

## ブランド品がブランド品である理由

商標法に求められているのは、社名とロゴを製品に結びつけ、消費者に正確な情報を宣伝し、効率のよい競争市場にすることだ。法律は、製造者に独自の名か印を使う独占権を与えることで、悪徳販売業者が評価の高いライバル社の製品をコピーした粗悪品を「騙して売る」のを防いでいる。理論的には、正直な製造者と消費者の両方が利益を得る。優良品を作ると評判の企業はその評判から恩恵を享受し、買い手には粗悪なコピー商品ではなく、信頼できる企業が生産した製品を買っているとわかる。商標法を普通に解釈すれば、実力主義の理念と一致する。製品の質と生産者の価値を伝えるために、違いを示す印を割り当てているのだから。

しかし、商標法の大部分は、消費者に正確な情報を伝えるという目的とまったく関係ない。たとえば、裁判所は高価な製品の安価なコピー商品は違法であるとしてきた。なぜなら、もし消費者がその製品は思っていたものと違うと気づけば、高価な製品の排他性とステータスの高さを「弱める」からだ。明らかなコピー商品が違法なのはなぜだろう？　マンハッタンの中華街カナルストリートで「プラウダ」のハンドバッグを二十五ドルで買った消費者は、ミラノの一流ブランド、プラダの製品を格安で手に入れたとは思っていない。四十ドルの「ロラックス」の時計を買った人は、それが精密なスイス時計だと本気で信じているわけではない。こういったコピー商品が違法なのは、買い手が騙される可能性があるからではなく、事情を知らない第三者が騙される可能性があるからだ。安いコピー商品は本物の排他性を弱めてしまう。例を挙げれば、評価の高い時計メーカー、ジャガー・ルクルトが生産した高価な置き時計「アトモス」の安価なレプリカをめぐる裁判では、法廷はこんな不満を示している。「消費者たちが……安い時計を買うのは、多くの訪問客が一流品とみなすようなものを飾ることで、箔をつけるためなのだろう……[3]」

同様に、偽物のエルメスのハンドバッグの差し止めが決定されたとき、法廷はこんなことを指摘した。「本物を買った人は……コピー商品が氾濫すれば被害を受ける……なぜなら、本物がもつ高い価値、部分的にはその希少性がもたらすものが損なわれるからだ[4]」それと同じ理由から、クリスチャン・ルブタンには、ライバル社が赤いソールの靴を生産するのをやめさせる権利がある。もしそういった靴が違うブランド名のラベルをつけられ、市場に出されれば、赤いソールの靴の多さが、赤いソールがもつ豊かさとステータスの高さとのつながりを損なってしまうからだ[5]。要するにこういった事例の問題は、安い製品の購買者が騙されたことではなかった。そうではなく、購買者が不正にある種の偽の名声をつかまされ、本物の贅沢品を買った消費者がお金を支払って得たはずのステータスの高さを奪われてしまうことだ。コピー商品の購買者たちは、ルネサンス時代のきらめく王冠を被った肉屋の妻に少し似ている――コピー商品は定着したステータスシンボルの意味を混乱させるのだ。

贅沢品の価値の大半はその希少性にある。実はそういった製品の経済市場は、ほかの非贅沢品の市場とは根本的に違う。生活必需品、実用的な道具、普通の衣料品といったありふれた製品は、目的に適った品質をもつからこそ価値がある。需要と供給の古典的な経済の法則に当てはまる。そういった製品に対する需要は、通常、製品の品質と価格を映し出すべきだ。高品質で安価な製品は、同品質でそれより高価な製品、あるいは同じ価格だが品質が劣る製品より、かなりの需要がある。そのため、同じような製品を作るメーカーは顧客獲得のために価格競争をし、消費者の利益になるよう価格を下げる。

しかし大半の贅沢品は、それがもつ品質のためだけでなく、その希少性のために求められる。こういった製品の場合、高価であることが、ターゲットである贅沢品購買者たちの市場での需要を高める。その結果、メーカーは価格で競い合うのではなく、それがもつ排他性で競い合う。そうなると、最低価格ではなく、最高価格をつける競争となる場合もある。経済学者たちはそんな希少価値のあるステータスの高い製品をこう呼ぶ――ヴェブレン財。[6] 顕示的消費を論じた著名な理論家の名前に因《ちな》んだヴェブレン財は、高価な値札のついた希少性から価値を引き出し、それが求められるのは、高価であるほど希少価値のあるステータスシンボルとなるからだ。たとえば、エルメスの「ケリー」や「バーキン」（一個につき二万ドルも支払う恩恵に浴すには、何カ月あるいは何年も待たなければならない）といったハンドバッグの購買者にとって、高価であることはそれがもつ排他性に不可欠な保証となり、それは過去の奢侈禁止令と同じ社会的機能を果たしている。

ヴェブレン財の価値は排他性から生じるものであるため、供給を厳しく管理することが重要になる。そのため、商標法はメーカーが供給を管理し、ある種の作為的な希少性をつくり出すのを認めている。さらに、低品質の模造品だけでなく、本物と瓜二つの複製品も禁止している。たとえば、グッチの従業員でも、「スーパーコピー」の偽のハンドバッグを見分けることができないにもかかわらず、そういう製品も粗末な作りの偽物と同様に違法とされる。[7] 同様に、ティファニーが自社の商標をつけた偽のジュエリーの販売を促しているとしてeBayを訴えたときも、ティファニーの専門家たちでも、ほとんど本物と見分けがつかないと認めなければならなかった。[8]

実は、商標つき製品を製造する認可を受けた工場が、勝手に追加生産したものを認可外の流通経路で販売することは時々ある。こういった追加生産品はライセンス製品とまったく同じだ。同じ方法で、同じ従業員が、同じ装置と同じ素材を使って製作したのだから。とはいえ、それが質の悪いコピー商品と同じく違法とされるのは、贅沢品の慎重に管理された排他性を弱める恐れがあるからだ。

高級ブランドは、現代の奢侈禁止令を押しつけることで、十七世紀の仕立屋のギルドのように必死に自分の特権を守っている。彼らの商標は、これまで発展しつづけてきた服装によるステータスシンボルの最新版であり、それぞれが過去のものより洗練され、抽象的になっている。ファッションが誕生したとき、ステータスシンボルは派手に誇示する必要があった。そのため、凝った作りにし、高価な織物を使い、貴金属や宝石で飾り立てた。しかし、〈男性による華麗な衣装の放棄〉のあとには、ステータスシンボルは上質のウールやカシミアなど、高価だが地味な織物を使った控えめなものとなり、洗練された作りは「わかる人にだけわかる」ものだった。特別仕立てのスーツは、ある意味、純粋な形にまで洗練された高価な衣服であることを意味していたのだ。そんな商標の発展は、当然の結果をもたらす。壮観なまでの貴族的な誇示が残したものは抽象的な象徴だ。扱いにくいシロテンやベルベットの代わりに、人がもち歩くのは、それが何かを表すたったひとつの印、エルメスの「H」の文字飾りがあるバッグ。輝く宝石で飾られた王冠の代わりに、輝く赤いソールのシンプルな靴を履けばいい。

## 栄光のブレザー

十九世紀の控えめなドレスコードは今も生き残り、それがとくに目立つのが注文仕立ての服だ。庶民的な価値観と大量生産は、スポーツジャケット、紺色のブレザー、ビジネススーツという、いわば平等主義のプロのユニフォームをつくり上げたが、社会階級はいまだ服装の細部の違いによって伝えられている。こういった様式の細部こそが社会のための隠されたステータスシンボルであり、控えめな慎み深さを賛美しているように見せかけつつ、実は悪びれもせず自己宣伝をしている。

「湿度の高い日だったが、フォーシーズンズ・レストランのグリルルームでは、どの男性もジャケットを着て座っていた」二〇一三年夏の猛暑の時期、ニューヨーク・タイムズ紙によれば、昼時に立派な身なりで食事をする人たちのなかには、億万長者の資本家、メディア王、悪徳不動産業者もいた——何を着ていようと敬意を示されるであろう人たちだ。しかし、そこに不文律のドレスコードがあるのは明らかだった。「カジュアルな服装でやってきた人が数名いたが、彼らは二階のコートルームに三十着吊るされている紺色のブレザーを借りることができた」[9]

「貸しジャケット」というものは、格式張ったドレスコードのあった上品なレストランに昔からある伝統だった。それはふたつの目的に適っていた。レストランの優雅な雰囲気を守る一方で、着用者にちょっとした世間知らずという印をつけていたのだ。タイムズ紙は、よくある貸しジャケットのことを、「汚れのついた、体に合わないポリエステル製のジャケットは恥の印」[10]とうまく表現していた。レストラン自体を洗練された場所とみなす、その公式ドレスコードは、もっと複雑なドレスコードとともに機能している。それは客を区別するものだ。ジャケットとネクタイは洗練そのものであるため、それらを着用させるレストランは洗練されていることになる——とはいえ、ジャケットとネクタイのなかには、ほかよりさらに洗練されたものがある。伝統的な裁断は、最新流行のものとは異なるメッセージを伝える。細部にいたるまで入念な作りは、それに詳しい者だけにわかる。仕立てのよい、流行のアンサンブル姿で到着した人は、体に合わない安物の貸しジャケットを着た人より、地位が高くなるのだ。

　貸しジャケットについても、微妙な違いがある。たとえば、マンハッタンの21クラブは、ジャケットとネクタイ着用を義務づけるドレスコードを廃止する前、不適切な服装で食事をしに来た客には、あえて形の崩れた紺色のブレザーとネクタイを貸していた——これには、たいてい「21」エンブレムか、クラブの商標であるローン・ジョッキー（訳注／家の前庭におく騎手の服装をした男性の像。馬を繋ぐ柱として使われていたが、現在は装飾）の姿の飾りがついていた——これも恥の印だ。[11]とはいっても、21クラブで借りたネクタイも、他の場所で着ければ、ステータスシンボルとなる。それが伝えるのは、有名レストランで食事をしたことだけでなく、オープンカラーで入店するほど無頓着な人間であることだ（きっとラケットクラブでスカッシュの試合を終えた直後なのだろう）。そのため、何十年もの間、米国のエリート私立学校や大学の学生たちは、親戚や友人、信託財産管理者とともに食事をした際に「手に入れた」、21クラブのネクタイを自慢にしたものだ。

この貸しジャケットは、まず例外なく濃紺のブレザーだ。紺色のブレザーは男性のワードローブに欠かせない。誰にでも似合い、ほとんど何にでも合う。理想的な貸しジャケットなのは、人を均一化するとともに差別化するためだ。それは平等化であると同時に階層化でもある。資本家階級の品格と貴族の血統両方の偶像になり得る。紺色のブレザーはお抱え運転手が着ても、後部座席に座る大物実業家が着てもおかしくないからこそ、普遍性と民主化の象徴となる。しかし、神は細部に宿るもの！だらしないポリエステル製の紺色のブレザーもあれば、ブライ艦長（訳注／一七八九年、船員が反乱を起こした英国軍艦バウンティ号の艦長）がロンドンの仕立屋に注文した紺色のブレザーもある。世界中の中間管理職のユニフォームのような、大量生産のゴワゴワした紺色のブレザーもあれば、ヨーロッパ貴族や投資家が好んでナポリの職人に手縫いさせる、超軽量のシルク・カシミアの紺色のブレザーもある。単純で、微妙で、どこにでもある紺色のブレザーからわかるのは、衣服の細部がどれほど社会的地位を示し、政治理念を表し、人の個性を伝えられるかということだ。

フォーシーズンズ・レストランの紺色のブレザーの貸出室は時代の逆行だった。同じ二〇一三年でも、地域のアイコンだったレストランがシーグラム・ビルディングから立ち退かされる直前には、もはや男性たちにジャケットとネクタイの着用を義務づけていなかった。たしかに格式張ったレストランのドレスコードの時代は終わりかけていた。それからわずか二年後、ニューヨーク市人権委員会は、「レストランで食事をするために男性にネクタイ着用を義務づける」規則を違法な性差別のひとつとする声明を出した。[12] とはいえ、ワイシャツ姿で店に来た客の多くは、まだブレザーを借りることを選んでいた。それまで公式のドレスコードだったものが、非公式な不文律となったのだ——おそらくは地位を示す目印として、いっそう影響力を増したのだろう。

従来の服装の専門用語によれば、ブレザーとスポーツコートは別のものだ。[13] スポーツコートの起源は、ハンティング、ボート、テニスなど、スポーツをするときに着るジャケットだった。そのため、この名がつき、いまだスポーツウェアだった先祖の痕跡を留めている。ツイード、土色のプレード、ハンティングから生まれた使いやすいハッキングポケット（訳注／蓋がついたポケット）。目立つ柄と色はボートとラケットスポーツに由来するものだ。濃紺のブレザーは海軍士官の礼装を受け継いだもので、それが伝統的に真鍮ボタンをつける理由であり、伝統的な服装の慣習からダブルにしてもよく、揃いのパンツをもたない、唯一の「中途半端な」ジャケットである理由でもある。ブレザーは英国海軍の軍艦ブレザーに因んだ名前だという古い逸話もある。その艦長がおしゃれな若き女王ヴィクトリアの関心を引こうと、部下たちに真鍮ボタンで飾った紺色のジャケットを着させたというのだ。紳士服の権威、G・ブルース・ボワイエは冗談半分にこういう。「この話は幾度となく伝えられてきたから、事実になってもおかしくない」[14] しかし、悲しいかな、このブレザーという名が最初に使われたのは、ケンブリッジ、オックスフォードといった英国の大学のボートクラブ会員たちが着た、赤いジャケットだったらしい。[15]

それはさておき、最初の紺色のブレザーは十八世紀の英国海軍士官の軍服だった。それは無駄がなく機能的だった。幅広の襟のボタンをかければ、冷たい海風を防ぐ。色も地味で控えめだった。その後、法律と慣習が士官の軍服であるブレザーの着用を上流階級に制限した結果、それがステータスシンボルとなった。そして、そのファッションは受け継がれていった。非番のとき、ジャケットで出かけることが士官の間で流行すると、まもなく民間人も着るようになる。やがて、ファッションハウス（訳注／流行の服をデザイン、製作、販売する店）がバリエーションに富んだ類似品を無数に生産した。真鍮ボタンでブレザーの海の歴史を伝えるものもあれば、飾り立てた紋章で仲間意識を強調したものもあった。しかし、見事な仕立てと贅沢な布地で、無駄のない上品さをそのまま再現したものもあった。

伝統主義者たちはボタンの種類と位置の適切さについて議論する。真鍮ボタンは伝統的だが、古くさく見えるかもしれない。ホーンボタン（訳注／水牛の角のボタン）のほうが控えめだが、ブレザーの海の起源を損なってしまう。記章ボタンは威厳を感じさせるが、その盾形の紋や紋章は本人の母校、会員制クラブ、一族のものでなければならない。ファッションデザイナーが使う偽の紋章は、成上り者の印であり、「借り物」の紋章については、エスクァイア誌のクリエイティブ・ディレクター、ニック・サリヴァンの教訓的な物語をよく読むだけでよい。「ある友人がサヴィル・ロウ（訳注／ロンドンの高級紳士服店が立ち並ぶ通り）で仕立てられたウールのリーファーコートを譲られた……それにはブラックヒース・ゴルフクラブのボタンがついていた……（しかし）金ボタンがひとつ失われていた。そこで、彼はそれを仕立てた店にもっていった……『ボタンならあります』と店員たちはいった。彼らは……喜んで替えのボタンを取りつけようとした。友人がすべきなのは、ブラックヒース・ゴルフクラブの会員証を見せることだけだった[16]」

さらに配列の問題もある。シングルブレザーにはボタンふたつが基準だが、それでは平凡だ。ボタン三つは忌み嫌われる――ただし、一番上のボタンを使わず、襟を第二ボタンまで広げる、段返りボタンは別だ。これこそ、くつろいだ上品さの極みだ。ダブルブレザーの場合、ボタン位置の微妙な違いが古典的なブレザーと低俗な安物を分ける。紳士服の権威、「ニコラス・アントンジャバンニ」（伝えられるところでは、元共和党スピーチライター、マイケル・アントンのペンネーム）の説明では、六つボタンふたつ掛けでは、「真ん中の列のボタンをかければ、二本足のマティーニグラスのような形になる」。これはフレッド・アステア、ハンフリー・ボガート、ニュース番組『60ミニッツ』のキャスター、エド・ブラッドリーのようなスタイリッシュな男性たちの粋なスタイルだ。それだけでなく、万能の効果もあり、下の列のボタンをかければ、「カジュアルで、寛《くつろ》いで見える」[17]。実際、六つボタンふたつ掛けで下の列のボタンだけかける、気取らない粋なスタイルは、紳士服雑誌ザ・レイクで称賛された。その記事全体を使い、ローマの高級紳士服店ドメニコ・カラチェニの仕立師たちが開発した、スタイルを変えられるダブルのブレザーの美点を解説していた[18]。それは「真ん中の列のボタンで固定することも、下の列のボタンを使って閉じることもできる……ジャケットのスタイル」だった。しかし、注意してほしい！　そのスタイルを変えられる六つボタンふたつ掛けブレザーで、そのボタンの列をかけるオプションは、それより格下の六つボタンひとつ掛けとはまったく違うことだ。六つボタンひとつ掛けでは、「下の列だけボタンをかけると、（二本足のマティーニグラスというよりむしろ）要石になってしまう」。

アントンジャバンニによれば、六つボタンひとつ掛けは、「ガーメント・ディストリクト（訳注／マンハッタン中心部にあるファッション街）の強引な販売員」の無分別な選択であり、その悪趣味の反面教師には、O・J・シンプソンの弁護士ジョニー・コクランや、ゲーム番組司会者アレックス・トレベクがいる[19]。けれども、ここにも注目すべき例外がある。有名なパリのファッションハウス、チフォネリは、六つボタンひとつ掛けのダブルジャケットで知られ、紳士服の権威で、影響力のあるニューズレター〈パーマネント・スタイル〉の編集者サイモン・クロンプトンは、それを「この上なく素晴らしい[20]」と認めている。

私は合計四着の濃紺のブレザーを所有している。裏地のないトロピカルウールは、白い真珠貝のボタン、ピークドラペルのついたシングルジャケット（この組み合わせは、どうみてもルール違反だが、ルールは破られるためにある）。どっしりした綾織は、段返りボタン、パッチポケット、くすんだ真珠貝のボタンに総毛芯仕立て。中くらいの重さのシングルジャケットは、カジュアルな作りの二つボタンで、半毛芯仕立て。最後のダブルの六つボタンふたつ掛けは、わずかに薄めの濃紺のフランネルだ（これもまた、厳格な人たちには忌み嫌われるが、面白いじゃないか）。

とはいえ、エリート主義の要素を否定する気はない。私がとても気に入っているのは、ナポリ風のマニカカミーチャ——肩に袖を取りつけるとき、非常に細かなプリーツ様のギャザーをつける伝説のシャツ袖——と、機能的なボタンのついた本切羽（訳注／ボタンとボタンホールを備えた開閉できる袖口）だ。どちらも高級仕立ての証だ。前者は製作に熟練の手仕事を要し、後者は少なくとも優れた寸法直しができなければならない。なぜなら、袖を客に合わせて短くしたあと、ボタンホールを加えなければならないから——端的にいえば、手縫いと裁断だ。例のごとく、かつては独占市場だった衣服も、大量販売用の模造品が出回るようになっている。今では多くの大量生産された安価なブレザーの袖口には、最初から本切羽がついている。とはいえ、その袖口が適切な位置になければ、ふたつの厄介な選択肢のどちらかを選ぶことになる。長すぎる袖のまま着れば、財源または洗練の不足、あるいはその両方が足りない動かぬ証拠となる。しかし肩の部分で袖を短くしようとすれば、熟練の仕立師にとっても時間のかかるむずかしい仕事に

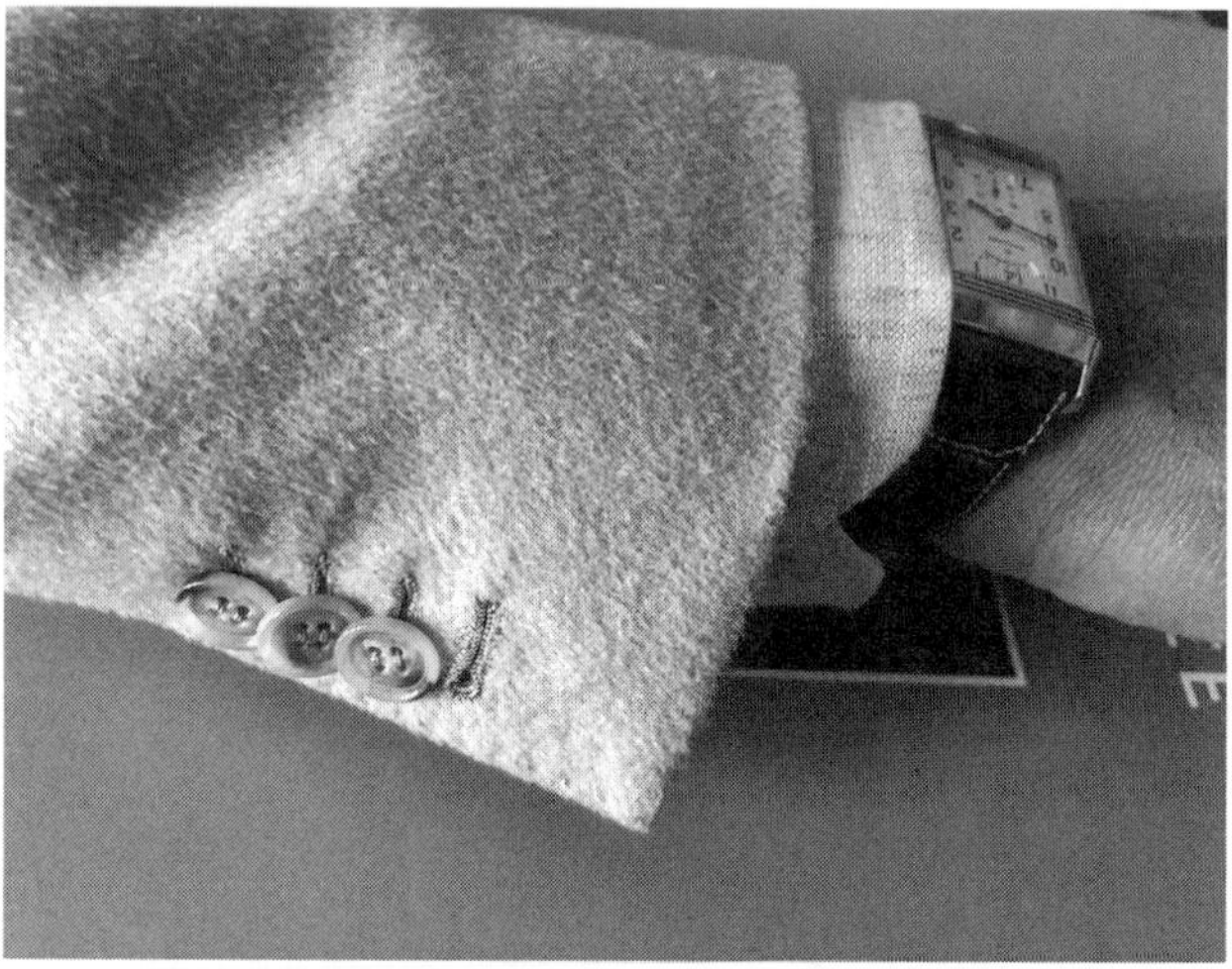

このジャケットには実用的なボタンホールのある「本切羽」がついている。

なり、補正費用はそのジャケットの価格を超えるだろう。そんな寸法直しを専門家でない者が試みても、当然ながら肩にうまく合わせられない。それなら袖は長いままにし、折り返し、それをスプレッツァトゥーラ、つまり無造作で上品な装いと呼んだほうがましだ。

大学進学で家を離れる直前、父に連れられて、最初の「上質な」紺のブレザーを買いにいった。サンフランシスコの店を何軒か回った――それは、シェービングブラシ、象牙の柄のついたカミソリ、馬毛の洋服ブラシ、正装用ハイソックスなど、伝統的な男性用服飾品も売っているような店だった。そういった洗練された男性用服飾品店にあるジャケットでも、何着かは基準に達しておらず、いくつかは通気性のよくないものだった。父は店員を睨みつけた。「コンチネンタルスタイルが流行った時代の売れ残りかね?」店員はその目障りなブレザーをさっと持ち上げた。前にボタンが四つ並んだジャケットだった。「最新のスタイルですよ！」と店員がいうと、父は四つめのボタンをいぶかしげに眺めた。私がそれを気に入ったのは、雑誌やミュージックビデオで有名な俳優やミュージシャンたちが四つボタンのジャケットを着ているのを見ていたからだ。

「だめだ」父はきっぱりといった。「それは、お前が二年生になる前に流行遅れになる」

別のジャケットは肩に大きなパッドが入れられ、軽いクレープ生地で作られていた。それがいいと思った私は、父にそれにしてくれと頼んだ。

「デヴィッド・ボウイとかいう奴が着るようなものだな……」

気に入らなかった父は、これはありとあらゆる風変わりな衣装でステージに立つ俳優やミュージシャンが着るもので、自分たちは演劇のオーディションのために買い物に来たのではないといった。店員は父の嫌悪感を受け止めつつも、弁解がましくいいつのった。「しかし、これは今どきの若者が求めるものでして……」

「それなら、彼らに買わせておけばいい」私もそんな若者なんだと口を挟む前に、父はさらにいった。

「自分の金で買いたい者たちに」話はそこで終わりだった。私たちが買うべきは、大学で四年間（さらに、おそらくは大学院でも！）使え、大学の晩餐会やカクテルパーティで見苦しくない格好ができるブレザーだった。入学予定者向けのとくに騒々しいイベントでは、最後に寮の廊下でジェロ・ショット（訳注／ゼリーミックスにウオッカと水を入れてつくるゼリー）を飲んだ経験から、現代の大学生活にそんな衣服が要るとは思っていなかったが。

最終的に、満足できるジャケットを見つけた。三つの飾り気のないアンティークの真鍮ボタン。第二ボタンまで折られた襟。総毛芯仕立て。濃紺のトロピカルウールは、ダブルベンツ（訳注／背部の裾にあるスリット）、パッチポケットがついていた。さらに、白とスカイブルーのオックスフォード地のボタンダウンシャツ数着と、ストライプのネクタイを二本、控えめな焦げ茶色の革ベルトも購入した。その店を出たあと、角を曲がった所にある同じような古風な靴屋で、コルドバ革のローファーを買った。これで私の服装一式が揃った。これなら教会から劇場まで胸を張っていける。それは上質だが、けっして贅沢すぎない、若者にふさわしいものだった。父が進学したときに買えたものより、ずっとよいものだった。その一式を手に入れられて幸運だった。いざというときには、その一式があることを幸せに思うだろう。

最初の機会は、スタンフォード大学二年のときに訪れた。私が三十マイル（四十八キロメートル）北まで旅したのは、サンフランシスコで行われるフットボールの試合前の最後となるパレード演奏のためだった。それは、スタンフォード大学対南カリフォルニア大学のフットボールの試合がある週末に行われる伝統的な行事だった（それが最後となったのは、翌年、市がパレードの許可と、器物損壊に対する百万ドルの保障保険にこだわり、パレードを取りやめたからだ）。私がアルト・サクソフォンを演奏した、リーランド・スタンフォード・ジュニア大学（訳注／スタンフォード大学の正式名称）マーチングバンド（LSJUMB）は、奇抜な衣装で知られ、レパートリーにはクラシックロックもあった。試合前、私たちはビールとドーナッツの朝食をとった。LSJUMBは、馬鹿げた行動を理由に、数社の主要ホテルチェーン、二社の国際航空会社、そして某国から出入り禁止となっていた――ある意味、それは誇りであり、スタンフォード大のキャンパスにあった練習用の建物「バンドシャック」に不敬な言葉を落書きして公表したほどだ。

週末のパレード演奏はとくに計画はなく、サンフランシスコの通りでパブに入っては通りを演奏しながらパレードし、最後にはアクアティックパークのビーチで演奏し、お開きとなる。親友と私はその夜の計画を立てていた。バンドと「行進」し、歩き回るうちにユニオン・スクエアあたりまでくる。そこは例年、南カリフォルニア大学が金曜の夜に演奏する場所だ。そこで私はバンド仲間から離れ、真っ赤なジャケットとギリガン風のバケツ形帽子というユニフォームから、酒を飲み、若い女性のグループといちゃつけるような服装に着替え、高級バー兼ポリネシアンレストランのトレーダーヴィックスで親友と落ち合う。私は呆れるほど内気で不器用だったので、そんな計画どおりに行くとは思えなかった。一方、親友は背が高く、ハンサムで、自信にあふれていた——彼がホームズで、私がワトソンのようなものだ。そして彼は、自分の指示どおりにすれば、ふたりとも人生最高の夜を過ごせると断言した。話は決まった。私はサクソフォンのギグバッグに紺のブレザー、ネクタイ、シャツ、グレーのフランネルのズボン、ローファーを詰め込み、シティ・ザット・ノウズ・ハウ（訳注／サンフランシスコの愛称）へ出かけた。

　計画どおりユニオン・スクエアでパレードから抜け出し、デパートのトイレで着替え、トレーダーヴィックスに向かった。外にはかなりの群衆が集まり、店内のバーも混んでいた。ふたりで店内をのぞいていると、並外れて身なりのよい若い女性のグループが慣れた様子でバーに入っていった。彼女たちを追いかけて、南カリフォルニア大学のスウェットシャツにジーンズ、テニスシューズ姿の若者のグループが店に入ろうとすると、案内役が止めた。「申し訳ありませんが、ただいま、混雑しております——夕食の予約のある方以外、バーには入れません」若者たちは、彼らを残していく若い女性たちの後ろ姿を、物欲しげに眺めた。彼らは案内役と口論を始めた。「そもそも、あなた方は飲酒できる年齢には見えません――どうぞ、お帰りください」

親友は私のほうを見た。「さあ、行こう」と彼はいった。「一杯やろうぜ」私の答えを待ちもせず、彼はのんびりとレストランに入っていった。完璧な裁断の紺のブレザー、オックスフォード地のボタンダウンシャツ、ニットタイ、グレーのフランネルズボン姿の親友は場慣れしているように見え（実際、彼はヴァカヴィルの不動産業者の息子だった）、それらしくふるまった。彼は案内役のスタンドに近づきながら、待ち構えている案内役の背後を見て、こう叫んだ。「キャロル、君かい？」もちろん違う。しかし案内役が振り返ったとたん、彼は予約リストを素早くチェックし、まだ来ていない客を探した。

「ジョナサン。四名だ――友人たちはもう来たかな？」案内役が予約リストに沿って指を動かす。「いいえ、あなた様が最初です。もういらっしゃらないのかと、予約を取り消すところでした」

「申し訳ない。渋滞がひどくてね」

「はい、今週はどこに行っても大学生が大勢いますから。申し訳ないのですが、今は空席がございません。お伝えしましたように、いらっしゃらないと思っていたので」

「わかった。では、バーで待たせてもらうよ」

バーに行っても、親友はその芝居をつづけ、さっきの若い女性たちとおしゃべりした――私たちはユニオン・スクエアにあるアートギャラリーの共同所有者というふりをしながら。だが、酒を飲み、さらに数分ほど芝居をしたあと、私はもうそれ以上つづけられなくなった。私が本当はふたりとも大学生だと認めると、女性たち全員が爆笑した。「もちろんそうよね。実は私たちもそうなの。あなたがモネとマネを取り違えなかったら、あやうく信じるところだった。モネは『睡蓮』、マネは『草上の昼食』を描いた人。でも、これだけはいえる。あなたたちは、その役にぴったりの格好をしているわ」

## プレッピーの暗黙のルール

リサ・バーンバックの古典的な風刺の効いたガイドブック『The Official Preppy Handbook（公式プレッピーハンドブック）』のくたびれたペーパーバックをもっている。私の家族が北東部からカリフォルニアに移り住んだ時期から長い間、それはファッションのバイブルだった。中部カリフォルニアの公立校からアフリカ系米国人プレッピーになるという成り行きは、ティーンエージャーだった私には抵抗できない面白さだった。しかしそれ以上に、プレッピーはとても興味深い研究対象だった。白人のアングロサクソン系プロテスタントの理想の姿であるプレッピーは、私にとって風変わりであると同時に、不思議なことに馴染み深いものでもあった。父はもちろん白人でも、アングロサクソン系でもなかったが、根っからの主流派プロテスタントだった。長老派教会の叙任牧師だったこともある。一九七〇年代初期、北東部の長い伝統と格式を誇る長老派教会で働いていた――あまりに長い伝統と格式があったため、教会の案内係がモーニングスーツを着ていたほどだ。私たちは日曜の礼拝に出席する唯一のアフリカ系米国人家族だったため、格式を誇り、どこか偏狭な団体に溶け込む最初の者になるときのお馴染みの問題ときまり悪さに直面した。とはいえ両親は、その教会と、その洗練され、威厳に満ちた礼拝を懐かしんでいた。

プレッピーハンドブックに書かれていたのは、閉ざされた文化のことだ。それはよそ者にはかろうじて読み取れるようなものだが、そのルール――とその例外――に十分に注意を傾けていれば、理解でき、模倣できる。「プレッピーの服装が似通っているのは、そのワードローブが、両親や仲間から吸収した基本原則に従って作られたものだからだ。しかしプレッピーの装いは模倣できても、そういった暗黙のルールを誤解したり、無視したりすることで、プレッピーではないとわかることも時々ある」[21]とバーンバックは書いている。それにつづく四十五ページに及ぶイラストには、マドラスチェックの重要性、仕立て、布地、ジュエリーの選ぶべきものと選んではいけないもの、ソックスなしで履くべき靴の種類など、多くの情報が掲載されている。プレッピーハンドブックの読者が得るものは、やっていいことと、いけないことの一覧だけではない。その内側にある理屈を理解できるようになれば、思いがけない問題が起こっても対処できる。ハンドブックは、必ず守るべきこと（腕時計バンドはベルトと靴に合わせること。髪はさっぱりしていること。髭はきれいに剃ってあること）と、非常に具体的な違反例（調和しない鮮やかな色を合わせて着ること。ズボンのサイズが大きすぎること）をあれこれ組み合わせながら忠告している。けばけばしい色の組み合わせや質の悪い仕立てなど、好ましくない衣服も、金のかかるスポーツや上流校を思わせる羨望の対象となる貴重品と組み合わせれば、その美的な欠点を埋め合わせることができる。そういったルールの下には、ある種のプレッピーの美学――あるいは反美学――があった。この美学の中心にあるのは、カルヴァン派のしきたりのなかで育った者には非常に馴染み深いものだった。それは、快楽と美に対する終わりのない疑念、人間なら誰もが抱く快楽と美に対する欲望との哀れな葛藤というものだ。

プロテスタント独特の地位と道徳の統合は、合衆国で極致に達した。それに比べ、プレッピーがその地位は受け継ぎながら、嗜好は受け継がなかった英国人は、ファッションセンスがあることで名高い。とくに紳士服の昔から長く維持されてきた価値の大半は、ボー・ブランメルからウィンザー公まで、王権を有する島の住民たちのおかげだ。実は、今では世界中に知られたイタリア人のファッションスタイルは、その国の仕立屋たちが、古典的な英国の仕立て技術を地中海の温暖な気候に合わせようとしたときに形を成したものだ。しかし、大西洋を渡った米国の入植者たちは、楽しきイングランドの陽気な奇抜さではなく、英国の厳格主義の抑圧された理念とこれ見よがしなまでの地味さを持ち込んだ。その結果、それがいまだ合衆国における支配的な文化となり、何かの喜びに浸ろうものなら、必ず罰せられる。食べ物、飲酒、性に関わるものの大半、その洒落た共謀者であるファッションなど、快楽につながる、あらゆる行動や試みの周囲には、必ずそれを否定し、間違った指導をするための入念な足場が築かれる。セックスは血筋を維持する方法として、さらに厄介だが健全な男性の性衝動の逃がし弁としてのみ我慢できるものであり、それについての会話は少なければ少ないほどよい。食べ物は必要なもので、体面を保つために時々は誇示しなければならないが、ここでもまた、快楽が重要ではないため、品のない技巧を使って用意してはいけない。飲酒はどこでも見られるが、単なる道楽として受け入れられないため、プレッピーの管理下ではひとつの競技となる。飲酒ゲーム、ビール・ボング（訳注／漏斗の下にチューブをつけた、ビールを早飲みさせる道具）といったものを考案したのは、プレッピーが支配する米国のフラタニティだった。それはいじめの儀式で使用され、今では米国中の大学に蔓延している。

衣服に関しては、できるかぎり金をかけながら、どこか無造作に合わせただけのように見えなければならない。だからこそ、マーサズ・ヴィニヤード島（訳注／マサチューセッツ州ケープ・コッドの南にある島。多くの著名人が不動産をもち、アフリカ系米国人上流階級の伝統的なリゾートでもある）のような土地でのみ購入できるもの、詳しい者にだけ価値がわかるものといった、世間に知られていない排他的なブランドが急増している。だからこそ、着古したスーツを着たり、擦り切れた靴を履いたりする反俗物主義的なふるまいをして、自分は何十年もこんな格好をしてきたのだと伝えようとする。だからこそ、努力してそうしていると思われることは絶対に避けようとする。

プレッピーハンドブック自体は風刺だった。しかし、現在、いくつもの真面目な本やウェブサイトが、東海岸の旧家は垢抜けした服装の素晴らしい模範だと信じさせようとしている。こういった熱心な勧めを読んでも、その風習に慣れていない者たちは、プレッピースタイルがその美学において、あまりに洗練され、あまりに捉えにくく、あまりに理解しにくいため、それを世を捨て、自己満足に浸る世襲上流階級のだらしない無頓着な服装と誤解するかもしれない。けれども、プレッピースタイルの秘密は、こんなふうにして受け継がれてきたのだ。厚かましくもそれに疑問をもち、大きな疑念を抱く者は、自分自身が無知であること、あまりに鈍感すぎて、名門の高い感性を理解できないことを露呈させてきた。こんなふうに書けば、プレッピーは憤慨するふりをするかもしれないが、実は気にもしない。なぜなら、彼らの願いはスタイリッシュであることでも、美しくあることでもなく、ほかとは違う存在でいることであり、彼らはそれを見事に成し遂げている。男性なら、擦り切れたオックスフォード地のボタンダウンシャツと、「ナンタケットレッド」のチノパン。女性なら、何の特徴もないフラットシューズに、面白みのない真珠のネックレス――プレッピーがこういったものを選ぶのは、どちらも高価で面白みもないか、派手でもないからにほかならない。一族以外、誰も身に着けないことがわかっている組み合わせだからだ。

## 無造作が粋なイタリア人　がさつさを笑われるトランプ

昔、立派とされた控えめさが伝えたのは、バルダッサーレ・カスティリオーネが築き上げたスプレッツァトゥーラのイメージだ。それは、努力の跡を感じさせない、無頓着なよさのことだ。しかし、この理念が育ったのは、〈男性による華麗な衣装の放棄〉に重きをおいた時代だけだった。現代のスプレッツァトゥーラは、高額な注文仕立てや贅沢な布地を伴うのが一般的で、貴族的な尊大さをも感じさせる。当然ながら、スタイリッシュなイタリア人はそれを象徴している。紳士服のブログや雑誌は、さりげない上品さを、誰にでも使える原則にしようという無駄な試みをしながら、スプレッツァトゥーラの一見、予想外の細部と思われるものにページを割いている。イタリア人子爵は、ネクタイを左右対称にすることなど気にせず結ぶ。結び目にくぼみができても、それは結び目の真ん中にあるわけではない。ネクタイの小剣が長すぎ、大剣の後ろからのぞいていたりしても、わざわざ結び直したりしない。当然ながら、こんな明らかなミスにもかかわらず、ネクタイはなんとか、バランスが取れ、優雅に見える。ボタンダウンシャツの襟のボタンがかけられていないことがあるかもしれない。フィアットモーターズの御曹子ジャンニ・アニェリがしていたように、腕時計がシャツの袖口の上につけてあるかもしれない。スポーツコートの袖のボタンを掛けていなかったり、袖を巻き上げたり、たくし上げたりしていることもあるだろう（これは無頓着さだけでなく、特注の本切羽のボタンホールがあることを誇示している）。ここで共通しているのは、上質な衣服とともに、さりげない親しみやすさを伝える能力だ。

これには金だけでなく、確かな自信も必要になるが、それは自分で身につけるか、おそらく受け継ぐべきものであり、金で買うことはできない。この無理のない堂々たる態度を、合衆国四十五代大統領ドナルド・トランプの不自然でぎこちない服装と比べてみよう。彼はネクタイの大剣と小剣をスコッチテープで留めているさまを何度か写真に撮られている（口絵21）。テープが必要になるのは、トランプには長くしすぎた大剣をウェストの下までぶら下げる癖があるからだ。そのため、短すぎる小剣が大剣裏にあるループに届かず、ふたつが別々の方向を向いてしまう恐れがある。まるで政策を競い合う閣僚たちのように。

紳士服の礼儀作法の規範からすれば、これは明らかな誤りだ。ネクタイの前にくる部分がちょうどウェストに届くように結び、そのあと小剣の端を大剣の裏にあるループに通し、あるべき場所にきちんと収まり、外から見えないようにするべきだ。もちろん、ネクタイが傾き、小剣が長すぎるスタイリッシュなイタリア人も、この約束事に違反している。重要な違いは、イタリア人の無頓着な態度とは異なり、トランプのネクタイは頓着しすぎたせいで予想外の結果につながった——しかもよくない結果に。イタリア人のわずかに傾いたネクタイが、スプレッツァトゥーラの印である無頓着さを表しているのに対し、トランプがネクタイをきちんと結ばず、テープで留めてごまかしたことからわかるのは、見栄えをよくしようとする必死の努力が失敗に終わったこと――危なっかしさの印である。前者はなんの努力も感じさせず格好がよいが、後者は良識のなさを感じさせるから格好が悪い。テープで留めたネクタイは、正直に下手に結んだネクタイより悪い――失敗であるだけでなく、ごまかしでもあり、段ボールの海に不格好に突き刺さった紙の月のようだ。

スプレッツァトゥーラ――さりげなく見せるスタイルという昔からある技――はステータスシンボルでもあり、決まりきった服装を、個性を表現できる形に変える方法でもある。それが意味するのは、慎重さと気楽さの絶妙なバランス。古いドレスコードに対する敬意と不敬である。ルールはあっても、正しいやり方で破られるかぎり、ルールは破られるために存在し、それが示すのは、無知や反抗的な態度の対極にある熟練と何気ない無関心だ。

## 反俗物主義と赤いスニーカー効果

パワー・ファッションの巧妙さはないが、誰もが同様な効果を得られるスタイルと、従来のステータスシンボルが完全に覆されたことが結びついたことで、上品さのルールを逸脱するのがある種の能力の印となった。英文学と法学の教授スタンリー・フィッシュは、このタイプの反俗物主義と、大学教職員に好まれる車に関係があることに気づいた。フィッシュは一九七〇年代のある時点で、「米国の学者たちは不格好なフォルクスワーゲンを買うのをやめ、醜いボルボ……（あるいは）醜いサーブ……を買うようになった」。こういった車は、「新しいジレンマの解決策となった……それは裕福さの恩恵に浴しながら……同時に、裕福さがもたらす物を適度に軽視する態度を保つにはどうしたらよいかというジレンマのことだ」。フィッシュはボルボの不格好は、もっとずっと幅広く適用される、美徳を伝えるコード化された信号だと解釈した。「学者たちの集団的な観点では、だらしのなさ……無頓着さ、効率の悪さは美徳であり、ものごとの単なる外見に対する見事な軽視の印となる。また、軽視それ自体、たとえ目には見えなくても、より高い価値をもつものに献身している証でもある」[22]

大学教授たちは、流行遅れの衣服、乱れた髪、だらしない格好に与えられて当然の評価を喜ぶ。教授陣のオフィスは、ページの隅が折れた本、今にも倒れそうな定期刊行物の山、積み重ねた書類、半分残ったコーヒーカップであふれかえっている。ポンコツ自転車であちこちへ移動し、着古したコーデュロイのスポーツコートを着た、おっちょこちょいな教授は、映画の定番だが、現実でもほとんどの大学キャンパスにいる。

ここには魅力的で、おそらく称賛に値する何かが存在する。知的な生活には虚栄心のために割く時間などない。わきあがる発想が外見のことなど頭から押しやる。本質を重視するあまり、自分の姿など気にしない。しかし、サーブやボルボのような、不格好かつ高価な車を好む傾向は、俗物主義がほんの少しばかり入っていることを示している。終身在職権のある大学教職員は、おそらく資本主義社会におけるあらゆる給料制の専門職のなかで、誰よりも個人の自由を享受している。私たちには本当の意味でのボスはいない——大学の事務官たちは普段、悲しそうな顔で冗談半分に、彼らは煎じつめれば私たちのために働いているといいはするが——さらに喜ばせるべきクライエントも客もいない（学生たちはそこに含まれない。なにしろ、彼らの成績をつけるのは私たちだから）。教授たちの服装がひどいのは、それを理由に処罰されることはあり得ないからだ。その意味では、だらしのない無頓着な服装は教授の特権を象徴している。実際、一般的には、教授が特権をもてばもつほど、その服装はみすぼらしくなる。終身在職権をもつ教授は、学生や先輩である同僚たちによい印象を与えなければと考える若手教員に比べ、服装を気にしない。どの全国学会でも、アイヴィーリーグの教授たちは、まず例外なく、会場で一番みすぼらしい身なりをしている。

反俗物主義者の勢力があまりに幅を利かせているため、研究者たちはそれを「赤いスニーカー効果」と名づけた。教授であるシルヴィア・ベレッザ、フランチェスカ・ジーノ、アナト・キーナンらが発見したのは、派手な赤いスニーカーを履くか、むさくるしい髭にTシャツを着た大学教授たちは、きちんと髭を剃り、磨いた靴を履き、ネクタイをつけた教授たちより地位が高いと、学生に思われることだった。[23] しかも、この赤いスニーカー効果は、ツタで覆われた学問の世界からずっと向こうまで広まっている。高級ブティックの店員は、トレーニングウェア姿の客は、ドレスに毛皮コートの客より、著名人や要人である可能性が高いと考えていたのだ。「裕福な人たちは、優位性を示すためにとてもおかしな格好をすることがあります」とひとりの店員がいった。「くだけた服装でこういったブティックに入るほど大胆なら、きっと何かを買うつもりです[24]」

ファッションに対する無頓着さが高い地位を意味するのは、それが普段から外見など気にしないと本気で考えていることを示すからだ。さらに、それが他者の意見に無頓着であることを示すからだ。トレーニングウェア姿でエルメスで買い物する要人のように、みすぼらしい服装の教授たちは、従来の服装の象徴的意味を覆すことで、自分は高い地位にあるのだと伝えている。また、教授がよい印象を与える服装をしないのは、そんなことをする必要がないからでもある。

## パタゴニアはミッドタウンの新ユニフォーム

二〇一九年三月、伝統を誇るゴールドマン・サックス証券会社の上級管理職、デヴィッド・ソロモン、ジョン・E・ウォルドロン、スティーヴン・M・シェールは、「Firmwide Dress Code（社内のドレスコード）」というタイトルの社内メールを送信した。その一部がこれだ。[25]

職場の性質が変化し……よりリラックスした環境が好まれることを考えれば……今こそ、社内向けの柔軟なドレスコードを取り入れるべきときでしょう……どうかクライエントの期待を裏切らない服装をしてください……これに関しては、それぞれがきっと的確な判断をするものと確信しています。職場にふさわしいもの、ふさわしくないものは、私たち全員が理解しているはずです。

この数十年間、ビジネススーツは、銀行業および金融関係の専門職に義務づけられた服装だった。実際、ピンストライプスーツの細い縞模様は、会計台帳の線を表しているという説があるほどだ。そのスーツは、〈男性による華麗な衣装の放棄〉の象徴主義を受け、勤勉さと実用性を反映し、裁断法、フィット感、布地という仕立ての細部を通して身分階層を伝えた。簡素さと贅沢さ、つまり控えめにしつつ見せびらかすという、この融合を成し遂げた衣服はほかにはない。しかし、近年、スーツは人気を失いつつある。ゴールドマン・サックスは、けっしてスーツを式服に格下げした最初の企業ではない――むしろ、出遅れた企業のひとつだ。二〇一九年三月、ウォール・ストリート・ジャーナル紙は、紳士用スーツの売上は、過去四年間で八パーセント落ちたと伝えている。[26]

おそらくは、スーツがもはや男性専門職の規定の服装でなくなったのは、時間の経過とともに、十八世紀末期にそれが取って代わった贅沢な貴族の衣服と変わらないほど、明らかなステータスシンボルを示す、ある種のコスチュームになってしまったからだ。そのうえ、スーツが示す象徴的意味は時代遅れでもある。今日の巨大な金融業界は、もはやスーツが象徴する思慮深さや冷静な判断というものを重視しない。むしろ、革新的な取り組みや思い切った決断を高く評価する。合法的で慎ましい投資利益率ではなく、棚ぼた式の大きな利益を積極的に求める。だからこそ、新しい世代の金融業者の男性たち（いまだ圧倒的に男性が多い）はスーツを放棄したのだ。一九六〇年代に「アロハフライデー」として始まり、カジュアルフライデーとして一九八〇年代に全国に広まったものが、カジュアル・ワークウィーク・ドレスコードとなり、スーツを着るのは滅多にない「クライエントに会う」ときだけになった。国事のときに着る宮廷服のようなものだ。つまり、ビジネスカジュアルが新しい規範となったのだ。

金融業者たちは新たに得た自由を活用し、自己表現するようになったと思うかもしれない。アメリカ全土の専門職の男性たちは驚くほどの速さで、新しいユニフォームを取り入れたが、それは意外にも、平凡すぎる紺のスーツ以上に面白みに欠ける簡素なものだった。インスタグラムの@Midtown Uniformのページには、マンハッタンの通りを横断したり、ありふれたオフィス街のカフェでコーヒ

ミッドタウンユニフォームを着るふたりの男性。

ーを注文したり、オフィスビルのガラスドアの前に立っていたりと様々な都会の風景のなかにいる、大勢の専門職の男性たちの姿が掲載されている。彼らはみんな、ほとんど同じ服装をしていた。ミッドタウンユニフォームの内容は、白か青のオックスフォード地のシャツ（大胆な人はピンクか地味なギンガムを選ぶかもしれない）、カーキ色か紺色のズボン、高価なローファー、そして普通はグレー、たまに黒か紺色のパタゴニアのフリースベストだ。

およそ二世紀、専門職の男性たちは、黒、紺あるいはグレーのスーツという、事実上のユニフォームを着てきた。ミッドタウンユニフォームは、この古いドレスコードの崩壊によって生じた穴を急いで埋めた、不文律のドレスコードを映し出している。カーキ色のパンツ、オックスフォード地のシャツ、ローファーには、様式化された気楽さがある。仕事以外でこの格好をする人もいると思うかもしれないが、実はあまりいない。結果として、ミッドタウンユニフォームは気取りがないように——無造作にさっと着てきただけのように——見えるが、ひと目で専門職の服装だとわかるものでもある。なくてはならないパタゴニアのフリースベストは、スポーツコート、ブレザー、ベストの役割を模倣している——体を覆うだけでなく、わかりにくくすることで、体形を実際よりよく見せる。それが表しているのは、格調の高いアウトドア向きの活動性だ。フリースはハイキング、キャンプ、ロッククライミング向けにデザインされたもので、アウトドアの活動は都会人が気軽にできるものではないことと、文化的な背景もあり、一般的に富裕層の遊びとされている。ミッドタウンのドレスコードは、パタゴニアフリースの代用品として、スポーツチームのロゴ入りのフーディを認めていない——それでは労働者階級の衣服と同じになってしまうからだ。むしろ、あらゆる兆候から、フリースはパタゴニアブランドか、価格と実用的な野暮ったさが同等のものでなければならないことがわかる（たとえば、ヴァインヤードヴァインズ、ノーティカ。モンクレールでもよいかもしれないが、流行に流されすぎている。女性向けハンドバッグ、コロン、そしていうまでもなく、スーツも販売しているブランドではいけない）。一流企業や専門家会議のロゴ入りのフリースでもよいが、従業員や出席者にのみ配布されたもの、一般人に販売されていないものである場合だけだ。一流の企業や会議のロゴ入りのパタゴニアのフリースは特別な一級品となる。

今では財務経営コンサルティング企業で高い地位に就いている者たちにとって、成文化されたドレスコードなど、あってないようなものだ。あったとしても、たいていは特定の規定や禁止事項をなくした、曖昧な忠告になっている。ゴールドマン・サックスの経営幹部が出した、職場にふさわしいもの、ふさわしくないものは、私たち全員が理解しているはずです、という荷の重い要求のように。ブルームバーグ・ファイナンスのレポーターで、元ゴールドマン・サックス社員のマット・レヴァインは、ドレスコードをこのように解釈している。[27]

ゴールドマンのドレスコードは、ゴールドマンですべき服装をしなさいということ……並の銀行員とエリート銀行員の違いは、この種の暗黙の了解を理解し、適切さと微妙な意味合いを感じ取り、機転が利くことだ。明確な服装の規定を必要とするような者は、その本当にむずかしい部分を習得できないだろう……それこそがドレスコードだ。

ミッドタウンユニフォームは、機転だけに頼れない部分に解決策を与える。間違った格好をして、職場にふさわしいもの、ふさわしくないものがわかっている者たちが集う、居心地のよい社交クラブの一員ではないことを示すより、面白みがないほうがずっとましということだ。

いうまでもないが、ミッドタウンユニフォームは、要するに解釈し直されたビジネススーツだ。それはスーツと同様、実用性と男らしい活動性を伝え、高級なアウトドア志向をほのめかすことで社会的地位を伝えるだけでなく、同等の者からなる階層のなかで自分の位置を目立たせるような、ささやかな洗練を表に出すことも認めている。つまり、〈男性による華麗な衣装の放棄〉がスーツを誕生させてから三百年が過ぎた今、私たちは、微妙な社会的階層と男性優先に基づいた専門職のドレスコードが幅を利かせる、元いた場所に戻ってきたということだ。

## 「ファッションに無関心」が最新ファッション

一般的な見方では、ミッドタウンユニフォームを生んだビジネスカジュアルなドレスコードは、投資銀行のクライエントが増えつつあるシリコンバレーの気楽な理念に追従するために作られたものだった。今日のコンピュータ・エンジニアのドレスコード――あるいは反ドレスコード――が誕生したのは、一九六〇年代、ニューヨークを拠点にするＩＢＭが典型的なテクノロジー企業だった時代だ。ＩＢＭは、その世紀半ばにおける官僚主義的な企業の代表的存在だった。そのドレスコードは白いシャツ、黒いネクタイ、ダークグレーのスーツを義務づけ、まるで従業員はうまく調整された機械の取り替え可能な部品であるといわんばかりだった。そこへ北カリフォルニアにできた、規模は小さいながら態度は大きい、いくつものソフトウェア会社が、反抗的なヒッピーの感性をテクノロジー企業に持ち込み、官僚的な規律より、柔軟性のある思考と改革を重視した。たとえば、インテルは、二十世紀の企業の特色だった管理者層を廃止し、個人の創造性と自発性を促し、「ドレスコードも、序列も、規則もなくす」[28]とした。アタリ、サン・マイクロシステムズ、そしてのちにマイクロソフトも、この反官僚様式に倣った。こうして専門職のドレスコードの廃止は、こういった創業したばかりの企業が技術革新を促すものと信じた、個人主義の理念とひとつになった。

　しかし、まもなく新しい不文律のドレスコードが、古いドレスコードの残骸のなかから立ち上がった。スーツに代表される従来の専門職の服装は、時代遅れの考え方を反映していると考えられたため、スーツは必要不可欠なものから、いきなり禁止されたものとなった。テクノロジー企業経営者、ピーター・ティールはこの反ドレスコードについて、二〇一四年に出版した『ゼロ・トゥ・ワン　君はゼロから何を生み出せるか』のなかで説明し、「スーツを着ているCEOには投資するな」[29]と助言している。しかし当然ながら、それにつづき、新たな服装による束縛が起こった。たとえば、ハイテク企業幹部ホルヘ・コルテル（#brainsnotrequired）は、ハイヒールを知性のなさの証とし、「情報、科学、健康……」を尊重することと矛盾するといった。彼の言葉から伝わったのは、ファッションに対する無関心ではなく、それに対する執着――ハイヒールの軽薄な巧妙さの対極にある、彼が考えるに実用的で下心のない服装をよいとする断固たる執念だった。

企業の規範に対する反対意見を声高に叫びはしても、現代のテクノロジー企業が個性の砦《とりで》というわけではない。実際にはテクノロジー企業にもユニフォームがあり、それはミッドタウンユニフォームとほとんど変わらないくらい単調だ。二〇一四年、シリコンバレーにほど近い商業地区パロアルトにいた大勢の人びとを眺めていたコンピュータソフト開発者、アレクセイ・コミサルークは、テクノロジー技術記者クイーナ・キムに対し、服装を見るだけでテクノロジー企業に勤めているかどうかがわかるといった。それだけでなく、それぞれの仕事の種類を言い当てたのだ。「エンジニアたち？　Tシャツ、ジーンズ、それにフーディだ」[30]これには別のエンジニアも同意した。「フーディは才能ある若者の印だ」ボタンダウンシャツの上に重ねたジッパーつきセーター（ミッドタウンユニフォームを洗練させたもの）は、ベンチャー投資家連中の服装だった。テクノロジー企業でも創造的な部類のソフトウェア設計者なら、思い切って有名デザイナーのスウェットシャツやセルビッチデニム（訳注／旧式のシャトル織機

（で織り上げた高級デニム生地）を着るかもしれない――「エンジニアの服装だが、わずかながら鋭い直感力も感じさせる」[31]。

シリコンバレーの消息通によれば、「動きの速いテクノロジーの世界で大切なのは、自分がファッションのような価値のないものに貴重な時間を無駄にしていないと示すことだ」[32]。ヤフーのCEOマリッサ・メイヤーが二〇一三年のヴォーグ誌に、サファイアブルーのマイケル・コースのドレスと、イヴ・サンローランのハイヒールで登場したとき、シリコンバレーの反応は、称賛でも、無関心でもなかった。ただ非難した。ある業界関係者は、メイヤーのファッショナブルなアンサンブルに対する批判をこうまとめた。「彼女はまるで休暇中であるかのような印象を与えた。ほかのみんなが仕事をしているときに、寛いでいたんだ」[33]

同じように、フーディのスウェットか、グレーのTシャツとビーチサンダルという格好で知られるフェイスブックの創設者マーク・ザッカーバーグも、面白みのないワードローブに満足していたわけではない。彼はただ、服装がモラルとして重視されることに我慢できなかったのだ[34]。

僕がしたかったのは、生活をすっきりさせること。そうすることで、判断すべきことをできるだけ減らし、このコミュニティ（フェイスブック）だけに専念できる……何を着るか、朝食に何を食べるかなんていう、どうでもいいことを考えていては……エネルギーを消耗してしまう……くだらないこと、うわついたことに、自分がもつエネルギーの一部でも費やしていては、自分がすべき仕事をしていない。それが、僕が毎日、グレーのTシャツを着る理由なんだ。

いつもグレーのTシャツを着るザッカーバーグは、シリコンバレーが理想とする精神を体現していた。気取らないオタクは、未来のテクノロジーの設計に取り憑かれるあまり、外見など気にしていられないのだ。そこには無邪気なかわいさがある。しかし、企業のCEOが、自分が服装などという取るに足りないことにエネルギーを費やしていては、仕事をしていることにならないと考えるなら、きちんとした仕立てのスーツや、ルブタンのハイヒールで職場に来る従業員たちのことをどう判断すればよいのだろう？　ここで注目したい点がある。彼は最初、自分自身の野心を話しながら、そのあと、「（あなたが）何を着るか……なんていうことを考えていては……（あなたの）エネルギーを消耗してしまう」と主張していることだ。外見への無関心という主旨が、見てくれのことで人を批判する理由になっている。つまり、新しいドレスコードが古いものに取って代わっているのだ。

ファッションへの無関心が一番人気のトレンドになっている。今では衣料品関連業者の多くが、仕事着らしくない服装を目指すテクノロジー分野に衣服を提供している。こんなキャッチフレーズもある。「これなら、素晴らしい男性がすべきことに没頭できます」（それが意味するものを不安がる人もいるが）。ブラックVクラブが専門的に扱っているのは……黒のVネックTシャツ。販売している高価なコットンのプルオーバーには、「あなたは忙しすぎて、服装なんか気にしていられない。世界でも最も成功した人たちは、着るものを選ぶ時間もない」というキャッチコピーが書かれている。[35]

この厳格な禁欲主義は服装に留まらない。ソイレント社は、固形物を食べるというくだらない時間の無駄から、多忙なテクノロジー専門家を解放するつもりだ。代わりに提供するのは、水と植物油を混ぜれば、「健康でいるために体が必要とする全栄養素」が含まれた食べ物になるという粉末状の物質だ。[36] ソイレント社は断固たる実用主義を装っているが、それは反俗物主義者の誇示的な自己放棄の行き過ぎたものでしかない。推進者にいわせれば、ソイレントは選択肢と利便性を与えている（SF映画『ソイレント・グリーン』に因んだ名前なのは、奇妙ではあるが妥当なのだろう。ディストピア的な未来の社会で食べられていた正体不明の食品が、実は人間の死体から作られていたことがわかるという映画）。この会社の広告には、「食べ物を食べるかソイレントを飲むかはあなた次第」[37] とある。優秀な経営幹部たちが朝食を選ぶ時間を無駄だとする時代に、ソイレントや類似品が専門家の美徳に欠かせない印となるまでにどれくらい時間がかかるのだろう？

## ザッカーバーグがスーツを着た理由

マーク・ザッカーバーグは、二〇一八年、米国上院公聴会に呼ばれ、自社の商法を擁護したときにはスーツを着ていた。それは賢明な選択だった。議員や官僚たちは、ザッカーバーグの服装から敬意の有無を判断するつもりだったからだ。たとえば、ザッカーバーグが出席する前日、ドナルド・トランプの主席経済顧問ラリー・クドローは、世間に向かってこう問いかけた。「彼はスーツにネクタイ、清潔な白いシャツを着てくるだろうか？　それが私の最大の懸念だ。彼は大人らしくふるまうだろうか……それとも、あの愚かしい――なんといったかね？――そう、フーディとダンガリーを着てくるだろうか？」[38]

どうやら、スーツは現在も役に立つらしい。形式張らないことで有名なシリコンバレーの非公認の王子にとってさえ。

その理由は、スーツはほかのアンサンブルには与えられない強みを与えるからだ。フーディやミッドタウンユニフォームとは異なり、スーツはそこにいる意味をどれほど真剣に捉えているのかを表す。慣習を熟知し、それを尊重していることを伝える。最低でも少々手間がかかるから、仕立て技術のおかげで体格や姿勢をよりよく見せるから、身体的にも精神的にも自制の利く人物と思わせるのだ。仕立てのよいスーツは、パタゴニアのフリースはもちろん、ジーンズとTシャツと変わらないくらい快適だが、その真の快適さは権限を投影させる能力にある。マーク・ザッカーバーグは自分のホームグラウンドにいたときには、反俗物主義者というかすかな信号を出すだけで、自分の地位を主張する余裕があった。しかし、本来の活動領域を出て、攻撃に曝《さら》されるときには、服装による鎧を必要とした。世界でも最大級の企業のひとつを経営し、米国の民主主義を装った予期せぬ試練を乗り越えられる、責任ある大人という印象を与えなければならなかった。他の人の意見に耳を傾け、自分がそうしていることを相手にわかってもらう必要があるとき、彼はスーツを着たのだ。

スーツは仕立て技術が劇的に進歩した結果であり、三百年近く前に確立された基本デザインに小さな改良を加えることで変化してきた。その基本デザインが力強いものであったからこそ、スーツは根本的な形を残したまま発展してきた。成人男性のどこにでもあるユニフォームで、その本質的な要素が数世紀も変わっていないからこそ、スーツは実用性、勤勉さ、市民道徳の昔ながらのつながりと、数多くのほかの意味を組み合わせることができる。ほかの意味とは、その長い歴史を通して、それを着てきた無数の男性たちから、そして最近着るようになった女性たちから受け取ったものだ。

たとえば、時代遅れの資本家階級のステータスシンボルとしてのスーツには、悪漢のカリスマ性はない。そんなカリスマ性を感じさせるのは、『ミニミニ大作戦』『国際諜報局』『狙撃者』などの映画で冷静なマイケル・ケインが着たきっちり仕立てられたスーツ。あるいはヌーヴェルヴァーグの古典的映画『サムライ』『仁義』でアラン・ドロンが着た青みがかったグレーのスーツだ。職務に忠実な堅苦しい会社員の体を締めつけるスーツと正反対のものが、フランク・シナトラ、ディーン・マーチン、サミー・デイヴィス・ジュニア、ピーター・ローフォードの気楽で不遜なスーツ姿が醸《かも》し出す上品さだ。パームスプリングズからラスヴェガス、マンハッタンにいたるバーやナイトクラブ、カジノに出没した、悪名高き「シナトラ一家」のことだ。

　反体制文化が「スーツ」という言葉を罵り言葉に変えた時代、マイルス・デイヴィスよりセンスのいいヒッピーはいなかった。彼はボタンダウンのオックスフォード地のシャツに、ハーヴァード・スクエアの有名なアンドーバー・ショップで仕立てた、「彼の……芝居がかったポーズに合わせて裁断したジャケット」のスーツを組み合わせることで、スーツに対するクールな軽蔑の念を体現した。[39] その上品で完璧な裁断のスーツは、頑固な家長を連想させる。きちんと整ったスーツは、FBI捜査官のユニフォーム。タートルネックのセーターや開襟シャツと合わせれば、放蕩《ほうとう》なプレイボーイの衣服だ。三世紀の間に確立された、この豊かな象徴性は、西洋ファッションの規範のなかで類まれな存在だ——偶像的で刺激的でありながら、同時に多種多様な感情を表す衣服はこれ以外にない。

　スポーツ着や正式な宮廷服といった仕立て技術の古い起源を映し出すスーツは、鎧を連想させせすらする。だからこそ、スーツは紳士のスパイにとって完璧な服装になる。貴族や大実業家たちに混じり、気づかれることなく動きながら、つねに戦える態勢でいなければならないからだ。秘密の指令だけでなく、その装いでもよく知られるジェームズ・ボンドは、スーツの肖像画コレクションのなかでも非常に有名な実例のひとりだ。ショーン・コネリー御用達のサヴィル・ロウの仕立屋は、長くつづいた伝統の最良のものに現代的なスタイルを組み合わせることで、堅苦しさのない、完璧に「正しい」衣服を作り上げた（なかでも素晴らしいのは、『ドクター・ノオ』のショールカラーのディナースーツと折り返しカフ、そして『ゴールドフィンガー』のグレンプレードのスリーピースだ）。ごく最近、ダニエル・クレイグが、トム・フォードのすでにぴったり合った仕立服を、ボディービルダーの筋肉で見事に膨らませ、ニューヨーク・タイムズ紙からニュールック「００６½」と呼ばれた。[40] ウェブサイト〈ザ・スーツ・オブ・ジェームズ・ボンド〉の編集者マット・スペイザーはこう見た。クレイグのスーツは、「裁断がファッショナブルすぎる……あまりにぴったりだから、あちこち引っ張られ、好ましくない……」[41] しかし、『スカイフォール』の衣装デザイナーは、型破りな仕立てがスーツを今まで以上に万能にする方法だと考えている。「スーツはつねにビジネスマンを連想させる……（だが）私が求めるのはクールなスーツ。みんなに……こういってもらいたい。『スーツ姿で走り、バイクを運転するボンドになんの違和感も抱かない』なぜなら、そんなとき、スーツは第二の皮膚になるのだから」[42]

　スーツをやめて、企業向けのカジュアルやミッドタウンユニフォームを着るボンドを想像するのはむずかしい。スーツにいまだステータスシンボルが感じられるのは、人の個性をわずかに表現することもできるからだ。デザインの力強さを支えにスーツが表しているのは、俗っぽさと現実を知らない偏狭さ、節度と退廃、慣習的な礼儀正しさと反体制文化的な挑発、形式張った儀式と粗野だが有能な男らしさという両極端なものだ――だが、このどれも、従来のアンサンブルにわずかに手を加えただけで表現できる。スーツは融通が利く偶像であり、民主主義の偶像でもある。専門的能力と市民道徳の象徴としての長い歴史があるため、男女を問わず、あらゆる階層の人びとにとって魅力的な選択肢となってきた。そのため、女性たちが挑発的な衣服や違法になりがちな異性装としてではなく、無理なく婦人服に適応した衣服として、スーツを取り入れるにつれ、徐々に男性だけのものではなくなった。皮肉なことに、権威、特権、成功を表す規定のユニフォームだった歴史のせいで、スーツは多様な個性や生活様式に合うように作り直されてきた。始まりは排他的な男らしい美徳の証だったにもかかわらず、現代のスーツは、六世紀以上に及ぶ西洋ファッションから生まれた、最も平等主義的なアンサンブルのひとつとなったのだ。

## 「控えめさ」という巧妙なエリート主義

しかし、マーク・ザッカーバーグでさえ、スーツという服装の偉大さを必要とすることがあるなら、カジュアルな服装の気楽さという規範が一般化したとき、日々、自分をきちんとした人間だと受けとめてもらおうと奮闘している人たちはどうなるのだろう？　反俗物主義というものは、人から高い評価をもらう必要のない者たちの特権だ。赤いスニーカー効果が役立つのは、人種や性別といった地位を示す明らかな印が別にあり、それを認めてもらえる人たちだけだ。洗練されていない外見をテレビ批評家に嘲られた、著名な古代ローマ史研究家マリー・ビアードの経験が証明するように、女性がそれをうまくできることは稀《まれ》だ。そこに洗練された外見を軽薄さの証とする考え方が加われば、またもや女性たちは板挟み状態に陥る。スーツがかつてそうであったように、ミッドタウンユニフォームは男性だけのものだ。スポーツウェアとビジネスカジュアルの融合が表しているのは、男性の活動性、男性の控えめさ、男性の特権だ。女性が同じ服装をしても、モーニングを着た女性のように不格好になることだろう。ミッドタウンユニフォームを着た女性は、男とも女ともつかない、野暮ったい、レズビアンの男役と思われるか、それともエロチックだと思われるだろう。なぜなら女性らしい体の特徴のすべてが、暗黙の了解で男とされる典型例とは著しく違うため、強調されてしまうからだ。もしかすると、スポーティなフリースとオックスフォード地のシャツを、スカートとパンプスに合わせて着ればいいのかもしれない。それとも、プライベートな時間のスポーツウェアの雰囲気を残し、ヨガパンツを選んでもいい——しかし、そのシンプルで実用的な衣服をめぐる終わりなき論争からすれば、望ましい結果は得られないだろう。実際、ミッドタウンユニフォームには、女性たちが何十年もかけて自分たちの必要性に合わせてきたスーツより、普遍的な男らしさがある。フォーダム大学ファッションロー・インスティテュート所長スーザン・スカフィディはこういう。「女性のパンツスーツがやっとスーツと同格になったところで、突然、普通のパンツスーツはもはや職場向けの服装ではないといわれる。女性たちは服装で同格になれる別の方法を探さなくてはならなくなる……」[43]

有色人種たちが赤いスニーカー効果を得ることは滅多にない。フーディとジーンズの黒人は、マーク・ザッカーバーグではなく、トレイヴォン・マーチンのような扱いを受ける可能性が高い。いやむしろ、考えてほしいのは、世界で最も裕福な女性のひとりであるオプラ・ウィンフリーの経験だ。大陸横断フライトを終えた彼女が、パリにあるエルメスのブティックに飛び込んだときの話だ。彼女は間違いなく、あえてカジュアルな格好でブティックに入り、必ず何かを買うような人だった。彼女は周囲に気づかれ、社会が裕福な有名人たちに示す敬意を受けることに慣れていた。ところが、彼女は追い払われた――店内では客たちが買い物をしているというのに、店は閉まっているといわれた――哀れなエルメスの店員たちは、明らかにオプラが誰なのかわからず、カジュアルな服装の黒人女性にすぎないと考えたのだ。[44]この事件は文字どおり世界を駆けめぐった。エルメスの広報部門にとっては大惨事だった。店員がそんな態度を取った動機について憶測が乱れ飛び、人種差別から、極度の疲労、さらにはパリジャンの傲慢さ（当時の私の解釈でもある）にまで及んだ。いずれにせよ、事件に対する世間の反応の大半は、ミズ・ウィンフリーは色分けされたドレスコードに違反したせいでひどい目に遭ったのだというものだった。ミズ・ウィンフリーに近い匿名情報源の主張は、同じ状況なら、セリーヌ・ディオンやバーブラ・ストライサンドであっても同じ目に遭っただろうというものだった。事件に対するあるブログには、「オプラは自分が黒人であることを忘れていたに違いない」とあった。つまり、有色人種が敬意をもって扱われるには、よい印象を与える服装をしなければならないということだ。だが、洗練された服装をしたところで、自ら同等な扱いを求めなければ、大物ぶりを示せないと考える人たちもいる。

　これはもちろん、スーツがその卓越性を失い始めた理由ではない。作り直され、入り混じった多様なメッセージを伝え、ほとんど誰にでも合うものになったからこそ、スーツはステータスシンボルには向かないものになった。それに代わって、服装に対する無頓着さを示すと同時に服装をモラルとして重視する、カジュアルなミッドタウンユニフォームやテクノロジー企業のドレスコードが、〈男性による華麗な衣装の放棄〉を起こした理念の二十一世紀流の表現となった。しかし、この義務的な禁欲主義は、深い知性や実用主義を反映したものでも、ましてや自由奔放さを反映したものでもない。むしろ、それは気取りを剝ぎ取られ、新しい世俗の道徳として受け入れられた、一種の反俗物主義と厳格な労働倫理の象徴なのだ。

平等主義を声高に求め、地位という飾りに合理的な無関心を示したところで、今日の衣服は社会階層における地位の印を、ヨーロッパの旧体制のそれとほとんど変わらないほど複雑に階層化したまま残している。ブランド名と商標は、目立つ服装によって表すステータスシンボルをその本質まで純化したものだ。社会的地位の純粋な印が独占的なのは、それが高価であるから、そして高価なのは、独占的なものであるからだ。仕立て技術とその秘伝的な細部はそこに違いがあることを示す微妙な印だ――表向きは階級差別のない社会では、今ではそれがいっそう重要なものになっている。その一方、反俗物主義は控えめさというエリート主義を極論にまで高め、禁欲主義の非常に様式化された形を市民道徳の印にしている。今日のドレスコードは、過去の奢侈禁止令と社交辞令を明確に定めた階級の序列を放棄してはいない。むしろそれを純化し、これまで以上に巧妙なものにしてきたのだ。

第17章

# 偽物と文化の盗用

——カルチャー・ツーリズムの衣装

——ブリーチしたブロンドの髪、ドレッドヘア、フープピアス、チャイナドレス、ピンクのポロシャツ、アバコスト（訳注／ザイールの元大統領モブツ・セセ・セコが強要した国民服）、ヨーロッパの高級オーダーメイド

中世後期以来、ファッションは過去の象徴を繰り返し利用し、新しい社会運動、政策、自己表現の形として役立ててきた。新しい様式は、かつてひと揃いだったものをばらばらにして組み合わせ、本来の意味を表しつつも、それを新しい背景におくことでその意味を変える。ファッションは、地位、民族性、国民性、宗教、性別という古い目印を取り入れ、別の目的に使うことで、その象徴としての力を取り入れると同時に、本来の意味の特徴を徐々に失わせる。たとえば、上流階級の男性たち、そしてのちに女性たちが、初めてヒールの高い靴を取り入れたのは、それが勇ましさを感じさせるからだった。しかし時代が進むにつれて、彼らはハイヒールがほのめかす意味とその形の両方を、軍人の騎馬用の靴から、宮廷におけるステータスシンボルへ、そののちには女性のセックスアピールの印へと変えていった。このように自己表現に役立つように象徴的意味を変化させてきたことこそ、西洋フ

ァッションの本質そのものだ。

二十世紀に入り、ファッションをつくる仕組み――衣服、産業、おしゃれな人たち、社会集団に映し出されるもの――が急速に進むと、古い服装の象徴的意味のこういった創造的な再利用と破壊もやはり急速に進んだ。現状に対し、この大きく、ときに意図的に行われる挑戦は、あらゆる階層の人びとにとって、チャンスでもあり、脅威でもあった。ファッションは昔からある世襲特権を混乱させるが、結局は新しい形のエリート主義を生むだけだ。そして、古い身分階層や、虐げられた社会集団が大切にしてきた連帯感までも、やはり無造作に壊していく。二十一世紀の初めのドレスコードは、こういった絶え間のない、目まぐるしい変化を反映し、それに対応したものだった。

見慣れた服装の要素も美的感覚とうまく調和させて、新しく組み合わせれば、実に個性的なものになる――インスタグラムに取り上げられ、ひとつの流行となるまでのことだが。要は、なにか意味を連想させるほど見慣れた服装の要素から、新しい組み合わせを作ること。自分が属する集団ではお馴染みのファッションに異質の要素を組み合わせることだ。自分が属さない社会階級、民族集団、昔から宗教に関わりのある衣服、小物、身だしなみを借用してくればいい――これを「盗用」と呼ぶ人もいる。これは目を見張るような刺激的な結果をもたらすが、その代償として、借用した要素の本来の意味そのものが弱められてしまう。今日のドレスコードの多くは、服装の要素を流用することと、その本来の意味を守ろうとすることとのせめぎあいへの対応策なのだ。

## 有色人種の「ブロンド」は分不相応？

二〇一三年八月十二日、ファリン・ジョンソンはメリーランド州ボルチモアにあるフーターズレストランを解雇された。理由はブロンドの髪が会社のドレスコードに違反したからだ。フーターズのブランドに詳しい人なら、この矛盾に気づくだろう。フーターズは「フーターズガール」という世界的なブランドイメージを築いてきた。それは、体にぴったり合う襟ぐりの深いトップスと、オレンジ色のホットパンツ姿で、カーリーフライを注文するたびにＰＧ指定級の刺激を給仕してくれる、セックスアピールあふれるウエイトレスたちのことだ。典型的なフーターズガールは、会社の広告にも描かれ、系列レストランの大半で見られるように、セクシーなブロンドだ。フーターズがブロンドの髪を禁止するとは、胸の谷間を禁止するのと同じくらい、フーターズらしくなかった。しかしファリン・ジョンソンは、そんな典型的なフーターズガールではなかった。彼女はアフリカ系米国人だった。[1] そして彼女のブロンドの髪は、不文律だとしても、よく知られたドレスコードに違反していた。

フーターズ従業員のハンドブックには、服装と身だしなみの詳しい基準が書かれている。[2]

> フーターズガールでいる大切な要素は、フーターズガールのイメージをつねに保つことです。フーターズガールのユニフォームを着ているとき、あなたは文字どおり役を演じています……あなたは、役が必要とするイメージと身だしなみの基準を満たさなくてはなりません……
>
> 髪はスタイリングし、いつも下ろし、魅力的に見えること。明らかなブレイズ、編み込み、ポニーテールといった髪型は認められません。

フーターズのドレスコードが禁じていたのはこれだけではなかった。「奇抜、突飛あるいは極端な……ヘアカット、スタイル、色」や、自然な髪色から「トーンふたつ分以上変えた」髪も禁じていた。ジョンソンのブロンドの髪は、この「トーンふたつ分」ルールに違反していたのだろう。けれども、ジョンソンの差別に関する苦情を聞いた調停者は、会社はそれを公平に適用していないことに気づいた。会社の広告に出ている数名を含め、白人女性たちはそのルールに違反しても、なんの罰も受けていなかったのだ。しかし、ジョンソンが解雇されたのは別の理由からだった。「マネージャーは私に、黒人はブロンドの髪をもたないといったんです」とジョンソンは語った。[3]

実際には大勢の黒人たちが、現在も、過去も、ブロンドの髪にしている。ビヨンセ、ニッキー・ミナージュ、デニス・ロッドマン。これはほんの一部の例にすぎない。彼らは生まれつきのずっと濃い色の髪をブリーチしているのはまず間違いない——多くの白色人種のブロンドの髪の人たちがしていることと同じだ。パラクサイドブロンド、ブリーチブロンド、プラチナブロンド、ボトルブロンド、ニュースアンカーブロンド——こういった言葉のすべてからわかるのは、大半のブロンドの髪の人は、遺伝ではなく、化学薬品で処理することでブロンドにしているという、よく知られた事実だ。たしかにブロンドの髪は、ほとんどの黒人女性にとって、ストレートヘアほど人工的なものではない。しかし、レストランが求めたのは、まさにそのストレートヘアだった。以前、フーターズのウエイトレスだったレイチェル・ウッドによれば、黒人女性は生まれつきの髪をストレートにしたり、ウイッグの下に隠したりして、「喜ばれるフーターズガールのイメージをつくり上げる」ことを義務のように感じていた。[4]もし、偽物のストレートの髪が職務上の義務というなら、ミズ・ジョンソンの偽物の髪色がなぜ問題になったのだろう?
フーターズが求めたのは、非常に特殊なタイプの偽物だった。それは伝統的な女性の特質と、おおらかな女性の特質とを混ぜ合わせたものだ。ストレートヘアは女性美のひとつの理想を映し出している。ミシシッピ州ジャクソンにあったウールワースのランチカウンターにアン・ムーディが座った時代までに、それはもうしっかりと定着していた。当時、白人女性向けに作られたヘアスタイルを模倣する黒人女性は、社会の本流の規範と価値観――とくにお飾りとしての女性の役割――を受け入れていることを示していた。しかしブロンドの髪は純粋さと好ましさの象徴であり、そこには白色人種だけがもてる特権が残されている。ところがブロンドにする有色人種の女性は、ほとんどのブロンドの髪の裏に潜むごまかしを浮き彫りにするだけでなく、地位の境界線を越えて、白人だけの特権の象徴を手に入れる権利が自分にもあると主張している。ファリン・ジョンソンのマネージャーが、黒人はブロンドの髪をもたないといったとき、本当に意味していたのは、黒人はブロンドの髪をもつべきではないということだったのだ。

ブロンドは長い間、米国人の性的な想像のなかで独自の地位を占めてきた。セクシーな魅力をふりまくメイ・ウェスト、ラナ・ターナー、マリリン・モンローであれ、どこにでもいるような無邪気な女の子の魅力をもつサンドラ・ディーやドリス・デイであれ、それは同じだ。アルフレッド・ヒッチコックの映画に出演した有名な「冷たく高慢な女」たちは、その顕著な例だ。なぜなら、監督がそれをよく理解したうえで、計算ずくでキャスティングしたからだ。ヒッチコックはどの配役を決めるときも、古典的なブロンドがもつ象徴的意味を効果的に割り当てた。『北北西に進路を取れ』でエヴァ・マリー・セイントが演じた捉えどころのない狡猾なおてんば娘。『泥棒成金』『ダイヤルMを廻せ！』『裏窓』でグレース・ケリーが演じた偶像化された社交界の令嬢。『サイコ』でジャネット・リーが演じたお嬢様の転落。『めまい』でキム・ノヴァクが演じたけっして手の届かない、幻想的な理想の女性。この映画でのノヴァクの二役――あり得ないほど洗練されたブロンド、マデリン・エルスターと、彼女に生き写しのブルネットの店員ジュディ――から、ブロンドの髪がもつ象徴的意味の事例研究ができる。ジェームズ・ステュアート演じる傷心の刑事スコティ・ファーガソンは、ジュディをマデリンに作り変えることに取り憑かれる。その変身の最後の決定的な手段となるのが、ヘアサロンへ行くことだ。スコティがジリジリしながらジュディ、つまりマデリンが出てくるのを待っていると、美容師が安心させようと彼にこういう。「ブロンドは染めやすい色です」――女性のごまかしに対する皮肉たっぷりのほのめかしが、あの映画では非常に重要な役割を演じている。

ヒッチコックがよく理解していたのは、二十世紀の米国人は自然なブロンドを崇拝していたが、実は誰もが、ブロンドの大半は作られたもので、生まれつきではないと知っていたことだ。時代とともにブロンドは変貌していった。二十世紀初期のハリウッドのスタジオシステムが作り上げた、一分の隙もない偽物のブロンドは、ジェーン・マンスフィールドやマミー・ヴァン・ドーレンといった一九五〇年代の悩殺美女たち。カントリー歌手ドリー・パートンのプラチナブロンド。ニューウェーブバンド、ブロンディのボーカル、デビー・ハリー（『Once More into the Bleach（もう一度、ブリーチを）』というアルバムもある）と、黒っぽい髪の付け根を目立たせていることから、ブロンドの型どおりの捉え方に対し、知ったかぶりでポストモダニズム的な考えを示すマドンナ（一九九〇年のコンサートツアーの名前は文字どおり「ブロンドの野心」）の、自意識過剰で風刺的なボトルブロンド。こんなふうにブロンドの髪は自慢気にあちこちを漂うようになった。民族性や生物学的な性質とはなんの関係もなく、ましてや生来のものでもない。ブロンドの髪が参考にできるのは、ほかのブロンドの髪の例だけだ。ドリー・パートンは、ジェーン・マンスフィールドがすでに誇張していたブロンドの髪の、誇張した繰り返しでしかない。デビー・ハリーの付け根が黒っぽいブロンドの髪は、過去に存在した魅惑的で無邪気なブロンドの髪を、これ見よがしに打ち負かしている。マドンナのブロンドの髪は、マリリン・モンローやラナ・ターナーをほのめかすことで、セクシーさを再現し、それを批評している。一九八〇～九〇年代を通し、明らかに偽のブロンドが急増し、徐々にめずらしいものではなくなった。ブロンドの髪は、偽物のストレートヘアや偽物の巻毛と同様、ありふれたものとなったのだ。

だから、有色人種の女性たちがそれを楽しみたがるのも当然だ。それなのに、二〇一三年になっても、「黒人女性はブロンドの髪をもたない」といわれることがあった。この規範を、ある種の人種的な奢侈禁止令、黒人に「分不相応な」服装を禁じる二十一世紀の黒人法とみなさずにはいられない。それはまるで、宝石のついた王冠を被った肉屋の妻のように、有色人種の女性がブロンドで編んだ髪を頭に載せたら、ブロンドの髪の社会的意味が混乱し、その地位が下がるといわんばかりではないか。今日の法律は、そのような分不相応な行動を禁じていない。けれども、人種差別は禁じている。ファリン・ジョンソンはフーターズと争った公民権裁判で二十五万ドルを勝ち取った。

## マーク・ジェイコブスは文化を盗んだのか？

有色人種がブロンドの髪にしてもいいなら、生まれつきブロンドの人たちも、有色人種を思わせるヘアスタイルを試せるようにすべきだろうか？　二〇一六年のニューヨーク・ファッションウィークで、マーク・ジェイコブスは若い女性たちを、七インチ（十七センチメートル）の厚底サンダル、キラキラ輝くホットパンツ、銀糸を織り込んだトレンチコート、綿菓子色のドレッドヘアといった姿でランウェーに送り出した。モデルはスチームパンク（訳注／SFのサブジャンルのひとつ）がグラムロック（訳注／一九七〇年代に英国で流行したロックのジャンル。デヴィッド・ボウイやT・レックスなど）に出会ったような未来を思わせる姿で、レーザーバトル用の服装に身を包んだ宇宙の少女たちが、これから銀河系でいちばんクールなディスコで夜遊びするといった風情だった。ニューヨーク・タイムズ紙はそれを、「ラスタファリ運動（訳注／一九三〇年代にジャマイカの労働者階級に起こった宗教運動。ボブ・マーリーのレゲエ音楽によって世界に広まった）の華やかなヒッピーたちが作った泡の混乱」、「そこに何かあるにしても、奇妙な主張だ」と書き表している。[5]楽しく、陽気で、桁外れに豪華なコレクションだったが、よくても楽しいだけ、悪ければ戸惑いしか感じさせないもののようだった。

　しかし、ショーのあと数時間で、ジェイコブス氏は、人種と髪をめぐり、長年くすぶりつづけてきた論争に巻き込まれてしまう。「スーパークールだと思ったけど、それもパステルカラーの髪がドレッドヘアだと気づくまで……その髪型を求めるなら、有色人種のモデルを使いなよ……」というのはあるインスタグラムの投稿だ。もっと辛辣なものもあった。「なぜ、本物のドレッドヘアのモデルを雇わなかったの?!　それは彼らの文化の一部なのに……気味が悪くて、がっかりした」[6]またこんなことをたずねる投稿もあった。「マーク・ジェイコブスは、盗用した文化を中心にファッションショー全体をつくり上げたのだろうか？」[7]

ジェイコブスはそんな批判を受けた最初のデザイナーではなかった。その一年前、ヴァレンティノは、アフリカをイメージしたコレクションと「コーンロウ」ヘアを呼び物にしたショーのため、ほとんど白人ばかりのモデルの一団を雇っている。一九九三年のジャンポール・ゴルチエのコレクションは、ハシド派ユダヤ教徒の衣装からヒントを得たものであり、一九九七年のフセイン・チャラヤンのコレクションは、イスラム教徒の女性たちがまとう、全身を覆うチャドルを中心にしたものだった。そして、こういったコレクションはどれも、文化の盗用として非難された。[8]

曖昧な言葉ではあるが、「文化の盗用」は最悪の場合、道徳上、明らかに許されないものとなる。例を挙げると、二〇一四年、アリゾナ州立大学のあるフラタニティが、マーチン・ルーサー・キング牧師記念日にパーティを開いた。そこでは、「黒人でない学生は、だぶだぶのバスケのジャージを着て、ギャングがするハンドサインを出し、中身をくり抜いたスイカから酒を飲むことで黒人の真似をした」。[9]二〇一三年には、ヴァージニア州アシュランドにあるランドルフ・メーコン大学のフラタニティ、カッパアルファのパーティでは、「米国対メキシコ」がテーマとなり、ゲストたちはソンブレロと大きな口髭をつけるか、国境パトロール警官の衣装を着た。[10]同年、デューク大学のフラタニティ、カッパシグマは、「アジア・プライム」パーティを催し、ゲストたちはシルクのローブ、相撲力士を真似た太鼓腹、箸のヘアアクセサリーを身につけ、「典型的なアジア人のアクセントを真似た」。[11]さらに、サンルイスオビスポにあるカリフォルニア工科大学の男子と女子の学生社交クラブが開いた感謝祭パーティ「植民地の仲間とナバホインディアン」では、男子学生は巡礼者、女子学生はアメリカ先住民に扮した。[12]悲しいことに、これは彼らが思いついたものではなかった。「植民地の仲間とナバホインディアン」パーティを最初に考え出したのはハーヴァード大の学生たちで、それは二〇一〇年のコロンブス記念日に催されたらしい。シカゴ大学のフラタニティ、アルファ・デルタ・フィーの総会も、先住民をテーマにどんちゃん騒ぎをし、そこではフェイスブックを利用し、「征服し、病気を蔓延させ、原住民を奴隷にする」ためのゲストを募った。[13]

当然ながら、マーク・ジェイコブスは批判に曝され、こういった嘆かわしい行いと同列におかれてしまった。彼はこうコメントした。「『文化の盗用』を叫ぶ人たち、あるいは人種や肌の色に関連性のない特定のスタイルや様式に髪を結うことについて、なんであれ馬鹿げたことをわめいている人たち全員へ――あなた方が有色人種の女性に対して、髪をストレートにしている、と責めないのは奇妙なことです……私は人の肌の色を見ていません。私が見ているのは人間です……あまりに多くの人たちの、あまりの偏狭ぶりを読み、残念に思います[14]」

ジェイコブスにいわせれば、ドレッドヘアにした白人女性が、文化の盗用の罪を犯しているとするなら、ストレートヘアにした――あるいはブロンドに染めた――黒人女性も、普通に考えれば、ほかの人種を思わせるヘアスタイルをしているのだから、やはり間違っている。「黒人は美しい」運動は、自然な髪を民族の誇りの表れとみなし、当時は多くの人たちがストレートにした髪を自己嫌悪の証だと捉えた。しかし、「黒人は美しい」運動が、事実上、薬品を使って髪質を変えることを要求する社会の期待と、美しさに対する基準に抗ったのに対し、文化の盗用という考え方は新しい種類のドレスコードを生み、それが特定のスタイルを、特定の民族、人種、文化集団のためのものとしたのだ。

## ファッションに盗用はつきものだが、差別はない

とはいえ、どのヘアスタイルがどの人種に属すのかを見極めるのは、簡単そうに見えて、実はそうではない。もちろん、特定の髪質に向くヘアスタイルもあり、一般的に自然な髪質は人種によって異なる。だが、髪質を変える方法はあらゆる人種において広く利用され、何世紀もの歴史がある。ブレイズ、逆毛、パーマ、カーラーにカーリングアイロン、ストレートナーにストレートヘアアイロン、ヘアカラーリング剤は――人工毛のヘアエクステンションとウイッグはいうまでもなく――今では当たり前のものとなり、一般的に人種のアイデンティティとはほとんど関係がない。偽物を使って髪の見た目を変えるのは、もはや世の中では当たり前のことになっている。そしてもちろん、ドレッドヘアも巧みな手技が作り出したもので、それが自然な髪質というわけではない。だからこそ、ほかの人種の人たちにとって、簡単に「盗用」できるものなのだ。ドレッドヘアはひとつの風習、習慣、文化として、アフリカ系米国人を連想させる。しかし、文化は変わっていくものだ。一九六〇~七〇年代、「黒人は美しい」運動の最盛期、髪をブロンドに染めた黒人女性は、多くの人たちから、黒人であることに誇りをもてず、白人に擦り寄っていると思われた。けれども今では、黒人女性にとって、ブロンドにすることはファッションの選択肢にすぎず、政治的な意味はない。たとえば、ビヨンセのブロンドの髪を見て、誇り高き黒人女性として信用できないと考える人などいないだろう。

それと同じような文化の変化が、ドレッドヘアの意味を変えてもいる。マーク・ジェイコブスなら、中国系米国人バスケットボール選手ジェレミー・リンの気持ちがわかるかもしれない。というのも、彼はドレッドヘアのことで元NBA選手ケニオン・マーチンの怒りを買っているからだ。「誰かが彼に教えなければ。『いいよ、ブラザー。わかるよ。お前は黒人になりたいんだ』ってね……でも名字はリンじゃないか」とマーチンはインスタグラムの動画でいい、さらに、自分のチームの選手が「頭にあんな偽物をつけている」ことに耐えられないともつけくわえた。すると、リンは鋭い言葉で反撃した。「なんの問題もない。君には僕の髪型を気に入る必要なんてまったくないし、もちろん自分の意見をいう権利がある……なんだかんだいっても、僕は自分がドレッドヘアをし、君が中国語のタトゥーを入れていることを尊重する……それは敬意の印だと思う……僕はマイノリティとして、僕たちが互いの文化を尊重すればするほど、社会の本流に強い影響を及ぼすことができると思う[15]」

特定のヘアスタイルを特定の人種集団に限るべきとする考え方は擁護しがたい。しかし、ジェイコブスに向けられた批判には、もっと鋭敏な観察力も感じられる。人種差別的な美の基準のせいで、黒人女性は髪をストレートにするよう圧力をかけられることを指摘した人たちもいた――彼らがほのめかしたのは、その同じ基準が、ジェイコブスにモデルとして白人女性を選ばせたということだ。「もしあなたが肌の色を見ないというなら、モデルの九十五パーセントが白人なのはなぜなの?」とコメントした投稿者もいた[16]。

さらにほかの人が指摘したのは、ジェイコブスはドレッドヘアを流行のファッションの証として利用したが、有色人種はそれとよく似たヘアスタイルのせいで、頻繁に差別を受けていることだ。「つまり、これはPOC（有色人種）は今では自由にロックスにしても、仕事に就けるということなのかしら？」と問いかけるインスタグラムのユーザーもいた。[17] こういった不満は、モデル業界において有色人種が表に出られないことに対する、もっともなストレスを映し出していた。一般的に黒人女性が着るスタイルの衣装にさえ、ジェイコブスは白人モデルを選んだという不満もあった。ジェイコブスが無意識のうちに表に出したのであろう、人種的なダブルスタンダードに言及したコメントもあった。黒人やラテンアメリカ系が着れば、威圧的でいかがわしく見えるスタイルも、白人に着せれば、クールあるいは粋になるというものだ。フーディのスウェットシャツが、トレイヴォン・マーチンが着れば脅威になるが、マーク・ザッカーバーグが着れば無邪気な気取りのなさになるように、ドレッドヘアも黒人がすれば、非行少年の印だが、華奢な白人ファッションモデルがすれば、最先端ファッションの印となるのだ。

ダブルスタンダードに対する同様の疑念は、二〇一七年、ピッツァー大学の学生たちを刺激し、公共の場にある壁に極端なメッセージを書かせた。「白人女性よ、フープピアスを外そう！！！」このメッセージは、落書きや芸術的表現のために設けられたキャンパスの壁に大きな白い文字で描かれていた。困惑した学生たちが説明を求めると、アレグリア・マルティネスという学生が進み出て、こう説明した。フープピアスをつけている白人女性は、「その文化を生み出した黒色と褐色の肌の人たちに属する……スタイルの盗用の罪を犯しています。その文化は、実は迫害と排斥のなかから生まれたものなのです[18]」。マルティネスの主張はこんなものだった。「一般的にフープピアスをする黒色と褐色の肌をした人たちは……たいてい差別の対象となり、日常的にほかの人たちからまともに扱われることもありませんでした……フープピアスは抵抗の……象徴となったのです」そのあと、大げさにこう問いかけた。「なぜ、白人女性たちがこの文化（フープピアス）を取り入れて、『かわいい、美しい、異国風』と思われなければならないのでしょう……？」マーク・ジェイコブスのショーのように、この不満は、浅黒い肌の女性たちがすれば低俗で恐ろしげに見られるスタイルも、白人女性がすると最先端ファッションになるというものだ。別の学生もこうつけ加えた。「もしあなたが、社会的排斥に対する対処メカニズムとしての文化を築いてこなかったのなら、そのフープを外そう。もしあなたのフェミニズムが文化を越えたものでないなら、そのフープを外そう。それを作った人たちが自分たちの文化を身につける余裕がないときに、あなたがそれをつけようとするなら、そのフープを外そう……[19]」

その考え方を嘲笑う人たちもいる。たとえば、ナショナルレヴュー誌のライター、キャサリン・テインプはこう主張する。「もしあなたが私に、ひねって円形にした金属の欠片を身につけてはいけないというなら、私はこういってあなたを黙らせる……円形は誰のものでもない[20]」円形ならそうかもしれないが、ピッツァー大学の文化を超えたフェミニストたちは、誰がピアスをつけてよいか、よくないかを決めるドレスコードを最初に書いた人物とはピアスに対する考え方がまったく違う。ピアスにはその誕生以来、ルールが伴ってきた。ミノス（訳注／紀元前約二六〇〇～一四〇〇年、クレタ島を中心に栄えた青銅器時代の文明）人は紀元前二〇〇〇年、ピアスをステータスシンボルとして利用した。それは古代エジプトとギリシアでは社会的地位を示し、古代ペルシアでは軍に対する忠誠を示した。それ以降、ピアスは、ヘブライ人奴隷、インドの王族、ロシアのコサック、そしてもちろん荒海の海賊により、組織の一員である印、身分を示す印としてつけられてきた。不運な者たちの恥辱の印として強要されることもあった。信仰の印としてピアス着用を強制された、中世後期のイタリアのユダヤ人女性たちのように。[21] しかしそれ以外の場合、ピアスをつける権利をもつ者たちは、用心深くその特権を守った。だから、ピッツァー大学の女性たちは、ひねって円形にした金属の欠片を耳につける独占権を最初に主張した者たちとはピアスに対する考え方がまったく違うのだ。

アレグリア・マルティネスは、「白人たちは文字どおり文化を搾取し、それをファッションにした」と主張した。だが、別の考え方はできないだろうか？　慎み深いヒジャブと派手なカバーガールのメイクであれ、形だけ「民族風」のジュエリーをつけた青い目のソロリティの女の子であれ、個性を感じさせるような、目新しい、ちぐはぐな組み合わせこそ、ファッションの本質だ。おしゃれな若いイスラム教徒女性はヒジャブをファッションの犠牲にしていると嘆く宗教の純正主義者たちのように、ピッツァー大学の女性たちは、正統性の表現として衣服を定義するようなドレスコードを求めていた。「文化の盗用」をめぐる意見の衝突は、集団のアイデンティティと社会的地位の象徴を崩壊させかねないファッションの影響に対する、何世紀もつづいた不安の、もうひとつの例だった。ファッションは、目新しさを求める疲れを知らない探求のなかで、どんな慣習であれ、犠牲にすることを厭わない。政治的な紛争や、道徳を大切にすべきだという主張などには関心を払わない。けれども、これだけは間違いない。ファッションは搾取し、盗用するが、差別をすることはない。

## タキシードもチャイナドレスも文化のハイブリッド

二〇一八年春、高校生ケジア・ダウムが中国風のチーパオドレスを着た自分の写真をツイッターに投稿したところ、伝統的なパステルカラーのタフタやシフォンドレスを着た同級生たちのなかで注目を集めた。アジア系米国人のコメント投稿者のなかには、個性的であろうとする彼女を評価しない人たちもいた。「私の文化は、あなたのいまいましいプロムドレスとは断じて違う」という投稿があった。それにつづいた投稿はもっと批判的だった。「私は自分の文化を誇りにしている……でも、それが単に米国の消費文明の影響を受けたもの、白人視聴者を満足させるだけのものなら、植民地の考え方となんら変わらない」別のユーザーはこう主張した。「これはよくない。私は韓国や日本を含め、どんな伝統衣装も着ないが、それでもアジア人だ。アイルランド、スウェーデン、ギリシアの衣装も着ない。こういう衣装の背後にはあまりに多くの歴史があるから。悲しくなるから」

「文化の盗用」に対する不満は、人種や民族によって明らかに階級が分かれている社会に特有のものであるらしい。しっかりとした社会的地位を確立した集団は、よそ者が自分たちのファッションを拝借しても、寛大でいることが多い。たとえば、チーパオ誕生の地、中国では、プロムドレスとしてダウムが選んだことは、もっとずっと温かく受け入れられた。「中国人として、あなたのドレスがとても気に入りました。私たちの文化に対して敬意を示しているように思います[22]」とある投稿には書かれていた。別の投稿は、ダウムにそれ以外の伝統的な中国服も着てみることを勧めた。「私は中国人です。中国人の大半はあなたを支持します。あなたには、たくさんの中国の衣装を世界に知らせてほしいと思っています。チーパオ以外にも、漢服がありますよ」[23]香港の文化批評家ジョウ・イジュンは、ニューヨーク・タイムズ紙のインタビューでこう語った。「これを文化の盗用と批判するのなんておかしなことです。中国人ならこう思います。外国の女性がチーパオを着て、それを美しいと思うのに、どうして彼女はそれを着るべきではないなどというのか？」[24]ダウム自身は、「どんな騒動も誤解も起こす気などなかったと語りながらも、こう考えた。「おそらく、それ（文化の盗用の問題）は、私たちがすべき重要な議論なのでしょう」[25]それでも、彼女は自分の選択を後悔していない、あのドレスはまた着ると断言した。

ロンドンを基盤とする文化コメンテーター、アンナ・チェンによれば、チーパオそれ自体、文化的なハイブリッドであり、伝統的な満州服に明らかな西洋の影響を取り入れ、作り直したものだった。「現在起こっている抗議は、アジアで誰かがタキシードを着ると、気分を害する人がいるのと似たようなもの」[26]というのが彼女の意見だ。実際、タキシード自体、伝統的な正式のディナースーツの要素と、もっとスポーティでカジュアルなショートジャケットを組み合わせたハイブリッドだが、それだけでなく、間違いなく非西洋の要素がひとつ入っている。英国貴族たちが着た――おそらく最初に着たのは、プリンス・オブ・ウェールズだろう――ゆったりしたディナースーツの一要素となった、カマーバンドのことだ。タキシードは、のちにニューヨークのタキシードパークの裕福な住人が取り入れたため、その地名が非公式の名前となった。[27]ファッショナブルな男性たちは、その新しい現代的なディナースーツのウェストをカマーバンドで覆った――それは南アジアを起源とする装身具で、植民地時代のインドに駐在した英国軍人が取り入れたのが始まりだ（ペルシア語とヒンズー語では、カマルバ

チョンサンまたはチーパオは、西洋のドレスと伝統的な満州服の要素を組み合わせたもの。

ンドと呼ばれる）――まさに恥知らずな文化の盗用である。ドレッドヘアにしたり、チーパオを着たりする白人のように、こういった粋な男性たちは、別の文化の伝統の要素を利用することで、自分のワードローブに個性と華々しさを加えたのだ。

ファッションはそれは多くの文化のハイブリッドに挑戦してきた。その理由のひとつは、それが大衆文化と商習慣から育ち、発展するものであるため、劇場、ダンス、文学、視覚芸術といったほかの芸術のスタイルを支配する、伝統に縛られた文化組織から制約を受けることが比較的少ないためだ。また、この種の借用や組み合わせは、ここ数十年の間に、以前より普通のこととして捉えられるようになった。社会的アイデンティティ、文化的伝統、民族性が、以前より柔軟かつ自由に、挑戦し、試し、再解釈しやすいものになった。二〇一五年、ニューヨーク・タイムズ紙のファッション批評欄を担当するヴァネッサ・フライドマンはこう問いかけた。文化のハイブリッドは、「深刻な問題を軽々しく扱うという最悪の種類の文化の盗用なのだろうか？　それとも……自分がもつ技術の組み合わせを（使って）現実世界に立ち向かおうとする、産業の合法的な試みなのだろうか？」彼女が出した結論は、国境を超え、不快な問題を提起したファッションだが、それには社会的、政治的、芸術的な価値があるというものだった。「たいてい最高のファッションは、何かに違反している……その最も基本的なものが、女性がパンツやミニスカートを穿くようになったこと。どちらも当時は大勢の見物人を震え上がらせた……それにはリスクが伴う。でも、リスクを負わなければ……時代遅れになる恐れもある。そうなれば、ただの衣服になってしまう」[28]

## ラルフ・ローレンによるプレッピーの新解釈

文化の盗用には二種類ある。ひとつは、上流階級と支配する側の集団が、社会から取り残された者たちのスタイルを流行のトレンドにするもの。そして、もうひとつは取り残された集団による仕返しだ。具体的には、上流階級の慣習を作り変え、その排他性を覆し、新たな反逆としてその象徴性を活用する。その結果、元のものより、スタイルの点でも、大衆が手に入れやすくなる点でも、よいものになる可能性がある。たとえば、プレッピールックはかなりの反俗物主義者に影響を及ぼすが、さらに洗練され、上品なものになることもある。しかし今日、大勢が高く評価しているものは、米国北東部の裕福な上流階級が排他的につくり上げたものだとよく誤解される。だが実は、そこにはある集団の比較的最近の貢献が表れている。その集団とは才能ある写真家たち、趣味がよく目の肥えた男性や女性たち、そしてもちろんファッションデザイナーたちのことだ。彼らは、世襲財産がもたらした極意を十分に活用しながら、ニューイングランドの名門の服装を整理し、まとめ、作り直し、真に粋で上品なものにした。そこには、背広とオックスフォード地のボタンダウンシャツを、格好よさの象徴にしたマイルス・デイヴィスなど、アフリカ系米国人も含まれている。さらに日本人写真家の林田昭《てる》慶《よし》、編集者の石津祥介、くろすとしゆき、長谷川元《はじめ》は、自国の鋭い美的感覚をもって、米国のスポーツウェアのセレクションを整理し、それを写真集『Take Ivy』で見せてくれた。加えて、『プレッピーハンドブック』の著者リサ・バーンバック、そしてもちろんラルフ・ローレンなど、ユダヤ系米国人たちも貢献している。ローレンがラルフ・リフシッツとしてブルックリンの労働者階級の両親の下に生まれたのは、ニューヨーク市行政区がファッショナブルな街になるずっと前のことだ。

一九八〇年代、ローレンはアイヴィーリーグルックを完成させ、カーキのズボン、デッキシューズ、ペニーローファー、ダッフルコート、オックスフォード地のボタンダウンシャツ、そしてもちろん、のちに彼がデザインするスタイルの名前にもなったポロシャツなど、プレッピーの定番の普遍的な理想を洗練させていった。ミシュランから星をもらったシェフが新しいチーズバーガーを考え出すように、彼もこういった昔ながらの衣服を作り直し、完成させたのだ。そうすることで、彼は自分がデザインした衣服によって、プレッピーのライフスタイルを仮想体験できるようにし、さらにそれを誰もが手に入れられる、あこがれの対象にした。愛好者たちは、色とりどりのポロシャツをすべて購入し、ボタンを二つ開けたり、二着重ねて着たり、襟を立てたりした。そして、ポロの織布ベルト、ポロのマドラスプリントパンツ、ポロのデッキシューズを組み合わせた。野心的なプレップたちは、皮肉まじりのプレッピーハンドブックを自分のスタイルを築くための真面目なガイド本と捉え、とくに熱心な者たちは、Ｊプレス、ＬＬビーン、ブルックスブラザーズといった筋金入りの保守派のなかに、ローレンの創造性を探したが、たいていの場合、ローレンが真似て作ったもののほうが、質が落ちてから久しい本家本元よりずっと正統派であることに気づいた。イングランドの上流階級も、ゆっくりとではあるが確実に、彼の影響を受けるようになった。一九八〇年、『公式プレッピーハンドブック』は、自信たっぷりに、「最高のスポーツシャツはラコステ」と断言した。二〇一一年までにブログ〈アイヴィースタイル〉は、ラルフ・ローレンのポロシャツを「ちょっといいだけのラコステ」と称した。しかし、紳士服の巨匠アラン・フラッサーに負けないある権威者は、記者に、ハンプトンズで週末を過ごすなら、今、選ぶべきシャツは「ラコステではなく……ポロだ」と語っている。[29]

ラルフ・ローレンの才能は、プレッピースタイルを模倣したことではなく、真にアメリカ的な庶民の野心を名門階級に向けさせ、それを彼自身の美的感覚に加えたことだった。今日のプレッピールックは、おしゃれなよそ者たちによる排他的な人たちの印の盗用と、ステータスシンボルから美的感性への変化を反映しているように見える。

## ヒップホップと007に共通する戦略

「でも、とてもいいよ。かなり独創的で。ピンクのポロを着るとまるでチンピラ」とカニエ・ウェストは楽曲『バリー・ボンズ』のなかで冗談を飛ばす。二〇〇七年までに、ラルフ・ローレンの馬と騎手のトレードマークと、黒人スラム街文化との思いもよらない連携があまりにうまくいったため、コンプトンからケネバンクポートにいたるあらゆるリスナーたちが、その冗談の意味を理解した。ヒップホップアーティスト、ストリートギャング、おしゃれな子どもたちが、ポロシャツ、ラグビーシャツ、スキーウェア、そして金色の紋章と偽の貴族風の記章の飾りつきの紺色のブレザーまで揃った、プレッピールックのどれかを取り入れた。

第二千年紀初期、これは比較的新しかった。かつて一九八〇年代中期には、ヒップホップスタイルといえば、こういったものだった。鮮やかな色のスポーツジャージや帽子、トラックスーツ、バスケットボールのトレーナーに、これ見よがしな金やダイヤモンドのジュエリーをつけたスタイル。そして黒、濃紺、グレーのパンツに、作業上着、つなぎなど、刑務所や軍隊を思わせる重苦しいスタイル。どちらのスタイルも、黒人の都会生活を単刀直入に示すものだった。プロのスポーツ選手は黒人コミュニティのヒーローであり、典型的な土地っ子が金持ちになれた。刑務所を表すグレーは、黒人青年たちにはありふれた刑務所行きを服装で示す一方、ＳＷＡＴチームのユニフォームを表す黒と濃紺は、タフガイである労働者階級の結束を示し、そこには一九七〇年代の黒人過激主義の軍隊風の格好よさへの称賛も含まれていた。

ヒップホップはつねに金銭的な野心をはっきりと表に出す。初期のラッパーたちは、これまで手に入れた富と女たちの自慢をした。「小切手帳、クレジットカード、世間知らずが使い切れないほど金がある」と、シュガーヒル・ギャングは一九七九年の古典的な楽曲『Rapper's Delight（ラッパーの喜び）』のなかで豪語した。下積み時代の太い金の鎖とダイヤモンドから、実入りがよくなった成熟期の高級車、ルイ・ロデール社のクリスタルシャンパン、チャーター機まで、ヒップホップはつねに、スラム街の生活苦と、現実逃避するための顕示的消費の空想の間を行き来してきた。空想のなかでラッパーたちは、ウォールストリートの金融業者や一流企業のCEOより贅沢な暮らしをすることで、人種差別主義者の権力構造に究極の復讐を果たす。その贅沢な暮らしを表現するとき、重要なのがブランド品だ。ラッパーは好みのファッションデザイナーや高級酒の名前を使うことで、本物らしさを加える。F・スコット・フィッツジェラルドが小説のなかに高級ホテルやアイヴィーリーグの大学を描いたり、イアン・フレミングが007シリーズでベントレーやアストンマーチン、ボランジェのシャンパン、ロンドンにある高級会員制クラブ、ブレードでの食事を描いたりするのと同じだ。

古典的なヴェブレン風にいえば、そんなふうに使われるのは、最も派手なステータスシンボルだけだ——目立つように誇示された偶像的な商標のことだ。特大のメルセデスのボンネットの飾りは、金のチェーンネックレスにつけられたメダルとなった。クリスタルシャンパンの金色のラベルのついたボトルは、数え切れないほど多くの映画やアルバムカバーに登場してきた。商標を無限に増やし、布地のパターンにしたグッチとルイ・ヴィトンは、成功したミュージシャンたちによる高級品ショッピングと、創意あふれる経営者たちによる創造的な盗用、どちらにも愛されたブランドだ。LLクール

J、ランDMC、エリックB&ラキム、ソルト・N・ペパといった一流ヒップホッパーが買い物をするハーレムの男性用服飾品商店ダッパー・ダンは、ルイ・ヴィトンやグッチの布地から、ボマージャケット、トラックスーツ、ブーツ、そして乗用車の内張りまでデザインしている。ときに調和しないステータスの高い商標を組み合わせたりはするが（たとえば、ルイ・ヴィトンの布地に金のメルセデス・ベンツのシンボルを重ねる）、現代のマルチブランド・コラボレーション（メルセデス×ヴィトン）の先駆者とも呼べる。

ヒップホップカルチャーが高級ブランドを取り入れるときには、皮肉と批判という強い要素を含んでいることが多い。ダッパー・ダンはこんな思い出を語る。「私は負け犬だった……でも、彼らがやっているのと同じことを自分にもできる、しかもずっとうまくできると伝えたかった……それは……ああいった大企業を愚弄するチャンスだった……」[30] その店でのヒップホップ歌手の並外れた大量消費は、いくつかの高級ブランドのすでにいささか品のない、これ見よがしな側面に注目を集めさせた。そして、派手に商標で覆われたハンドバッグや、金箔を貼ったシャンパンボトルは、出世主義者、資本主義に批判的なコメンテーター、そのどちらも多少当てはまる人にとって、簡単に手に入るものとなった。だがやがて、ダンの成功は、大手ブランドとその弁護士たちに目をつけられる。多くの苦情と商標権侵害をめぐる一件の訴訟に直面したダッパー・ダンは、一九九〇年代後期にハーレムの店を閉じ、地下に潜った。その後、彼が公の場で話したのは、二〇一六年の小規模なオンラインファン雑誌によるインタビューだった。しかし、二〇一七年、状況が一変する。グッチがダッパー・ダンの初期のデザインからヒントを得たコレクションを展開したのだ。高級ブランドによる偽りであり、盗用だと批判する者もいたが、グッチのクリエイティブ・ディレクター、アレッサンドロ・ミケーレは率直に非を認め、その年の後半、ダッパー・ダンを公式コラボレーターとして招いた。ダンはハーレムにある自分の邸宅で高級注文服専門店を開き、二〇一八年向けのグッチ×ダッパー・ダン・カプセル・コレクションに取りかかった。[31]

## ラルフ・ローレンを着たラッパーが階級を壊す

一九九〇年代、ダッパー・ダンの全盛期のあとに現れた世代は、ラルフ・ローレンのどこか捉えにくい上流階級のスタイルに注目し、それと張り合おうとする。サースティン・ハウルⅢはブルックリン出身の若者グループのひとつで、一九八〇年代後期、自分たちのことを「Lo Lifes（ロ・ライフス）」（Loはポロの省略）と呼んだ。ハウルによれば、ロ・ライフスはふたつのグループ――クラウンハイツ出身のラルフィーズキッズと、ブラウンズビル・プロジェクト出身のポロUSA――が一緒になったもので、ラルフ・ローレンの衣服への共通する愛情で結ばれていた。[32]ポロの魅力の大半は、それが伝える米国富裕層のイメージだった。ロ・ライフスはただカラフルなスポーツウェアを着ただけではなかった――彼らが取り入れたのは、無数の雑誌広告、広告看板、そしてそのブランドを生んだポロ専門店のイメージだ。ヒップホップグループ、ウータン・クランのレイクウォンはこう説明する。「ポロを着ていれば金があるということだった。シャツのあの馬は、まるで外でポロをしている猫のように思える。大半の猫は満足し、快適な生活をしている。つまりどんなポロでも着ていれば、裕福ということになる。近所である程度のステータスが手に入る……」[33]二〇一〇年のアルバム、『POLO Dro』(Players Only Live Once)をレコーディングしたラッパーのヤング・ドロにいわせれば、ローレンの衣服は、もっと上に昇っていける幻想を抱かせてくれる。「その服を着れば、白人の住む地域にも出かけられる……いろんなところに遊び歩ける。この服でできることがわかるかい? 生計を立て、生きていける。この服を着て得たもので……」同様にサースティン・ハウルは思い出す。「ロ・ライフスには、幼い頃、服装を笑われた子が多かったから……何ももっていなかった子が……だから、ロ・ライフスを結成したんだ……だから彼らはポロを手に入れ、格好よく見られたがるようになった……奴らはもう君のことを悪くいえない。君がとても格好いいから」[34]

ロ・ライフスやダッパー・ダンの美意識を感じさせる、不遠慮にブランドを利用した行為には非難の目を向ける人もいるかもしれない。しかし、これはまさに、ソースティン・ヴェブレンが『有閑階級の理論』のなかで批判した、追従する地位競争、そしてE・フランクリン・フレイジャーが『黒人資本家階級』のなかで、容赦なく露わにした現実逃避のための空想なのではないだろうか? こういった批判は誇張されているだけでなく、そこには不備がある。現代の文化の多くが、ブランドによる商取引によって成立するものであることを考えると、その批判はルネサンスの芸術家を、その時代のブランドともいえた宗教的テーマや貴族のパトロンばかり重視したと非難することに少し似ている。

よかれ悪しかれ、ブランド名とロゴは人の服装が伝える重要な部分、数多くある服装による象徴のある種の省略形となった。商標は、デザインが示す美意識、感受性、個性、生き方の象徴ともなり得る。エルメスの大胆な「H」は、旧世界の職人技、馬術の排他性、パリジャンの上品さを思い起こさせる（それだけでなく、グレース・ケリーやジェーン・バーキンといったブランドの艶やかな顧客たちも。エルメスは最高級バッグにふたりの名前をつけている）。セクシーな優雅さを鮮やかに伝えるクリスチャン・ルブタンの赤いソールの輝きは、悪い遊びをする資産家のお嬢さまや、プラチナ・レコード賞をもらった女性ラップ歌手が選ぶものだ。ラルフ・ローレンのポロのロゴは、数多くの衣服、小売店、広告に取り込まれ、様式化されたプレッピー文化を連想させる。

こういった服装によるステータスシンボルは、ほかより一歩先んじる手段以上のものになる。それらは刺激的な文化の象徴でもあるからだ。最高の状態であれば、上品な服装は、ファッションの六世紀もの歴史を通して洗練された美意識を映し出す。この衣服は重要な行事で重要人物が着たものだから、それは人間の歴史と文化が創造したものの一部だ。重要な行事や重要人物を思い出すとき、彼らが着ていたものは、その劇的な出来事の登場人物のひとりとなる。服装が何かを伝えるのは、たとえ間接的であっても、特定の衣服をその歴史に結びつけ、過去の断片から、新たな服装による象徴を創り出すからだ。たとえば、ダブルブレザーのボタンの配置や、スポーツコートのラペルノッチに意味があるのは、軍服と貴族のスポーツとの長く忘れられていたつながりのせいだ。同様に、ポロシャツ、靴、ハンドバッグにつけられた商標ロゴは、こういった服装によるステータスシンボルの省略形だ。それが伝えるのは、衣服、デザイン要素、そして付随する神話と幻想の集まりだ。そのため、商標は、地位の印、社会的な声明、人の個性の反映にもなり得る。しかし、君主、宗教的権威、政治家、商人、そして現代の多国籍企業でさえ、それに影響を及ぼすことはできても、完全に支配することはできない。これはよく聞かれる解釈であり、このことが多くを伝える服装を、重要な意味をもつものにしている。

ファッションの商標は、ダッパー・ダンとロ・ライフスの手のなかで、新しい意味をもつようになった。ダッパー・ダンの創作物は、デザイナーズブランドの完全な模造品ではなかった。それは皮肉っぽく、ブランドに対する批判すら表していた。同様に、ロ・ライフスは名門アンドーヴァー・アカデミーの学生になりすまそうとしていたわけではなかった。高価なデザイナーズブランドの服が上流階級の特権を象徴するのは、その人が実際にそれに金を払ったと思われる場合だけだ。盗品はもちろん、貰い物、借りた物という疑いが少しでもあれば、それがもつ威光は損なわれ、不正手段で生計を立てていると思われる。ポロを着たギャングは、必ずしも合法的にそのポロを手に入れたわけではなかった。ハウルはこう話す。「毎日がファッションショーで、ニューヨーク北部地方のモールやマンハッタンの店では、万引きはやり放題だった」それだけでなく、彼らはグループ名に関する事実を誇らしげに話した。「ポロUSA」のUSAはUnited Shoplifters Association（統一万引き同盟）の略だったのだ。[35] ロ・ライフスは、高価なデザイナーズブランドの服のおかげで、まったく新しい地位に立つことになった。「斬新でいたければ、自分にとって大切なものを守らなければならない。戦い方を知らなければならない……そうしなければ、そんなに長く斬新でいられないからだ[36]」

貴族のものだった粉をふりかけたかつらを取り入れ、それに順応した十八世紀の平民たちと同じく、ロ・ライフスと、高級ファッションの商標を不遠慮に再利用していたダッパー・ダンは、定着した富と贅沢品のイメージを自分自身の表現の目的のために盗用していた。ロ・ライフスはポロが象徴した富と威光を目指しながらも、自分流に着こなした――彼らは出世の階段を駆け上るより、階段自体を壊したかったのだ。こうすることで、彼らは十八世紀の奴隷たちの例に倣っていた。奴隷たちはヨーロッパの美しい衣装を着るとき、誇りと軽蔑の念が入り混じった気分だった。ジャーナリスト、ボンズ・マローンはそれをこう表現している。「彼らはポロを着ることで階級差別に挑んだ――自分たち向けではないものを取り入れ、それを自分たちのものにしたのだから」[37]

## サプールの優雅なサバイバル

「おしゃれで優雅な紳士協会」、略してサップは、厳しい基準に沿った服装をすることに身を捧げた非凡な紳士たちの同盟だ。サプール（サペー）たちは厳しいドレスコード、「サポロジーコード」に従う。そこでは、ソックスの長さ、ヘアスタイル、スーツジャケットの袖口のシングルボタンを見えるように外しておくことなど、細かく決められている。歴史家ク・ディディエ・ゴンドラによれば、サプールたちは象牙あるいは銀製の取っ手のついたステッキをもち、見事な仕立てのスーツに、有名デザイナーのコロン、角縁メガネ、シルクのポケットチーフ、「ジェイエムウエストンのトカゲ革のローファー……カルティエの腕時計……」を身につける。[38] あるサプールは、ヨーロッパの最高級の紳士服店製のスーツを三十着以上所有し、同じコーディネートを二度着ることのないようにしているという。中年のCEOを思わせる地味な色調のスーツを着るサプールもいれば、野獣派の画家（訳注／二十世紀初頭のマチス、ルオーなど、原色と荒々しい筆使いを用いた画家たち）のような、力強い色の有名デザイナーのファッションを好むサプールもいる。盛装したサプールたちは、町の通りに集まり、気取って練り歩く。彼らは洗練された服装と自尊心の生きた手本であり、ボー・ブランメルやオルセー伯爵を思い出させるようなダンディたちだ。

サプールは、世界のどんなファッショナブルな都市に行っても、注目を浴び、写真を撮られることだろう。とはいえ、この二十一世紀の伊達男たちの出身地は、コンゴ共和国の首都ブラザヴィルと、コンゴ民主共和国（DRC）の首都キンシャサ周辺である。どちらも世界でも最も貧しく、最も多くの問題を抱えた国だ。世界銀行によれば、二〇一六年、DRCのひとり当たりの国内総生産はたった四百四十五米ドルだった。二十一世紀のサハラ以南のアフリカでは、十九世紀のヨーロッパの流行がもつ人目を引く優雅さは独自の意味をもつ。サプールたちはヨーロッパの服装の伝統を取り入れた——盗用したという人もいるかもしれない——が、それはかつての入植者たちの追従的な模倣ではなく、地域がおかれた現状に対する先住民の対応策だった。彼らの手にかかれば、上品な仕立服が正装になる。高級ファッションの商標が市民の理想の印となり、すさまじい地位争いに見えるものが、実は演出されたダンスであり、社会からの評価を求める平和な競争を象徴し、地域特有の暴力に苦しめられ、抑圧と政治腐敗に毒された社会に対する批判を表している。

ゴンドラによれば、サプールが誕生したのは、コンゴがフランスとベルギーの入植者に支配されていた時代だ。[39] 米国南部の白人奴隷所有者とよく似たことに、白人入植者たちは、自分の使用人たちの洗練度を誇りとし、彼らにヨーロッパ風の服装をさせた。アフリカの黒人たちにとって、ファッショナブルな服装がステータスシンボルとなり、彼らはヨーロッパの服装を取り入れ、それに順応していった。米国でもそうだったように、分不相応の服装をした黒人は非難され、嘲笑われた。二十世紀初期、あるヨーロッパの作家が悔しそうにこう書いた。「ブラザヴィル地域の土地の者たちは着飾りすぎている……豊かさをひけらかしている。大勢がパリの流行を追っていることを得意がり……今では優雅なパナマ帽まで見せびらかす始末だ」[40] 同じように、ある植民地総督も侮蔑と驚きを交えつつ、こう書いている。「ブラザヴィルの上流階級は贅沢な服装をし、気品すら感じさせる」[41] 今日のサプールは、洗練された服装を好むコンゴ人の長い伝統の守り手だ。「サップは私たちの父親、祖父の世代から伝えられたものだ……私の父は気品のある男だったよ」とあるサプールがいった。「パジャマに胸ポケットをつけるような人だった」[42]

洗練された服装というコンゴの遺産は、安楽な生活、富、特権を反映していたわけではなかった。コンゴを支配していたのは、歴史上、どこよりも凶暴で搾取的な植民地政府のひとつだった。ウェールズの探検家ヘンリー・モートン・スタンリーの主張により、コンゴはベルギーの国際アフリカ協会の私有地となった――この協会の表の顔は、科学的調査と、先住民がおかれた状況の改善を目的とした慈善団体だったが、実際の活動はアフリカ人たちの労働力を搾取することにより、象牙、ゴム、鉱物を集め、世界市場に売り出すことだった。一八八五～一九〇八年の間に、何百万人ものコンゴ人――ある推定では人口の半分――が非人間的な労働条件、飢餓、ヨーロッパ人がもち込んだ病気により死んだ。その時代に一般的だった植民地開発の基準から見ても、ベルギー領コンゴの残虐行為は注目を集め、国際的な抗議活動につながった。なかでも有名なのは、一八九九年にジョゼフ・コンラッドがコンゴにおける悲惨な生活を描いた古典『闇の奥』だ。一九〇五年には、マーク・トウェインが風刺的な糾弾として、当時のベルギーの支配者のことを書いた『King Leopold's Soliloquy（レオポルド王の独り言）』を出版し、シャーロック・ホームズの生みの親アーサー・コナン・ドイルは、一九〇九年に『コンゴの犯罪』を出版した。当時、素晴らしいアフリカ系米国人指導者だったブッカー・T・ワシントンとW・E・B・デュボワのふたりも、悪名高き激しいいがみ合いを一時中断し、コンゴにおけるベルギー支配を非難する運動に加わった。とはいえ、改革への道のりは険しく、遅々として進まず、しかも不完全なものだった。コンゴは一九六〇年に独立を勝ち取り、一九七一年にザイール共和国となった。

キンシャサとブラザヴィルは別々の国に属するが、地理的に見ればコンゴ川によって分割されているだけで、本質的にはひとつの都市だ。どちらの都市のサプールも自分たちのことを同じ社交クラブの一員とみなしている。ブラザヴィルのサプールの服装には古典的な傾向がある一方、キンシャサのキノワ（訳注／キンシャサ人）は大胆な色と奇抜なスタイルを好む。歴史家たちはこの違いを、一九七〇〜八〇年代にかけての二十年間、キンシャサで西洋服が禁止されていたからだという。一九七〇年代初期、ザイール大統領モブツ・セセ・セコは一連の文化改革を強要した。オータンティシテ運動として知られるそれは、アフリカ本来の価値観への回帰を促すもので、ヨーロッパの影響を取り除くことを目的としていた。ヨーロッパ人や植民地時代の支配者に因んだ名前の都市には、新しくアフリカ名をつけた。レオポルドヴィルはキンシャサとなった。ヨーロッパ支配を確立させたウェールズ人探検家に因んだスタンレーヴィルはキサンガニとなった。モブツの政府は市民にクリスチャンネームを変えるよう促し、子供に西洋名をつけた親は五年間投獄すると脅した。

モブツは西洋服も禁止し、一種の国民服を強要した。それは一九七三年の中華人民共和国訪問から着想を得た、アバコストと呼ばれる人民服風のチュニックだった——完全な「スーツの追放」とはいえないものだったが。アバコストに分厚い角縁メガネ、ヒョウ柄のトルコ帽がモブツのトレードマークとなった。モブツは一九九七年までザイールを支配したが、内戦後、亡命を余儀なくされた——しかし、それは飢えた国民を尻目に、国庫から数十億ドルもの金を吸い上げてからのことだ。皮肉なことに、国家を統一し、社会格差をなくすために作られたアバコストは、植民地独立後に現れた腐敗した独裁者の世界中に知られた象徴となった（口絵19）。

この国は一九九七年、コンゴ民主共和国と改名され、それ以来、もうふたつの残虐な内戦と、長引く部族紛争、国中に広がる貧困に苦しんできた。このような恐怖と喪失を背景にして、サプールが再び現れたのだった。もっとましな環境なら、罪のない道楽にすぎないものが、コンゴの暴力と貧困の真っ只中では、向こう見ずな現実逃避のように見えるかもしれない。おそらく間違いなく、サプールには自暴自棄、さらには自己破壊の要素がある。たとえば、あるサプールは、「パートタイムで八カ月働いて……服装一式を買える金を稼いだ。それが彼が所有する三十着のうちのひとつだ。彼は元恋人にふたりの間にできた五歳になる息子を育てさせ、自分は今も両親と暮らし、クローゼットの中のマットレスの上で眠っている」[43]。それでも、そこには力強い尊厳がある——道徳上の信念も。突き詰めて考えれば、サプールはコンゴの社会および政治状況に対する反発であり、そこからの逃避ではない。そしてサポロジーコードは、要求の多いドレスコードでもあり、要求の多い倫理規定でもある。

二〇〇三年以来、サプールを研究し、写真を撮ってきたスペインの写真家、ヘクトル・メディアビリャによれば、「独立以来、三つの内戦が起こったが、当然、サプールは非暴力主義を貫いた。彼らが支持するのは、美しい道徳だけだ……彼らにいわせれば、『世の中がサプールだけになれば、平和になる』。そして、彼らのモットーは、『武器を捨て、働いてエレガントな服装をしよう』となったんだ」[44]。サプールは、何世代にもわたり自国を傷つけてきた暴力を、服装による主張に慎重につくり変える。彼らは「戦い」を上演し、そこでは「ライバル同士のサプールたちが戦い、ラベルを次々に見せびらかし、相手を打ち負かそうとし、必要なら服を脱いで下着姿にすらなる」[45]。メディアビリャにいわせれば、「それは戦争であり、衣服は武器だ」。ズートスーツ姿のパチューコのように、サプールはファッションという幻想を利用し、上品さとスタイルが腐敗と暴力に取って代わる、もうひとつの社会秩序を夢想している。サプールは厳しい環境のなかで、尊厳と希望と喜びを見つけた。メディアビリャによれば、サプールたちはコミュニティのなかではちょっとした名士だ。「彼らの存在は葬式やパーティなど冠婚葬祭の場に欠かせないもので、そういった行事に少々の優雅さをもたらす……彼らが誰で、どこの出身で、どこで暮らしているのか、誰でも知っている……彼らは同郷の人びとのために、重要な社会的役割を果たしている」[46]

サプールが浮き彫りにするのは、西洋メディアにいつも描かれる、戦争、飢饉、サファリ、風刺的な原始的部族とはまったく違うアフリカだ。サプールは、ありとあらゆる略奪的な蛮行のなかで、植民地における思いがけない出会いから生まれた産物だ。彼らは蛮行の傷に耐え、蛮行の暴力によって形づくられた。サプールの華麗なショーとその周囲にある貧困を並べると居心地が悪くなるが、それは第一世界と第三世界、本国と植民地の間にある明暗を映し出している（口絵20）。サプールは、植民地独立後の解放という約束が裏切られたことに対する反発でもある。モブツのアバコストが、植民地となる前の純粋なアフリカへのいわゆる回帰を象徴していたなら、サプールのヨーロッパのファッションは、反動的な文化的愛国主義に対する拒絶を表している。サプールには痛ましさと美しさの両方が感じられる。それが表しているのは、人間の精神の立ち直る力と、現代の市場活動が人間の生活のあらゆる領域に入り込んでいることだ。それは注目に値する創造性と、みじめな地位争いを表現している。サポロジーのドレスコードは、現代のファッションの最良の部分と最悪の部分両方を映し出しているのだ。

## 「信頼できる自己」とは創り出されるもの

服装による象徴は、社会的階級、地位、所属を示すだけに留まらない。それは物語、伝説、人格、生き方、理想といったものまで伝える。こういった象徴は見慣れたもの、ファッションが伝えるものを思い出させるため、個人や集団がそれを盗用し、組み合わせることで、新しい意味をもつ新しいアンサンブルをつくり上げることは避けられない。今日のドレスコードは、中世後期に始まったひとつのプロセスを、途絶えさせることなくつづけている。そこではファッションが伝統的な服装と、それがもつ比較的安定し、簡単に読み取れる象徴的意味を取り込み、再利用し、組み合わせ、強烈な刺激を与えながらも、まだ漠然とした象徴をつくり出す。この手順が成熟した結果、哲学者ジル・リポヴェツキーが十九世紀中期から二十世紀中期に「ファッションの世紀」と呼んだものの、現在の形に近づいた。[47] それ以来、「かつては階級や社会的序列の印だったものが……心理的兆候、精神や個性の表現となった」のである。

ロ・ライフスはプレッピーのポロをヒップホップの評価の象徴にした。サプールはスーツを、ヨーロッパ文化の支配の象徴から、植民地独立後の立ち直る力を祝う華やかなお祭り騒ぎにした。黒人女性とラテンアメリカ系女性は、昔からあるフープピアスをファッションによる主張、そして民族の誇りの象徴としたが、結局は白人女性に取られ、最先端のファッションにされた――痛みと耐久性を伴わないタトゥーになってしまったのだ。同様に「ドレッドヘア」は、ジャマイカのポップミュージックの国際的な影響によって純化された、曖昧なアフリカ中心主義として大衆化された。それから数十年後、そのヘアスタイルは魂のこもった芸術的で独特な表現法となり、ファッション産業が再利用できるほど成熟した。ブロンドの髪は、人種を限った理想的な女らしさという最高の栄誉だったものから、売出し中の若手女優の性的対象としての装身具、そして誰でも手に入れられる、はっきりとした女らしさの印となった。ファッションのステータスシンボルには、いまだ階級、血族、信仰、国に対する伝統的な忠誠心の跡が残っている。しかし、それは人の個性の印でもあり、小集団、ギャング、サブカルチャー、反体制文化の象徴でもある。

ドレスコードの歴史は、古い服装の印をこんなふうに創造的に再利用する物語だった。汚名を着せられた異国風のユダヤ人のピアスは、キリスト教徒の上流階級の装飾品となった。大胆な女性は男仕立ての衣服を着ることで、自立を主張した。フランス貴族の派手なかつらは、プチブルジョア階級の実用的な被り物となった。アフリカから連れてこられた奴隷は白人優越主義をものともせず、ヨーロッパの正装の要素を取り入れた。慎み深いヘッドスカーフは、植民地状態に対する反発の表明となった。クリスチャン・ルブタンの赤いソールは二十一世紀の高級ファッションとなり、のちに女性ラップ歌手カーディ・Bの歌う「血染めの赤いソール」となった。排他的なステータスシンボルが素材となり、個人の尊厳、自己改革、社会の批評、政治的抵抗の新しい主張を生み出している。

ファッションは、信頼性の対極にあるものと呼ばれることが多い。それが上辺だけのもの、人を欺くもの、地位へのこだわりとされるのに対し、信頼性は思慮深さ、誠実さ、堅実な能力の価値を体現する。このような特徴の決めつけに、少なくともいくらか疑問を感じてもらえたことを期待している。一般的に人が信頼性に対する不安から、ドレスコードを義務づけたり、それに反抗したりするとき、彼らが選んだ衣服は、信頼できないとして拒絶した衣服に劣らず、不自然なところがある。人は西洋ファッションではなくモブツのアバコストを、ビジネススーツではなくミッドタウンユニフォームを選ぶ。あらゆる衣服には細工が施され、意味を伝え、効果をもたらすよう考案されている。ヘンリー八世のシロテンと深紅の絹織物と同じくらい、トマス・モアの『ユートピア』に出てくる個性のない衣服にも。初期の公民権運動家たちの日曜の晴れ着と同じくらい、SNCCの若き反逆者たちのデニムのオーバーオールにも。体の線に合ったドレスと同じくらい、落ち着きのあるスーツにも。セクシーなミニスカートとピンヒールと同じくらい、慎み深いヘッドスカーフにも。青い目のファッションモデルのドレッドヘアと同じくらい、アフリカ系の人たちのドレッドヘアにも。ある意味、信頼できる人間ひとりひとりが、漁《あさ》ってきた文化的素材から形づくられ、文明の技術によって磨きをかけられている。それは、心理学、哲学、文学、劇場、映画、視覚芸術、そしてファッションのことだ。大衆文化の混沌とした倉庫から、無数のユニークな人間のペルソナをつくり出すのは、現代性が成し遂げた奇跡的な偉業だった。人間の何よりも深く、何より信頼できる自己は生まれるのではない。それは創り出されるものなのだ。

# 終章 ドレスコードを解読する

——ファッションとは、生きた芸術と社交を具現化させようとする試みにすぎない。

サー・フランシス・ベーコン

## ファッションを具現化する

フランスの記号学者ロラン・バルトから、イタリアのデザイナー、ミウッチャ・プラダまで、観察力の鋭い人たちがいったように、ファッションは身につけられる言葉だ。それ以上に体で感じられる体験だ。服装が人の動きと存在にどう影響を与えるかは、服装が伝えるものと同じくらい重要だ。衣服は人の体を覆い、愛撫し、擦り、締めつけるため、人の自分自身と世の中に対する感じ方に影響を及ぼす。セクシーなドレスを着た女性は、性的魅力という概念を連想させたり、ほのめかしたりするだけではない——彼女は言葉にはできないやり方で性的魅力を具現化する。それだけでなく、もし彼女がセクシーに見えるだけでなく、セクシーな気分にもなるなら、彼女自身の具現化を体験すると同時に、セクシーさに見惚れたり、批判したりする観察者に向けてそれを誇示している。同様な理由で、パワースーツや機械工用オーバーオールを着た女性は、伝統的な性別に基づいた先入観からの解放だけでなく、広がった可能性、何からも妨げられることのない動きやすさ、しっかりとした姿勢を具現化し、家父長制度の束縛からの解放を体で表現しているのかもしれない。

こういったファッションによる体験は、人の世界観を映し出し、またそれを生み出す。服装と考え方、衣服と社会的意味の関係は二車線道路――実際にはそれより混沌とした場所――であり、そこにはもっと抽象的な概念、理想、価値観および人の衣服との関わり方と切り離すことのできない衣服の美学と感触がある。たとえば、〈男性による華麗な衣装の放棄〉は、実用性、市民的平等、勤勉さという啓蒙思想時代の理想を反映していた。しかし、同じくらい重要なのは、改良された紳士服が男性とその体との間に、新たな、よりよい関係を築くことで、彼らの生き方を変えたことだ。十八世紀英国の紳士階級が着た軽いフロックコートは、はっきりとした体の解放感を与え、その解放感が政治的な制約からの解放を考えさせ、それを促した。同じように、一八〇〇年代初期の黒人奴隷たちが、ヨーロッパの紳士階級の洗練された服装を自慢気に着たとき、彼らは自分の体を――野蛮でまるで動物だと蔑まれたものを――白人優越主義に対する具体的で申し分のない反証に変えた。十九世紀後期と二十一世紀初期の婦人服の改良は、男女平等の理想を反映しただけではない。それは、体に負担のかかる服装から、さらに男性の代理としての誇示という象徴的な重荷の一部から女性を解放することで、理想を具現化してもいた。こういった場合、そしてほかの多くの場合にも、ファッションは単なる表現方法以上のもの――自己を創造する行為だったのだ。ファッションは伝えるものだが、それ以上に人に自分の理想と社会的な願望を自分の体で感じ、具現化させる。新しいファッションは日常の体験を変え、そうするなかで、ゆっくりと巧妙に、しかし確実に新しい考え方をもたらし、次に社会的な変化を起こす。衣服がもつ明確で肌で感じ取れるこの性質は、ほかにはないものだからこそ、それがファッションの魅力となり、そのまわりで不安が消えることはなく、そこから幅広いルールが生まれる。

服装がもつほかにはない重要性が、社会的関係と政治的発展に関する学問的な分野で認識されることはまずない。文化、威厳、精神的な価値といった測りにくい事柄より、富と資源を重視する窮屈な物質主義のせいでもある。作家、学者、知識人といった理想主義者が抱いて当然の偏見を反映しているとも思われる。知識と言葉で仕事をする人たちには、自分のことを知性の面から考える傾向があるからだ。けれども、実体のない魂、思考があるから存在がわかる、肉体なしに存在する意識（我思う、故に我あり）、あるいは現代の想像上の産物のなかに本質的な性質を宿すとする、「気取った頭脳」も、まもなくデジタル化された人工知能に取り込まれてしまうのかもしれない。

## 意識は体の経験でつくられる

今日、よく聞く意見に、テクノロジー、ソーシャルメディア、そしてオンラインと「仮想」のやり取りの価値が高まるせいで、衣服と身体が一般的にそれほど重要ではなくなるというものがある。テキストメッセージが対面のやり取りに取って代わり、デジタルアバターが服を着た生身の人間の代役を務める。しかし、ソーシャルメディアはむしろ衣服の重要性を大きくしている。たとえば、インスタグラムのコンテンツは、画像であれ、動画であれ、人の映像が中心であり、それはたいてい、注目される自己像を作るために必死になって作り上げ、取捨選択したものだ。当然ながらその自己像の大部分は衣服がもたらすものであり、ソーシャルメディアの多くのユーザーが、オンラインに投稿する写真用に着るものを選ぶとき、少なくともファッションウィークに夜の外出の支度をする熱心なファッション通と変わらないほど慎重になっているのは明らかだ。ほかのソーシャルメディアのプラットフォームも、かつてはテキスト中心だったが、今ではやはり、徐々に映像に頼るようになっている――実際、それがいつか対面の社会的交流に取って代わるという気配すらある。

私たちはソーシャルメディアで見つけるものの意味を理解するために、暗黙のドレスコードを使っている。友人、恋人候補、従業員候補、大学入学事務局担当者たちはこういったデジタル記録を洞察力をもって眺め、性格や気性を示すヒントを探す。さらにソーシャルメディアは服装が与える効果を長引かせ、更新する――よいか悪いかは別として。第一印象を与えるチャンスは一度しかないというのは、これまでずっと真実だったが、今では第一印象が恒久不変の印象となる。うまく選べなかった服装もけっして削除できない――大成功のファッションも、恥ずかしいファッションも、すべてデジタルアーカイブで永遠に生きつづけるのだ。

デジタルによるコミュニケーションは、実際にそこにいるように思わせようとするが、それに取って代わることはできない。むしろ、オンラインで起こる無味乾燥な社会的交流は、近くにいることの重要性をなおいっそう明らかにする。二〇二〇年、新型コロナウイルス感染症発生後に強いられた外出自粛命令が出された時期、実体のない交流の物悲しさを感じずにはいられなかった。仕事のミーティングもいつもより面白みがなく、友人や家族とのオンラインチャットをしても、失った交流を思い出し、憂鬱になるだけだった。ちょっとした知り合いや知らない人たちとの「仮想カクテルパーティ」（ログオンして、自分でワインを注ぐ！）も、アルコールの効果を借りても、気が滅入り、ぎこちないもので、本当の社会的なつながりは、相手が実際にそこにいてこそのものだと気づかされた。外出制限の裏をかき、だれかと実際に会うための言い訳を躍起になって探したのも無理はない。郊外に住む人たちは、歩道までゴミを出しに行くときの隣人たちとの短い交流を楽しむあまり、まもなくゴミの日のカクテルアワーの習慣が始まり、カクテル用のしゃれた格好までするようになった！　ゴミの日のドレスアップは瞬く間に世界的な現象となり、インスタグラムのページやフェイスブックのグループまでできた。[1] 六フィート（一・八メートル）しか離れていない隣人とは滅多に話したことがなかったが、一週間分のゴミでいっぱいの大型ごみ箱の上にバランスよくおいたロゼワインのグラスは、実際にそこにいない仲間との仮想のやり取りのときよりずっとおいしかった。

　人の心の奥底にある自己は、体と切り離すことができない——体が必要とするからだけでなく、意識それ自体が体が経験することによって形づくられるからでもある。自分の体をどのように覆い、飾り、見せるかが、この世界における自分の居場所の理解の仕方に影響を及ぼす。衣服は人を支配される者から市民に変えることができる。人の交流を、生き残るための野蛮な争いから、優秀さをめぐる賢明な競争に作り変えることができる。人間のセクシュアリティを、動物的な衝動から、ロマンチックな関係の表現に高めることができる。義理のつき合いを華やかな冒険に変えることができる。孤独な日々を磨き上げ、おしゃれな自分史にしてくれる。つまり、人の体験、願望、理想を、人の体から、そして世界に対する自分の見せ方から、切り離すことなどできないのだ。

## 個人主義を創り上げる

ファッションは仕立服のなかにある個人主義の歴史を語る。現代世界の感性を形づくってきた多種多様なドレスコードからわかるのは、個人主義の文化面の理想が、仕立師の技術と裁縫師の技能を通して明らかになったことだ。近世において、古典的な政治的自由主義が新しい政治思想の中心に個人の自由を据えた一方で、哲学と心理学はどちらも新しい人間性の理解の中心に個人の認識を据えた。ファッションは、人びとにそれぞれの体の独自の輪郭を際立たせ、同時に無比の精神が抱く独自の願望を表すように衣服をまとうことで、新しい理念を表現し、体験できるようにした。啓蒙思想を抱く自由市民と、現代心理学における真の自己は、人間の性質から見つかるものでも、そこから引き出されるものでもなかった。それは創り出されるものだったのだ。

個人の表現のさらなる重視へと向かうファッションの着実な前進は、結果として、社会階級、性別、集団への帰属を表す服装の利用を大きく犠牲にすることとなった。そのため、地位、性別、権力の重要性は、個性の表現の必要性に、ある程度までは追いつかれた。しかし、前者は後者に完全に凌駕されたわけではない——むしろ、後者に組み込まれ、個人の表現の要素となった。衣服と身だしなみの新しい組み合わせは個性を伝えるが、それは社会的地位、社会階級、人種、性別と伝統的に結びついた様式のこれまで馴染みのなかった使い方によって伝えられることが多い。実際、古い服装による象徴を切り離して引用するというこの使い方は、ファッションという伝達手段による新しい感性の表し方のなかでも、非常に重要なもののひとつだ。つまり地位、性別、権力の服装による印が構成要素となり、人はそこから個性を創り出した。しかしこれは、人目を引き、刺激的な新しい個人のファッション哲学を創り出すことはできても、昔ながらのその魅力がもつ気高さを脅かすため、困惑、嫌悪感、盗用の告発を引き起こす可能性もあった。実際、ファッションがつくる個人主義は、社会的なつながりと社会的責任を犠牲にして成り立ち、最悪の場合、身勝手さと自己中心主義を生む。ファッションに対するよくある批判のなかには、このもっともな不安を反映したものもある。テンポが速く、不安定で、洗練された現代世界の象徴であるファッションは、魂のない現代性と孤独な現代生活に対する使い古されたあらゆる反対意見にとって、わかりやすいターゲットになっている。

けれども、ファッションがつくる個人主義は、自由競争主義の経済理論の、冷酷で抜け目のない身勝手な個人主義と同じものではない。もっと生き生きとし、表情豊かで、感情豊かなものだ。自己中心的かもしれないが、いつも抜け目がないわけではない――それが何より求めるのは、合理的な自己利益ではなく、感情に訴える自己主張である。

## ドレスコードとファッション

もちろん、個人の自己表現のように見えても、それは一連のファッショントレンドにすぎないのかもしれない。何百万人もの人たちが盲従的にびっしりと並び、トレンドに向かって進むような。人は前例のないほど自由に服装を楽しんでいるが、限られた数のスタイルに引かれる傾向がある。多様な集団の行列を眺めれば、個性どころか、ひとりひとりが別々のものを着ているように見えても、よく見れば同じような衣装を着ていることもあるだろう。これが事実であるとするなら、その原因は人びとが数の多さによる安全性を求めることなのかもしれない。ますます多くの状況で、好みのものを自由に着られるようになってはいても、人は自分が選んだ服装によって判断されることを知っている。とすれば、ほかの人と似たような服装をしておけば、厳しすぎる批判を受けなくてすむ。さらに、大胆な人にとってさえ、社会的に理解される服装の種類は限られている。ファッションの歴史が与えるものは膨大だが、選択すべき衣服の表現形式はまだ限られ、そのうちの多くは明らかに時代遅れ――死語に相当する衣服――である一方、ほかのものは判読不可能なほど不適切だ。残ったものから選ぶため、人が表現するのは、現時点に存在する、野心、理想、幻想といったものになる――そして同じ時代を生きる人たちが皆そうする。そうなれば、必然的に複数の人が同じアイデアをひらめくことになる。これでファッショントレンドの時代精神が説明できる。トレンドというものはたいてい、デザイナーやファッション誌の編集者に、それを見分け、宣伝する余裕ができる前に世の中に現れているのだ。

衣服を着た本物の個性には、まずお目にかかれないだろう。しかし理想的な個性はどこにでも見られる。多種多様な人たちが同じような表現をするとしても、今日の個人主義的なファッションを本物のユニフォーム、あるいは従来のビジネススーツのような準ユニフォームと比べてみよう。ユニフォームは均一性を表すためにデザインされる。細部を見ればひとりひとり違うかもしれないが、それを着ることで、ほかの人たちとの共通性を示す。それに比べ、現代ファッションは個性を表すためにデザインされる。たとえそれが大量生産品で、大勢の人たちがほとんど同じコーディネートで着るとしても。ミッドタウンユニフォームは、ドレスコードの欠如を表すべきものだ。たとえそれが取って代わったスーツよりも個性がないとしても。しかし、シリコンバレーのソフトウェア・デザイナーが、皮肉っぽいTシャツ（「ミスターバブル」など）を選んだとき、そのTシャツが表すのは突飛な個性で、均一性ではない――たとえそれが何十万着も生産され、同様な仕事に就いている大勢に着られ、その全員がTシャツ以外にも似たような服装をしているとしても（ビーチサンダル、カーゴパンツ、ジャケット代わりのボタンを外したチェックのシャツ）。

ファッションは、個性には細工が欠かせないことを強調するため、人柄をありのまま偽りなく映し出しているように見えるものが、本当は作られた偽物かもしれないという不安を生じさせる。人間の個人主義の理想は、人にはそれぞれ、生まれつき唯一無二の真の個性があるとしている。雪の結晶のように、人を決定する特徴は、固有の性質の産物であり、ふたりとして同じ人間はいない。すると当然のことながら、多くの人がファッションの向こうにある、個人の真の個性を見ようとする。しかし、個性を表すものの大部分は、様式化された自己提示の形で現れる――すなわち、ファッションだ。つまり、ファッションとは、人が生まれもった不可分の権利として大切にする個性が、壊れやすい創造的なプロジェクトなのかもしれないことを思い出させる、歓迎されないメッセージなのだ。

個性の信憑性に対するこの不安のせいで、多くの人がファッションなしではいられないのに、ファッションが及ぼす影響を不快に感じる。十八世紀初期、ちょうど男性たちが服装を目立たせる細工を廃止した時期、英国の詩人アレクサンダー・ポープが、見せかけの美辞麗句と不適切な服装の間にある、こんな類似性を説明している。[2]

表現は思想の衣装であるだけでなく
似合っているほど立派に見える。
気取った言葉で表す愚かな自惚れは、
王の深紅の衣をまとった道化師のようなもの。

皮肉なことに、ドレスコードはファッションの影響力を弱めようとしてきたのだろう。衣服をわかりにくい人間の美点や欠点をそのまま伝えるものにすることで、衣服そのものの意味を小さくしようとしたのだ。深紅や赤のシルクは貴族階級を象徴した。慎み深い衣服は性的な慎みの印。飾り立てた衣服は不品行の印。上品な衣服は社会的地位の証。そして性別に基づいた衣服は、生まれつきの性別と生殖の役割の象徴だ。ファッションの歴史を通して、ドレスコードは、衣服によって、間違いなく真の個人の姿を正しく把握できるようにする方法だったのだ。

そして、根絶すべきファッションの細工は数多く存在する。偽りを伝えないファッションですら、そしらぬ顔で優位に立っているなら、人を騙しているのかもしれない。道化師の深紅の衣は仮装だが、王ですら人格だけでなく、衣装のおかげで威信を保ち、受けるに値しない効果を手にする。同じように、人目を引くドレスやセクシーな靴を身につけた女性は、堅苦しく上品ぶった人たちから反感をもたれるが、その理由のひとつは、実力に応じて評価されるべきときに、彼女が誰も知らないうちにセックスアピールのせいで得をするのではないかという疑念だ。この体の外見を変える能力は、衣服にわずかながらも幻想の力を与える。人の服装は分析や評価をされるための表現ではない。それは、観察者が頭で考える前に、潜在意識のレベルで納得させる実演だ。ここからわかるのは、ファッションと大きな関わりのあるものには、退廃やずる賢さだけでなく、正直な美徳を選んでファッションの誘惑に抵抗しろという執拗な呼びかけも含まれることだ。

一方で多くの人たちは、ファッションとは、わかりにくい服装によるステータスシンボルを採用することで、ファッションは受けるに値しない効果を得ようとする企みだという、絶えずつきまとう不信感を追い払おうとしてきた。たとえば、ミッドタウンのマンハッタンの金融アナリストが着るパタゴニアのフリースのような、実用的あるいは機能的なふりをしたステルスファッションだ。そうすることで、言い訳する必要のない、狡猾な社会階層方式を実施しやすくしている。

## 流行の振り子は止まらない

人は個人主義を重視するあまり、自己表現のどんな制限も甚だしい不正行為と感じる。その一方で、衣服など取るに足りないものという広く浸透した考え方のせいで、衣服を管理するどんな試みも、些細でどうでもよいことと思う。こういったことはすべて、個人の表現を検閲し、表面的な自己提示を重視しすぎるようなドレスコードに反発する。私はドレスコードを調査するうちに、威圧的で、悪意があり、差別的な規則を数多く発見した。しかし、ファッションの表現する力を方向づけ、それを活用しようとする正当化できる集団的な試みも、また数多く発見した――そのなかには取るに足りないものもあれば、非常に深刻なものもあった。服装に問題があれば、それを抑えつける立派な理由が見つかるものだ。

実際、多くのドレスコードは、集団的表現および集団的自己成型の手段として服装を利用しようとする単なる集団的方法だ。特別な行事のための正式なドレスコードは、洗練された雰囲気を生み、間違いなく誰もがその場にふさわしい敬意を表すようにする。職場のドレスコードは、企業に協調性のある職場環境をつくり、プロの価値観を伝え、客を喜ばせる。学校のドレスコードは、思春期の生徒たちが徒党を組んで争うのを防ぐ。社会正義と公民権を求める活動家たちの運動は、ドレスコードを利用し、自尊心を示す統一したメッセージを伝え、結束して尊厳ある待遇を要求した。盗用の告発でさえ、実際には、エリート集団だけが使う特定の装飾の排他性を維持するために創られたドレスコードだ。ドレスコードは、ファッションがもつ力を利用する集団にとって、重要な手段になり得る。

さらに、明確なドレスコードは、社会の期待を事前にはっきり知らせることで、個人に利益をもたらし、平等を促す。人はたいていドレスコードを個人の自由を制限するものと考えるが、それがあれば、自分のファッションの選択に対する批判に曝されなくてすむ。皮肉なことに、今日の文化は気楽さと奇抜さを認めつつも、最も厳しい企業のドレスコードと同じように、執拗に同調を要求することがある。こういった服装の非公式な基準は、どんな成文化されたドレスコードよりも要求が多く、危険なものになる場合もある。良識の慣習を尊重しなければ、無知で品のない田舎者というレッテルを貼られるが、あまりにルールを重視しすぎても、自信のなさ、さらには生まれ育ちの悪さの証となるかもしれない。明確なドレスコードはただ単純な厳守を求めるが、それがなければ、人は漂流し、センス、上品さ、スタイルの、言葉にされていない基準の海をうまく泳いでいかなければならなくなる——基準の多くは曖昧で成文化されていないか、過度に支配的かつ批判的なものだ。歴史家アン・ホランダーの意見では、「決められた方法で行事それ自体を尊重するよう求められているわけではないが、その行事が個人としての自分に何を求めているか、自分自身で考える必要がある……人は自分自身をさらけ出すよう強いられる……今では（服装）の選択は絵本のようなもの。世の中と自分との関係をどう感じているかを伝える私的な挿絵だ……」[3]。その絵本の物語を——故意の無頓着さの細部にいたるまで——明確にしなければならないという圧力は、選択の自由が広がるにつれて強くなる。「ふさわしいもの、ふさわしくないものは、私たち全員が理解しているはずです……」

人にはなんであれ選んだものを着る自由があるが、他者の批判に弱い。合衆国環境保護局の報告によれば、一九六〇年以降——正確には、米国社会の大半が服装に関する明白な共通規範を廃止した時期——廃棄された衣類の量は七百五十パーセント増加した[4]。これはおそらく、ルールはないが批判にあふれた世の中で、適切な服装を必死に探したが、結局、失敗に終わった無数の試みを映し出しているのだろう。

カジュアルな服装なら、表現豊かな個人主義と体の心地よさのどちらも享受できるのはほぼ間違いないため、デザイナーの「アスリージャーウェア」（訳注／スポーツウェア兼普段着の服装）が現在、究極の高級ファッションとなっているのも不思議ではない。しかし、流行の振り子が、カジュアルの誤解を招きやすい寛大さから、服装の洗練さと礼儀正しさに戻ってくる可能性を示す兆候もある。本書の調査をしていた二〇一八年に、エスクァイア誌のクリエイティブ・ディレクター、ニック・サリヴァンの話を聞いたとき、彼はこう述べた。「私たちは日々、素晴らしい車に乗り、スウェットシャツにスニーカーを身につけた人たちのイメージに曝されている……（だが）今の若者たちはこういう。『父親はスニーカーを履いているが、僕はスニーカーを履いている姿を見られるのは嫌だ』……とはいえ、みんながTシャツを着ているときに、ネクタイをしては反抗的だ」[5]サリヴァンが見ているのは、昔あった世代格差とは逆の状況だった。一九七〇年代、父親と大学生の年齢の息子が飲みに行くとき、父親はジャケットにネクタイ、息子はジーンズにスウェットシャツ姿だった。今日、親と子はワードローブを交換したかのように、ベビーブーム世代は昔と同じ反体制的な十代のような服装をし、二十代の息子は憧れの落ち着いた大人になったかのような服装をしている。半世紀近くぶりに、若者たちが注文仕立ての服がもつ洗練された喜びを発見しつつある。スーツ、ブレザー、スポーツコート、上質な布地、革靴――要するに、彼らは大人らしく装う特権を味わっているのだ。伸縮性のあるベルトや綿のジャージの底の浅い快適さを手放し、きちんとした衣服を丁寧に創造性を働かせて着ることから生まれる、社会的、精神的な深い快適さをこんなふうに再発見し、満足している人は大勢いる。

　人の服装には政治的、職業的、社会的な効果があり、あらゆる新しいコーディネートを戦略とし、効果を出そうとする。とはいえ、服装は人の偽りのない自己像をも映し出すため、完全に戦略となることはまずない。赤い絹織物と派手なトランクホーズ姿のルネサンス時代の成上り者たちは、見知らぬ人たちの関心を引こうとしただけでなく、自分自身と社会的地位に自信をもちたがっていた。植民地時代の米国人たちは、英国からの輸入品から解放されるため、慎ましい手織りの衣服を着たが、それは節約と慎み深さという個人の価値観を映し出していたからでもあった。公民権運動家たちは、きちんとした服装の模範を示すため、日曜の晴れ着を着たが、それは上品な服装が精神的な心地よさと自尊心をもたらすからでもあった。プロらしく見せ、あるいは男性たちを喜ばすためにハイヒールを履く女性もいるが、多くの女性たちはハイヒールを履けば、権限と地位を手にした気分になれると感じている。こう考えれば、ファッションに対するどんな批判的な意見も、戦略の評価でもあり、もしかするとある種の人身攻撃でもあるということになる。あらゆるドレスコードが、ある種の社会規制、そしておそらく個人攻撃でもあるのだろう。

## ファッションとは日常の中の芸術

ドレスコードの歴史を調査するまで、社会正義や平等といった重大で深刻な問題の解決に尽力している多くの弁護士と同じく、私も人間の自尊心を深く傷づけるドレスコードの存在を軽く見ていた。たとえば、レニー・ロジャーズとチャステティ・ジョーンズが法廷で争った職場の規則のような、すべてのブレイズヘアを禁止するドレスコードも個人的には反対していたが、それが公民権違反になるほど耐えがたい負担だとは思っていなかった。要するに、それは単なるヘアスタイルの問題にすぎないと考えていたのだ。何だかんだいっても、人種に関係なく、大勢の人たちが仕事のために髪と服装を変えることを強いられているのだからと思っていた。

しかし、歴史を——とくにブラックパワー運動の歴史を——通して考え、政治闘争における髪と身だしなみの重要性を調査するうちに、考え直すようになった。白色人種の外面的形質に基づいた美と職業意識が支配する基準が存在したからこそ、ブレイズヘアはアフリカ系米国人の人種的な誇りの重要な象徴となった。それだけでなく、黒人女性たちは、長所を際立たせ、魅惑的で、刺激的なオールブレイズの多様なスタイルを創り出してきた。襟のあたりまでの短く簡素なブレイズもあれば、ロープのような「ドレッドロックス」を滝のように垂れさせるもの、腰まで届くブレイズをビーズで飾りつけた派手なものもあり、それ以外にも多数ある。印象的なもの、セクシーなものもある。刺々しいもの、風変わりなものもある。実質本位のもの、自由奔放でロマンチックなものもある。スタイルが増えるにつれ、ますます多くの女性たち——そして少なからぬ男性たち——がそれを取り入れていった。かつては黒人女性の多少変わったファッション哲学だったものが、今では常識的な身だしなみの方法だ。そのうえ、このスタイルは黒人女性たちに広く受け入れられているため、それを禁止するドレスコードは人種的な侮辱としか思えない。だからこそ、ますます多くの都市や州が、企業や学校がそれを禁止することを防ぐ新しい法律を通過させている。たいてい、「クラウン法」という名のもとで通過することの多い、こういった新しい法律は、髪と身だしなみの重要性に対する願ってもない評価であり、個人の尊厳と人種の尊重につながる。[6]

　クラウン法のことを、ある考え方を擁護するものとみなす人もいるかもしれない。それは、髪と身だしなみなどあまりにくだらないことだから、雇用者たちが——あるいは誰であれ——検討する価値もないという考え方のことだ。しかしそれでは、そう考える彼らもまた、あまりにくだらないから、法的に保護する価値もないということにならないだろうか？　クラウン法のことは、先入観と、特定の人種を締め出すような美と職業意識の基準を見直すように、雇用者たちに呼びかけるものであり、人の外見を完全に無視するものではないと考えたほうがよい。それはよりよいドレスコードを求めているのであって、すべてのドレスコードの撤廃を求めているわけではないのだから。この点で、私たちが模範とすべきなのは、「黒人は美しい」運動だ。それは新しいアフリカ中心主義的な美学を求めたものであり、外見の特定の側面を無視するよう求める、人種偏見のない理想ではなかった――その目標は控えめにいっても、理解しづらいものだったことがわかっている。「黒人は美しい」運動の主張は、黒人たちがその人のすべて――本質と外見、人柄と肌の色――に基づいて誠実に判断されたなら、自分たちは美しいと認められる、というものだった。問題は肌の色と髪質ではなかった。人びとが肌の色と髪質を見て、評価し、価値を見極めることでもなかった。問題は、人種階層制を正当化するために、歪められ、堕落させられてきた評価の基準なのだ。

もっと一般的な美の基準についても、同じようなことがいえるのかもしれない。人間の美の従来の基準――とくに女性に関するもの――はあまりに視野が狭く、あまりに無知だ。私が思うに、多くの人たちがもっと繊細な感性を養うことができなかった原因の大半は、人は外見が大事だとは信じないよう教えられてきたことにある。それが最も顕著な例として、フェミニストたちが当然のことながら攻撃する、漫画に描かれるような女性美の過度に単純化した理想と、美術、建築、デザイン、ファッションに浸透する、豊かで複雑で多様な美の理想を比べてみよう（ここでいうファッションには、ファッション産業の外で発展した、大胆で挑発的なスタイルも含まれる。ファッションデザイナーたちも多くのひらめきを得ている「ストリートファッション」と呼ばれるもののこと）。こういった練習を積み重ねることで、美と職業意識の幅広いイメージを取り入れることができ、結果としてよりよいドレスコードにつながる。

法律はそんな微妙な感情を義務づけることはできない。しかし、身だしなみと服装の個人の自由に対する一般的だが限られた権利を通して、それを促すことはできる。これがどう機能するかの例として、チャステティ・ジョーンズの事件を思い出そう。彼女はドレッドヘアを切るのを拒んだため、コールセンターでの仕事への応募を拒否された。法律の条文は彼女になんの保護も与えなかった。そのドレスコードは文章としては差別的ではなかったため、それが差別的なやり方だと証明することができなかったからだ。だが、本当の問題は、ドレスコードが単に不当だったことではない。ドレッドロックスは一時的なヘアスタイルではないため、ジョーンズには職場で外し、仕事後につけ直すことはできなかった。ドレスコードに従うには、それを切り落とすしかなかった。そのドレスコードは、単にジョーンズが職場にどんな外見で行くのかを指示したのではない。顧客に見られることのないコールセンターオペレータの仕事に応募する資格を得たければ、外見を恒久的に変えるよう求めたのだ。そしてドレッドロックスは、多くの人にとって人種的な誇りの表現であり、人の信念の反映としての宗教的な服装と同じようなものだ。どんな公正な規則も、そのドレスコードをよしとしなかった。けれども、そのなかのどれも法的な問題につながらなかったのだ。

つながるべきだった。見境なく禁止するのではなく、利益と損失を慎重に考慮するような、厳格でない法的ガイドラインを作成すれば、明らかな差別や失言とはいえない多くのドレスコードにも、対処できるのではないだろうか。個人の外見の長期的な変化を求めることは、勤務後に簡単に元に戻せたり、忘れられたりする要求よりも明らかに重い負担だ。さらに倉庫やコールセンターより、イメージを重視する事業の人目に曝される職場で、厳しいドレスコードに対する強い論争が起こっている。学校のドレスコードや、レストランやエンターテインメント会場にくる客たちのドレスコードも同じように考えるべきだ。「靴を履かず、シャツを着ていなければ、給仕しません」というのは、ハイヒールとストッキング、スーツとネクタイを求めるドレスコードほど、弁解を求められていないが（とはいえ、そんな堅苦しさが許されるなら、生まれたときの性別に基づいてどちらにするか決めるより、ひとりひとりにハイヒールかネクタイを選ばせればいいではないか）。

もちろん、無理のないドレスコードと、不当なドレスコードを見極めるのは必ずしも容易ではない。しかし、それはすべてのドレスコードを廃止するより、ましな着地点だ。なぜなら、そのほうが現実的だからだけではなく、そうすることでファッションを正当に評価できるからだ。自己提示に時間と創造的エネルギーを費やせば、それを人に気づいてもらいたくなる——無視されるのではなく。本書では広い意味で使ってきたが、ファッションとは、庶民の日常にある芸術、私たち全員にとって数少ない手の届く芸術のひとつであり、それを私たちは毎日、無料で自分の体で展示できる。それは、自分自身と社会での居場所に対する考え方を、たとえ間接的で捉えにくくとも、意味深いやり方で方向づけるのに役立つ。

こんなふうに考えることは、世俗的で具現化されたものにより汚されていない美徳、美点、人格といった観念的な理想の価値を認める人たちにとっては、好ましくないものかもしれない。しかし、それは自己成型という奇跡において細工と技術が重要な役目を果たしているとすれば、むしろ人類がすばらしい文明を築き上げてきたことを意味する。外見など些細なもの、どうでもいいことという考え方は、自分の外見に気を配る人たち全員はいうまでもなく、実用的で美しい衣服を創り出すために働く何百万人もの人たちに対する侮辱だ。私の考えでは、ファッションの放棄は美徳であり、ファッションへの関心は悪徳だと誤解されている。その理由はファッションが生き残りに不要なものという意味で、「取るに足りないもの」であるからではなく（これはファッションの非実用性とよく同列に論じられる、文学、美術、高級料理、そしてもちろん褒められすぎの身体的な癒しにもいえる）、ファッションが人間の体に関わるものだからだ。人間の体は古代から、筋の通らない恥と道徳的な不安の対象となってきた。ファッションを放棄させたのは、現実的な実用性でも、高潔な平等主義でもない。それは不浄な体から神聖な知性を切り離そうという、賢明とはいえない上品ぶった企てだったのだ。

## ファッションの法律はどのように歴史を作ってきたか

人は誰も、粋なジャケット、頑丈なブーツ、上品なスポーツコート、セクシーなドレス、派手なスカーフ、シックなパンツスーツを身につけるたび、ファッションの勝利から恩恵を受け、そのおかげで、少しばかりの自信をもち、気分が落ち着き、自分自身でいられる。服装を慎重に目的をもって選び、自信と信念をもって着るたび、それは人間の繁栄の小さな勝利となる。私は創造的で、大胆で、挑発的なファッションの支持者だ。前衛的であろうとエレガントであろうと、洗練されていようと野暮ったかろうと、簡素であろうとセクシーであろうと、オートクチュールであろうと先端的なストリートウェアであろうと関係ない。とはいっても、目新しいアンサンブルがすべて好きというわけでもなく、あなたも支持者になるべきだと思っているわけでもない。けれども、一見、低俗あるいは突飛、無分別に見える衣服の選択でさえ、重要なメッセージを伝え、新たな自己像の様式や新たな生き方を生み出し、豊かな公共文化に貢献できる。

ドレスコードの歴史が語るのは、中世の異性装者、エリザベス朝の成上り者、ルネサンスの宮廷人、植民地時代の米国で分不相応な服装をした奴隷の物語だ。ヴィクトリア朝の伊達男、工業化時代の野心家、かなりセクシーなフラッパー、不満を抱えたズートスーター、日曜の晴れ着を着た真面目な公民権活動家、おしゃれな過激派、急進的なフェミニストの物語もある。ブロンドの魅力的なアフリカ系米国人女性、ドレッドヘアにしたナチュラル・ブロンド、ヒジャブを被ったヒップスター、プレッピーを着たストリートギャング、ハイテク企業のファッショニスタ（訳注／最新ファッションを追い求める人）の物語もある。その多くが当時は誤解され、中傷されたとしても、それぞれが貴重なことを教えてくれる。

この型破りで風変わりなプロジェクトを開始したとき、多くの同僚たち――重大な論争や深刻な問題に身を捧げる弁護士や学者たち――の怪訝な顔や戸惑った表情からわかったのは、ドレスコードが長期にわたる調査と分析に値すると主張するつもりなら、相当な努力をしなければならないことだった。実際、当初は、単に漠然とした直感から、このテーマは重要だと思っただけだった。ところが本書を書き始めてから数年経つうちに、ドレスコードの物語が、現代性と政治的自由主義と並行して進んできた歴史であることに気づいた。今日、政治哲学者が古典的自由主義——要するに個人の自由と人間の繁栄は、優れた社会および政治秩序の中心にあるべきとする考え方——と呼ぶものは、あらゆる方面から攻撃されているらしい。たとえば、血筋と土地に根ざした原始的な同族意識を称賛する反動的な民族的愛国主義から。そして、自由主義社会の本質的な堕落を示すために、それがもつあらゆる弱点と偽善を巧みに特定する痛烈な懐疑主義といったものから。こういった敵に対抗しようと、失望、疎外感、怨恨といった強い感情を味方につけたことで、倫理哲学と法学に根ざした自由主義の価値と理想の分析による防御は、防御にならないことは証明されている。

おそらく防御になるのは、自由主義の奥深い文化的、芸術的な美しい遺産なのだろう。現代の人道主義の偉業は、博学な人たちの政治的な論争術や哲学的な合意にも、正義と平等を求める社会運動の勇敢な戦いのなかにも見つからないだろう。それは普通の人びとの日々の暮らしのなかにある。自分の物語は伝える価値がある、自分の体は誇りと美の源であり、恥や罪の対象ではないと主張することで、自己実現の約束を果たした人びとの暮らしのなかに。つまり、ファッションの歴史は、貴族階級の威厳ある衣装、有名なファッションデザイナーの芸術的な創作物、多国籍企業の世界的規模の販売活動のなかだけにあるのではない。そういったものはどれも役目を果たしはしたが。また、おそらくは何よりも、数十億人もの人たちの、大胆でありながらわかりにくく、誠意を感じさせながら不自然な、巧みでありながらぎくしゃくとした、自己成型のなかにもある。彼らは想像力を駆使してワードローブを考え、自分の願望をはっきりと表現している。

ドレスコードの歴史におけるヒーローとヒロインたち――少なくとも主要なリーダーたち――は、特権階級でも、聖職者でも、産業界の大物でも、宮廷人でも、革命家でもない。それは、エリザベス朝英国の権力側を動揺させたせいで、警官に逮捕されたリチャード・ウォルワース。コルセットとペチコートによる服装の規律正しさを通して、フェミニストの道徳心に気づいたシュヴァリエ・デオン。フェミニズムをファッショナブルなものにしたフラッパーたち。自分たちのファッションセンスを、白人優越主義に対する目に見える反論とした黒人男性たちと女性たち。プレッピールックを上流階級の偏狭さの印から、破壊的な階級の流動性の表明にしたロ・ライフス。植民地独立後に本物の文化を求めた独裁主義と、部族間紛争の暴力の両方を、上質な靴を履いて器用に回避したサプールたち。

ファッションは抑圧と搾取に対する防御ではない。けれども、それが彼らにとっての答えとなるのは、ファッションが、何よりも――権力者の野心、伝統の重責、道徳的権威が示す規範よりも――大切なのは人間の繁栄だと主張するからだ。ファッションは、人間性の敵との戦いを支えてくれないかもしれない。しかし、それは人に、自分がなんのために戦っているのか、それとなく気づかせてくれる。

# おわりに　裸にされたドレスコード

　私が成長期にあった頃、家族でたびたびサンフランシスコを訪れ、大都会の多くのアトラクションを楽しんだものだ。サンフランシスコのある肌寒い夏のこと、私たちがギアリーストリートを劇場街に向かって歩いていると、ひとりのヌーディストと出くわした。その男性は必死になって、おかしなことなど何もしていないかのような素振りをし、まるでこういっているかのようだった。「この人混みのなかで私だけが分別のある人間だ――滑稽で煩わしい衣服を着て、間抜けに見えるのは、お前たちのほうだ」交差点で信号が変わるのを待っていると、父の横に立ち、挑戦的に私たちのほうを見た。母は目を逸らし、私と妹を引き寄せ、ふたりの目を覆わんばかりだった。しかし父はその男性に向き合い、上から下まで眺めると、動揺を少しも感じさせない口調でこういった。「寒くはないかい？」

「慣れるもんだよ」とその男性は答えた。

「本当に大丈夫かい？」と父はたずねた。その声にある疑念は、単に気温以上のことを問いかけていると私には感じられた。

サンフランシスコのベイエリアは、合衆国でもヌーディスト運動がとくに盛んな土地だ。毎年、ヌーディストたちは公序良俗法を無視して、サンフランシスコとバークリーの通りを全裸で行進し、地方自治体の集会に入り込み、最も長くつづくドレスコードである衣服着用を強制する圧政に抗議する。彼らの主張は、衣服の着用は不自然で、寛げない。体を覆うことへの執着は不合理な道徳主義だというものだ。

これまでのところ、ヌーディスト運動は多くの信奉者を引きつけてはいない。ある意味、これは驚きだ。ヌーディストの理念は、ファッションは愚かしく取るに足りないものだと主張する大勢の人たちの理念とまったく同じだからだ。もし衣服が重要性のない単なる邪魔物だとすれば、なぜそんなもののために頭を悩ますのか？　ヌーディストはザッカーバーグのグレーのTシャツばかりのワードローブに勝る。彼らは禁欲的なユニフォームを選び、身につけるのに必要な工夫と手間さえなしで済ませているのだ。快適さに関しては、カリフォルニアの気候なら、一年の大半、裸でいることを選んでも、なんの支障もなく生きていける。

私の推測では、彼らの真似をする者が多くなかった理由は、裸でいても、ヌーディストが求めるものが手に入らないからだろう。それはファッショナブルに装うことからの解放。そして覆いを剝ぎ取られた人間の本質の純真さのことだ。聖書の物語によれば、これは、自我が芽生えたときに人が永遠に失うものだ。人は自己を認識しているから、人目を気にし、自己提示に不安を抱き、躍起になって自分自身を創り上げずにはいられない。とすれば、裸でいることは、絵画や彫刻を学ぶ学生たちがいうように、赤子や幼い子どもたちの無邪気な裸と同じではない。裸でいれば、必ず自意識過剰となり、文化を主張し、わざとらしさから逃れられず、何かの意味を背負わされる。裸の女神像のポーズにしろ、公序良俗法に反対する中年ヌーディストの姿勢にしろ、裸でいることはひとつのファッション哲学だ。人は衣服を放棄しても、ドレスコードが規定する力から逃れることはできない。

# 謝辞

学術的執筆は孤独な冒険になることがある。パソコンの前で独り長い時間を過ごし、時折それを中断しては、いくつもの図書館の書籍のなかで独り時間を過ごす。本書はそんな孤独から生まれたものだが、幸いなことに、それはこれまでのキャリアのなかで出会った、非常に思慮深く、洞察に満ち、寛大な人たちに関心をもってもらえた。学究的な世界の同僚たちの服装をからかって笑わせてきたが、実際にはきちんとした服装をする人たちだ。さらに重要なことに、彼らは厳格だが親切で、考え方は大胆だが地に足がつき、往々にして一緒にいて楽しい人たちだ。このプロジェクトを進めてきた長い年月の間に、彼らの知恵と心遣いにおおいに助けられた。一流の歴史的資料を教えてくれたベルナデット・メイラーとアマリア・ケスラー、女性ファッションの表現力を称賛する私に、それがどれほど侮辱的なものか、粘り強く教えてくれたデボラ・ロードにはとくに感謝している。二〇一九～二〇年のドレスコードに関する私のセミナーでは、スタンフォードロースクール１Ｌｓの活気に満ちた学生たちと過ごせて、非常に楽しかった。そういった学生のひとり、ギローム・ジュリアンはのちに私の研究助手となり、本書の草稿を最終稿として仕上げる段階で多大な協力をしてくれた。画像の掲載許可の確認、フランス語から英語への翻訳の手伝いだけでなく、彼がジョージ・ワシントンは十中八九、かつらをつけていなかったことを指摘してくれたおかげで、恥ずかしい誤りを避けることができた。本書のために、もう三人の素晴らしいスタンフォードロースクールの学生と一緒に仕事ができたことも、私の喜びだ。ショーン・ベッカーは執筆作業の中盤に、全体の構造、内容の統一、人の注意を引く言葉のイメージに対する鋭い洞察力と確かな眼識力をもって、草稿を読んでくれた。ヘザー・ヒューズは、多くの重要な出典を突き止め、初期の草稿を注意深く読み、ポストミレニアル世代の視点から、専門用語と礼儀作法に関する誤りを丁寧に修正してくれた。エイミー・タネンバウムは、調査を軌道に乗せる手助けをし、プロジェクトの方向づけをしてくれた。私のアシスタント、クリッサ・パリスは、校正作業、画像掲載許可確認作業で期待以上の働きをしてくれた。スタンフォード大学の各図書館のスタッフは相変わらず優秀だった。法律司書リッチ・ポーターには、自分では探そうとも思わなかった情報源を勧めるなど、精力的に支援してくれたことに深く感謝する。

このプロジェクトの各段階で以下の場所で講義を行った。バークレー大ロースクール、ジョージ・ワシントン大ローセンター、シカゴ大ロースクール、ロジャー・ウィリアムズ大スクール・オブ・ロー、スタンフォード大ロースクール、スタンフォード大バンジーランチクラブ、スタンフォード大イタリックプログラム。こういった講義で意見交換できたことは非常に有益だった。また次の人たちとの会話やメールのやり取りも楽しく、そこから得たものは大きかった。ニューヨーク・タイムズ紙ファッション批評欄責任者、ヴァネッサ・フライドマン。エスクァイア誌クリエイティブ・ディレクター、ニック・サリヴァン。マリ・クレール誌クリエイティブ・ディレクター、ケイト・ランフィア。プロのスタイルコンサルタント、ジョディ・ターナドット。ファッションおよびスタイルコンサルタント、マラ・コレサス博士。サンフランシスコにある最先端の小売店ＭＡＣ（Modern Appealing Clothing〈現代の魅力的な衣服〉）の、かの有名な陽気な経営者、ベンとクリス・オスピタル。ＮＹＵスクール・オブ・ロー、ジャネ・フロマー教授には、シェイテルの存在を教えてもらったこと、ジョージタウン大ローセンターのラマ・アブ＝オデー教授にはヒジャブをめぐる政治闘争について根気よく助言をもらったことに深く感謝する。ラマが、私の執筆内容がどっちつかずの西洋の進歩的ポストモダニストの限界を映し出していると考えていることは知っているし、まさにそのとおりだ――不十分な箇所はあるにしても、彼女の知識を分けてもらえなかった場合とは比べものにならないほど大幅に改善できている。元エスクァイア誌および男性誌ハーストの総合的マーケティング・ディレクター、ドーン・シェゲビーには、努力を感じさせない上品さと、羨ましいほどの機知を見せてくれたことに心から感謝する。なんといっても、何十年も大切な友人でいてくれた彼女は、ファッション界に多くのひらめきをもたらし、個人のスタイルの重要性を教えてくれた。

サイモン&シュスター出版社の伝説、故アリス・メーヒューと一緒に仕事ができたことは、とても光栄だった。このプロジェクトの可能性に初期の段階で気づいてくれただけでなく、本にしようとする出版社がほとんどいなかった時期に尽力してくれた。物語の構造を創り出す彼女の洞察力は人並みはずれて鋭く、マンハッタンのシーグリルで彼女と昼食を取った時間を心から懐かしむことだろう。編集者としてのアリスを失った衝撃は何をしても和らがないが、エミリー・グラフとの仕事もアリスとのものとほとんど同じだった――エミリーは寛大に、丁寧に、そして精力的に私と本書を導き、重要な最終段階を乗り越えさせてくれた。十年以上にわたり著作権代理人を務めてくれているウェンディ・ストロースマンは、このアイデアの可能性に最初に気づいてくれた人だ。彼女はよいときも悪いときも私と私の仕事を信じ、出版社を見つけ、契約をまとめるという代理人の普通の仕事以上のことをし、長く、混乱することの多い出版過程と出版後の宣伝活動の慌ただしい時期のどの場面でも、親切で心を慰める誠実な友でいてくれた。彼女のアシスタント、ローレン・マックレオドもウェンディと変わらない高い水準を保ち、新しい読者や、ソーシャルメディアの可能性（歳を取りすぎた私ひとりでは、全体像を把握することすらできないもの）を考えることに没頭し、超人的で斬新な能力を発揮してくれた。

家族は、愛情と支えを与える、というよくある言葉では表せないほど貢献してくれた。母ナンシー・フォード、妹ロビン・フォードは、父の記憶の細かい部分まで明確に思い出させ、父がくれた大きな影響力を補足してくれた。我が子コールとエラは、喜びと楽観主義の源泉であるだけでなく、マーリーンが撮った私の写真のなかで、片方はじっと座り、もう片方はじっと座るのを拒むことで、エスクァイア誌コンテスト向けのリアル・マンとしての私のイメージに磨きをかけてくれたのは間違いない。最後に、家庭とキャリアを巧みにこなす現代女性を体現する妻マーリーンは、幼い我が子たちが軌道を描いて回る引力の中心であり、トップレベルの弁護士でもある。彼女は支えと愛情、そして商標法に関する貴重な助言だけでなく、専門職の女性たちが直面する多様で矛盾のある要求について、我慢強く教えてくれた。ちなみに、ルブタンのハイヒールを履いた彼女は息を呑むほど美しい。

York City, April 30, 2018 (on file with author).

6. The Official Campaign of the CROWN Act, https://www.thecrownact.com.

with Street-Style Legend Dapper Dan," Esquire.com, December 14, 2017, http://www.esquire.com/style/mens-fashion/a14432993/dapper-dan-gucci-store/.

32. Dan Adler, "The History of Hip Hop's Obsession with Polo Ralph Lauren," *Esquire*, August 16, 2016, http://www.esquire.com/style/a47568/hip-hop-polo-ralph-lauren-history/.
33. *XXL* staff, "Polo and Hip-Hop, an Oral History [Pt. 1]—XXL," *XXL Mag*, November 30, 2010, http://www.xxlmag.com/lifestyle/2010/11/polo-and-hip-hop-an-oral-history-pt-1/2/?trackback=tsmclip.
34. Ibid.
35. Adler, "The History of Hip Hop's Obsession with Polo Ralph Lauren."
36. Ibid.
37. Ibid.
38. Ch. Didier Gondola, "Dream and Drama: The Search for Elegance among Congolese Youth," *African Studies Review* 42, no. 1 (1999): 23, 24, https://doi.org/10.2307/525527.
39. Ibid.
40. Jehan de Witte, *Les Deux Congo. 35 Ans D'apostolat Au Congo français*. Pp. xii. 408. (Paris, 1913), 164.
41. Gondola, "Dream and Drama," 27.
42. Ibid.
43. Edmund Sanders, "In Congo, Designer Cheek," *Los Angeles Times*, November 28, 2006.
44. Héctor Mediavilla, "The Congolese Sape," http://v1.zonezero.com/exposiciones/fotografos/mediavilla/index.html.
45. Anna Weinberg, "Paradise Is a Fabulous Suit: For the Congolese Sapeurs, Haute Couture Isn't Just an Abiding Passion, It's a Religion," *Colors*, no. 64, http://sites.colorsmagazine.com/64/01.php.
46. Mediavilla, "The Congolese Sape."
47. Gilles Lipovetsky, *The Empire of Fashion* (Princeton: Princeton University Press, 2002), 79.

## 終章　ドレスコードを解読する

1. Leah Asmelash, "People Around the World Are Dressing Up to Take Their Trash Out as a Way to Enliven Their Self-Isolation," CNN.com, April 12, 2020.
2. Alexander Pope, "An Essay on Criticism: Part 2," 1711.
3. Hollander, *Sex and Suits*, 192–93.
4. Kendra Pierre-Louis, "How to Buy Clothes that Are Built to Last," *New York Times*, September 25, 2019.
5. Interview with Nick Sullivan, *Esquire* Creative Director, Hearst Tower, New

14. Afsun Qureshi, "Marc Jacobs: Cultural Appropriation Backlash 'Erodes Freedom of Speech,'" CNN.com, September 20, 2016.
15. Scott Davis, "Jeremy Lin Posts Thoughtful Response with a Subtle Dig After Being Criticized by Former Player for Growing Dreadlocks," *Business Insider*, October 6, 2017.
16. Kevin Rawlinson, "Marc Jacobs Defends Himself in Dreadlocks-On-Catwalk Row," *The Guardian*, September 16, 2016, https://www.theguardian.com/fashion/2016/sep/17/marc-jacobs-defends-himself-dreadlocks-furore.
17. Valeriya Safronova, "Marc Jacobs's Use of Faux Locs on Models Draws Social Media Ire," *New York Times*, September 16, 2016.
18. Katherine Timpf, "Campus-Wide Email Tells White Girls to Stop Wearing Hoop Earrings Because It's Cultural Appropriation," *National Review*, March 8, 2017.
19. Elliot Dordick, "Pitzer College RA: White People Can't Wear Hoop Earrings," *Claremont Independent*, March 7, 2017, http://claremontindependent.com/pitzer-college-ra-white-people-cant-wear-hoop-earrings/.
20. Katherine Timpf, "Campus-Wide Email Tells White Girls to Stop Wearing Hoop Earrings Because It's Cultural Appropriation," *National Review*, March 8, 2017.
21. Margo DeMello, *Encyclopedia of Body Adornment* (Westport, CT: Greenwood Press, 2007), 94.
22. @lin_chenhao, Twitter, May 11, 2018.
23. @DengLeader, Twitter, May 4, 2018.
24. Amy Qin, "Teenager's Prom Dress Stirs Furor in U.S.—But Not in China," *New York Times*, May 2, 2018.
25. Minyvonne Burke, "Utah Teen Who Wore Chinese-style Dress Hits Back at Critics," *Daily Mail*, May 2018.
26. Anne Chen, "An American Woman Wearing a Chinese Dress Is Not Cultural Appropriation," *The Guardian*, May 4, 2018.
27. Ash Carter, "The Fascinating History of the Town Where the Tuxedo Was Born," *Town and Country*, January 1, 2012.
28. Vanessa Friedman, "Should Fashion Be Politically Correct?" *New York Times*, October 14, 2015, https://www.nytimes.com/2015/10/15/fashion/should-fashion-be-politically-correct.html.
29. Matthew Benz, "Le Crocodile: How Lacoste Became the Preppy Polo of Choice," *Ivy Style*, June 8, 2011, http://www.ivy-style.com/le-crocodile-how-lacoste-became-the-preppy-polo-of-choice.html.
30. The Hip Hop Tailor Of Harlem," *Sneaker Freaker*, November 8, 2017, http://www.sneakerfreaker.com/features/dapper-dan-the-hip-hop-tailor-of-harlem/#7.
31. Matthew Schneier, "Did Gucci Copy 'Dapper Dan'? Or Was it 'Homage'?" *New York Times*, May 31 2017; Christine Flammia, "Gucci Is Officially Teaming Up

*ington Post*, June 24, 2005.

## 第17章　偽物と文化の盗用

1. *Farryn Johnson v. Hooters of Harborplace, LLC.*, Charge of Discrimination, Maryland Commission on Civil Rights, October, 21, 2013.
2. Rachel Elizabeth Cook, "You're Wearing the Orange Shorts? African American Hooters Girls and the All-American Girl Next Door," master's dissertation, Georgia State University, 2011, 12, https://scholarworks.gsu.edu/cgi/viewcontent.cgi?referer=https://duckduckgo.com/&httpsredir=1&article=1021&context=wsi_theses; Rachel Elizabeth Cook, "Black Skin, Orange Shorts: A Hooters Girl Narrative," *Ebony*, August 2, 2012.
3. Joel Landau, "Hooters ordered to pay $250,000 to black waitress who was told she couldn't have blond streaks in her hair," *Daily News*, April 8, 2015.
4. Cook, "You're Wearing the Orange Shorts?" 12; Cook, "Black Skin, Orange Shorts: A Hooters Girl Narrative."
5. Vanessa Friedman, "Marc Jacobs's Glitterati," *New York Times*, September 15, 2016.
6. Jenna Rosenstein, "How Will the Internet React to Marc Jacobs' Rainbow Dreadlocks?" *Harper's Bazaar*, September 18, 2016.
7. Nicole Bitette, "Marc Jacobs blasted for cultural appropriation after sending models down the runway with fake dreadlocks," *DailyNews*, September 15, 2016, http://www.nydailynews.com/life-style/fashion/marc-jacobs-blasted-fake-dreadlocks-models-article-1.2794126.
8. Vanessa Friedman, "Should Fashion Be Politically Correct?" *New York Times*, October 14, 2015.
9. Fernanda Santos, "Arizona Fraternity Party Sires Concerns of Racism," *New York Times*, January 22, 2014.
10. Raul A. Reyes, "Opinion: 'USA v. Mexico' frat party a big mistake," NBCLatino.com, November 26, 2013, http://nbclatino.com/2013/11/26/opinion-usa-v-mexico-frat-party-a-big-mistake/.
11. Victoria Cavaliere, "Duke Fraternity suspended after hosting a party slammed as racist," *Daily News*, February 7, 2013, http://www.nydailynews.com/news/national/duke-frat-suspended-hosting-asian-themed-party-article-1.1257624.
12. "Frat's 'Colonial Bros and Nava-Hos' and 'Mexican and Americans' off-campus parties investigated for racism," *Daily Mail*, November 23, 2017.
13. Hannah Gold, "6 Disturbingly Racist and Sexist Frat Party Themes—from Just This Past Year!" *Salon*, March 4, 2014, https://www.salon.com/2014/03/04/6_disturbingly_racist_and_sexist_frat_party_themes_—_from_just_this_past_year_partner/.

26. Suzanne Kapner, "Men Ditch Suits, and Retailers Struggle to Adapt," *Wall Street Journal*, March 25, 2019.
27. Matt Levine, "Be Careful Wearing Jeans at Goldman," Bloomberg.com, March 6, 2019.
28. Stephen Mihm, "Goldman's 'Flexible' Dress Codes Takes a Cue From Silicon Valley," *Bloomberg*, March 9, 2019, https://www.bloomberg.com/opinion/articles/2019-03-09/goldman-takes-page-from-tech-sector-by-ditching-business-suit.
29. E.W., "Suitable Disruption," *The Economist*, August 4, 2014, https://www.economist.com/schumpeter/2014/08/04/suitable-disruption?fsrc=scn%2Ftw%2Fte%2Fbl%2Fed%2Fsuitabledisruption.
30. Queena Kim, "Silicon Valley has a dress code? You better believe it," *Marketplace*, January 28, 2014.
31. Ibid.
32. Ibid.
33. Anna Holmes, "Marissa Mayer and *Vogue* Couture in the C-Suite," *Time*, August 13, 2013.
34. Vanessa Friedman, "Mark Zuckerberg Adopts Obama's Approach to Dressing," *New York Times*, November 12, 2014, https://runway.blogs.nytimes.com/2014/11/12/mark-zuckerberg-adopts-obamas-approach-to-dressing/?hp&action=click&pgtype=Homepage&module=second-column-region&region=top-news&WT.nav=top-news&_r=1 (as of March 17, 2017).
35. Nitasha Tiku, "Why Are Tech Workers So Bad at Dressing Themselves?" *ValleyWag*, August 1, 2014, http://valleywag.gawker.com/why-are-tech-workers-so-bad-at-dressing-themselves-1613023344.
36. Dylan Love, "Soylent Is Like a Productivity Cheat Code—and More Observations from Two Weeks on the Meal Replacement Drink," *Business Insider*, July 14, 2014, http://www.businessinsider.com/soylent-review-2014-7
37. Ibid.
38. Vanessa Friedman, "Mark Zuckerberg's I'm Sorry Suit," *New York Times*, April 10, 2018.
39. Christian Chensvold, "Miles Ahead: Not Just a Jazz Genius, Miles Davis Was Also a Sartorial Chameleon, Easily Carrying Off the Ivy League Look and Slim-Cut European Suits with Ass-Kicking Charm," *The Rake*, October/November 2009, 54.
40. Cathy Horyn, "006 ½," *New York Times*, November 16, 2012, https://runway.blogs.nytimes.com/2012/11/16/size-006-12/.
41. Ibid.
42. Ibid.
43. Jena McGregor, "New Goldman Sachs dress code points to a sartorial double standard in the workplace," *Washington Post*, March 21, 2019.
44. Robin Givhan, "Oprah and the View from Outside Hermès' Paris Door," *Wash-*

# 口絵クレジット

1 Beach, Chandler B., ed. *The New Student's Reference Work*. Dress of Ancient Period. Illustration. Chicago: F. E. Compton and Company, 1805.

2 Unknown, Portrait of Queen Elizabeth, courtesy of Rijksmuseum, Amsterdam, 1550–1599.

3 Lynch, Albert. *Portrait of Jeanne d'Arc. Le Figaro Illustré*. 1903.

4 Bennett, Veronica, Ryan Todd, and GraphicDesign&. *Looking Good: A Visual Guide to the Nun's Habit*. GraphicDesign&: 2016. © Ryan Todd.

5 van Meytens, Martin. *Portrait of Wenzel Anton Graf von Kaunitz-Rietberg*. 1749–1750.

6 Batoni, Pompeo. Portrait of a Man in a Green Suit, 1760s. Oil on canvas, 39 ⅛ × 29 ⅛ in. (99.38 × 73.98 cm) courtesy Dallas Museum of Art, gift of Leon A. Harris, Jr., 1954.

7 Dighton, Richard. *George "Beau" Brummell*, watercolor. 1805.

8 *Women wearing crinolines which are set on fire by flames from a domestic fireplace*. Colored lithograph, ca. 1860. Wellcome Library no. 586198i. Licensed under Creative Commons 4.0.

9 Ellis & Walery. *Miss Camille Clifford*. 1906. Postcard. J. Beagles & Co. Ca.

10 Bain News Service. Louise Brooks. 1920-1925. Library of Congress, Prints & Photographs Division, LC-B2- 5474-15 [P&P]. George Grantham Bain Collection.

11 *Vanity Fair*'s Bifurcated Girls, June 1903, from Public Domain review, https://publicdomainreview.org/collection/bifurcated-girls-vanity-fair-special-issue-1903.

12 Martin, David, Painting of Dido Elizabeth Belle and her cousin Lady Elizabeth Murray, courtesy The Right Honourable Earl of Mansfield, of Scone Palace, Perth.

13 © Sean Rayford, 2020.

14 Brooklyn Museum Costume Collection at The Metropolitan Museum of Art. *Chopines*. 1550–1650. Gift of the Brooklyn Museum, 2009; gift of Herman Delman, 1955.

15 *Persian*, 17th century. Collection of the Bata Shoe Museum. Image © 2020. Bata Shoe Museum, Toronto, Canada.

16 © Chris Luttrell.

17 Modern copy of Rigaud, Hyacinthe. *Portrait of Louis XIV*. 1701. © Everett Collection.

18 Senate Democrats. Sinema Reception. Licensed under Creative Commons

2.0.
19 Hall, Frank. U.S. Secretary of Defense Caspar W. Weinberger meets with President Mobutu of Zaire at the Pentagon, 1983.
20 Makangara, Justin and Héctor Mediavilla. Severin Mouyengo, aka the Salopard. © Justin Makangara.
21 Vucci, Evan. President-elect Donald Trump arrives at Indianapolis International Airport for a visit to the Carrier factory, Thursday, Dec. 1, 2016, in Indianapolis, Ind. 2016. Photograph. © Associated Press.

# 本文図版クレジット

p27 Williams Ford, Marlene. Rich Ford for *Esquire* Best-Dressed Real Men. 2009. Photograph. © Marlene Williams Ford.
p49 *Trunk Hose | Bohemian.* The Metropolitan Museum of Art, Gift of Bashford Dean, 1923 licensed under Creative Commons 1.0.
p67 Statues at the "House of Cleopatra" in Delos, Greece. *Man and woman wearing the himation.* By Heiko Gorski. Licensed under Creative Commons 3.0.
p95 *Bluebeard,* Raquel Welch. 1972. © Everett Collection.
p99 © Daughters of Charity Province of St. Louis, 1964.
p173 Le Chevalier D'Éon, a man who passed as a woman: shown half in woman's, half in man's attire. Engraving. Welcome Library no. 275i. Licensed under Creative Commons 4.0.
p180 Currier, The Library of Congress. *The Bloomer Costume,* 1851.
p186 O'Followell, Ludovic. *Le Corset.* 1905.
p191 *Harper's Magazine.* 1852. January 1852 issue, 286.
p192 *Harper's Magazine. A "Bloomer" (in Leap Year).* 1852. January 1852 issue, 286.
p194 *La crinolinomanie. Petit journal pour rire,* No. 037, 1856.
p203 The University of Chicago Photographic Archive. *Students.* Circa 1940s. Photograph. © The University of Chicago.
p205 Unknown.
p234 1943. © Everett Collection.
p247 Blackwell, Fred. *Salter, Trumpauer, and Moody at Lunch Counter Sit-in.* 1963.

© Fred Blackwell.

p248 Scherman, Rowland. Civil Rights March on Washington, DC. 1963. National Archives.

p251 Library of Congress, Glenn Pearcy Collection. *Students March in Montgomery*. 1965. Photograph. © Glenn Pearcy.

p255 UC Santa Cruz, Ruth-Marion Baruch and Prickle Jones Collection. © UC Board of Regents.

p256 UC Santa Cruz, Ruth-Marion Baruch and Prickle Jones Collection. © UC Board of Regents.

p319 *Playboy Bunnies*, 1975. © Associated Press.

p353 Petteway, Steve, Collection of the Supreme Court. Ruth Bader Ginsburg, Official Supreme Court Portrait. Photograph.

p391 Bain News Service. *Bather Posing for a Photo - Ostend*. 1913. Library of Congress, Prints & Photographs Division, LC-B2- 2711-14 [P&P]. George Grantham Bain Collection.

p424 © Richard Thompson Ford, 2020.

p440 Sargent, Lee: @leecomptons. Photo for @midtownuniform on Instagram. 2019 © Lee Sargent.

p472 Unknown (Woman wearing a cheongsam). 2009. Licensed under China Mainland Creative Commons 2.5.

# 参考文献


Adam, Hajo, and Adam D. Galinsky. "Enclothed Cognition." *Journal of Experimental Social Psychology* 48, no. 4 (2012).

Adams, Gene, "Dido Elizabeth Belle, a Black Girl at Kenwood: An Account of a Protegée of the 1st Lord Mansfield," *Camden History Review* Vol. 12 (1984).

Aherne, Consuelo Maria. *Joyous Service: The History of the Sisters of Saint Joseph of Springfield*. Holyoke, MA: Sisters of Saint Joseph, 1983.

Ahmed, Leila. *Women and Gender in Islam Historical Roots of a Modern Debate.* Philadelphia: University of Pennsylvania Press, 1992.

Alarcon, Daniel. "Guilt By Association." *New York Times Magazine*, May 31, 2015.

Allen, Robert L. *Black Awakening in Capitalist America: an Analytic History*. Trenton, N.J: Africa World Press, 1992.

Amer, Sahar. *What Is Veiling?* Chapel Hill: University of North Carolina Press, 2017.

Anderson, Benedict. *Imagined Communities: Reflections on the Origin and Spread of Nationalism*. London: Verso, 1998.

Antongiavanni, Nicholas. *The Suit: A Machiavellian Approach to Men's Style*. New York: Collins, 2006.

Appiah, Kwame Anthony. *The Honor Code: How Moral Revolutions Happen*. New York: Norton & Company, 2011.

Barnard, Malcolm. *Fashion as Communication*. Florence: Taylor and Francis, 2013.

Barthes, Roland. *The Fashion System*. London: Vintage, 2010.

Barthes, Roland. "A Case of Cultural Criticism." *Communications 14*, 1969.

Beebee, Barton. "Intellectual Property Law and the Sumptuary Code." *Harvard Law Review* 123, no. 809 (2010).

Bellezza, Silvia, Francesca Gino, and Anat Keinan. "The Red Sneakers Effect: Inferring Status and Competence from Signals of Nonconformity." *Journal of Consumer Research* 41, no. 1 (January 2014).

Bennett, J. M., and S. Mcsheffrey. "Early, Erotic and Alien: Women Dressed as Men in Late Medieval London." *History Workshop Journal* 77, no. 1 (October 2014).

Bennett, Veronica, and Ryan (ill.) Todd. *Looking Good: a Visual Guide to the Nuns Habit*. London: GraphicDesign&, 2016.

Bensimon, Kelly Killoren. *The Bikini Book*. New York: Assouline, 2006.

Bettcher, Talia Mae. "Evil Deceivers and Make-Believers: On Transphobic Violence and the Politics of Illusion." *Hypatia* 22, no. 3 (Summer 2007).

Bingen, Hildegard av. *Scivias*. New York: Paulist Press, 1990. (Book II, vision 6, 77).

Birnbach, Lisa. *The Official Preppy Handbook*. Workman Publishing, 1980.

Burke, Joanna. "The Great Male Renunciation: Men's Dress Reform in Inter-war Brit-

ain." *Journal of Design History* 9, no. 1 (1996).
Burrows, Simon. *Blackmail, Scandal and Revolution: London's French Libellistes, 1758–92.* Manchester: Manchester Univ. Press, 2009.
Burrows, Simon, *The Chevalier D'Éon and His Worlds: Gender, Espionage and Politics in the Eighteenth Century.* Simon Burrows, Jonathan Conlin, Russell Goulbourne, and Valerie Mainz, eds. London: Continuum, 2010.
Carlson, Jack, F. E. Castleberry, Adrian Krajewski, and Ursa Mali. *Rowing Blazers.* London: Thames & Hudson Ltd, 2014.
Carlyle, Thomas. *Sartor Resartus.* 1836.
Carmichael, Stokely, and Charles V. Hamilton. *Black Power: The Politics of Liberation in America.* New York: Vintage, 1967.
Caroso, Fabritio, Julia Sutton, and F. Marian. Walker. *Courtly Dance of the Renaissance.* London: Constable, 1995.
Carson, Clayborne. *In Struggle: SNCC and the Black Awakening in the 1960s.* Cambridge: Harvard University Press, 1995.
Carter, Ash. "The Fascinating History of the Town Where the Tuxedo Was Born." *Town and Country,* January 1. 2012.
Castiglione, Baldassarre, *The Book of the Courtier: The Singleton Translation.* New York: W.W. Norton, 2002.
Chenoune, Farid, Richard Martin, and Deke Dusinberre. *A History of Men's Fashion.* Paris: Flammarion, 1995.
Chesterfield, Philip Dormer Stanhope. *Letters to His Son; On the Art of Becoming a Man of the World and a Gentleman.* Tudor, 1917.
Chevalier, Michel. *Society, Manners and Politics in the United States.* 1966.
Cleaver, Eldridge. "As Crinkly As Yours," in *S.O.S. Calling All Black People: a Black Arts Movement Reader,* Boston: University of Massachusetts Press, 2014.
Cohn, Samuel K. "Black Death, Social and Economic Impact of the." In Bjork, Robert E. (ed.). *The Oxford Dictionary of the Middle Ages.* Oxford: Oxford University Press, 2010
Crane, Diana. *Diffusion Models and Fashion: A Reassessment,* 566 ANNALS AM. ACAD. POL. & SOC. SCI. 13 (1999).
Daly, Mary. *The Church and the Second Sex.* Boston: Beacon Press, 1985.
Davies, Glenys and Lloyd Llewellyn-Jones. *A Cultural History of Dress and Fashion: Vol. 1, In Antiquity, "The Body."* London: Bloomsbury, 2017.
DeMello, Margo. *Encyclopedia of Body Adornment.* Westport, CT: Greenwood Press, 2007.
DeMello, Margo. *Feet and Footwear: a Cultural Encyclopedia.* Santa Barbara, CA: Greenwood Press/ABC-CLIO, 2009.
Diderot, Denis. *Encyclopedie Ou Dictionnaire Raisonne Des Sciences, Des Arts Et Des Metiers,* 1751–1772.
*Dress Coded, Black Girl, Bodies and Bias in D.C. Public Schools,* National Women's Law Center, 2018.

Dunbar, John Telfer, *History of Highland Dress,* Edinburgh and London: Oliver & Boyd, 1962.

Edmonds, Ed M., Delwin D. Cahoon, and Elizabeth Hudson. "Male-Female Estimates of Feminine Assertiveness Related to Females' Clothing Styles." *Bulletin of the Psychonomic Society* 30, no. 2 (1992).

Ellison, Ralph. *A Collection of Critical Essays,* Englewood Cliffs N.J: Prentice-Hall, 1974.

Ellison, Ralph. *Invisible Man,* New York: Random House, 1952.

Fish, Stanley Eugene. *There's No Such Thing as Free Speech: and It's a Good Thing, Too.* New York: Oxford University Press, 1994.

Flower, Benjamin Orange. *Fashion's Slaves.* Boston: Arena, 1892.

Flugel, J.C. " 'The Great Masculine Renunciation and Its Causes,' from The Psychology of Clothes, (1930)" in Purdy, Daniel L. (ed.). *The Rise of Fashion: A Reader.* Minneapolis: University of Minnesota Press, 2004.

Ford, Richard, *Racial Cultures: a critique.* Princeton: Princeton University Press, 2005.

Ford, Tanisha. "SNCC Women, Denim, and the Politics of Dress." *The Journal of Southern History,* Vol. LXXIX, No. 3, August 2013.

Ford, Thomas, and James Shields. *A History of Illinois from Its Commencement as a State in 1818 to 1847. Containing a Full Account of the Black Hawk War, the Rise, Progress and Fall of Mormonism, the Alton and Lovejoy Riots, and Other Events.* Chicago: S.C. Griggs & Co., 1854.

Fox, George P. *Fashion, the Power That Influences the World: The Philosophy of Ancient and Modern Dress and Fashion.* New York: Sheldon & Co., 1871.

Frazier, E. Franklin. *Black Bourgeoisie: The Rise of a New Middle Class.* New York: Free Press, 1957.

Gondola, Ch. Didier. "Dream and Drama: The Search for Elegance among Congolese Youth." *African Studies Review* 42, no. 1 (1999).

Gordon, Taylor. *Born to Be.* Lincoln: University of Nebraska Press, 1995.

Greenblatt, Stephen. *Renaissance Self-Fashioning: From More to Shakespeare.* Chicago: University of Chicago Press, 1980.

Hall, Edward. *Halls Chronicle: Containing the History of England, during the Reign of Henry the Fourth, and the Succeeding Monarchs, to the End of the Reign of Henry the Eighth, in Which Are Particularly Described the Manners and Customs of Those Periods.* London: Printed for J. Johnson, 1809.

Hansen, Dian, *History of Men's Magazines.* Koln; London: Taschen, 2004.

Head, Edith, and Joe Hyams. *How to Dress for Success.* New York: Random House, 1967.

Hills, H. "The Veiled Body: Within the Folds of Early Modern Neapolitan Convent Architecture." *Oxford Art Journal* 27, no. 3 (January 2004).

Himes, Chester. "Zoot Riots are Race Riots" in Himes, Chester B. *Black on Black: Baby Sister and Selected Writings.* London: Joseph, 1975.

Hollander, Anne. *Sex and Suits the Evolution of Modern Dress*. New York: Knopf, 1994.

Holmes, Anna. "Marissa Mayer and *Vogue* Couture in the C-Suite." *Time*, August 13, 2013.

Hooper, Wilfrid. "The Tudor Sumptuary Laws." *The English Historical Review* XXX, no. CXIX (1915).

Hotchkiss, Valerie R. *Clothes Make the Man Female Cross Dressing in Medieval Europe*. New York: Routledge, 2012.

Hughes, Diane Owen. "Distinguishing Signs: Ear-Rings, Jews, and Franciscan Rhetoric in the Italian Renaissance City." *Past and Present Society* 112, 1986.

Hunt, Alan. *Governance of the Consuming Passions: A History of Sumptuary Law*. New York: St. Martins, 1996.

Ishizu, Shosuke, Toshiyuki Kurosu, Hajime Hasegawa and Teruyoshi Hayshida, *Take Ivy*. Hachette Fujingaho: Tokyo, 1965.

Jones, Jennifer M. *Sexing La Mode: Gender, Fashion and Commercial Culture in Old Regime France*. Oxford: Berg, 2004.

Kates, Gary. *Monsieur D'Eon Is a Woman: A Tale of Political Intrigue and Sexual Masquerade*. Baltimore: John Hopkins University Press, 2001.

Killerby, Catherine Kovesi. *Sumptuary Law in Italy, 1200–1500*. Oxford: Clarendon Press, 2005.

Kollar, Rene. *A Foreign and Wicked Institution?: The Campaign Against Convents in Victorian England*. Havertown: James Clarke & Co, 2014.

Kuchta, David, *The Three Piece Suit and Modern Masculinity: England 1550–1850*, Berkeley: University of California Press, 2002.

Kuhns, Elizabeth. *The Habit: A History of the Clothing of Catholic Nuns*. New York: Doubleday, 2005.

Kwass, Michael. "Big Hair: A Wig History of Consumption in Eighteenth-Century France." *The American Historical Review* 111, no. 3 (January 2006).

Leibenstein, H. "Bandwagon, Snob, and Veblen Effects in the Theory of Consumers Demand." *The Quarterly Journal of Economics* 64, no. 2 (1950)

Lewis, Hylan. *Blackways of Kent*. Chapel Hill: University of North Carolina Press, 1955.

Lipovetsky, Gilles, *The Empire of Fashion Dressing Modern Democracy*. Princeton: Princeton University Press, 2002.

Lunettes, Henry. *The American Gentleman's Guide to Politeness and Fashion, or, Familiar Letters to His Nephews: Containing Rules of Etiquette, Directions for the Formation of Character, Etc., Etc.* New York: Derby & Jackson, 1859.

MacWilliams, Carey, and Matt S. Meier. *North from Mexico the Spanish-Speaking People of the United States*. New York: Greenwood Press, 1990.

Makeba, Miriam. *Makeba My Story*. Johannesburg: Skotaville, 1988.

McCord, David J. *The Statutes at Large of South Carolina, Vol. 7.* 1840.

Mclaren, James G. "A Brief History of Wigs in the Legal Profession." *International*

*Journal of the Legal Profession* 6, no. 2 (1999).
McNeil, Peter. *Pretty Gentlemen Macaroni Men and the Eighteenth-Century Fashion World*. New Haven: Yale University Press, 2018.
Mitch, David. "Education and Skill of the British Labour Force." *The Cambridge Economic History of Modern Britain*, 2004.
Moody, Anthony David. *Coming of Age in Mississippi*. New York: Dial Press, 1968.
More, Thomas. *The Complete Works of St. Thomas More 4, Utopia*. New Haven: Yale University Press, 1965.
Pagan, E. O. "Los Angeles Geopolitics and the Zoot Suit Riot, 1943." *Social Science History* 24, no. 1 (January 2000).
Paoletti, Jo B. *Pink and Blue: Telling the Boys from the Girls in America*. Indiana University Press, 2013.
Paz, Octavio. *The Labyrinth of Solitude*. London: Penguin, 1990.
Perrot, Philippe. *Fashioning the Bourgeoisie: A History of Clothing in the Nineteenth Century*. Princeton: Princeton University Press, 1996.
Prude, Jonathan. "To Look upon the 'Lower Sort': Runaway Ads and the Appearance of Unfree Laborers in America, 1750–1800." *The Journal of American History* 78, no. 1 (1991).
Richards, Lynne. "A Theoretical Analysis of Non-Verbal Communication and Victim Selections for Sexual Assaults," *Clothing and /Textiles Research Journal* (1991).
Roche, Daniel, *The Culture of Clothing: Dress and Fashion in the Ancien Regime*, Cambridge, U.K.: Cambridge University Press, 1996.
Rousseau, Jean-Jacques. *Emile, or, Education*, 1762.
Sanders, Eulanda A. "The Politics of Textiles Used in African-American Slave Clothing," Textile Society of America: Textiles and Politics. (2012).
Sears, Clare. "Electric Brilliancy: Cross-Dressing Law and Freak Show Displays in Nineteenth-Century San Francisco," *Women's Studies Quarterly* 36, no. 3/4, (Fall–Winter, 2008).
Sennett, Richard. *Flesh and Stone*. New York: W.W. Norton, 1994.
Slepian, Michael L., Simon N. Ferber, Joshua M. Gold, and Abraham M. Rutchick. "The Cognitive Consequences of Formal Clothing." *Social Psychological and Personality Science* 6, no. 6 (2015).
Soland, Birgitte. *Becoming Modern: Young Women and the Reconstruction of Womanhood in the 1920s*. Princeton: Princeton University Press, 2002.
Steinberg, Neil, *Hatless Jack*, New York: Plume 2004.
Stuart-Wortley, Emmeline. *Travels in the United States: during 1849 and 1850*. New York: Harper & Bros., 1851.
Sullivan, Nick. *Mariner: The Call of the Sea*. Milan: Skira, 2012.
Trevor-Roper, Hugh. "The Highland Tradition of Scotland," in Hobsbawm, Eric John, and Terence Osborn. Ranger eds. *The Invention of Tradition*. Cambridge: Cambridge University Press, 1983.
Vali, Donna, and Nicholas D. Rizzo. "Apparel as One Factor in Sex Crimes Against

Young Females: Professional Opinions of U.S. Psychiatrists." *International Journal of Offender Therapy and Comparative Criminology* 35, no. 2 (1991).
Veblen, Thorstein. *The Theory of the Leisure Class.* Macmillan, 1899.
Waugh, Norah. *The Cut of Men's Clothes 1600–1900.* London: Faber And Faber, 1977.
Weber, Max. *The Protestant Ethic and the Spirit of Capitalism: A Classic Study of the Fundamental Relationships between Religion and the Economic and Social Life in Modern Culture.* New York: Scribner, 1958.
West, Cornel. *Race Matters.* Boston: Beacon Press, 1993.
White, Shane, and Graham J. White. *Stylin: African American Expressive Culture, from Its Beginnings to the Zoot Suit.* Ithaca: Cornell University Press, 1999.
White, Shane, and Graham White. "Slave Clothing and African-American Culture in the Eighteenth and Nineteenth Centuries." *Past and Present* 148, no. 1 (1995).
Wilde, Oscar. "Slaves of Fashion," "Woman's Dress," "More Radical Ideas upon Dress Reform" and "Costume." *Shorter Prose Pieces,* Project Guttenberg (2000) (originally in the *Pall Mall Gazette,* 1884).
Wolfe, Tom. *Radical Chic & Mau-Mauing the Flak Catchers.* New York: Farrar, Straus and Giroux, 1971.
Wood, Gordon S. *The Creation of the American Republic: 1776–1787.* Chapel Hill: University of North Carolina Press, n.d.
X, Malcolm and Alex Haley. *The Autobiography of Malcolm X.* London: Penguin Books, 1965.
Zakim, Michael. *Ready-Made Democracy: A History of Men's Dress in the American Republic, 1760–1860.* Chicago: University of Chicago Press, 2003.

# 原注

## はじめに


1. Original article on file with author.
2. Neil Steinberg, *Hatless Jack* (New York: Plume 2004), 227–229.
3. "Percentage of Public Schools with Various Safety and Security Measures: Selection years, 1999-2000 through 2013-2014," National Center for Education Statistics, Digest of Education Statistics, https://nces.ed.gov/programs/digest/d15/tables/dt15_233.50.asp.
4. "Making an Appearance: U.S. Retail Dress Code Guidelines," Starbucks Corporation, 2014.
5. "UBS Corporate Wear Dress Guide for Women and Men," UBS, 2010.
6. Jason Chow, "The Rules for Tuxedos," the *Wall Street Journal*, November 24, 2010, http://blogs.wsj.com/scene/2010/11/24/tuxedo-rules/.
7. Antonio Centeno, "A Man's Guide to Black Tie: How to Wear a Tuxedo," *The Art of Manliness*, December 17, 2013, http://www.artofmanliness.com/2013/12/17/black-tie-how-to-wear-tuxedo/.
8. "Style Guide 2015," Royal Ascot, 2015, https://www.ascot.co.uk/sites/default/files/documents/RA 2015_Style Guide_FINAL.pdf.
9. Interview with Kate Lanphear, Hearst Tower, New York City, April 30, 2018 (on file with author).
10. E.W., "Suitable Disruption," *The Economist*, August 4, 2014, https://www.economist.com/schumpeter/2014/08/04/suitable-disruption?fsrc=scn%2Ftw%2Fte%2Fbl%2Fed%2Fsuitabledisruption.
11. Hajo Adam and Adam D. Galinsky, "Enclothed Cognition," *Journal of Experimental Social Psychology* 48, no. 4 (2012): 918–25, https://doi.org/10.1016/j.jesp.2012.02.008.
12. Michael L. Slepian, Simon N. Ferber, Joshua M. Gold, and Abraham M. Rutchick, "The Cognitive Consequences of Formal Clothing," *Social Psychological and Personality Science* 6, no. 6 (2015): 661–68, https://doi.org/10.1177/1948550615579462.
13. Roland Barthes, Richard Howard, and Matthew Ward, *The Fashion System* (London: Vintage, 2010).
14. *Miller v. School District No. 167*, Cook County, Illinois, 495 F2d. 658 (7th Cir. 1974).
15. Richard Ford, *Racial Culture: A Critique* (Princeton: Princeton University Press, 2005), 205–206.

16. "Legal Enforcement Guidance on Discrimination on the Basis of Gender Identity or Expression: Local Law No. 3 (2002); N.Y.C. Admin. Code § 8-102(23)," Legal Enforcement Guidance on Discrimination on the Basis of Gender Identity or Expression: Local Law No. 3 (2002); N.Y.C. Admin. Code § 8-102(23). New York, 2015.
17. *EEOC v. Catastrophe Management Solutions* (11th Cir. 2016).

# 第1部

## 第1章　地位の記号化

1. Wilfrid Hooper, "The Tudor Sumptuary Laws," *The English Historical Review* XXX, no. CXIX (1915): 433–49.
2. Victoria Buckley, "Mandillions and Netherstocks—Elizabethan Men and Their Dress," *Shakespeare's England*, January 13, 2010, http://www.shakespearesengland.co.uk/2010/01/13/mandillions-netherstocks-elizabethan-men-their-dress/.
3. Ibid.
4. Hooper, "The Tudor Sumptuary Laws," 439.
5. Ibid., 441.
6. Catherine Kovesi Killerby, *Sumptuary Law in Italy, 1200-1500* (Oxford: Clarendon Press, 2005), 10–12.
7. Ibid., 34.
8. Queen Elizabeth I, "Proclamation against Excess of Apparel by Queen Elizabeth I," *A Booke containing all such Proclamations, as were published during the Raigne of the late Queen Elizabeth*, British Library, London, June 15, 1574.
9. Christopher Breward, *The Culture of Fashion* (Manchester, UK: Manchester University Press, 1995), 54.
10. Alan Hunt, *Governance of the Consuming Passions: A History of Sumptuary Law* (New York: St. Martin's Press, 1996), 154.
11. Killerby, *Sumptuary Law in Italy*, 87.
12. Ibid., 24.
13. Ibid., 63.
14. Ibid., 73.
15. Ibid., 24–25.
16. Ibid., 81.
17. Ibid., 61; Niccolò Machiavelli, *Opere Di Niccolò Machiavelli* (Milano: Mursia, 1983).
18. Killerby, *Sumptuary Law in Italy,* 38; Hunt, *Governance of the Consuming Passions*, 29–33.

19. Hunt, *Governance of the Consuming Passions*, 30–32.
20. Jennifer M. Jones, *Sexing La Mode: Gender, Fashion and Commercial Culture in Old Regime France* (Oxford: Berg, 2004), 31.
21. Daniel Roche, *The Culture of Clothing: Dress and Fashion in the Ancien Régime* (Cambridge: Cambridge University Press, 1996), 335–45.
22. Samuel K. Cohn, "Black Death, Social and Economic Impact of the," in *The Oxford Dictionary of the Middle Ages*, ed. Robert E. Bjork (Oxford University Press, 2010).
23. See Walter Scheidel, *The Great Leveler: Violence and the History of Inequality from the Stone Age to the Twenty-First Century* (Princeton: Princeton University Press, 2017).
24. Thorstein Veblen, *The Theory of the Leisure Class* (New York: Mentor Books, 1953), 70, 119.
25. David Mitch, "Education and Skill of the British Labour Force," in *The Cambridge Economic History of Modern Britain*, eds. Roderick Floud, Jane Humphries, and Paul Johnson (Cambridge: Cambridge University Press, 2004), 332–56.
26. Hooper, "The Tudor Sumptuary Laws."
27. Ibid.
28. Ibid., 436.
29. Ibid., 441.
30. Ibid., 435–36.
31. Ibid., 439.
32. City Corporation Records, Jo. 18, fo. 283 b (1566); Jo. 20 (2), fo. 348 b (1577); Jo. 21, fo. 19b (1579); Jo. 21, fo. 36 b (1580); cf. Malcolm, *Londinium Btdivivum*, ii. 60; Hooper, "The Tudor Sumptuary Laws," 443.
33. Hooper, "The Tudor Sumptuary Laws," 445.
34. Ibid., 440.
35. Ibid., 436.
36. Thomas More, *The Complete Works of St. Thomas More: Vol. 4, Utopia* (New Haven: Yale University Press, 1965), 127, 133.
37. Ibid., 153.
38. Ibid., 153.
39. Ibid., 157.
40. Emanuele Lugli, "Fashion's Measure: Preaching, Chronicle-Writing, and the New Look of the 1340s," *Fashion Theory: The Journal of Dress, Body and Culture*, 20 (2019), https://doi.org/10.1080/1362704X.2019.1627758.
41. Hunt, *Governance of the Consuming Passions*, 37.

## 第2章　自己成型

1. Glenys Davies and Lloyd Llewellyn-Jones, "The Body," in *A Cultural History of Dress and Fashion: Vol. 1, Antiquity*, ed. Susan J. Vincent, (London: Bloomsbury, 2017), 59.
2. Anne Hollander, *Sex and Suits: The Evolution of Modern Dress* (New York: Knopf, 1994), 43.
3. See Stephen Greenblatt, *Renaissance* Self-Fashioning: *From More to Shakespeare* (Chicago: University of Chicago Press, 1980), 2.
4. Gilles Lipovetsky, *The Empire of Fashion Dressing Modern Democracy* (Princeton: Princeton University Press, 2002), 46–47.
5. See Michel Foucault, *Madness and Civilization: A History of Insanity in the Age of Reason*; *Discipline and Punish: The Birth of the Prison*; *The History of Sexuality, Vol. 1*.
6. Hunt, *Governance of the Consuming Passions*, 68–69.
7. See, e.g., Diana Crane, "Diffusion Models and Fashion: A Reassessment," *Annals of the American Academy of Political and Social Science* 566, no. 1 (1999); George A. Field, "The Status Float Phenomenon: The Upward Diffusion of Innovation," *Business Horizons*, no. 13 (1970), 45.
8. Daniel Roche, "*Apparences revolutionnaires ou revolution des apparences*," in *Modes & Revolutions, 1780–1804*, ed. Madeleine Delpierre (Paris: Editions Paris-Musées, 1989), 111.

## 第3章　信仰の印

1. Diane Owen Hughes, "Distinguishing Signs: Ear-Rings, Jews, and Franciscan Rhetoric in the Italian Renaissance City," *Past & Present*, no. 112 (1986), 51, 54.
2. Elizabeth Kuhns, *The Habit: A History of the Clothing of Catholic Nuns* (New York: Doubleday, 2005), 58.
3. Collegio S. Bonaventura, ed., *San Bernardino of Sienna, Opera ommia*, 9 vols. (1950-65), 77.
4. Breward, *The Culture of Fashion*, 37.
5. Ibid., 36.
6. Hughes, "Distinguishing Signs," 25, 26, note 74 (citing *Trattato degli ornamenti delle donne* (Treatise on the ornaments of women), ed. Aniceto Chiappini.)
7. Ibid., 22.
8. Ibid.
9. Ibid., 16.
10. Ibid.
11. Ibid., 18.

12. Ibid., 19; Bernardino de Siena, *S. Bernardini Senensis Ordinis fratrum minorum Opera omnia iussu et auctoritate R.mi P. Augustini Sépinski,* Quadragesimale de evangelio aeterno: Sermones LIV-LXV · Volume 5 (Quaracchi, Florence: Collegio San Bonaventura: 1950–65).
13. Richard Sennett, *Flesh and Stone* (New York: W. W. Norton, 1994), 225.
14. Hughes, "Distinguishing Signs," 28.
15. Ibid., 19.
16. Ibid., 11.
17. Sennett, *Flesh and Stone*, 240.
18. Hughes, "Distinguishing Signs," 30.
19. Ibid., 27.
20. Sennet, *Flesh and Stone*, 225.
21. Hughes, "Distinguishing Signs," 47.
22. Sennett, *Flesh and Stone*, 240.
23. Kuhns, *The Habit*, 3.
24. Ibid., 40.
25. Ibid., 66.
26. Ibid.
27. Ibid., 93.
28. Ibid., 93–94.
29. Ibid.
30. Ibid., 16, 68; Veronica Bennett and Ryan Todd (illustrator), *Looking Good: A Visual Guide to the Nun's Habit* (London: GraphicDesign&, 2016), 24–25.
31. Kuhns, *The Habit*, 2.
32. Consuelo Maria Aherne, *Joyous Service: The History of the Sisters of Saint Joseph of Springfield* (Holyoke, MA: Sisters of Saint Joseph, 1983); Susan O. Michelman, "Fashion and Identity of Women Religious," in *Religion, Dress and the Body*, ed. Linda B. Arthur (Oxford: Berg Publishers, 1999), 137.
33. Kuhns, *The Habit*, 25.
34. Ibid., 93.
35. Helen Hills, "The Veiled Body: Within the Folds of Early Modern Neapolitan Convent Architecture," *Oxford Art Journal* 27, no. 3 (January 2004): 269–90, https://doi.org/10.1093/oaj/27.3.269.
36. Ibid., 276.
37. Ibid., 284.
38. Ibid., 283.
39. Francesco Vargas Maciucca, *Degli Abuis introdotti ne monastery delle monache per le doti e per le spese che ogliono dale donzelle . . . e loro Riforma, Dissertazone scritta d'ordine degli Eccellentissi mi Signore Eletti di Napoli* (1745).
40. Hills, "The Veiled Body," 278.
41. Rene Kollar, *A Foreign and Wicked Institution?: The Campaign Against Convents in Victorian England* (Havertown: James Clarke & Co, 2014), 19–38.

42. Cassandra Berman, "Wayward Nuns, Randy Priests, and Women's Autonomy: "Convent Abuse" and the Threat to Protestant Patriarchy in Victorian England," dissertation, Macalester College, May 1, 2006 (copy on file with author); Kuhns, *The Habit*, 120.
43. Kuhns, *The Habit*, 130.
44. Ibid.
45. Ibid., 134.
46. Ibid., 138.
47. "Modernizing Nun Habits," *Life* 33, no. 24 (December 15, 1952), 16–17.
48. "Nuns to Wear New Garb by Dior," *New York Times*, August 31, 1964, https://www.nytimes.com/1964/08/31/archives/nuns-to-wear-new-garb-by-dior.html; Kuhns, *The Habit*, 142.
49. Kuhns, *The Habit*, 145.
50. Kuhns, *The Habit*, 144.
51. Mary Daly, *The Church and the Second Sex* (Boston: Beacon Press, 1985), 53.
52. Kuhns, *The Habit*, 142.
53. Kuhns, *The Habit*, 156–7.
54. Ibid., 159–60.

## 第4章　性的象徴

1. Thomas Aquinas, *Prima Pars Secunde Partis Summe Theologie*. Uenetijs impssa: P Andream de torresanis de Asula, Bartolemu de blauijs de Alexandria, Mapheum de peterbonis de salodio socios, 1483.
2. Hildegard av Bingen, *Scivias* (New York: Paulist Press, 1990), (Book II, vision 6), 77.
3. Hollander, *Sex and Suits*, 45.
4. Valerie R. Hotchkiss, *Clothes Make the Man: Female Cross Dressing in Medieval Europe* (New York: Routledge, 2012), 15.
5. Killerby, *Sumptuary Law in Italy*, 64; Hunt, *Governance of the Consuming Passions*, 137–38.
6. Baldassare Castiglione, *The Book of the Courtier: The Singleton Translation* (New York: W.W. Norton, 2002), (Book II, sections 11-12).
7. J. M. Bennett, and S. McSheffrey, "Early, Erotic and Alien: Women Dressed as Men in Late Medieval London," *History Workshop Journal* 77, no. 1 (October 2014), 10–13.
8. Ibid., 13.
9. *Containing the History of England, During the Reign of Henry the Fourth, and the Succeeding Monarchs, to the End of the Reign of Henry the Eighth, in Which Are Particularly Described the Manners and Customs of Those Periods* (London:

Printed for J. Johnson, 1809), 513.
10. Killerby, *Sumptuary Law in Italy*, 64.
11. Bennett and McSheffrey, "Early, Erotic and Alien," 2.
12. Ibid., 3.

## 第2部

## 第5章　男性による華麗な衣装の放棄

1. Farid Chenoune, Richard Martin, and Deke Dusinberre, *A History of Men's Fashion* (Paris: Flammarion, 1995), 10.
2. J. C. Flügel, " 'The Great Masculine Renunciation and Its Causes,' from *The Psychology of Clothes* (1930)," in *The Rise of Fashion: A Reader*, ed. Daniel L. Purdy (Minneapolis: University of Minnesota Press, 2004), 102.
3. Max Weber, *The Protestant Ethic and the Spirit of Capitalism: A Classic Study of the Fundamental Relationships between Religion and the Economic and Social Life in Modern Culture* (New York: Scribner, 1958), 169.
4. Anne Hollander, *Sex and Suits*, 80–81.
5. Chenoune, *A History of Men's Fashion*, 9.
6. David Kuchta, *The Three-Piece Suit and Modern Masculinity: England, 1550 -1850* (Berkeley: University of California Press, 2002), 79.
7. César de Saussure and Berthold van Muyden, *Lettres Et Voyages De Monsr César De Saussure En Allemagne, En Hollande, Et En Angleterre, 1725-1729*, pp. xlvi, 390. (Lausanne: 1903), 57–58.
8. Norah Waugh, *The Cut of Men's Clothes: 1600-1900* (London: Faber and Faber Limited, 1977), 105.
9. Chenoune, *A History of Men's Fashion*, 19.
10. Silence Dogood, *New-England Courant*, June 11, 1772, 45th ed.
11. Michael Zakim, *Ready-Made Democracy: A History of Men's Dress in the American Republic, 1760-1860* (Chicago: University of Chicago Press, 2003), 21.
12. Ibid., 32.
13. Philippe Perrot, *Fashioning the Bourgeoisie: A History of Clothing in the Nineteenth Century* (Princeton: Princeton University Press, 1996), 20. (Le Moniteur universel, no 39, Ire decade de Brumaire, l'an II (30 October 1793)).
14. Flügel, "The Great Masculine Renunciation," 104.
15. Ibid.
16. Zakim, *Ready-Made Democracy*, 203.
17. Benedict Anderson, *Imagined Communities: Reflections on the Origin and Spread of Nationalism* (London: Verso, 1998), 5–7.
18. The Act of Abolition and Proscription of the Highland Dress, 19 George II, cap

39, sec. 17, 1746.

19. Heritable Jurisdictions (Scotland) Act 1746.
20. "Scottish Culture and History: The Story of Tartan Day," *The Royal Caledonian Society of South Australia,* http://www.rcs.org.au/content/history/cultureand-history/The%20Story%20of%20Tartan%20Day.pdf.
21. Hugh Trevor-Roper, "The Highland Tradition of Scotland," in *The Invention of Tradition,* eds. Eric John Hobsbawm and Terence Ranger (Cambridge: Cambridge University Press, 1983), 23.
22. John Telfer Dunbar, *History of Highland Dress* (Edinburgh and London: Oliver & Boyd, 1962), 185–186.
23. Trevor-Roper, "The Highland Tradition of Scotland," 23.
24. Dunbar, *History of Highland Dress,* 12–13.
25. Allan Ramsay, *Tartana,* 1718, http://www.tartansauthority.com/tartan/the-growth-of-tartan/the-origin-of-clan-tartans/a-case-for-clan-tartans/.
26. Martin Martin, *A Description of the Western Islands of Scotland* (1703), http://www.tartansauthority.com/tartan/the-growth-of-tartan/the-origin-of-clan-tartans/thoughts-on-clan-tartans/.
27. Trevor-Roper, "The Highland Tradition of Scotland," 20. See also James Scarlett, MBE, "The Origin of Clan Tartans," Scottish Tartan Authority, http://www.tartansauthority.com/tartan/the-growth-of-tartan/the-origin-of-clan-tartans/: "Whatever inferences enthusiastic protagonists may draw from the totally inadequate evidence, there is no clear reference to the use of tartan in the 'clan' context before the '45."
28. Dunbar, *The History of Highland Dress,* 8.
29. Trevor-Roper, "The Highland Tradition of Scotland," 24.
30. Ibid., 30.
31. Robert Mudie, *Historical Account of His Majesty's Visit to Scotland* (Edinburgh, 1822).
32. "The Scottish Register of Tartans," https://www.tartanregister.gov.uk/tartanDetails?ref=182.
33. Purdy, *The Rise of Fashion,* 87.
34. Ibid., 88.
35. Ibid., 89.
36. Ibid., 76.
37. Ibid., 78; Samuel Simon Witte, "An Answer to the Question: Would it Be Harmful or Beneficial to Establish a National Uniform?", 1791.
38. Denis Diderot, *Encyclopedie Ou Dictionnaire Raisonne Des Sciences, Des Arts Et Des Metiers,* 1751–72.
39. Michael Kwass, "Big Hair: A Wig History of Consumption in Eighteenth-Century France," *The American Historical Review* 111, no. 3 (January 2006): 631–59, 636, https://doi.org/10.1086/ahr.111.3.631.
40. Ibid., 635.

41. Daniel Roche, *The Culture of Clothing: Dress and Fashion in the Ancien Regime* (Cambridge, UK: Cambridge, 1996), 30.
42. Ibid., 30–32.
43. Kwass, "Big Hair," 635.
44. Ibid.
45. Ibid., 645.
46. Ibid., 650.
47. Ibid.
48. James G. McLaren, "A Brief History of Wigs in the Legal Profession," *International Journal of the Legal Profession* 6, no. 2 (1999): 241–50, 241, 245, https://doi.org/10.1080/09695958.1999.9960465.

## 第６章　表現方法と地位

1. Baldassare Castiglione, *The Book of the Courtier: The Singleton Translation* (New York: W. W. Norton, 2002).
2. Robert Herrick, "Delight in Disorder," in *Hesperides*, 1648.
3. Michel Chevalier, *Society, Manners and Politics in the United States* (New York: A. M. Kelley, 1966), 341-42.
4. Emmeline Stuart-Wortley, *Travels in the United States During 1849 and 1850* (New York: Harper & Bros., 1851).
5. Thomas Ford and James Shields, *A History of Illinois from Its Commencement as a State in 1818 to 1847: Containing a Full Account of the Black Hawk War, the Rise, Progress and Fall of Mormonism, the Alton and Lovejoy Riots, and Other Events* (Chicago: S. C. Griggs & Co., 1854).
6. Gordon S. Wood, *The Creation of the American Republic: 1776-1787* (Chapel Hill: University of North Carolina Press), 1998.
7. Nathaniel Parker Willis, "Walk in Broadway," *New Mirror*, October 21, 1843.
8. *The Laws of Etiquette; or, Short Rules and Reflections for Conduct in Society* (Philadelphia: Carey, Lea, & Blanchard, 1836), 136.
9. Chenoune, *A History of Men's Fashion*, 21.
10. Perrot, *Fashioning the Bourgeoisie*, 86.
11. Ibid., 89. (de Serieul, Eliane. *Le Diable rose* 3, no.4 (July 20 1862).)
12. Ibid., 91-92. (Despaigne, *Le Code de la mode*.)
13. Ibid., 99. (Comtesse de Bassanville, *La Sciences du Monde*.)
14. Ibid., 100. (Comtesse Drohojowska, *De la politesse*.)
15. Ibid., 129.
16. Ibid., 135. (quoting Comtess Dash, *Comment on fait son chemin dans le monde*.)

## 第７章　性別と簡素


1. Hollander, *Sex and Suits*, 41.
2. Ibid., 66.
3. Jones, *Sexing La Mode*, 82–83.
4. Ibid., 77.
5. Ibid., 84.
6. Hollander, *Sex and Suits*, 66–68.
7. Jean-Jacques Rousseau, *Emile, or, Education*, (New York: E.P. Dutton & Co., 1762).
8. Jones, *Sexing La Mode*, 98.
9. Ibid., 98. (quoting Mercier, Tableau de Paris, 177–78.)
10. Hollander, *Sex and Suits*, 68.
11. Ibid., 54.
12. Philip Dormer Stanhope Chesterfield, *Letters to His Son; On the Art of Becoming a Man of the World and a Gentleman* (Tudor, 1917).
13. Henry Lunettes, *The American Gentleman's Guide to Politeness and Fashion: Or, Familiar Letters to His Nephews, Containing Rules of Etiquette, Directions for the Formation of Character, Etc., Etc.* (New York: Derby & Jackson, 1859).
14. George P. Fox, *Fashion: The Power that Influences the World. The Philosophy of Ancient and Modern Dress and Fashion* (New York: Sheldon & Co., 1871).
15. Simon Burrows, Jonathan Conlin, Russell Goulbourne, and Valerie Mainz, eds., *The Chevalier d'Eon and His Worlds: Gender, Espionage and Politics in the Eighteenth Century* (London: Continuum, 2010).
16. Linda Rodriguez McRobbie, "The Incredible Chevalier d'Eon, Who Left France as a Male Spy and Returned as a Christian Woman," *Atlas Obscura*, July 29, 2016.
17. Simon Burrows, *Blackmail, Scandal, and Revolution: London's French* Libellistes, *1758–92* (Manchester: Manchester University Press, 2009).
18. Rodriguez McRobbie, "The Incredible Chevalier d'Eon."
19. Gary Kates, *Monsieur d'Eon Is a Woman: A Tale of Political Intrigue and Sexual Masquerade* (Baltimore: Johns Hopkins University Press, 2001).
20. Perrot, *Fashioning the Bourgeoisie*, 20.
21. Mark Brown, "Portrait Mistaken for 18th-Century Lady Is Early Painting of Transvestite," *The Guardian*, June 6, 2012, https://www.theguardian.com/artanddesign/2012/jun/06/portrait-18th-century-early-transvestite.
22. Rodriguez McRobbie, "The Incredible Chevalier d'Eon."
23. Ibid.
24. Ibid.

# 第8章　合理服運動

1. Zakim, *Ready-Made Democracy,* 192.
2. *Mirror of Fashion* 12, no. 5 (May 1850).
3. Zakim, *Ready-Made Democracy,* 200–01.
4. Ibid., 201.
5. *The Lily,* July 1851, 53, https://www.accessible.com/accessible/print.
6. *The Lily,* May 1856, https://www.accessible.com/accessible/print.
7. *Rational Dress Society's Gazette,* no. 4 (January 1889), 1.
8. Ibid.
9. Perrot, *Fashioning the Bourgeoisie,* 153.
10. Ibid., 156.
11. Auguste Debay, *Hygiène Vestimentaire: Les Modes Et Les Parures Chez Les français Depuis létablissement De La Monarchie jusquà Nos Jours. Précédés Dun Curieux parallèle Des Modes Chez Les Anciennes Dames Grepues Et Romaines* (Paris: Dentu, 1857), 170–71.
12. Benjamin Orange Flower, *Fashion's Slaves* (Boston: Arena, 1892), 15.
13. Perrot, *Fashioning the Bourgeoisie,* 154.
14. Perrot, *Fashioning the Bourgeoisie,* 157. (quoting Louis Verardi, *Manuel du bon ton et de la politesse francaise: nouveau guide pour se conduire dans le monde.*)
15. *Rational Dress Society Gazette,* no. 4 (January 1889), 2.
16. Oscar Wilde, "Slaves of Fashion," "Woman's Dress," "More Radical Ideas upon Dress Reform," and "Costume," in *Shorter Prose Pieces,* Project Guttenberg (2000) (originally in the *Pall Mall Gazette,* 1884); Oscar Wilde, "The Philosophy of Dress," *New York Tribune,* 1885.
17. Joanna Bourke, "The Great Male Renunciation: Men's Dress Reform in Inter-war Britain," *Journal of Design History* 9, no. 1 (1996): 23.
18. Ibid.
19. Ibid.
20. Ibid., 24 [emphasis added].
21. Ibid., 26.
22. Clare Sears, "Electric Brilliancy: Cross-Dressing Law and Freak Show Displays in Nineteenth-Century San Francisco," *Women's Studies Quarterly* 36, no. 3/4 (Fall-Winter, 2008): 170–87.
23. William Eskridge, *Gaylaw: Challenging the Apartheid of the Closet* (Cambridge, MA: Harvard University Press, 1999), 27.
24. Ibid.
25. Sears, "Electric Brilliancy," 171.
26. Zakim, *Ready-Made Democracy,* 201.
27. Skye Makaris, "This Difficult-to-Wear Skirt Helped to Break Down Class Barriers" *Racked,* December 7, 2017, https://www.racked.com/2017/12/7/16717206/cage-crinoline-feminism-class.

28. See Zakim, *Ready-Made Democracy.*
29. Malcolm Barnard, *Fashion as Communication* (Florence: Taylor and Francis, 2013).
30. "Plunder Baskets," *Dundee Courier*, September 24, 1862.
31. *Petit Journal Pour Rire*, 1856, https://images-na.ssl-images-amazon.com/images/I/91oHNUtfM%2BL.jpg.
32. Bourke, "The Great Male Renunciation," 29.
33. Bourke, "The Great Male Renunciation," 30.
34. Hollander, *Sex and Suits*, 126.
35. Ibid., 116.
36. Ibid., 121.
37. Ibid., 140.

## 第9章　フラッパーのフェミニズム

1. F. Scott Fitzgerald, "Bernice Bobs Her Hair," *Saturday Evening Post*, May 1, 1920.
2. Dian Hanson, *History of Men's Magazines* (London: Taschen, 2004).
3. Emily Spivak, "The History of the Flapper, Part 2: Makeup Makes a Bold Entrance," *Smithsonian Institution*, February 7, 2013, https://www.smithsonianmag.com/arts-culture/the-history-of-the-flapper-part-2-makeup-makes-a-bold-entrance-13098323/.
4. Lisa Hix, "'The Great Gatsby' Still Gets Flappers Wrong," *Collectors Weekly*, https://www.collectorsweekly.com/articles/the-great-gatsby-still-gets-flappers-wrong/.
5. Birgitte Soland, *Becoming Modern: Young Women and the Reconstruction of Womanhood in the 1920s* (Princeton: Princeton University Press, 2002), 25.
6. Ibid., 25–26.
7. Ibid., 27.
8. Gene Cohn, "Woman Always Pays, Says Girl of 14 In First Flapper Tragedy: Over-Sophistication of Modern Girl Blamed for California Tragedy," *Ogden Standard Examiner*, May 1, 1922.
9. "Flapper Defends Daring Frocks," *Competitors Journal*, July 1926; republished in Glamourdaze.com, https://glamourdaze.com/2017/11/flapper-defends-daring-frocks.html.
10. "Big Business Banishes the Flapper," *Tulsa Daily World*, July 16, 1922.
11. Ibid.
12. Spivak, "The History of the Flapper."
13. Bruce Bliven, "Flapper Jane," *New Republic*, 1925.
14. *The* New Republic *saw flapper fashion as the uniform*: Ibid.

15. Spivak, "The History of the Flapper."

# 第3部

## 第10章　流行の奴隷

1. David J. McCord, *The Statutes at Large of South Carolina, Vol. 7*, 1840 (containing the Act Relating to Charleston, Courts, Slaves and Rivers); see also Eulanda A. Sanders, "The Politics of Textiles Used in African-American Slave Clothing," Textile Society of America: Textiles and Politics (2012).
2. Shane White and Graham White, "Slave Clothing and African-American Culture in the Eighteenth and Nineteenth Centuries," *Past & Present* 148, no. 1 (1995): 149–86, 153, https://doi.org/10.1093/past/148.1.149.
3. Jonathan Prude, "To Look upon the 'Lower Sort': Runaway Ads and the Appearance of Unfree Laborers in America, 1750-1800," *The Journal of American History* 78, no. 1 (1991): 124, 155, https://doi.org/10.2307/2078091.
4. White, "Slave Clothing," 161.
5. *South Carolina Gazette*, November 5, 1774.
6. *South Carolina Gazette*, September 24, 1772.
7. White, "Slave Clothing," 160.
8. *South Carolina Gazette*, August 27, 1772.
9. White, "Slave Clothing," 155.
10. Peter McNeil, *Pretty Gentlemen: Macaroni Men and the Eighteenth-Century Fashion World* (New Haven: Yale University Press, 2018), 13.
11. White, "Slave Clothing," 155.
12. *Somerset v. Stewart*, 12 Geo. 3 1772, K.B. (May 14, 1772).
13. Gene Adams, "Dido Elizabeth Belle, a Black Girl at Kenwood: An Account of a Protegée of the 1st Lord Mansfield," *Camden History Review* 12 (1984).
14. Ibid.
15. *Somerset v. Stewart*, 12 Geo. 3 1772, K.B. (May 14, 1772).
16. *Pearne v. Lisle*, Amb 75, 27 ER 47 (1749).
17. Robert M. Spector, "The Quock Walker Cases (1781-83)—Slavery, its Abolition, and Negro Citizenship in Early Massachusetts," *The Journal of Negro History* 53, no. 1 (January 1968), 12–32.
18. White, "Slave Clothing," 156.
19. Ibid.
20. Prude, "To Look upon the 'Lower Sort,'" 143.
21. Ibid., 155.
22. White, "Slave Clothing," 150.
23. Ibid., 160.

24. Ibid., 156.
25. Ibid., 156–70.
26. Prude, "To Look upon the 'Lower Sort,'" 155.
27. Ibid.
28. White, "Slave Clothing," 162.
29. Prude, "To Look upon the 'Lower Sort,'" 155.
30. Ibid., 156.
31. Ibid.
32. John F. Watson and Willis P. Hazard, *Annals of Philadelphia, and Pennsylvania, in the Olden Time: Being a Collection of Memoirs, Anecdotes, and Incidents of the City and Its Inhabitants, and of the Earliest Settlements of the Inland Part of Pennsylvania: Intended to Preserve the Recollections of Olden Time, and to Exhibit Society in Its Changes of Manners and Customs, and the City and Country in Their Local Changes and Improvements* (Philadelphia: J. M. Stoddart & Co., 1877).
33. Shane White and Graham J. White, *Stylin': African-American Expressive Culture, from Its Beginnings to the Zoot Suit* (Ithaca: Cornell University Press, 1999), 114–118.
34. Ibid., 119.
35. Taylor Gordon, *Born to Be* (Lincoln: University of Nebraska Press, 1995), 116–17.
36. White, *Stylin'*, 155.
37. Theodore Rosengarten, *All God's Dangers: The Life of Nate Shaw* (New York: Vintage Books, 2018), 161.
38. Hylan Lewis, *Blackways of Kent* (Chapel Hill: University of North Carolina Press, 1955), 54.

## 第11章　ボロ服から抵抗へ

1. "Ban on Freak Suits Studied by Councilmen," *Los Angeles Times*, June 9, 1943.
2. Carey McWilliams and Matt S. Meier, *North from Mexico: The Spanish-Speaking People of the United States* (New York: Greenwood Press, 1990).
3. Stuart Cosgrove, "The Zoot-Suit and Style Warfare," *History Workshop Journal* 18, no. 1 (1984): 77–91, https://doi.org/10.1093/hwj/18.1.77.
4. Ibid., 81.
5. White, *Stylin'*, 249–51.
6. *Amsterdam News*, May 29, 1943.
7. Ralph Ellison, *Invisible Man* (New York: Random House, 1952).
8. E. O. Pagan, "Los Angeles Geopolitics and the Zoot Suit Riot, 1943," *Social Science History* 24, no. 1 (January 2000): 223–56, 244, https://doi.org/10.1215

/01455532-24-1-223.

9. Clarissa M. Esguerra, "Putting on a Zoot Suit: A Case of Race and Class in the First Truly American Suit," *Vestoj*, December 13, 2016, http://vestoj.com/putting-on-a-zoot-suit/.
10. Octavio Paz, *The Labyrinth of Solitude* (London: Penguin, 1990), 5–6.
11. Charles Baudelaire, "The Dandy" from *The Painter of Modern Life* (1863) in Purdy, *The Rise of Fashion*, 192.
12. Barbey d'Aurevilly, "The Anatomy of Dandyism with Some Observations on Beau Brummel" in Purdy, *The Rise of Fashion*, 174.
13. Thomas Carlyle, *Sartor Resartus* (1836).
14. Baudelaire, "The Dandy."
15. "Tenney Feels Riots Caused by Nazi Move for Disunity," *Los Angeles Times*, June 9, 1943.
16. "Watts Pastor Blames Riots on Fifth Column," *Los Angeles Times*, June 9, 1943.
17. Chester Himes, "Zoot Riots are Race Riots" in *Black on Black*: *Baby Sister and Selected Writings* (London: Joseph, 1975).
18. Ibid., 199.
19. Ralph Ellison, *A Collection of Critical Essays* (1974), 67.
20. E. Franklin Frazier, *Black Bourgeoisie*: *The Rise of a New Middle Class* (New York: Free Press, 1957), 176.
21. Ibid., 189.
22. Ibid., 167–68.
23. Anthony David Moody, *Coming of Age in Mississippi* (New York: Dial Press, 1968), 238.
24. Ibid., 239.
25. Aaron Howard, "There's a Deep Tradition behind Wearing Your Sunday Best," *Jewish Herald-Voice*, April 7, 2011, http://jhvonline.com/theres-a-deep-tradition-behind-wearing-your-sunday-best-p10854-147.htm; See also Anthony Pinn, *Black Religion and Aesthetics* (New York: Palgrave Macmillan, 2009).
26. Tanisha Ford, "SNCC Women, Denim, and the Politics of Dress," *The Journal of Southern History* LXXIX, no. 3 (August 2013): 639–40.
27. Ibid.
28. Stokely Carmichael and Charles V. Hamilton, *Black Power*: *the Politics of Liberation in America*, (1967).
29. Clayborne Carson, *In Struggle*: *SNCC and the Black Awakening in the 1960s* (Cambridge, MA: Harvard University Press, 1995).
30. Eldridge Cleaver, "As Crinkly As Yours," in *SOS—Calling All Black People*: *A Black Arts Movement Reader* (Boston: Boston University of Massachusetts Press, 2014), 135–144.
31. "Mainspring of Black Power: Stokely Carmichael," *London Observer*, July 23, 1967.

32. Malcom X, *The Autobiography of Malcolm X* (London: Penguin Books, 1965), 55.
33. "Natural Hair: New Symbol of Race Pride," *Ebony*, December 1967, 137.
34. Malcolm X, "Not Just an American Problem but a World Problem," address delivered in the Corn Hill Methodist Church, Rochester, NY, February 16, 1965.
35. Ford, "SNCC Women," 643.
36. Miriam Makeba, *Makeba: My Story* (Johannesburg: Skotaville Publishers, 1988), 155–56.
37. Robert L. Allen, *Black Awakening in Capitalist America: An Analytic History* (Trenton: Africa World Press, 1992), 142.
38. Tom Wolfe, *Radical Chic & Mau-Mauing the Flak Catchers* (London: Bantam, 1971), 7–8.
39. Roland Barthes, "A Case of Cultural Criticism," *Communications 14* (1969).
40. "Report from Black America," *Newsweek*, June 30, 1969, 22.
41. Joe Black, "By the Way," advertisement in *Los Angeles Sentinel*, July 2, 1970.
42. "Back to the Hot Comb," Letters to the Editor, *Ebony*, November 1969, 15.
43. *Rogers v. American Airlines*, 527 F. Supp. 229 (S.D. N.Y. 1981).
44. Ibid.
45. What It's Like to be An Airline Stewardess: Elizabeth Rich, *Flying High: What It's Like to Be an Airline Stewardess* (1970).
46. "The Disney Look," Walt Disney World Resort, http://wdw.disneycareers.com/en/working-here/the-disney-look/, archived June 20, 2015.
47. "Looking Professional," Ritz Carlton, http://ritzcarltonleadershipcenter.com/2014/08/looking-professional-old-fashioned/, archived April 6, 2017.
48. Kathryn Bold, "Corporate Cleanup," *Los Angeles Times*, May 9, 1996, http://articles.latimes.com/1996-05-09/news/ls-2388_1_corporate-america.
49. Ibid.
50. E. R. Shipp, "Braided Hair Style at Issue in Protests Over Dress Codes," *New York Times*, September 23, 1987.
51. Ibid.
52. *EEOC v. Catastrophe Management Solutions*, 11th Cir. 2016.
53. Rebecca Klein, "Tiana Parker, 7, Switches Schools After Being Forbidden From Wearing Dreads," *HuffPost*, September 5, 2013.
54. Kiersten Willis, "Kentucky High School's Racist Hair Policy that Bans 'Dreadlocks, Cornrolls, and Twists' Sparks Controversy," *Atlanta Black Star*, July 29, 2016.
55. Taryn Finley, "Parents Demand School Let Their Kids Wear African Head Wraps," *HuffPost*, February 9, 2016.
56. Kayla Lattimore, "When Black Hair Violates the Dress Code," NPR.com, July 17, 2017, https://www.npr.org/sections/ed/2017/07/17/534448313/when-black-hair-violates-the-dress-code.
57. Cal. SB-188 Chapter 58, July 3, 2019.

## 第12章　腰パンと服従


1. Bill Cosby, "Remarks at the NAACP's 50th Anniversary Commemoration of the *Brown vs. Topeka Board of Education* Supreme Court Decision," Washington, DC, May 17, 2004.
2. Fredrick C. Harris, "The Rise of Respectability Politics," *Dissent*, 2014.
3. Ibid.
4. Chris Harris, "Barack Obama Weighs in on Sagging-Pants Ordinances: 'Brothers Should Pull Up Their Pants,'" MTV.com, November 3, 2008, http://www.mtv.com/news/1598462/barack-obama-weighs-in-on-sagging-pants-ordinances-brothers-should-pull-up-their-pants/.
5. Jessica Bennett, "Fashion Police: Flint Cracks Down on Sagging," *Newsweek*, July 17, 2008, http://www.newsweek.com/fashion-police-flint-cracks-down-sagging-93033.
6. Niko Koppel, "Are Your Jeans Sagging? Go Directly to Jail," *New York Times*, August 30, 2017; Haroon Siddique, "US Town Bans Saggy Pants," *The Guardian*, June 14, 2007.
7. Malynda Fulton, "Hahira passes clothing ordinance," *Valdosta Daily Times*, March 6, 2008, https://archive.is/20130205103015/http://www.valdostadailytimes.com/local/local_story_066233535.html.
8. "Georgia City Gets Nearly $4000 from Sagging Pants Ban," Associated Press, September 27, 2011, https://www.reviewjournal.com/news/georgia-city-gets-nearly-4000-from-sagging-pants-ban/.
9. Jim Forsyth, "Sagging Pants Mean No Ride on One Texas Bus System," Reuters, June 2, 2011, https://www.reuters.com/article/us-saggypants-texas/saggy-pants-mean-no-ride-on-one-texas-bus-system-idUSTRE7517LK20110602.
10. Ruth Manuel-Logan, "Alabama Judge Slaps Saggy Pants-Wearing Man with Jail Sentence," *NewsOne*, April 12, 2012.
11. "Government Should not Dictate Clothing Styles, Says ACLU," ACLU.org, September 7, 2010.
12. "Saggy Pants Ban by Louisiana Town Opposed by ACLU," *Newsmax*, September 26, 2017, http://www.newsmax.com/TheWire/saggy-pants-ban-Louisiana/2013/04/15/id/499527/.
13. See *People v. Romero*, 44 Cal. App. 4th, 386 (2008).
14. Malia Wollan, "Fresno State Loves Its Bulldogs, But So Does a Gang," *New York Times*, November 7, 2013, http://www.nytimes.com/2013/11/10/sports/ncaafootball/fresno-adopts-its-college-team-but-so-does-a-gang.html?action=click&contentCollection=Magazine&module=RelatedCoverage&region=Marginalia&pgtype=article.
15. Daniel Alarcón, "Guilt By Association," *New York Times Magazine*, May 31, 2015, 48.
16. Ibid., 53.

17. M. J. Lee, "Geraldo: Martin Killed due to 'Hoodie,'" *Politico*, March 3, 2012.
18. "Exclusive: George Zimmerman breaks silence on 'Hannity,'" Fox News Channel, July 18, 2012, http://video.foxnews.com/v/1741879195001/.
19. Lee, "Geraldo: Martin Killed due to 'Hoodie.'"
20. Morehouse University, "MC Etiquette and General Behavioral Expectations," https://www.morehouse.edu/media/studentconduct/MC-Etiquette-and-General-Behavioral-Expectations.pdf.
21. Elizabeth Gates, "Morehouse College's Gay Travesty," *The Daily Beast*, October 20, 2009, http://www.thedailybeast.com/articles/2009/10/20/morehouse-colleges-gay-travesty.html (as of March 25, 2015).
22. *"Morehouse is instituting a de facto"*: Reina Gattuso, Jess Fournier, and Sejal Singh, "Morehouse Bans Casual Clothes and Women's Clothing," *Feministing*, October 19, 2009, http://feministing.com/2009/10/19/morehouse-bans-casual-clothes-and-womens-clothing.
23. *"[O]nce you try to stop people's expression"*: Scott Jaschik, "What the Morehouse Man Wears," *Inside Higher Ed*, October 19, 2009, https://www.insidehighered.com/news/2009/10/19/morehouse.
24. Frank Leon Roberts, "Morehouse's Crossroads Has Nothing to Do with 'Ghetto Gear' or Cross Dressing: New dress codes shrouds a lack of academic and financial vision that threatens the foundations of the college's pedigree," *The Root*, October 20, 2009, http://www.theroot.com/articles/culture/2009/10/morehouse_dress_code_sparks_controversy_over_ghetto_gear_and_crossdressing.2.html (as of March 25, 2015).
25. *one of a handful of colleges*: Among the others were Paul Quinn College in Dallas, which required business casual attire, and the University of West Alabama, which in 2007 imposed a dress code after university president Richard Holland noticed a pattern of inappropriate attire. Andy Guess, "No More Mr. Saggypants," *Inside Higher Ed*, October 9, 2007, https://www.insidehighered.com/news/2007/10/09/sagging.
26. Peter Applebome, "The Final Four," *New York Times*, April 23, 2006, http://www.nytimes.com/2006/04/23/education/edlife/the-final-four.html.
27. Trevor Starnes and Chris Ross, "Seersucker and Civility," *New York Times*, May 8, 2017, https://www.nytimes.com/2017/05/08/opinion/seersucker-and-civility.html.
28. "The Mean Girls of Morehouse," *Vibe*, October 11, 2010, http://www.vibe.com/article/mean-girls-morehouse (as of March 25, 2015).
29. Jaschik, "What the Morehouse Man Wears."
30. Ibid.
31. Roberts, "Morehouse's Crossroads Has Nothing to Do with 'Ghetto Gear' or Cross Dressing."
32. Deron Snyder, "Morehouse's Dress Code: Anything Goes, But Not Everywhere," *The Root*, October 15, 2010, http://www.theroot.com/articles/culture

/2010/10/why_morehouse_has_the_right_to_enforce_a_dress_code.2.html.
33. Shosuke Ishizu, Toshiyuki Kurosu, Hajime Hasegawa, and Teruyoshi Hayshida, *Take Ivy* (Tokyo: Hachette Fujingaho, 1965), 130.
34. Kimberly Foster and Evelyn Brooks Higgenbotham, "Wrestling with Respectability in the Age of #BlackLivesMatter: A Dialogue," *For Harriet*, October 2015, http://www.forharriet.com/2015/10/wrestling-with-respectability-in-age-of.html#axzz3pEQswiSR.
35. Cornel West, *Race Matters* (Boston: Beacon Press, 1993), 40.
36. Robin Givhan, "The protesters are dressed as their unique selves—and that's part of their power," *Washington Post*, June 2, 2020.
37. Vanessa Friedman, "The Dress Codes of the Uprising," *New York Times*, June 17, 2020.
38. Issac Chotiner, "Has Protesting Become Too Easy?" *Slate*, May 8, 2017, http://www.slate.com/articles/news_and_politics/interrogation/2017/05/zeynep_tufekci_author_of_twitter_and_tear_gas_on_networked_protest.html.
39. Friedman, "The Dress Codes of the Uprising."

## 第4部

## 第13章　女らしい装い方

1. Edith Head and Joe Hyams, *How to Dress for Success* (New York: Random House, 1967), 1.
2. Ibid., 10, 22.
3. Ibid., 38.
4. Laura Regensdorf, "'There Are No Ugly Women, Only Lazy Ones': A New Beauty Exhibition Explores the Life and Legacy of Helena Rubinstein," *Vogue*, January 12, 2017, https://www.vogue.com/slideshow/helena-rubinstein-beauty-cosmetics-jewish-museum-exhibition.
5. Head, *How to Dress for Success*, 46.
6. Ibid., 44.
7. *Jespersen v. Harrah's Operating Co., Inc.*, 444 F. 3d. 1104 (9th Cir. 2006).
8. Ibid.
9. Darlene Jespersen, "Case Is About Civil Rights and Sex Bias," *Reno Gazette*, February 4, 2004.
10. Rhina Guidos, "Fashion Checklist: No Blush, No Lipstick . . . No Job," *Christian Science Monitor*, July 18, 2001. ("I was good enough to do my job for 18 years," says the bartender [Jespersen]. "Suddenly, I wasn't good enough to do my job because I refused to look like a clown." (alteration added))
11. *Fagan v. National Cash Register Co.*, 481 F.2d. 1115 (D.C. Cir. 1973).

12. *Roberts v. General Mills, Inc.*, 337 F. Supp. 1055 (N.D. Ohio W.D. 1971).
13. *Aros v. McDonnell Douglas Corporation*, 348 F. Supp. 661 (C.D. Cal. 1972).
14. *Baker v. California Land Title Company*, 349 F. Supp. 235, 237-38 (C.D. Cal. 1972).
15. *Boyce v. Safeway Stores, Inc.*, 351 F. Supp. 402 (D.D.C. 1972).
16. *Willingham v. Macon Telegraph Publishing Company*, 352 F. Supp. 1018 (Georgia M.D. 1972).
17. *Craft v. Metromedia, Inc.*, 66 F.2d 1205 (1985).
18. Ibid.
19. *Price Waterhouse v. Hopkins*, 490 U.S. 228 (1989).
20. Jacob Shamsian, "The Strange Loophole That Lets Hooters Hire Only Female Servers," *Business Insider*, September 13, 2015, http://www.businessinsider.com/how-can-hooters-hire-only-women-2015-9.
21. Gloria Steinem, "A Bunny's Tale," *Show Magazine*, May 1963.
22. *St. Cross v. Playboy Club*, Case No. CSF 22618-70, Appeal No. 773 (N.Y. State Div. of Human Rights Dec. 17, 1971); *Weber v. Playboy Club*, Case No. CSF 22619-70, Appeal No. 774 (N.Y. State Div. of Human Rights Dec. 17, 1971).
23. Ibid.
24. Ibid.
25. Shawn McCreesh, "Holy Cottontail! The Playboy Club Is Back Again," *New York Times*, September 6, 2018, https://www.nytimes.com/2018/09/06/style/playboy-club-gloria-steinem-lauren-hutton.html.
26. Sandra Chereb, "Casino Cocktail Waitresses Want to Give Show Rule the Boot," *Las Vegas Sun*, May 15, 2000.
27. "Casino Cocktail Waitresses Fight to Wear Comfortable Shoes after Hours in High Heels Causes 'Foot Damage,'" *MailOnline*, Associated Newspapers, June 10, 2013, http://www.dailymail.co.uk/femail/article-2338906/Casino-cocktail-waitresses-fight-wear-comfortable-shoes-hours-high-heels-causes-foot-damage.html.
28. Ann McGinley, "What Happened in Vegas?: Why Are Las Vegas Bartenders Now Mostly Women?" *Slate*, March 26, 2013, http://www.slate.com/articles/double_x/doublex/2013/03/las_vegas_bartender_went_from_a_male_to_a_female_job.html.
29. Andreas Wiseman, "Cannes: Women Denied Palais Entry for Wearing Flats," *ScreenDaily*, May 19, 2015, http://www.screendaily.com/festivals/cannes/cannes-women-denied-palais-entry-for-wearing-flats/5088395.article.
30. Andreas Wiseman, "Kristen Stewart, Julia Roberts Kick Off Their Heels in Cannes," *ScreenDaily*, May 13, 2016, http://www.screendaily.com/festivals/cannes/kristen-stewart-julia-roberts-kick-off-their-heels-in-cannes/5103878.article.
31. "London Receptionist 'Sent Home for Not Wearing Heels,'" *BBC*, May 11, 2016, http://www.bbc.com/news/uk-england-london-36264229.

32. "Japanese Women Want a Law Against Mandatory Heels at Work," *ENM News*, June 4, 2019, https://www.enmnews.com/2019/06/04/japanese-women-want-a-law-against-mandatory-heels-at-work/.
33. Kwame Anthony Appiah, *The Honor Code: How Moral Revolutions Happen* (New York: Norton & Company, 2011), 89–91.
34. Fabritio Caroso, Julia Sutton, and F. Marian Walker, *Courtly Dance of the Renaissance* (London: Constable, 1995), 141.
35. Margo DeMello, *Feet & Footwear: A Cultural Encyclopedia* (Santa Barbara, CA: Greenwood Press/ABC-CLIO, 2009), 311.
36. William Kremer, "Why Did Men Stop Wearing High Heels?" *BBC*, January 25, 2013, http://www.bbc.com/news/magazine-21151350.
37. Ibid.
38. Elizabeth Semmelhack, "Shoes that Put Women in Their Place," *New York Times*, May 23, 2015.
39. "Make-Believe Shoes," *New York Times*, September 2, 1871.
40. "Will Seek State Law Against High Heels," *New York Times*, December 5, 1920.
41. "High Heels Prohibited by Proposed Utah Law: Limit of One and a Half Inches Set-Penalty is Fine and Jail Term," *New York Times*, January 21, 1921.
42. "Stand By High Heels: Massachusetts Shoe Men Oppose Law Banning Them," *New York Times*, February 14, 1921.
43. Megan Garber, "What Does it Mean to Wear Heels?" *The Atlantic*, October 23, 2013.
44. Ibid.
45. Deborah Rhode, "Step, Wince, Step, Wince," *New York Times*, October 18, 2000.
46. Chassie Post, "Stilletos Are Power," *New York Times*, November 1, 2013.
47. "Luxury Brand Status Index 2009: Footwear," Reuters, March 12, 2009, https://web.archive.org/web/20110602152627/http:/www.reuters.com/article/2009/03/12/idUS176686+12-Mar-2009+MW20090312.
48. Lauren Milligan, "Louboutin Lover," *British Vogue*, August 14, 2019, https://www.vogue.co.uk/article/christian-louboutin-business-growth-and-celebrity-customers.
49. *Christian Louboutin S.A. v. Yves Saint Laurent America Holding*, 696 F.3d. 206 (2012).
50. Perrot, *Fashioning the Bourgeoisie*, 105.
51. Ibid.
52. Ibid.
53. Eun Kyung Kim, "Kentucky Student Violates High School Dress Code with Exposed Collarbone," *Today*, August 17, 2015, http://www.today.com/style/kentucky-student-violates-high-school-dress-code-exposed-collarbone-t39211; Caroline Bologna, "The Ridiculous Dress Code Rule that Made This Teen's Outfit 'Inappropriate,'" *HuffPost*, August 20, 2015.
54. Eun Kyung Kim, "Teen Asked to Cover Up at School Dance: It Made me Feel

Like I Wasn't Good Enough," Today.com, January 28, 2015.

55. Eliza Murphy, "Student Forced to Wear 'Shame Suit' for Dress Code Violation," ABCNews.com, September 4, 2014.
56. Karina Ioffee, "Tight Jeans, Leggings OK, But Don't Show Your Underwear," *Petaluma Patch*, May 7, 2013, http://patch.com/california/petaluma/tight-jeans-leggings-ok-but-don-t-show-your-underwear.
57. "Digest of Education Statistics, 2015," National Center for Education Statistics (NCES), https://nces.ed.gov/programs/digest/d15/tables/dt15_233.50.asp.
58. Andrea Hay, "School's Strict Dress Code Nets 200 Detentions and a Rebellion," *New York Post*, September 14, 2014.
59. "Research Brief, Student Dress Codes and Uniforms," *Educational Partnerships, Inc.*, 2009.
60. Bologna, "The Ridiculous Dress Code Rule that Made This Teen's Outfit 'Inappropriate.'"
61. Kim, "Kentucky Student Violates High School Dress Code with Exposed Collarbone."
62. Sarah Mervosh, "A Houston High School Has a New Dress Code. For Parents," *New York Times*, April 24, 2019.
63. Antonia Noori Farzan, "A High School's New Dress Code Bans Leggings, Pajamas and Silk Bonnets—for Parents," *Washington Post*, April 24, 2019.
64. Ibid.
65. Staff, "High School Principal Stands by Creating Dress Code for Parents," *Inside Edition*, April 26, 2019, https://www.insideedition.com/high-school-principal-stands-creating-dress-code-parents-52502.
66. Farzan, "A High School's New Dress Code Bans Leggings, Pajamas and Silk Bonnets—for Parents."
67. *Black Girls, Bodies, and Bias in D.C. Schools,* National Women's Law Center, 2018, https://nwlc-ciw49tixgw5lbab.stackpathdns.com/wp-content/uploads/2018/04/5.1web_Final_nwlc_DressCodeReport.pdf.
68. Nick Canedo, "Staten Island High School Sends 200 Students to Detention for Violating 'Dress for Success' Policy," Syracuse.com, September 16, 2014, http://www.syracuse.com/news/index.ssf/2014/09/staten_island_high_school_dress_code_200_students_detention.html.
69. Jim Bazen, "Principal: Dress codes keep girls from becoming 'sex objects,'" *m.live*, October 29, 2015, http://www.mlive.com/opinion/grand-rapids/index.ssf/2015/10/principal_dress_codes_keep_gir.html#comments.
70. Ibid.
71. Michael Ventre, "Southwest Reaction to Skimpy Outfit Out of Line," NBC News, September 7, 2007.
72. "Dress Code Debate: 2nd Passenger Censored," CBS News, September 13, 2007.
73. Katie J. M. Baker, "Cover Your Cleavage for Takeoff: Southwest Screws Up Again," *Jezebel*, June 14, 2012.

74. *Wilson v. Southwest Airlines Co.*, 517 F. Supp. 292 (N.D. Tex. 1981).
75. Max Berlinger, "If You're On a Plane, Please Keep Your Socks On," *Esquire*, March 28, 2018, http://www.esquire.com/blogs/mens-fashion/socks-on-plane-1113?click=main_sr.
76. J. Bryan Lowder, "Stop Dressing Like a Slob When You're Traveling," *Slate*, September 9, 2014, http://www.slate.com/articles/life/a_fine_whine/2014/09/dressing_up_for_air_travel_in_defense_of_looking_nice_on_a_flight_or_train.html.
77. Editors, The Fashion, "The Complaint: How People Dress on Planes Today," *Esquire*, October 11, 2017, http://www.esquire.com/style/mens-fashion/a29463/airplane-style-2014/.
78. "Southwest Airlines Co. Contract of Carriage-Passenger, 19th revised, May 9, 2017," Southwest Airlines, https://www.southwest.com/assets/pdfs/corporate-commitments/contract-of-carriage.pdf, 16.
79. Justin Berton, "Grieving Passenger's Sagging Pants Lead to Arrest," SFGate.com, December 7, 2011.
80. "Rape Guilty Plea, After Acquittal: Man Gets Life in Georgia—Florida Jury Freed Him," *New York Times*, December 7, 1989.
81. Ibid.; Roger Simon, "Rape: Clothing is Not the Criminal," *Los Angeles Times*, February 18, 1990, E2.
82. Ed M. Edmonds, Delwin D. Cahoon, and Elizabeth Hudson, "Male-Female Estimates of Feminine Assertiveness Related to Females' Clothing Styles," *Bulletin of the Psychonomic Society* 30, no. 2 (1992): 143–44, https://doi.org/10.3758/bf03330422; Roger L. Terry and Suzanne Doerge, "Dress, Posture, and Setting as Additive Factors in Subjective Probabilities of Rape," *Perceptual and Motor Skills* 48, no. 3 (1979): 903–6, https://doi.org/10.2466/pms.1979.48.3.903; Jane E. Workman and Kim K. P. Johnson, "The Role of Cosmetics in Attributions about Sexual Harassment," *Sex Roles* 24, no. 11–12 (1991): 759–69.
83. Donna Vali and Nicholas D. Rizzo, "Apparel as One Factor in Sex Crimes Against Young Females: Professional Opinions of U.S. Psychiatrists," *International Journal of Offender Therapy and Comparative Criminology* 35, no. 2 (1991): 167–81.
84. Lynne Richards, "A Theoretical Analysis of Non-Verbal Communication and Victim Selections for Sexual Assaults," *Clothing & Textiles Research Journal* 55 (1991).
85. See Fla. Stat. Ann. Ch. 794-022.
86. @JuliaHB1, Twitter, March 1, 2017.
87. Tom Sutcliffe, "Last Night's TV: Katie: My Beautiful Friends, Channel 4; Bible's Buried Secrets, BBC2: Beauty that's not skin-deep," *The Independent*, March 23, 2011, http://www.independent.co.uk/arts-entertainment/tv/reviews/last-nights-tv-katie-my-beautiful-friends-channel-4-bibles-buried-secrets-bbc2-2249993.html.

88. "Female Academics: Don't Power Dress, Forget Heels—and No Flowing Hair Allowed," *The Guardian*, October 26, 2014, https://www.theguardian.com/higher-education-network/blog/2014/oct/26/-sp-female-academics-dont-power-dress-forget-heels-and-no-flowing-hair-allowed.
89. Mary Beard, "Too Ugly for TV? No, I'm too Brainy for Men who Fear Clever Women," *Daily Mail*, April 23, 2012, http://www.dailymail.co.uk/femail/article-2134146/Too-ugly-TV-No-Im-brainy-men-fear-clever-women.html.
90. Ibid.
91. "The Court and Its Traditions," Supreme Court of the United States, https://www.supremecourt.gov/about/traditions.aspx.
92. Patricia Williams, "Tripping on Obama's Coattails," *The Daily Beast*, January 9, 2009, http://www.thedailybeast.com/tripping-on-obamas-coattails.
93. Williams, "Tripping on Obama's Coattails."
94. Lithwick, "Law Suit."
95. Dahlia Lithwick, "Law Suit: Time to Do Away with Morning Wedding attire at the High Court," *Slate*, January 8, 2009, http://www.slate.com/articles/news_and_politics/jurisprudence/2009/01/law_suit.html.
96. "Supreme Court Justice Ginsburg: Supreme Court Week," *C-Span*, July 1, 2009.
97. Ed Whelan, "Ginsburg's Lace Collars," *National Review*, July 31, 2014.
98. Jamie Feldman, "No One Can Object that Ruth Bader Ginsburg's Collars are On Point," *HuffPost*, March 15, 2017.
99. Amanda Hess, "Female Lawyers Who Dress Too Sexy Are Apparently a 'Huge Problem' in the Courtroom," *Slate*, March 21, 2014, http://www.slate.com/blogs/xx_factor/2014/03/21/female_lawyers_still_must_dress_conservatively_to_impress_judges.html?wpisrc=hpsponsoredd2.
100. Staci Zaretsky, "A Message from Career Services: Ladies, Please Learn how to Dress Yourselves," *Above the Law*, November 21, 2011, http://abovethelaw.com/2011/11/a-message-from-career-services-ladies-please-learn-how-to-dress-yourselves/.
101. Staci Zaretsky, "Law School Sends Memo About Inappropriate Student Cleavage, Hooker Heels," *Above the Law*, March 19, 2014, http://abovethelaw.com/2014/03/law-school-sends-memo-about-inappropriate-student-cleavage-hooker-heels/.
102. Staci Zaretsky, "Summer Associates: Please Don't Dress Like Fashion Victims," *Above the Law*, June 5, 2012, http://abovethelaw.com/2012/06/summer-associates-please-dont-dress-like-fashion-victims/2/.
103. Katie J. M. Baker, "Forget the Glass Ceiling, We Have Hemlines to Consider," *Jezebel*, June 8, 2012, http://jezebel.com/5916586/forget-the-glass-ceiling-we-have-hemlines-to-consider.
104. Ibid.
105. Cheryl K. Chumley, "Tenn. Judge Orders Dress Code for Female Attorneys," *Washington Times*, June 13, 2013.

106. Stassa Edwards, "The House Has a 'No Sleeveless' Dress Code for Women," *Jezebel*, July 6, 2017.
107. Christina Cauterucci, "Kyrsten Sinema Is Not Just a Funky Dresser. She's a Fashion Revolutionary," *Slate*, January 31, 2019.
108. Interview with Vanessa Friedman, *New York Times* Building, New York City, February 7, 2018 (on file with author).

## 第14章　異性装と性の境界線

1. Alicia Richards and Sarah Newton, "Bishop McDevitt Girl Thrown Out of Prom for Wearing a Suit," *ABC 27*, May 21, 2016, http://abc27.com/2016/05/07/bishop-mcdevitt-girl-thrown-out-of-prom-for-wearing-a-suit/.
2. Alenna Vagianos, "This Teen Was Kicked Out of Her Prom for Wearing a Tuxedo," *HuffPost*, May 9, 2016, http://www.huffingtonpost.com/entry/this-teen-was-kicked-out-of-her-prom-for-wearing-a-tuxedo_us_57309017e4b096e9f091ddfb.
3. Evie Blad, "Teen Boys Wear Dresses to Call for Changes to School Dress Code," *Education Week*, February 3, 2016, http://blogs.edweek.org/edweek/rulesforengagement/2016/02/teen_boys_wear_dresses_to_call_for_changes_to_school_dress_code.html.
4. Mackenzie Mays, "Boys Wear Dresses at School to Protest Clovis Unified Dress Code," *Fresno Bee*, February 1, 2016, http://www.fresnobee.com/news/local/education/article57827983.html.
5. Mackenzie Mays, "Clovis Unified Ready for a Legal Fight over Dress Code," *Fresno Bee*, January 27, 2016, http://www.fresnobee.com/news/local/education/article56972448.html.
6. Jessica Peres, "Clovis Unified Enacts New Dress Codes Changes," *ABC 30 Action News*, April 7, 2016, http://abc30.com/education/clovis-unified-enacts-new-dress-codes-changes/1281579/.
7. Jo B. Paoletti, *Pink and Blue: Telling the Boys from the Girls in America* (Bloomington: Indiana University Press, 2013).
8. Jeanne Magiaty, "When Did Girls Start Wearing Pink?" Smithsonian.com, April 7, 2011.
9. *City of Columbus v. Zanders*, 25 Ohio Misc. 144; 266 N.E. 2d 602 (1970).
10. *City of Columbus v. Rogers*, 41 Ohio St. 2d, 161; 324 N.E. 2d 563 (1975).
11. Kelly St. John and Henry K. Lee, "Slain Newark Teen Balanced Between Two Worlds: 3 Charged In Death of Youth Who Was Living His Dream as a Female," *San Francisco Chronicle*, October 19, 2002, http://www.sfgate.com/bayarea/article/Slain-Newark-teen-balanced-between-two-worlds-3-2782669.php.
12. Kelly St. John, "Witness Tells How She Learned Transgender Teen Was Male,"

*San Francisco Chronicle*, April 21, 2004, http://www.sfgate.com/bayarea/article/HAYWARD-Witness-tells-how-she-learned-2765958.php.
13. Ibid.
14. Patrick Hoge, "Defense Calls Transgender Victim Guilty of 'Deception and Betrayal,'" *San Francisco Chronicle*, April 16, 2004.
15. Tim Reitman, Jessica Garrison, and Christine Hanley, "Trying to Understand Eddie's Life—and Death," *Los Angeles Times*, October 20, 2002.
16. Zack Calef, "Double Standard in Reactions to Rape," *Iowa State Daily*, October 24, 2002.
17. Cal Assembly Bill No. 2501 (2014).
18. Talia Mae Bettcher, "Evil Deceivers and Make-Believers: On Transphobic Violence and the Politics of Illusion," *Hypatia* 22, no. 3 (Summer 2007): 43–65, 54–55.
19. Reitman, Garrison, and Hanley, "Trying to Understand Eddie's Life—and Death."
20. Mathew Burciaga, "Enzi Comments at Greybull High School Stir Controversy," *Greybull Standard*, April 25, 2017.
21. Hollander, *Sex and Suits*, 171–72.
22. Valeriya Safronova, "Women Who Prefer Men's Wear," *New York Times*, July 19, 2016.
23. Vanessa Friedman, "Jaden Smith for Louis Vuitton: The New Man in a Skirt," *New York Times*, January 6, 2016.
24. Jake Woolf, "Jaden Smith Tells Us Why He Wore a Batman Suit to KimYe's Wedding," *GQ*, June 23, 2015.
25. Friedman, "Jaden Smith for Louis Vuitton: The New Man in a Skirt," *New York Times*, January 6, 2016.

## 第15章　宗教とドレスコード

1. Joan Wallach Scott, "France's Ban on the Islamic veil has little to do with female emancipation," *The Guardian*, August 26, 2010.
2. Jane Kramer, "Taking the Veil: How France's Public Schools Became the Battleground in a Culture War," *New Yorker*, November 22, 2004, 69.
3. Rose George, "Ghetto Warrior," *The Guardian*, July 16, 2006, http://www.theguardian.com/world/2006/jul/17/france.politicsphilosophyandsociety.
4. Theodore Gabriel and Rabiha Hannan, eds., *Islam and the Veil* (London: Continuum, 2011), 167.
5. Ibid., 165.
6. Naomi Fry, "Modest Dressing, as a Virtue: What's Really Behind Fashion's—and Women's—Love of Concealing Clothes?" *New York Times*, November 2,

2017.

7. Ibid.
8. Sahar Amer, *What Is Veiling?* (Chapel Hill: University of North Carolina Press, 2017), 6.
9. Kuhns, *The Habit.*
10. Amer, *What Is Veiling?*, 28.
11. Leila Ahmed, *Women and Gender in Islam: Historical Roots of a Modern Debate* (Philadelphia: University of Pennsylvania Press, 1992), 152–153.
12. Ibid., 144, 160.
13. Amer, *What Is Veiling?*, 135.
14. Ibid., 139.
15. Ibid., 135–36.
16. Katarzyna Falecka, "From Colonial Algeria to Modern Day Europe, the Muslim Veil Remains an Ideological Battleground," *The Independent*, January 27, 2017, https://www.independent.co.uk/news/world/politics/from-colonial-algeria-to-modern-day-europe-the-muslim-veil-remains-an-ideological-battleground-a7544786.html.
17. Amer, *What Is Veiling?*, 144.
18. Ibid., 56.
19. Malhar Mali, "My Stealthy Freedom: The Hijab in Iran and in the West," *Areo Magazine*, July 12, 2017.
20. Philip Shenon, "In Iran, a Glimpse of Ankle Can Bring out the Komiteh," *New York Times*, July 16, 1990.
21. Thomas Erdbrink, "When Freedom Is the Right to Stay Under Wraps," *New York Times*, May 7, 2014.
22. Thomas Erdbrink, "Tired of Their Veils, Some Iranian Women Stage Rare Protests," *New York Times*, January 29, 2018.
23. Laurel Wamsley, "Austria Becomes Latest Country in Europe to Ban Full Face Veil," NPR, May 18, 2107, https://www.npr.org/sections/thetwo-way/2017/05/18/528948967/austria-becomes-latest-country-in-europe-to-ban-full-face-veil.
24. *S.A.S. v. France* [2014] ECHR 695.
25. Affaire Belcacemi and *Oussar v. Belgium*, [2017] ECHR 655.
26. Vanessa Friedman, "What Freedom Looks Like," *New York Times*, April 13, 2016.
27. Alissa J. Rubin, "Fighting for the 'Soul of France,' More Towns Ban a Bathing Suit: The Burkini," *New York Times*, August 17, 2016.
28. Kim Willsher, "French Women's Rights Minister Accused for Racism Over term 'Negro,'" *The Guardian*, March 30, 2016.
29. Chris Graham, "Women Forced to Remove Burkini on Nice Beach by Armed Officers," *The Telegraph*, August 24, 2016.
30. Ibid.

31. W. C. Oulton, *The Traveller's Guide; or, English Itinerary. Vol II* (Ivy-Lane, London: James Cundee, 1805), 245.
32. Kelly Killoren Bensimon, *The Bikini Book* (New York: Assouline, 2006), 18.
33. Brooke Magnanti, "Miss World Bikini Ban: Why It's No Victory for Feminists," *The Telegraph*, June 7, 2013.
34. Leah McGrath Goodman, "Burkini Swimsuits Speak Anti-Muslim Outrage—and Fast Sales," *Newsweek*, August 6, 2016.
35. "The History of the Bikini," *Elle*, April 23, 2012.
36. Julia Turner, "A Brief History of the Bikini," *Slate*, July 3, 2015.
37. Christina Caron and Maya Salam, "Macy's Courts Muslims with New Hijab Brand," *New York Times*, February 8, 2018.
38. Elizabeth Paton, "CoverGirl Signs Its First Ambassador in a Hijab," *New York Times*, November 9, 2016.
39. "Somewhere in America, #Mipsterz," YouTube, *Sheikh Bake*, November 20, 2013, https://www.youtube.com/watch?v=68sMkDKMias.
40. Caron, "Macy's Courts Muslims with New Hijab Brand"; Ruqaiya Haris, "D&G's Hijab Range Is Aimed at People Like Me—So Why Do I Feel Excluded?" *The Guardian*, January 16, 2016, https://www.theguardian.com/commentisfree/2016/jan/11/dolce-gabbana-hijab-collection-muslim-women-western-fashion.
41. Ezzedine Ghlamallah, "State of the Global Islamic Economy 2017-2018," https://www.slideshare.net/EzzedineGHLAMALLAH/state-of-the-global-islamic-economy-20172018.
42. McGrath Goodman, "Burkini Swimsuits Speak Anti-Muslim Outrage—and Fast Sales."
43. Mi-Anne Chan, "This Muslim Blogger Makes an Important Statement About Beauty," *Refinery29*, November 9, 2015; Helin Jung, "Hijabi CoverGirl Nura Afia: 'More People are Smiling at Me' Since the Election," *Cosmopolitan*, December 9, 2016.
44. @LaloDagach, Twitter, April 29, 2019.
45. @RitaPanahi, Twitter, April 29, 2019.
46. Anne Hollander, "Veil of Tears: Why Islamic Women's Headscarves Are Less Anodyne than You Think," *Slate*, April 23, 1998.
47. Haris, "D&G's hijab range is aimed at people like me."
48. Chan, "This Muslim Blogger Makes an Important Statement About Beauty."
49. @MalikObama, Twitter, April 29, 2019.
50. @CrohnsBear, Twitter, April 30, 2019.
51. Irfan Ullah Khan, "Modanisa—Is Hijab Fashion Even Allowed in Islam? [A Critical Review]," *Happy Muslim Family*, https://happymuslimfamily.org/modanisa-hijab-fashion/.
52. "Somewhere in America" #Mipsterz posted Nov 20, 2013, https://www.youtube.com/watch?v=68sMkDKMias.

53. Tova Ross, "My Wig was Beautiful and Expensive, and Everybody Loved It—Except Me," *Tablet*, December 10, 2013, http://www.tabletmag.com/jewish-life-and-religion/151283/no-more-sheitel.
54. Elizabeth Hayt, "For Stylish Orthodox Women, Wigs that Aren't Wiggy," *New York Times*, April 27, 1997.
55. Ibid.
56. Allison Josephs "Isn't Wearing a Wig Over Hair (Especially if the Wig is Nicer than the Hair) Pointless?" *Jew in the City*, July 15, 2009.
57. Ibid.
58. Elizabeth Greenbaum Kasson, "For Devout Jews, a Zone of Privacy in the Sheitel," *Los Angeles Times*, October 31, 2010.
59. Ibid.
60. Ross, "My Wig was Beautiful and Expensive, and Everybody Loved It—Except Me."
61. Sapna Maheshwari, "Abercrombie's Preppy Police Enforce Rule for Staffers' Clothes, Internal Documents Show," *BuzzFeed*, May 2, 2013.
62. Petitioner's Brief, *EEOC v. Abercrombie and Fitch Store, Inc.*
63. *EEOC v. Abercrombie and Fitch Stores, Inc.*, 575 U.S. 768, 135 S. Ct. 2028 (2015).
64. Shay Dvortezky, "Oral argument on behalf of the Respondent," *EEOC v. Abercrombie & Fitch Stores, Inc.*, February 25, 2015, 31.
65. Michelle Gorman, "Abercrombie & Fitch Pays More than $25,000 to Settle Headscarf Lawsuit," *Newsweek*, July 21, 2015, https://www.newsweek.com/abercrombie-fitch-pays-25000-settle-headscarf-lawsuit-356004.

## 第5部

## 第16章　ブランドとマーク

1. *Christian Louboutin S.A. v. Yves Saint Laurent America Holding, Inc.*, 696 F.3d 206 (2d Cir. 2012).
2. Barton Beebe, "Intellectual Property Law and the Sumptuary Code," *Harvard Law Review* 123, no. 809 (2010).
3. *Mastercrafters Clock and Radio Co. v. Vacheron &* Constantin-Le *Coultre Watches, Inc.*, 221 F.2d. 464, 465 (2d. Cir. 1955).
4. *Hermès International v. Lederer de Paris Fifth Avenue, Inc.*, 219 F3d. 104 (2d Cir. 2000) (emphasis mine).
5. Anne Hocking and Anne Desmousseaux, "Why Louboutin Matters," Donahue Fitzgerald LLP, https://donahue.com/resources/publications/louboutin-matters-red-soles-teach-us-strategy-trade-dress-protection-2/.
6. H. Leibenstein, "Bandwagon, Snob, and Veblen Effects in the Theory of Con-

sumers Demand," *Quarterly Journal of Economics* 64, no. 2 (1950): 183, https://doi.org/10.2307/1882692.
7. *Gucci America, Inc. v. Daffy's, Inc.*, 354 F. 3d. 228 (3d Cir. 2003).
8. *Tiffany Inc. v. eBay, Inc.*, 576 F. Supp. 2d. 463 (S.D.N.Y. 2008).
9. Helene Stapinski, "Dress Up the Loaner Jacket," *New York Times*, August 19, 2013.
10. Ibid.
11. Glenn Collins, "A Last Bastion of the Necktie Throws in the Towel," *New York Times*, January 27, 2009.
12. "Legal Enforcement Guidance on Discrimination on the Basis of Gender Identity or Expression: Local Law No. 3 (2002); N.Y.C. Admin. Code § 8-102(23)," New York, NY, 2015.
13. Nick Sullivan, *Mariner: The Call of the Sea* (Milan: Skira, 2012), 8–9.
14. Christian Baker, "The True Story of the Blazer," *The Rake*, September 2019, https://therake.com/stories/the-true-story-of-the-blazer/?utm_source=-mailchimpBAU&utm_medium=newsletter&utm_campaign=rstory_19092019_the-true-story-of-the-blazer&goal=0_d02442ae5e-ce2d5a5869-141350241&mc_cid=ce2d5a5869&mc_eid=f6678e86f9.
15. Jack Carlson, F. E. Castleberry, Adrian Krajewski, and Ursa Mali, *Rowing Blazers* (London: Thames & Hudson Ltd., 2014).
16. The Call of the Sea, 20.
17. Nicholas Antongiavanni, *The Suit: A Machiavellian Approach to Men's Style* (New York: Collins, 2006), 14–16.
18. Wei Koh, "Going Both Ways," *The Rake*, November 2015, 68.
19. Antongiavanni, *The Suit*, 14–15.
20. Simon Crompton, "The Velvet Jacket and Modern Evening Wear, in Cifonelli," *Permanent Style*, December 4, 2019, https://www.permanentstyle.com/2019/12/the-velvet-jacket-and-modern-evening-wear-in-cifonelli.html.
21. Lisa Birnbach, *The Official Preppy Handbook* (New York: Workman Press, 1981), 121.
22. Stanley Eugene Fish, *There's No Such Thing as Free Speech . . . and It's a Good Thing, Too* (New York: Oxford University Press, 1994), 273.
23. Silvia Bellezza, Francesca Gino, and Anat Keinan, "The Red Sneakers Effect: Inferring Status and Competence from Signals of Nonconformity," *Journal of Consumer Research* 41, no. 1 (January 2014): 35–54, 42–43, https://doi.org/10.1086/674870.
24. Ibid., 42.
25. Max Abelson and Sridhar Natarajan, "Goldman Sachs Allows Bankers to Trade Bespoke Suits for Khakis," Bloomberg.com, March 5, 2019, https://www.bloomberg.com/news/articles/2019-03-05/goldman-sachs-allows-bankers-to-trade-bespoke-suits-for-khakis; "Firmwide Dress Code," Goldman Sachs, March 5, 2019.

■著者紹介
**リチャード・トンプソン・フォード**（Richard Thompson Ford）
スタンフォード大学ロースクール教授。法律、社会問題、文化的テーマ、人種関係についての記事を、ニューヨーク・タイムズ紙、ワシントン・ポスト紙、サンフランシスコ・クロニクル紙、CNN、スレート誌に寄稿してきた。ニューヨーク・タイムズの「今年の注目図書」に選ばれた『The Race Card（人種のカード）』『Rights Gone Wrong（堕落した権利）』の著者。テレビ番組コルベア・レポー、レイチェル・マドー・ショー、ディラン・ラティガンに出演。アメリカ法律協会会員。全米作家協会理事。本人も驚いたことに、2009年のエスクァイア誌ベスト・ドレスド・リアル・マン・コンテストの25名の準決勝進出者のひとりに選ばれた。妻マーリーンとふたりの子ども、コールとエラとともに、サンフランシスコに暮らす。

■訳者紹介
**服部由美**（はっとり・ゆみ）
翻訳家。訳書にエディス・エヴァ・イーガー『アウシュヴィッツを生きのびた「もう一人のアンネ・フランク」自伝』『心の監獄 選択の自由とは何か?』、ジュリア・ショウ『悪について誰もが知るべき10の事実』『脳はなぜ都合よく記憶するのか――記憶科学が教える脳と人間の不思議』、ダナ・コーエン、ジーナ・ブリア『「食べる水」が体を変える――疲労・肥満・老いを遠ざける、最新の水分補給メソッド』、ジョー・マーチャント『「病は気から」を科学する』などがある。

2022年4月3日 初版第1刷発行

フェニックスシリーズ(134)

# ドレスコード
## ——ファッションに隠されたメッセージ

著　者　リチャード・トンプソン・フォード
訳　者　服部由美
発行者　後藤康徳
発行所　パンローリング株式会社
〒160-0023　東京都新宿区西新宿7-9-18 6階
TEL 03-5386-7391　FAX 03-5386-7393
http://www.panrolling.com/
E-mail　info@panrolling.com
装　丁　パンローリング装丁室
印刷･製本　株式会社シナノ

ISBN978-4-7759-4266-6